金砖国家能源资源
与合作前景展望

窦立荣　张国生　等／著

ENERGY RESOURCES
AND COOPERATION PROSPECTS
OF BRICS COUNTRIES

社会科学文献出版社
SOCIAL SCIENCES ACADEMIC PRESS (CHINA)

《金砖国家能源资源与合作前景展望》
编写人员

窦立荣	张国生	卢　颖	夏永江	郜　峰
梁英波	刘明明	梁　坤	计智锋	丁　伟
王红军	田作基	肖坤叶	尹继全	黄福喜
袁圣强	白　浩	刘婧瑶	刘亚明	王素花
程子芸	闫　伟	王子健	马　卫	杨沛广
陈忠民	范静静	陈　煜	时　文	张红超
吴　颖	彭　云	吴雨佳	王　曦	熊　靓
葛　苏	张晓玲	刘　一	李俊龙	曾　行
汪少勇	刘卫红	李志欣	姜　虹	霍　燃

前　言

　　"金砖国家"（BRIC）最早作为经济学概念，于 2001 年由美国高盛集团经济学家吉姆·奥尼尔提出，主要指巴西、俄罗斯、印度和中国四个高速发展的新兴市场国家。2006 年 9 月，金砖四国外交部长在联合国大会期间首次会晤，拉开了金砖国家合作的序幕。2009 年 6 月，金砖四国领导人在俄罗斯叶卡捷琳堡举行首次会晤，并发表了《"金砖四国"领导人俄罗斯叶卡捷琳堡会晤联合声明》，标志着金砖国家合作机制正式启动。

　　金砖国家合作机制成立以来已历经两次扩员。2011 年，首次扩员吸纳南非成为金砖正式成员国，金砖国家英文名称也从"BRIC"变成"BRICS"。2024 年 1 月 1 日，金砖国家合作机制迎来大规模扩员，沙特、埃及、阿联酋、伊朗、埃塞俄比亚五国正式成为金砖成员国，进一步增强了金砖国家合作机制在全球治理舞台的代表性与多样性，开启了"大金砖"合作的新时代，也开启了"全球南方"联合自强的新纪元。

　　历经十八载风雨同舟，金砖国家合作机制已日趋完善，形成了以领导人会晤为引领，以安全事务高级代表会议、外长会晤等部长级会议为支撑，在经贸、财政、金融、农业、教育、卫生、科技、文化、禁毒、统计、旅游、智库、友城、地方政府合作等数十个领域开展务实合作的多边合作机制，成为广大新兴市场国家和发展中国家参与全球治理的重要舞台。

　　金砖国家工商理事会作为金砖国家合作机制框架下直接连接国家领导人和工商界的重要机构，于 2013 年在南非德班金砖国家峰会上成立，旨在加强和促进金砖国家工商界之间的联系，确保工商界与政府定期对话，推动金砖国家各领域合作成果的落实。理事会共设有 25 名理事，每个国家 5 名,均由各国国家领导人直接任命。目前,金砖国家工商理事会共下设 8 个工作组,其中能源、绿色经济与气候工作组(简称"能源组")是重要工作组之一。

金砖国家间的能源合作是金砖国家合作的"压舱石"。在全球经济格局瞬息万变的背景下,能源合作体现出独特的韧性和重要性。中国石油天然气集团有限公司(简称"中国石油")作为金砖国家工商理事会理事单位、能源组中方组长单位,致力于推动金砖国家能源合作务实发展。为更好贯彻落实习近平主席在金砖国家能源领域的相关讲话精神,中国石油勘探开发研究院作为金砖国家工商理事会能源组中方技术支持团队,围绕"深化能源领域合作,推进绿色低碳发展"主题思想,依托近年来的研究成果,统筹院内外专业研究力量,组织编写了本书。本书聚焦能源合作视角,旨在通过阐述金砖国家能源合作机制发展、能源矿产资源潜力、新能源潜力与实现碳中和路径、能源合作成就及合作前景等内容,为读者全面展示金砖国家能源合作成果,并为"大金砖"国家加强能源合作建言献策。

本书由窦立荣提出总体编写思路,共 5 章。第 1 章金砖国家能源合作机制形成、演变及地位,立足能源视角,系统阐述了金砖国家的发展历程及相关重要机制,并分析了金砖国家能源情况及地位和能源合作的重要意义,主要由张国生、梁英波、白浩、刘婧瑶和李俊龙等人编写。第 2 章金砖十国能源矿产资源潜力,全面分析了金砖十国的油气、煤炭、铀矿等能源矿产资源生产及消费情况、资源禀赋特征及发展潜力。其中,第 2 章第 1 节由刘亚明、王红军和田作基编写,第 2 章第 2 节由计智锋、王素花等编写,第 2 章第 3 节由丁伟、程子芸和张晓玲编写,第 2 章第 4 节由梁坤、黄福喜、马卫等编写,第 2 章第 5 节和第 9~10 节由肖坤叶、袁圣强、陈忠民等人编写,第 2 章第 6~8 节由尹继全和杨沛广编写。第 3 章金砖十国新能源潜力与实现碳中和路径,全面分析了金砖十国的水能、太阳能、风能、生物质能、核能、氢能等六大类新能源开发利用情况及发展潜力,梳理了各国碳中和目标及采取的政策措施,主要由窦立荣、邰峰、闫伟、王子健、彭云等人编写。第 4 章金砖五国能源合作成就,全面回顾了金砖五国在油气、煤炭、水电、可再生能源、核能等行业项目合作情况，以及能源贸易、能源金融和能源科研合作情况，主要由窦立荣、卢颖、陈煜、时文、范静静等人编写。第 5 章金砖十国能源合作机遇、策略与前景，深入剖析了金砖十国能源合作的投资环境、主要挑战与机遇，提出了传统能源、新能源、能源金融等维度的合作策略与建议，并从能源合作发展的视角展望了金砖国家未来前景，此章主要由窦立荣、卢颖、夏永江、刘明明、吴颖和梁英波等人编写。本书由窦立荣、张国生、梁英波、白浩统稿，由窦立荣统一审定。

本书在编写过程中，得到了中国石油天然气集团有限公司国际合作部、中国石油勘探开发研究院、中国石油国际勘探开发有限公司、中国石油大学（北京）有关单位领导和同事的支持与帮助，在此一并表示感谢。特别感谢贾勇、李国欣、李强和杨涛等领导对本书给予的大力支持与帮助！同时，感谢北京大学区域与国别研究院副院长翟崑教授、湖北大学区域与国别研究院院长吴洪英教授和北京师范大学金砖国家合作研究中心主任王磊教授对本书内容提供的专业意见及建议。受本书主要作者专业知识范围以及资料数据获取难度所限，书中不妥之处在所难免，恳请读者见谅和指正。

Contents | 目 录

Contents | 图目录

Contents | 表目录

第 **1** 章

金砖国家能源合作机制
形成、演变及地位

金砖国家是新兴市场国家和发展中国家参与全球治理的代表，金砖国家合作机制也已成为当今世界最为重要的多边合作力量。能源，因其重要的政治和经济属性，在金砖国家开展务实合作过程中起到了至关重要的作用。本章将在系统梳理金砖国家合作机制历史的基础上，聚焦能源合作视角，通过梳理金砖国家能源合作机制化发展情况及成果，分析金砖十国能源资源情况及地位，阐明金砖国家能源合作的意义及内涵，全面客观地展示未来金砖国家能源合作发展的光明前景。

1

金砖国家的起源
与发展历程

自金砖国家概念被首次提出以来，金砖国家已经历六个发展阶段（见表 1–1），并从一个简单的经济学概念逐步成长为一个代表全球发展中国家及新兴经济体共同利益的合作机制。目前，金砖国家共有十个成员国，形成了由领导人会晤机制为顶层引领，高级官员会晤为战略指导，覆盖经济发展、政治安全及人文交流三大领域的体系化的合作机制，为发展中国家积极参与全球治理提供了广阔的舞台和有力的支持。

1.1 金砖国家形成背景及发展历程

2001 年 11 月，"金砖国家"（BRIC）的概念首次由美国高盛集团的首席经济学家吉姆·奥尼尔在《全球需要更好的经济之砖》一文中提出，特指巴西、俄罗斯、印度及中国四个高速发展的国家。[①] 这篇报告预测了当时的世界经济形势，重点关注了 G7 成员国 [②] 与中国、印度、巴西和俄罗斯四个新兴经济体之间的关系。报告观察到在 2001 年，金砖四国的增长

---

① Jim O'Niel, "Building Better Global Economic, BRICs," Goldman Sachs, 2001.

② G7 成员国，指美国、英国、法国、德国、日本、意大利、加拿大七个发达国家。

速度较快，相比之下，G7 的增长较为疲软，预计金砖四国在全球 GDP 中所占份额将不断增加。报告推测，在这四个国家的快速增长势头持续的前提下，全球经济增长格局在 21 世纪最初十年将会发生重大改变，由 G7 代表的发达经济体占主导地位的增长格局，将被包括金砖四国在内的更多新兴经济体所影响甚至取代，世界将形成一个更加多元和包容的经济增长格局。两年后，高盛团队发表了《与"金砖四国"一起梦想：走向 2050 年之路》[①]，报告基于预测模型，考虑人口、经济增速等核心变量，预测到 2050 年巴西、俄罗斯、印度和中国将跻身全球六大经济体，与美国和日本共同构成"新六强"的格局。

表 1-1　金砖国家重要发展阶段及代表性事件

时间	发展阶段	代表性事件
2001 年	金砖国家概念的诞生	美国高盛集团首席经济学家首次提出"金砖国家"（BRIC）概念，特指四个新兴市场国家
2006 年	金砖国家合作正式启动	巴西、俄罗斯、印度和中国四国外长首次会晤
2009 年	金砖国家领导人首次会晤	"金砖四国"领导人在俄罗斯举行首次会晤，金砖国家合作机制正式启动
2011 年	金砖国家首次扩员	南非正式加入金砖国家，机制英文名称改为"BRICS"
2017 年	金砖合作模式的创新	中国在厦门会晤中创造性提出"金砖 +"合作模式，首次召开新兴市场国家与发展中国家对话会
2024 年	"大金砖"合作时代的开启	沙特、埃及、阿联酋、伊朗、埃塞俄比亚五国正式成为金砖成员国

资料来源：根据外交部历届金砖国家领导人会晤宣言信息整理。

2006 年，巴西、俄罗斯、印度和中国四国外长在联合国大会期间举行首次会晤，拉开金砖国家合作的序幕。2009 年 6 月，中国、俄罗斯、

---

① Dominic Wilson and Roopa Purushothaman, "Dreaming with BRICs:The Path to 2050," *Goldman Sachs Global Economics* 99（2003）:1-24.

印度和巴西四国领导人在俄罗斯叶卡捷琳堡进行了首次正式会晤。此次历史性会晤，不仅向世界宣告了"金砖四国"合作机制的正式启动，也标志着金砖国家已从学术概念转变为全球治理舞台上的重要力量，具有里程碑式的意义。^① 在此之后，金砖国家每年轮流定期举办领导人峰会活动，各国领导人就国际政治安全形势、全球金融体系、粮食与能源安全以及气候变化等核心议题展开深入讨论，并发布联合声明表达共同立场及承诺，发挥金砖国家在全球事务中的影响力，为应对全球性挑战提供了有力支持，为构建更加公正、合理、有效的国际秩序贡献力量。

2010 年 4 月，金砖四国领导人在巴西利亚再次聚首，这是四国领导人的第二次正式会晤。在此次会晤期间，各国领导人不仅围绕国际形势、地区热点问题、国际金融危机、二十国集团事务、气候变化以及联合国改革等核心议题发表了联合声明，同时还商定了加强金砖四国合作与协调的具体措施，标志着金砖国家合作机制具有雏形。

2010 年 11 月，南非出于发展经济、推动对非议程、参与全球治理等多因素的考量^②，于首尔举行的 G20 峰会上正式申请加入金砖国家。2010 年 12 月，经俄罗斯、印度、中国、巴西一致商定吸纳南非作为金砖国家正式成员国。2011 年 4 月，在三亚金砖峰会上，南非作为正式成员国首次亮相领导人会晤，金砖国家在非洲大陆的影响力进一步提升，金砖四国正式更名为金砖五国（BRICS）。在此次扩员后的 7 年中，金砖五国一直致力于通过与地区组织及国家领导人对话的形式，探索扩大金砖国家合作机制在全球治理舞台的多样性、代表性及影响力，并积累了宝贵的经验。^③

---

① 卢锋、李远芳、杨业伟：《"金砖五国"的合作背景和前景》，《国际政治研究》2011 年第 2 期。

② 徐国庆：《南非加入金砖国家合作机制的背景、影响与前景》，《亚非纵横》2012 年第 3 期，第 7 页。

③ 李嘉宝：《"金砖+"：为合作而生 为发展而兴》，《人民日报》（海外版）2022 年 6 月 22 日，第 6 版。

2017年9月，金砖国家领导人第九次会晤在中国厦门进行，中国创新性地提出了"金砖＋"合作模式，并首次召开新兴市场国家与发展中国家对话会，进一步加强金砖国家与其他发展中国家和新兴经济体的联络、互动、对话及合作，更好地体现发展中国家在全球治理舞台的共同立场和集体意愿。"金砖＋"合作模式的提出为金砖国家合作机制赋予了新的生命力和意义，金砖国家合作机制将不再局限于少数新兴经济体，而是发展成全球最有影响力的南南合作平台，为全球发展中国家和国际组织提供灵活包容的合作平台及发声渠道。同时，此次合作模式的创新，也为未来金砖国家扩员打下了坚实基础。

2023年8月，金砖国家领导人第十五次会晤在南非约翰内斯堡举行，此次峰会正式通过新一轮扩员决定。在当前全球地缘政治冲突加剧、经济碎片化及西方霸权主义盛行的趋势下，金砖国家第二次扩员的决定，不仅反映了金砖国家合作机制在全球治理舞台上日益增强的吸引力及影响力，也体现了新兴市场国家和发展中国家联合自强、团结合作、开创光明前景的共同意愿。

2024年1月，沙特、埃及、阿联酋、伊朗、埃塞俄比亚五国正式加入金砖国家合作机制，由此开启了"大金砖"合作的新时代。此次"金砖大家庭"的历史性扩员，不仅全方位提升了金砖国家的综合实力，而且进一步增强了金砖国家在地理区位上的优势，新加入的五国处于全球政治和经济敏感地带，对维护全球战略稳定有重大意义。2024年10月，金砖国家领导人第十六次会晤在俄罗斯喀山举行，这是"金砖大家庭"实现历史性扩员后的首次峰会，标志着金砖合作开创了新时代。习近平主席在喀山会晤讲话中提出共建"和平金砖""创新金砖""绿色金砖""公正金砖""人文金砖"，展现经世济民的大智慧，并宣布一系列推动金砖合作走深走实的新举措，展现出知行合一的大担当。

新时代下，以"大金砖"为引领的新兴经济体已然崛起，成为推动世界发展的中坚力量，这股蓬勃发展的动力深刻影响着全球投资与贸易格局，进而推动全球治理朝更加公正合理的方向迈进。

1.2　金砖国家合作机制架构

金砖国家合作机制历经十余年发展，基础日益夯实，已从最初的概念发展出结构化体系，从"侧重经济治理、务虚为主"的"对话论坛"转变为"政治经济治理并重、务虚和务实相结合"的"全方位协调机制"。

建立之初，金砖国家合作机制主要聚焦经贸领域的合作，但随着时间的推移，金砖国家合作越来越多地向其他领域延伸，包括科技、安全、生态与社会、人文交流等，且在每一大类领域之下都涵盖了诸多合作议题（见表1-2）。这种延伸既与金砖国家合作机制维持其活力的需求相关，也与金砖各国作为新兴经济体在经济、金融、能源、安全等各领域的实际需求密切相关。可以看到，金砖国家合作机制已成为一个全面覆盖各议题各领域的合作机制。

表 1-2　金砖国家主要合作领域及合作议题

合作领域	合作议题
经贸	贸易、金融、数字经济、标准化、反垄断、知识产权、能源
科技	信息通信技术、基础设施、能效、生物医学、遥感卫星等
安全	反恐、网络安全、禁毒
生态与社会	环境保护、公共卫生、海洋与极地、自然灾害、司法等
人文交流	文化、教育、旅游、电影、博物馆

资料来源：根据外交部历届金砖国家领导人会晤宣言信息整理。

从合作机制的整体结构来看，金砖国家合作机制大致可以分为四大层面：国家领导人层面、高级官员层面、专业机构层面及多领域交流层面。金砖国家通过四个层面共同发力推动政治安全、经贸财金和人文交流三大领域的合作发展。其具体机制包括：金砖国家领导人峰会机制、部长级官员会晤机制、专业机构与配套活动机制和社会人文交流活动机制。

在国家领导人层面：金砖国家领导人峰会机制是金砖合作机制的核心，主要起到政治引领、推动全球治理与合作的作用。该机制不仅为各国领导人提供了一个面对面的交流平台，还为金砖国家乃至发展中国家参与全球治理提供了统一发声的平台。在历次峰会上，领导人会签署一系列合作文件并对外发布联合声明，为金砖国家下一步加强各领域合作打下坚实的政治基础。

在高级官员层面：部长级官员会晤机制是金砖合作机制的支撑，主要负责协调保障领导人峰会的顺利召开，并进一步推动落实金砖国家领导人在专业领域里达成的重要共识成果。其中，外长会晤机制旨在前期涉及全球安全与发展的重要问题上与金砖各国达成共识，为金砖国家领导人正式会晤做好政治准备。金砖国家安全事务高级代表会议机制主要围绕国家政治安全领域交换金砖各国意见，加强金砖国家间战略沟通、增进政治互信、提升金砖国家国际事务影响力。金砖国家协调人会议机制则是金砖合作的技术性机制，也是金砖国家间日常沟通的主要渠道，负责就主要领域的合作设想、金砖国家重点合作方向和全年工作安排展开深入讨论并达成共识，为全面推进领导人会晤工作奠定基础。专业部长会议机制旨在为金砖国家各专业领域提供战略指引，落实决议并推进金砖国家在能源、经贸、环境、教育及农业等多个重要领域的合作。在能源领域，能源部长会议自首届召开以来，已成功启动金砖国家能源研究合作平台（BRICS ERCP），并发布《金砖国家能源报告》《金砖国家能源技术报告》《金砖国家能源科研机构名录》《金砖国家可再生能源报告》《金砖国家智能电网报告》等系列报告，为金砖国家能源发展提供战略指引，有力推动了金砖国家间能源领域合作。在经贸领域，财长和央行行长会议成功推动建立金砖国家应急储备安排（CRA）及新开发银行（NDB），助力金砖国家及新兴市场国家共筑全球金融安全网。

在专业机构层面：专业机构与配套活动机制主要由工商界、科研学

术、政治司法等领域代表性机构组成，通过举办会议论坛等系列活动讨论
金砖合作领域关键问题，提供对策建议，推动金砖国家具体领域的合作与
发展。其中金砖国家工商理事会（BRICS Business Council，简称"理事
会"）是该机制的代表机构之一。理事会于 2013 年 3 月在南非德班成立，
由 25 名理事组成，每个国家 5 名，主要聚焦金砖合作框架下工商界间经
济、贸易、商务和投资联系，确保金砖国家工商界与政府间的定期对话，
厘清阻碍金砖国家加强经济、贸易和投资联系的问题和瓶颈，并提出解决
方案。2013 年，南非理事会充分征集各国认定的关键行业与领域，公布
设置基础设施、制造业、金融服务、能源与绿色经济、技能发展 5 个工作
组，之后，逐步建立了放松管制与投资支持、农业经济、区域航空、数字
经济工作组。工作组机制开启了金砖国家企业与政府间沟通的新渠道，也
为各国企业提供了一个分享商业机会、最佳实践等信息的平台。至 2018
年，工作组增至 9 个。

2024 年，在俄罗斯担任主席国期间对工商理事会各工作组进行了重
新整合及命名，形成了涵盖农业、贸易、数字经济、能源、金融等领域在
内的 8 个工作组（见图 1-1）。

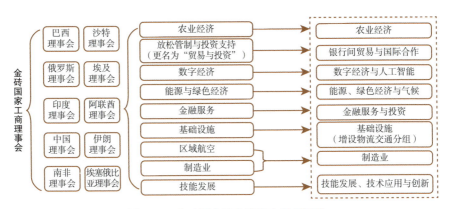

图 1-1　金砖国家工商理事会组织架构

资料来源：根据能源、绿色经济与气候中方工作组内部资料整理。

理事会每年召开一次年度会议和一次中期会议，年度会议与金砖国家领导人会晤同期举行。理事会还定期召开视频会议，就具体的合作议程进行沟通交流，促成务实合作。此外，理事会每年向各自政府提交年度报告，就金砖合作建言献策，表达来自工商界的诉求。

在多领域交流层面：鉴于金砖国家社会体制差异大、地理区位分布广和历史文化多元，社会人文交流活动机制旨在通过开展多领域系列活动加强金砖国家间交流，夯实金砖合作的民意和社会基础。目前社会人文交流活动机制已由最初的科教合作发展到涉及青年、文化、旅游、艺术、媒体、电影、卫生、工会、外空和学术交流等十多个领域的人文交流。相关活动内容也更加丰富，层次更加明晰，包括举办金砖国家民间社会组织论坛、青年外交官论坛、青年科学家论坛、媒体高端论坛、文化节、电影节和运动会等层次丰富、类型多样的交流活动。

从金砖国家合作的具体方式来看，主要包括但不限于以下几种。一是组建并运行实体化的组织机构，负责相应议题领域的合作项目，例如金砖国家新开发银行。二是建立联合研究平台，就相关领域的技术发展或政策问题进行联合研究。属于此类合作形式的有金砖国家全球先进基础设施研究网络、金砖国家竞争创新法律政策联合研究平台、金砖国家农业研究平台等。于 2021 年启动的金砖国家农业研究平台，旨在通过加强农业技术及能力建设合作，开发适宜提升小农经济产出能力、有助于改善农民收入的技术，以促进金砖各国农业可持续发展，应对饥荒贫困、收入分配不均等方面的问题和风险。[①] 三是构建金砖国家间的信息与数据共享机制。例如，金砖国家于 2021 年签署遥感卫星数据共享合作协定，在该协定的框架下，金砖国家航天机构之间将建立"遥感卫星虚拟星座"，建立数据共

---

① "BRICS-Agricultural Research Platform Operationized to Strengthen Cooperation in Agricultural Research & Innovations," Ministry of Agriculture & Farmers Welfare, August 2021, https://pib.gov.in/PressReleaseIframePage. aspx?PRID=1749721.

享机制。[①] 四是设立促进金砖国家间多领域交流的项目，其中包括金砖国家电影节、金砖国家学术论坛、金砖国家贸易展览会等。

1.3　金砖国家多领域合作成果

1.3.1　经贸领域

经贸领域是金砖合作的"压舱石"，从金砖国家新开发银行平稳运行、应急储备安排机制不断完善，到推动建立新工业革命伙伴关系和科技创新合作框架，金砖国家已经成为促进全球经济增长的建设性力量。

2009 年 6 月 16 日，金砖四国领导人在俄罗斯叶卡捷琳堡首次会晤中提出了举办工商论坛的建议。2010 年巴西主办了首届金砖国家工商论坛。

2012 年金砖国家新开发银行的概念被提出，旨在为成员国、其他新兴市场国家和发展中国家提供基础设施和项目建设融资，并以此开辟发展中国家合作新模式，减少对美元和欧元的依赖。2015 年 7 月 21 日，新开发银行在上海正式成立，与世界银行等多边开发银行不同，新开发银行的五个创始成员国平均分配股权，拥有完全平等的投票权与话语权，从制度上保障了成员国之间的平等。[②] 新开发银行向各成员国提供投资贷款的项目涉及清洁能源、交通、社会基础设施、城市发展、环境保护、水利、公共健康、信息通信技术、紧急援助等多项内容。

2013 年 3 月 27 日，金砖国家工商理事会在南非峰会期间成立，中国国家主席习近平与金砖国家领导人共同见证了《金砖国家工商理事会成立宣言》的签署。

2014 年 7 月 15 日，中国人民银行行长周小川代表中国政府与其他金砖国家代表在五国领导人的见证下，在巴西福塔莱萨签署了《关于建立金

---

① 《金砖国家航天机构签署遥感卫星数据共享合作协定》，新华网，2021 年 8 月 18 日，http://www.xinhuanet.com/2021-08/18/c_1127773748.htm。

② 朱杰进：《金砖国家新开发银行的制度创新与发展前景》，《当代世界》2021 年第 10 期，第 21~25 页。

砖国家应急储备安排的条约》。应急储备安排的建立将进一步强化由国际货币基金组织、区域金融安排、中央银行间双边货币互换协议及各国自有的国际储备构成的全球金融安全网的作用。

2018 年 7 月，金砖国家领导人约翰内斯堡会晤核准了中国携手南非提出的建设金砖国家新工业革命伙伴关系的倡议。2019 年中国主办了金砖国家未来网络创新论坛、金砖国家新工业革命伙伴关系论坛，积极落实《金砖国家创新合作行动计划》。2021 年 9 月 7 日，金砖国家新工业革命伙伴关系论坛在厦门拉开序幕，金砖国家新工业革命伙伴关系创新基地正式挂牌，28 个项目通过线上线下相结合方式签约，总投资达 130 多亿元人民币。目前已举办了人才培训、智库研讨会、工业创新大赛等一系列活动。

2021 年，金砖国家新开发银行首次扩员，正式宣布将迎来三个新成员国——阿联酋、乌拉圭、孟加拉国。新开发银行拥有 1000 亿美元的初始授权资本、500 亿美元的初始认缴资本和 100 亿美元的实缴资本。截至 2024 年 2 月，各国出资比例分别为中国（18.98%）、俄罗斯（18.98%）、巴西（18.98%）、印度（18.98%）、南非（18.98%）、埃及（2.27%）、孟加拉国（1.79%）、阿联酋（1.06%）。[①]

2023 年 8 月，金砖国家领导人就支付体系、本币结算等领域达成重要共识。约翰内斯堡宣言中强调了快速、廉价、透明、安全、包容的支付体系的重要作用，鼓励金砖国家与贸易伙伴在开展国际贸易和金融交易时使用本币，并促进本币结算，积极应对经济复苏挑战和促进国际贸易及投资，鼓励金砖国家进一步合作，强化供应链和支付系统的互联互通。

2024 年 10 月，在金砖国家领导人第十六次会晤期间，金砖国家跨境支付体系金砖之桥（BRICS Pay）正式推出。该支付体系依托区块链技术，通过分布式存储验证、智能合约以及实时清算等功能提供高效、低成本的

---

① "Capital Structure & Subscription," New Development Bank, https://www.ndb.int/about-ndb/shareholding/.

跨境结算服务并减少各国对传统全球支付系统的依赖，为金砖成员国乃至全球的金融稳定发挥积极作用。

1.3.2 政治安全领域

政治安全领域是金砖国家合作的"铺路石"。从举行金砖国家外长对话会、金砖国家安全事务高级代表会议，到建立常驻纽约、日内瓦、维也纳代表定期会晤机制，发出维护国际公平正义、建设平等有序多极世界的"金砖强音"，金砖国家持续为世界注入稳定性和正能量。

2017 年厦门峰会期间，建立了五国常驻纽约、日内瓦、维也纳代表定期会晤机制，及时就重大问题集体发声，增强了金砖国家在国际事务中的话语权。同期举办了反恐工作组会议、网络安全工作组会议、维和事务磋商、中东特使会议等活动，推动政治安全领域合作全面铺开，成效显著。同时创立了"金砖+"模式，开创性地邀请拉美大国墨西哥、阿盟总部所在地埃及、非盟轮值主席国几内亚等国代表参加对话会，为世界其他新兴大国参与和加强同金砖国家的合作提供了有效路径。

作为在 2020 年金砖峰会上通过《金砖国家反恐战略》的后续行动，2021 年通过了《金砖国家反恐行动计划》。该行动计划旨在通过加强现有机制打击恐怖主义及其融资活动，防止恐怖分子滥用互联网，限制恐怖分子出行，加强边境管制，保护"软目标"，分享信息和提高各项能力。2024 年，金砖国家领导人第十六次会晤期间发布了《喀山宣言》，该宣言多次强调应促进合作，推动全球和地区稳定与安全。针对当前中东、北非以及乌克兰等热点地区的冲突问题，金砖国家领导人呼吁通过对话和外交手段和平解决冲突，维护全球安全稳定。在反恐领域，金砖国家将进一步深化相关务实合作，并欢迎金砖国家反恐工作组及其五个分工作组在《金砖国家反恐战略》和《金砖国家反恐行动计划》基础上开展活动，有力打击各项恐怖主义及非法犯罪活动，维护人民生命安全。

1.3.3 人文交流领域

人文交流领域是金砖合作的"点金石"。从举办金砖国家媒体高端论坛、电影节、文化节、运动会，到建立金砖国家职业教育联盟，人文交流活动丰富多彩，参与主体更加多元，受益民众更加广泛，为不同文明包容互鉴提供了"金砖样板"。

2014年7月，金砖国家领导人第六次会晤在巴西福塔莱萨举行，首次将人文交流作为目标之一写入峰会宣言。

2017年厦门会晤期间，金砖国家智库合作中方理事会成立，主要负责并参与金砖国家合作框架下的学术和智库对话交流与合作。同时设立"金砖国家研究与交流基金"，用于促进国内智库参与金砖国家智库合作，推动金砖国家学界交流。也正是在此会晤期间，习近平主席推动金砖国家合作实现"换挡提速"，从政治和经济"双轨并进"升级为政治安全、经贸财金、人文交流"三轮驱动"合作架构。同年，金砖国家首次联合拍摄电影，首次举办金砖国家运动会、金砖国家文化节等20多场人文交流活动，巩固了金砖国家合作的社会根基。

2023年3月，金砖国家影像联盟与金砖国家媒体智库联盟正式成立。同年5月，巴西福塔莱萨市与中国厦门市签署了友好城市协议，共同推动城市可持续发展。

2024年，金砖国家领导人在第十六次会晤中重申了开展人文交流的重要性，并将致力于加强教育、科学、文化、传播和信息领域的国际合作。

2

金砖国家能源合作机制化发展及成果

能源合作已成为金砖国家最重要的务实合作领域之一，并在各成员国十余年的共同努力下迈向了高度机制化发展的道路，即以能源部长级会议为政策协调，金砖国家能源研究合作平台为科技创新引领，金砖国家工商理事会能源、绿色经济与气候工作组筑牢务实合作的多维度机制，助力金砖国家能源合作发展行稳致远。

2.1 金砖国家能源合作机制化发展历程

在 2012 年《德里宣言》中，金砖国家领导人明确指出在金砖国家框架内开展多边能源合作的必要性，为日后金砖国家能源合作机制化发展打下了坚实的基础。2013 年，金砖国家工商理事会能源与绿色经济工作组（2024 年改名为"能源、绿色经济与气候工作组"）于南非正式成立，助力金砖国家能源领域企业界的交流合作。

2015 年，俄罗斯担任金砖国家轮值主席国期间，倡议并首次举行了能源部长会议，标志着金砖国家能源合作步入机制化进程。在此次会议上，各国能源部长共同签署了《节能与能效谅解备忘录》，并同意通过成立节能和能源效率工作组来协调推动金砖国家间能源技术研发、能源转型经验的交流合作。

在 2017 年《厦门宣言》中，金砖国家领导人鼓励继续就建立金砖国家能源研究合作平台开展对话，并于 2018 年在《约翰内斯堡宣言》中达成一致，成功建立了金砖国家能源研究合作平台。如今，金砖国家能源研究合作平台已经成为汇聚能源领域专家、企业和研究机构的全球合作平台，并在促进能源可持续发展、共享先进能源技术、扩大教育项目合作、共享国家能源系统发展计划数据和信息、分享能源部门的最佳实践和监管框架等方面取得了一系列成果。总体来看，虽然金砖国家能源合作机制体系尚未完全形成，但机制化发展程度日益加深，相信未来在金砖各成员国的共同努力下，该机制建设工作将会取得更加丰硕的成果。

2.2 金砖国家能源合作的重要机制

在政策协调领域，金砖国家能源部长级会议机制成为推动成员国之间能源合作与政策协调的重要平台。自 2015 年正式启动以来，金砖国家能源部长级会议每年召开一次，由年度主席国轮流主办，主要讨论金砖国家能源政策的最新进展、国际能源市场动态、共同面临的挑战及应对策略等，并发布联合声明推进重点领域合作。在全球能源格局深刻转变和气候变化挑战日益严峻的背景下，金砖国家能源部长级会议机制的重要性日益凸显。通过能源部长级会议机制，金砖国家不仅可以更好地协调彼此的能源政策，促进清洁能源的开发和利用，还能在国际能源治理舞台上共同发出更强有力的声音，共同应对全球能源挑战，为实现全球可持续发展做出贡献。

在科技发展领域，金砖国家能源研究合作平台已有 100 名学术界与企业界成员，聚焦 14 个重点工作领域并承担撰写能源技能及相关能源研究报告的工作，充分表达了金砖国家在能源领域的共同观点与诉求。同时，金砖国家能源研究合作平台还致力于通过学术论坛、金砖国家科技创新倡议、经济合作计划和新开发银行等各种平台，在金砖国家能源合作中发挥协同作用，更好地巩固金砖国家多领域能源合作成果。

在商业合作领域，能源组作为金砖国家工商理事会下设重点工作组之一，旨在加强金砖国家间能源与绿色经济方面的交流与合作，厘清阻碍金砖国家能源发展的问题，分享能源绿色转型与可持续发展的经验，共同促进能源、绿色经济方面科研成果的应用，更好地应对能源安全与气候变化带来的挑战。能源组以电话会、见面会、中期会以及年度会议等方式开展工作，形成行业小组报告，并汇总到金砖工商理事会年度报告中。每年度由轮值主席国能源组牵头，统筹协调其他金砖国家能源组开展工作。组长单位会在年初发布交流会议日程并主持日常交流会议，小组成员单位向组长单位报告工作，组长单位向主席国单位秘书处报告工作及当年成果。2013 年至 2020 年中国石化石油化工集团有限公司（简称"中国石化"）担任金砖国家工商理事会能源组中方组长单位。2019 年 7 月 15 日，经外交部批准，时任中国石化董事长戴厚良担任金砖国家工商理事会中方理事。2020 年 1 月，戴厚良董事长调任中国石油后，中国石油按程序接替中国石化作为理事会能源组中方组长单位。2020 年以来，中方能源组携手各国能源组通过提出重大议题及召开国际会议等方式为金砖国家能源行业合作贡献来自中国的智慧与力量。

2.3　金砖国家能源合作机制化发展成果

2.3.1　金砖国家领导人峰会达成能源领域的共识

2009 年至 2024 年，金砖国家领导人共举行了 16 次领导人会晤，累计发布了 16 项共识成果文件。能源及绿色经济领域作为历年各国领导人关心的重点议题达成共识性观点 37 条（见表 1-3），其中重点领域涵盖能源资源多元化供给与能源安全、能源技能培训交流与人才培养、能源科学技术创新与科技合作、新能源基础设施投资与能源融资合作等，为推动金砖国家能源合作共赢指明了具体方向，为广大发展中国家有效参与全球能源治理发声。

表 1-3 2009~2024 年金砖国家领导人峰会能源领域共识

联合声明名称	共识性观点
2009 年 "金砖四国" 领导人俄罗斯叶卡捷琳堡会晤联合声明	· 确定能源生产国、消费国和过境国在能源领域加强协调与合作，确保能源稳定性与可持续性 · 支持能源资源供给的多元化，加强新能源的投资和基础设施建设 · 支持在能效领域开展国际合作
2010 年 "金砖四国" 领导人第二次正式会晤联合声明	· 鼓励可持续地开发、生产和使用生物燃料。通过国际合作分享包括生物燃料在内的可再生能源技术和政策相关经验，促进生物可再生能源的使用 · 支持 "金砖四国" 就能源领域的培训、研发、咨询、技术转让等开展合作
2011 年金砖国家领导人第三次会晤《三亚宣言》	· 支持可再生能源的开发和利用，认可在该领域加强合作和信息交流的重要性 · 提出核能将继续在金砖国家未来的能源组成中占据重要位置
2012 年金砖国家领导人第四次会晤《德里宣言》	· 首次将金砖框架内的多边能源合作定义为 "合作新领域" · 明确承诺发展清洁和可再生能源，研发替代技术以及在清洁和可再生能源领域开展知识、技能和技术交流
2013 年金砖国家领导人第五次会晤《德班宣言》	· 建立金砖国家工商理事会，并设立能源与绿色经济工作组
2014 年金砖国家领导人第六次会晤《福塔莱萨宣言》	· 决定成立新开发银行 · 建立金砖国家应急储备安排
2015 年金砖国家领导人第七次会晤《乌法宣言》	· 举行能源部长会议，标志着金砖国家能源合作已步入机制化 · 节能和能效工作组成立（能源部长会议上成立）
2016 年金砖国家领导人第八次会晤《果阿宣言》	· 支持更广泛地使用天然气作为更为经济和清洁的燃料，以促进可持续发展 · 强调国际合作应聚焦于获取清洁能源技术和融资
2017 年金砖国家领导人第九次会晤《厦门宣言》	· 成立金砖国家能源研究合作平台
2018 年金砖国家领导人第十次会晤《约翰内斯堡宣言》	· 强调金砖国家在运输、供暖和工业用能等领域加快能源转型的重要性 · 强调提升能源使用效率和推广高能效的生活方式将在维护能源安全、提高工业竞争力、减少排放、促进经济增长、创造就业等方面作出重要贡献

续表

联合声明名称	共识性观点
2019 年金砖国家领导人第十一次会晤《巴西利亚宣言》	· 通过《金砖国家能源研究合作平台工作章程》 · 明确提出提高可再生能源（生物燃料、水电、太阳能和风能）在经济中的比重
2020 年金砖国家领导人第十二次会晤《莫斯科宣言》	· 通过《金砖国家能源合作路线图 2025》
2021 年金砖国家领导人第十三次会晤《新德里宣言》	· 签署《关于金砖国家遥感卫星星座合作的协定》，以提升在全球气候变化、灾害管理、环境保护、预防粮食和水资源短缺、社会经济可持续发展等方面的研究能力
2022 年金砖国家领导人第十四次会晤《北京宣言》	· 强调能源安全对实现可持续发展目标的根本性作用 · 发布《金砖国家能源报告 2022》，支持在金砖国家能源研究合作平台机制下开展联合研究、技术合作等
2023 年金砖国家领导人第十五次会晤《约翰内斯堡宣言》	· 强调能源可及性对实现可持续发展目标的基础性作用，认可化石燃料在支持能源安全和能源转型方面的作用 · 呼吁金砖五国在技术中立方面开展合作，敦促采用共同、有效、明确、公平和透明的标准和规则，评估排放量、制定可持续项目的兼容分类标准以及核算碳单位
2024 年金砖国家领导人第十六次会晤《喀山宣言》	· 关切包括非法制裁在内的非法单边强制措施对世界经济、国际贸易和实现可持续发展目标的破坏性影响 · 重申多边合作对降低地缘政治和地缘经济碎片化带来的风险、加强共同关心领域的努力至关重要。这些领域包括但不限于贸易、减贫、消除饥饿、可持续发展，包括获得能源、水和粮食、燃料、化肥，气候变化减缓与适应、教育和卫生，其中包括疫情预防、准备和应对等 · 强调能源可及对实现可持续发展目标的基础性作用，注意到能源安全面临的突出风险，强调金砖国家作为能源产品和服务的主要生产者和消费者，有必要加强合作，以实现公平、包容、可持续、平等、公正的能源转型 · 重申决心建立自由、开放、公平、非歧视、透明、包容和可预期的国际能源贸易和投资环境，同意深化技术合作 · 强调有韧性的全球供应链和稳定、可预测的能源需求的必要性，以提供全球可及的、可负担的、可靠的、可持续的现代能源资源，并确保国内、全球和区域能源安全

联合声明名称	共识性观点
2024 年金砖国家领导人第十六次会晤《喀山宣言》	· 相信高效利用各类能源资源对于向更灵活、更具韧性、更可持续的能源系统进行公正能源转型至关重要。鉴于此，坚持技术中立原则，使用各种现有的燃料、能源资源和技术以减少温室气体排放，包括但不限于具有减排和清除技术的化石燃料、生物燃料、天然气和液化石油气、氢及其衍生物，包括氨、核能和可再生能源等 · 呼吁发达国家根据共同但有区别的责任和各自能力原则向发展中国家提供充足、可预测和可获得的资金，以促进公正能源转型。强调与能源转型相关的新工业发展模式需要对现有和新的基础设施进行大量投资 · 强调积极开展气候适应项目至关重要，从研究和预测转向实施务实解决方案，推进可再生能源、可持续融资、低排放技术和可持续发展投资，同时强调采取集体行动和国际合作应对气候变化不利影响，确保包容、公平的气候倡议的重要性 · 欢迎在金砖国家能源研究合作平台机制下合作，包括发布《金砖国家公正能源转型报告》 · 成立金砖应对气候变化与可持续发展气候联络组

资料来源：根据外交部历届金砖国家领导人会晤宣言信息整理。

2.3.2　金砖国家能源部长会议取得的成果

作为金砖国家能源合作与政策协调的重要平台，金砖国家能源部长会议机制自成立以来，通过设立合作协调机构、制定共同能源发展政策及加强能源领域交流等措施，携手各国共同应对全球能源挑战。截至 2024 年底，金砖国家能源部长级会议共通过了 7 份部长级公报，发布了 6 项成果报告（见表 1-4），会议主题包括深化金砖国家能源合作、推动能源绿色低碳转型、深入参与全球能源治理等，充分交流分享了各国能源发展情况，共议全球能源治理及未来发展方向，并达成了广泛共识。

表 1-4　2015~2024 年金砖国家能源部长历次会议主要成果

届数	年份	地点	主要成果
第一届	2015	莫斯科	· 金砖国家能源部长签署《节能和能效谅解备忘录》 · 编制一份对金砖国家节能和清洁技术清单 · 成立节能和能效工作组来协调能源合作
第二届	2017	北京	· 围绕能源安全、能源转型和金砖国家能源研究合作平台三个议题积极建言献策 · 金砖国家领导人鼓励就建立金砖国家能源研究合作平台继续对话 · 会议通过了《第二届金砖国家能源部长会联合声明》
第三届	2018	约翰内斯堡	· 会议就能源发展与国际合作等问题同各方进行了深入交流，会议通过了《第三届金砖国家能源部长会联合声明》
第四届	2019	巴西利亚	· 会议通过了《第四届金砖国家能源部长会联合声明》和《金砖国家能源研究合作平台工作章程》
第五届	2020	俄罗斯（视频会）	· 会议通过了《第五届金砖国家能源部长会联合声明》
第六届	2021	印度（视频会）	· 中方愿意在 2022 年担任主席国期间，基于平台优先合作领域，重点推动智能电网和可再生能源领域的合作研究 · 会议通过了《第六届金砖国家能源部长会联合公报》 · 发布了《金砖国家能源报告 2021》《金砖国家能源技术报告 2021》和《金砖国家能源科研机构名录 2021》三份成果文件
第七届	2022	中国（视频会）	· 交流分享了各国能源发展情况，共议金砖能源研究合作平台未来发展方向 · 就进一步深化金砖国家能源合作、推动能源绿色低碳转型、深入参与全球能源议题等达成了广泛共识 · 会议通过了《第七届金砖国家能源部长会议公报》，发布了《金砖国家能源报告 2022》《金砖国家可再生能源报告 2022》和《金砖国家智能电网报告 2022》
第八届	2023	约翰内斯堡	· 深化能源合作，尤其是加强能源安全合作、推进能源绿色低碳转型、交流能源技术和分享能源行业发展经验等

续表

届数	年份	地点	主要成果
第九届	2024	莫斯科	· 加强能源安全合作，确保能源安全，是经济发展、社会稳定、国家安全和世界各国福祉的重要基础 · 强调必须建立有弹性的全球供应链和价值链，增加对能源基础设施的投资，以确保基本的能源供应，消除能源贫困，为实现2030年可持续发展议程的目标做出贡献 · 通过能源研究合作平台加强各国间能源对话 · 尊重各国国情，加强多领域能源合作推进公正能源转型 · 进一步深化能源领域科技合作和投资

资料来源：国家能源局网站。

2.3.3　金砖国家工商理事会能源组取得的成果

能源组是金砖国家能源务实合作的重要机制之一。中国石油作为中方能源组组长单位，携手各国能源组共同在重大能源议题建议、促进国际交流及能源组扩容发展等方面，为金砖国家工商界能源合作贡献了积极力量并取得了显著成果。

（1）在重大能源议题建议方面

中方能源组与各国能源组紧密围绕推进能源公正转型这一主题，针对发展中国家在气候融资、社会发展、能源治理及能源合作面临的问题，提出了建立清洁能源基金、规划能源转型技能路线、构建能源卓越转型中心和举办能源合作论坛四大议题，旨在为有效解决能源气候融资难、社会转型失业风险高、国际性代表机构缺失与务实商业合作少等问题提出对策建议。截至2023年，在各国能源组共同协作下，累计超30项重要建议成果写入了金砖国家工商理事会年度工作报告，并报送各国领导人审阅。

（2）在促进国际交流方面

中方能源组创新举办了金砖国家能源合作论坛，为金砖国家能源政策部门、能源企业及学术研究机构搭建了国际合作交流的平台。面对世界能源转型加速演进、地缘政治版图重塑、能源价格飞涨、能源安全再度成为全球关注焦点的大背景下，2022 年 6 月 21 日，中方能源组倡议并成功举办第一届金砖国家能源合作论坛。论坛秉承"立足工商、聚焦合作、服务金砖、面向全球"的理念，以"深化金砖能源合作，助力绿色转型发展"为主题，从金砖国家能源合作现状展开，通过共同把脉能源大势、擘画合作蓝图，为金砖国家能源界共享绿色未来、携手共赢发展指明了方向，凝聚了共识。

中方能源组代表五国能源组发布了《后疫情时代为金砖国家可持续发展贡献能源力量联合倡议》，包括"支持多边合作，维护国际能源市场稳定""共同努力促进金砖国家欠发达地区能源可及性""支持金砖国家可再生能源产业链合作""推动国家自主贡献目标的实现"四个方面共十条倡议。联合倡议阐明了五国能源组对于能源安全和转型发展的共同态度，在全球能源治理中发出强有力的金砖声音，为发挥能源企业责任担当、助力金砖国家可持续发展提供了切实可行的行动建议。

论坛还设置了两场高端对话，分别以"卓见：把脉能源大势，共享绿色未来"和"务实：擘画合作蓝图，携手共赢发展"为主题，多位院士专家，高校、企业和使领馆代表围绕能源市场、能源安全、绿色转型、能源产业链、能源合作方向与启示等话题深入交流。

此次论坛是中国石油作为金砖国家工商理事会理事单位、能源与绿色经济工作组组长单位，为推动金砖国家能源领域务实合作，丰富金砖"中国年"成果，协同五国能源与绿色经济工作组共同创办，是 2020 年以来金砖国家工商界举办的规模最大、层次最高、范围最广的一次线下线上相结合交流活动，被列为 2022 年金砖国家工商理事会亮点成果之一。

2023 年，第二届金砖国家能源合作论坛在约翰内斯堡成功召开。本届论坛由南非方能源组主办，举办了主论坛专题研讨、平行分论坛研讨及非洲能源剧场等系列活动，邀请各国政府官员及知名企业代表近百人，深度探讨了能源转型过程中社会发展、气候融资、能源科技、能源治理及能源合作等领域的核心问题，为更好地推动全球能源实现公平公正转型发展贡献了发展中国家的智慧与力量。中方能源组出席了本次论坛，并在"能源转型杠杆助力发展中国家减贫"高管对话会上，就构建可靠的清洁能源服务体系、改善贫困地区居民生产和生活用能条件、持续推动贫困地区能源资源开发、有效带动贫困地区经济发展等方面，分享了中国能源企业的成功经验与丰硕成果。各国与会嘉宾对中方的精彩发言表示一致认可，并对中国能源企业通过能源转型带动地区脱贫的做法给予高度赞赏。当前，在各国工作组的共同努力下，金砖国家能源合作论坛已被列入能源组五年工作计划并成为金砖国家领导人峰会期间的配套活动。

（3）在能源组扩容发展方面

2020 年初，中方能源组成员单位包括中国石油、国家电网、中国电建和协成科技四家。2022 年，为更好地推动五国能源组合作，高效筹备主席国年度工作任务，同时补齐能源组行业覆盖面窄、新能源企业不足等结构短板，中方能源组金砖支持工作团队按照"符合能源组工作要求、细分领域龙头企业优先、具有金砖国家间业务合作、凝聚油气行业合力"四条原则，从 107 家新能源上市公司、中国财富 500 强能源企业中选出五家企业加入中方能源组，在扩充中方能源组力量的同时进一步完善了能源组行业覆盖范围。截至目前，中方能源组包括中国石油、国家电网、中国电建、中国石化、中国海油、国家电投、中国华能、宁德时代八家企业（协成科技退出），构建了覆盖煤炭、油气、新能源多能种领域和上中下游全产业链的技术支持工作队伍体系，整体实力得到有效加强，有力支撑了能源组 2022 年以来的各项年度工作，在推动金砖国家能源领域务实合作方面做出了突出贡献。

金砖十国能源资源潜力及地位

　　金砖十国整体拥有丰富的传统能源和新能源资源。在传统能源方面，俄罗斯是全球第一大天然气生产国；沙特、阿联酋和伊朗等产油国的加入，使得金砖国家在全球油气市场中占据更加重要的地位。在新能源方面，巴西在可再生能源与海洋能源利用方面拥有丰富经验，俄罗斯在核电领域具备竞争优势，中国在水电、风电、太阳能发电等方面具备领先优势。

3.1　金砖十国传统能源资源潜力及地位

3.1.1　传统能源生产量和消费量

　　金砖十国作为全球传统能源大国的地位凸显。2023 年，金砖十国传统能源生产量达到 256.43 艾焦，消费量达到 245.14 艾焦（见图 1-2），相比金砖五国，金砖十国传统能源生产量和消费量均有所增长，生产量尤为显著，增长 29.56%；消费量增长 15.22%，在全球传统能源市场中领导地位进一步提升。2023 年，金砖十国传统能源生产量占全球传统能源生产总量的 49.23%，占"全球南方 +"[①] 传统能源生产总量的比例高达 66.96%，其中中国和俄罗斯为主要生产国，2023 年两国传统能源生产量为 164.38 艾焦。金砖十国在传统能源消费市场的地位也同样显著，2023 年消费量占全球传统能源消费总量的 48.56%，占"全球南方 +"传统能源消费总量的 70.78%（见图 1-3、图 1-4）。总体来看，金砖国家对传统能源的需求均可在内部得到满足。

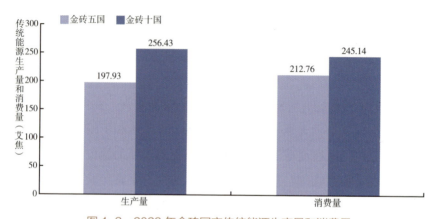

图 1-2　2023 年金砖国家传统能源生产量和消费量

注："金砖五国"指扩员前五个国家，"金砖十国"指扩员后十个国家，余同。

资料来源："Statistical Review of World Energy 2024," Energy Institute, https://www.energyinst.org/statistical-review。[②]

① "全球南方"（Global South）是新兴市场国家和发展中国家的集合体，通常包括非洲、拉丁美洲和加勒比地区、太平洋岛屿以及亚洲的发展中国家，南南合作金融中心把"全球南方"定义为"七十七国集团（G77）和中国"。七十七国集团于 1964 年正式成立，截至 2024 年 1 月，共有 133 个成员。本书"全球南方 +"为"全球南方"和俄罗斯。关于"全球南方 +"能源指标估算，当前可查询资料中尚无"全球南方 +"专业数据统计，本书综合考虑"全球南方 +"的定义以及国际货币基金组织（IMF）对全球新兴经济体、发展中经济体、发达经济体（共 39 个国家或地区，其中港澳台 3 个地区纳入中国计算）的定义，在估算"全球南方 +"相关数据时统一采用全球数据减去 36 个发达经济体相关数据进行估算。

② 本节数据若无特殊注明均来自该文献。

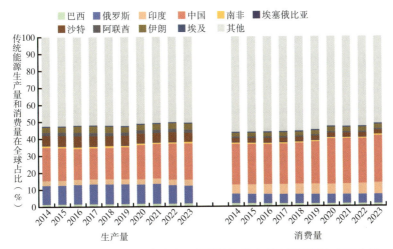

图 1-3 2014~2023 年金砖十国传统能源生产量和消费量在全球占比

资料来源："Statistical Review of World Energy 2024," Energy Institute, https://www.energyinst. org/statistical-review。

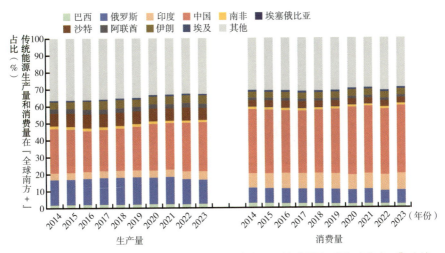

图 1-4 2014~2023 年金砖十国传统能源生产量和消费量在"全球南方+"占比

资料来源："Statistical Review of World Energy 2024," Energy Institute, https://www.energyinst. org/statistical-review。

3.1.2　煤炭生产量和消费量

金砖十国对全球煤炭生产市场和消费市场具有显著的影响力。2023年，金砖十国的煤炭生产量达到124.57艾焦，消费量达到了121.88艾焦（见图1-5）。由于煤炭生产和消费的集中度高，且新加入的沙特、阿联酋及伊朗等国以石油生产和消费为主，因此相比金砖五国，金砖十国的煤炭生产量和消费量几乎无变化。2023年，金砖十国煤炭生产量占全球煤炭生产总量的69.50%，占"全球南方+"煤炭生产总量的81.41%，其中中国和印度为主要生产国，2023年两国煤炭生产量为109.85艾焦。金砖十国在煤炭消费市场的地位也同样不容忽视，消费量占全球煤炭消费总量的74.30%，占"全球南方+"煤炭消费总量的85.43%（见图1-6、图1-7）。

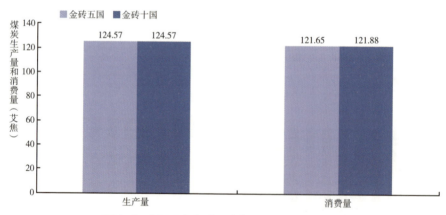

图 1-5　2023 年金砖国家煤炭生产量和消费量

资料来源："Statistical Review of World Energy 2024," Energy Institute, https://www.energyinst.org/statistical-review。

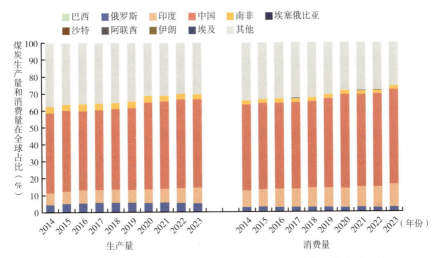

图 1-6　2014~2023 年金砖十国煤炭生产量和消费量在全球占比

资料来源："Statistical Review of World Energy 2024," Energy Institute, https://www.energyinst. org/statistical-review。

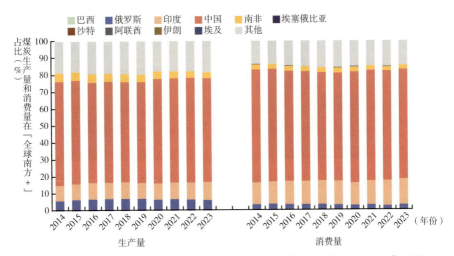

图 1-7　2014~2023 年金砖十国煤炭生产量和消费量在"全球南方 +"占比

资料来源："Statistical Review of World Energy 2024," Energy Institute, https://www.energyinst. org/statistical-review。

3.1.3　石油生产量和消费量

　　金砖十国在全球石油生产市场和消费市场占据重要地位。2023 年，金砖十国的石油生产量达到 19.19 亿吨，消费量达到 16.64 亿吨（见图 1-8）。相比金砖五国，金砖十国石油生产量和消费量均实现了显著提升，生产量增长 98.45%，消费量增长 25.49%，在全球石油市场中的领导地位得到进一步巩固，石油大国俱乐部特征也越发凸显。2023 年，金砖十国石油生产量占全球石油生产总量的 42.57%，占"全球南方 +"石油生产总量的比例高达 59.01%，其中俄罗斯、沙特、阿联酋及伊朗为主要生产国，2023 年四国石油生产量合计 14.64 亿吨。金砖十国在石油消费市场的地位也同样引人瞩目，消费量占全球石油消费总量的 36.72%，占"全球南方 +"石油消费总量的 61.81%（见图 1-9、图 1-10）。

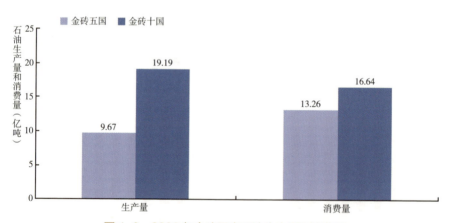

图 1-8　2023 年金砖国家石油生产量和消费量

资料来源："Statistical Review of World Energy 2024," Energy Institute, https://www.energyinst.org/statistical-review。

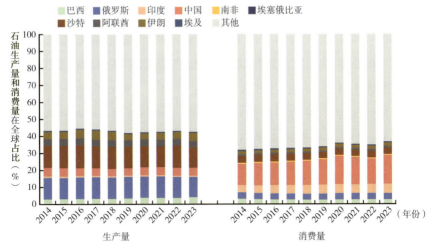

图 1-9　2014~2023 年金砖十国石油生产量和消费量在全球占比

资料来源："Statistical Review of World Energy 2024," Energy Institute, https://www.energyinst. org/statistical-review。

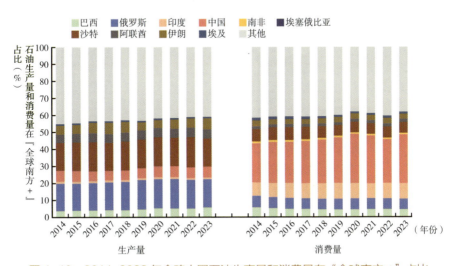

图 1-10　2014~2023 年金砖十国石油生产量和消费量在"全球南方＋"占比

资料来源："Statistical Review of World Energy 2024," Energy Institute, https://www.energyinst. org/statistical-review。

3.1.4　天然气生产量和消费量

金砖十国在全球天然气生产市场和消费市场的地位和影响力日益增强。2023 年，金砖十国的天然气生产量达到 13541.80 亿立方米，消费量达到 14421.66 亿立方米（见图 1–11）。相比金砖五国，金砖十国在天然气生产和消费两侧增长显著，生产量增长 54.64%，消费量增长 50.92%，在全球天然气市场上的影响力不断提升。2023 年，金砖十国天然气生产量占全球天然气生产总量的 33.36%，占"全球南方 +"天然气生产总量的 54.40%，其中俄罗斯、伊朗、中国及沙特为主要生产国，2023 年四国天然气生产量为 11864.44 亿立方米。金砖十国在天然气消费市场也占据一定的地位，消费量占全球天然气消费总量的 35.96%，占"全球南方 +"天然气消费总量的 59.23%（见图 1–12、图 1–13）。

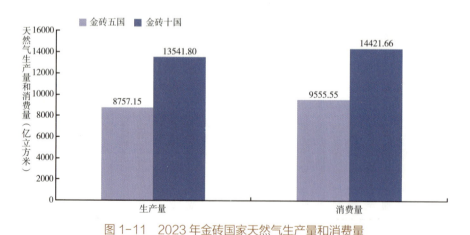

图 1–11　2023 年金砖国家天然气生产量和消费量

资料来源："Statistical Review of World Energy 2024," Energy Institute, https://www.energyinst.org/statistical-review。

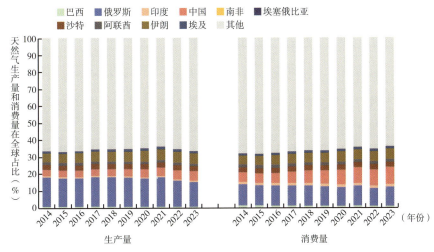

图 1-12　2014~2023 年金砖十国天然气生产量和消费量在全球占比

资料来源："Statistical Review of World Energy 2024," Energy Institute, https://www.energyinst. org/statistical-review。

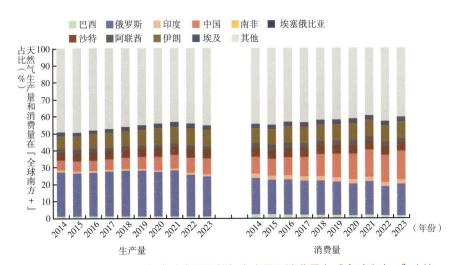

图 1-13　2014~2023 年金砖十国天然气生产量和消费量在"全球南方 +"占比

资料来源："Statistical Review of World Energy 2024," Energy Institute, https://www.energyinst. org/statistical-review。

3.2　金砖十国新能源资源情况及地位

3.2.1　新能源生产量和消费量

金砖十国作为全球能源领域的重要力量，不仅在传统能源合作上展现出巨大潜力，更在新能源的生产和消费方面引领着全球绿色转型的潮流。2023 年，金砖十国的新能源生产量达到 4968.57 太瓦时[①]，新能源消费量达到了 46.80 艾焦（见图 1-14、图 1-15）。这一趋势表明金砖十国正逐步扩大其在全球新能源市场中的份额，从而在全球新能源领域发挥更加重要和积极的影响。2023 年金砖十国新能源生产量占全球新能源生产总量的 42.37%，占"全球南方＋"新能源生产总量的比例高达 74.75%。中国、巴西及印度作为新能源生产的主力军，凭借其丰富的可再生能源

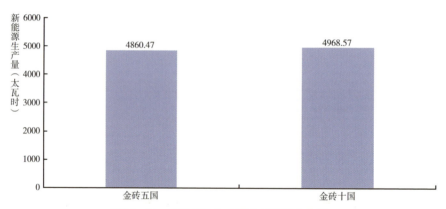

图 1-14　2023 年金砖国家新能源生产量

资料来源："Statistical Review of World Energy 2024," Energy Institute, https://www.energyinst.org/statistical-review。

---

① 新能源生产量及消费量单位说明：本书能源产销量数据均来自 2024 年 EI（Energy Institute）世界能源统计年鉴数据，其中以艾焦为单位统计的不同种类的投入等效能源（input-equivalent）数据，均由含时热当量模型（time-dependent thermal equivalent model）通过转换因子计算得出，故不能使用单位换算标准直接进行换算。例如，如果该国新能源产出量为 100 太瓦时，标准热发电厂的效率约为 38%，那么投入等效一次能源为 100/0.38=263 太瓦时或约 0.95 艾焦。

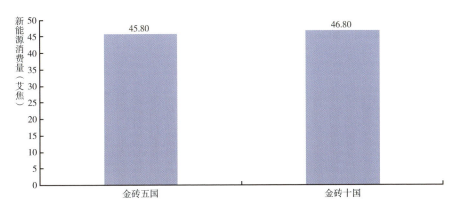

图 1-15　2023 年金砖国家新能源消费量

资料来源："Statistical Review of World Energy 2024," Energy Institute, https://www.energyinst.org/statistical-review。

资源、先进的技术和庞大的市场规模，不断推动全球新能源产业的快速发展。在新能源消费领域，金砖十国同样展现出了强劲的增长势头和巨大的市场潜力。2023 年，金砖十国新能源消费量占全球新能源消费总量的 42.52%，占"全球南方 +"新能源消费总量的 74.74%（见图 1-16、图 1-17）。

图 1-16　2014~2023 年金砖十国新能源生产量和消费量在全球占比

资料来源："Statistical Review of World Energy 2024," Energy Institute, https://www.energyinst.org/statistical-review。

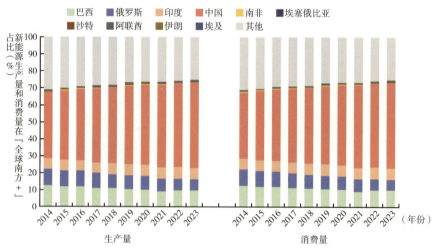

图 1-17　2014~2023 年金砖十国新能源生产量和消费量在"全球南方 +"占比

资料来源："Statistical Review of World Energy 2024," Energy Institute, https://www.energyinst.org/statistical-review。

3.2.2　其他可再生能源生产量和消费量

2023 年，金砖十国其他可再生能源[①]生产量和消费量在全球占比均在三分之一以上，且总体呈上升趋势，已经成为全球绿色能源发展的重要推动力量。2023 年，金砖十国的其他可再生能源生产量达到 2163.09 太瓦时，消费量达到 20.85 艾焦（见图 1-18、图 1-19）。相比金砖五国，金砖十国其他可再生能源生产量和消费量均实现了稳步增长，其中生产量增长 1.53%，消费量增长 1.46%，尽管相较于石油等传统能源的增长速度较为温和，但这也正反映了其他可再生能源发展的稳健性和可持续性。2023 年，金砖十国其他可再生能源生产量占全球其他可再生能源生产总量的 45.55%，占"全球南方 +"其他可再生能源生产总量的比例高达 80.73%。在消费端，金砖十国同样展现出了对其他可再生能源的强劲需求。2023 年，金砖十国其他可再生能源消费量占全球其他可再生能源消费总量的

---

① 　其他可再生能源在本书中特指除石油、煤炭、天然气、核能、水电外的可再生能源。

45.48%，占"全球南方+"其他可再生能源消费总量的80.63%（见图1-20、图1-21）。其中，中国的其他可再生能源生产量和消费量遥遥领先，分别为1668.15太瓦时、16.02艾焦。

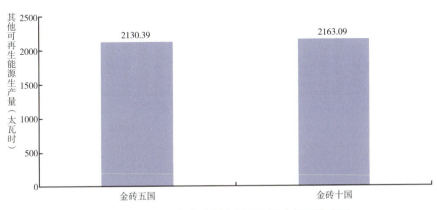

图 1-18　2023年金砖国家其他可再生能源生产量

资料来源："Statistical Review of World Energy 2024," Energy Institute, https://www.energyinst. org/statistical-review。

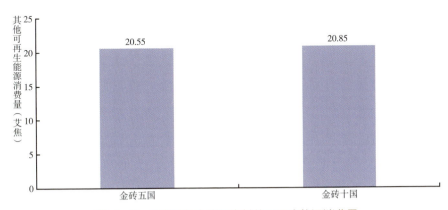

图 1-19　2023年金砖国家其他可再生能源消费量

资料来源："Statistical Review of World Energy 2024," Energy Institute, https://www.energyinst. org/statistical-review。

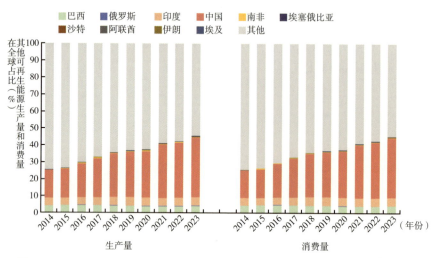

图 1-20　2014~2023 年金砖十国其他可再生能源生产量和消费量在全球占比

资料来源："Statistical Review of World Energy 2024," Energy Institute, https://www.energyinst.
org/statistical-review。

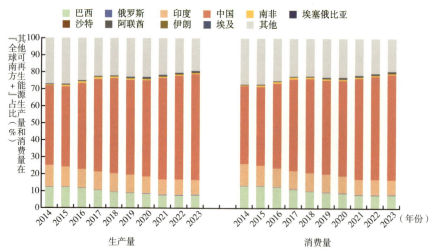

图 1-21　2014~2023 年金砖十国其他可再生能源生产量和消费量
在"全球南方 +"占比

资料来源："Statistical Review of World Energy 2024," Energy Institute, https://www.energyinst.
org/statistical-review。

3.2.3　水电发电量和消费量

金砖十国水电发电量和消费量占全球近二分之一的比例，在全球水电领域中占据了相当重要的位置，其影响力不容忽视。2023 年，金砖十国的水电发电量达到 2042.84 太瓦时，消费量达到 19.10 艾焦（见图 1–22、图 1–23）。相比金砖五国，金砖十国水电发电量和消费量均增长 1.82%，这一变化表明了金砖十国在水电领域的积极进展。考虑到水电项目的长期性和大规模性，可以推测金砖十国未来将在水电领域持续投资，并保持稳定的运营策略。金砖十国水电发电量占全球水电发电总量的 48.18%，占"全球南方 +"水电发电总量的比例高达 67.34%，其中，中国和巴西已成为世界水电发展的"领头羊"，水电发电量分别位于世界第一和第二。在消费端，金砖十国的水电消费量同样令人瞩目。2023 年，金砖十国水电消费量占全球水电消费总量的 48.17%，占"全球南方 +"水电消费总量的 67.32%（见图 1–24、图 1–25）。

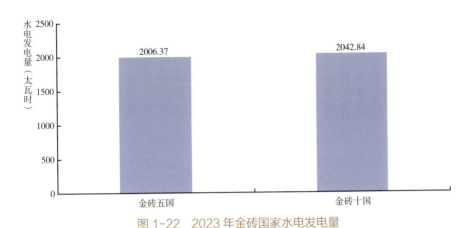

图 1-22　2023 年金砖国家水电发电量

资料来源："Statistical Review of World Energy 2024," Energy Institute, https://www.energyinst.org/statistical-review。

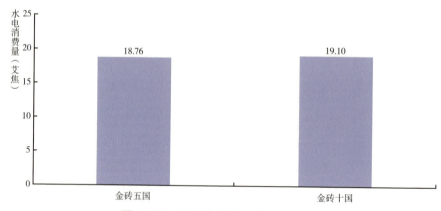

图 1-23　2023 年金砖国家水电消费量

资料来源："Statistical Review of World Energy 2024," Energy Institute, https://www.energyinst. org/statistical-review。

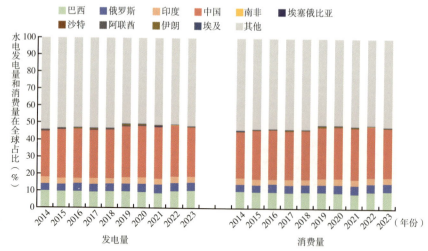

图 1-24　2014~2023 年金砖十国水电发电量和消费量在全球占比

资料来源："Statistical Review of World Energy 2024," Energy Institute, https://www.energyinst. org/statistical-review。

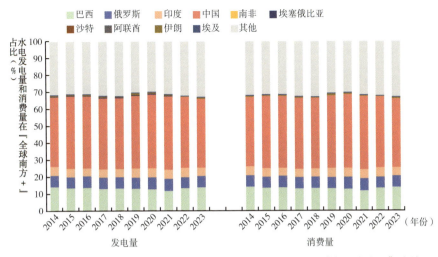

图 1-25　2014~2023 年金砖十国水电发电量和消费量在"全球南方 +"占比

资料来源："Statistical Review of World Energy 2024," Energy Institute, https://www.energyinst. org/statistical-review。

3.2.4　核能发电量和消费量

　　金砖十国在全球核能发展中扮演着至关重要的角色。2023 年，金砖十国核能发电量达到 762.63 太瓦时，核能消费量达到了 6.84 艾焦（见图 1-26、图 1-27）。相比金砖五国时期，金砖十国核能发电量和消费量均有所提升，增长约 5.38%，体现了金砖十国在核能领域的供需两侧保持了良好的平衡和同步发展。2023 年，金砖十国核能发电量占全球核能发电总量的 27.86%，占"全球南方 +"核能发电总量的比例高达 81.63%，其中，中国和俄罗斯在金砖国家中的核能发电量相对靠前，中国核能发电量增幅显著，从 2019 年的 348.70 太瓦时增长至 2023 年的 434.72 太瓦时。在消费端，金砖十国对核能的需求同样旺盛。金砖十国核能消费量占全球核能消费总量的 27.84%，占"全球南方 +"核能消费总量的 81.62%（见图 1-28、图 1-29）。

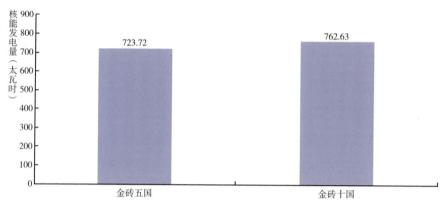

图 1-26　2023 年金砖国家核能发电量

资料来源："Statistical Review of World Energy 2024," Energy Institute, https://www.energyinst. org/statistical-review。

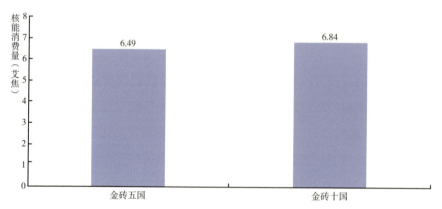

图 1-27　2023 年金砖国家核能消费量

资料来源："Statistical Review of World Energy 2024," Energy Institute, https://www.energyinst. org/statistical-review。

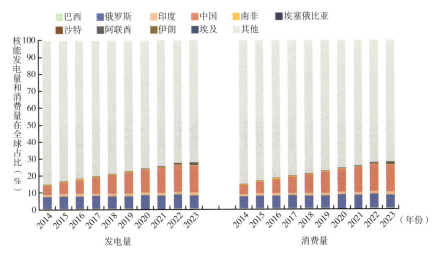

图 1-28　2014~2023 年金砖十国核能发电量和消费量在全球占比

资料来源："Statistical Review of World Energy 2024," Energy Institute, https://www.energyinst. org/statistical-review。

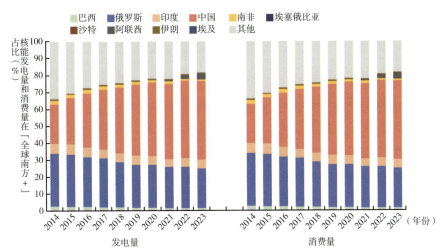

图 1-29　2014~2023 年金砖十国核能发电量和消费量在"全球南方 +"占比

资料来源："Statistical Review of World Energy 2024," Energy Institute, https://www.energyinst. org/statistical-review。

4

金砖十国开展能源合作的
重要意义

金砖国家通过开展能源合作可以增强政治互信、促进经济繁荣与推动绿色低碳发展，共同应对全球性挑战，实现可持续发展与共赢未来。金砖国家开展能源合作在政治、经济和应对气候变化三个方面具有重要意义。

4.1 金砖十国开展能源合作的政治意义

金砖十国开展能源合作在政治和战略层面具有重要意义。金砖十国能源合作有助于新兴市场国家和发展中国家在应对全球性挑战中发挥更大作用，推动构建一个更加公平、公正的国际能源体系。同时，金砖十国开展能源合作不仅促进保障能源安全和可持续发展，也为全球治理注入了新的动力，对有效应对非传统安全问题、保障区域能源安全具有重要意义。通过深化传统能源和新能源全产业链合作，尤其是能源基础设施合作必将推动各国增进互联互通、增加政治互信。

第一，金砖十国能源合作有助于形成利益共同体，增强在全球能源治理中的话语权。随着金砖国家不断壮大，其在重要国际组织中的投票权明显提升。例如，2023 年，在国际货币基金组织（IMF）中，金砖国家的投票权从扩员前的 14.82% 增加至扩员后的 18.65%，在世界银行（WB）中，投票权占比也从扩员前的 14.58% 增加至扩员后的 19.14%。这种扩员不仅巩固了金砖国家在国际事务中的影响力，还为扩大未来能源合作空间、市场格局以及产业链布局带来了深刻影响。此外，金砖国家在国际能源市场中的影响力不断加强。埃塞俄比亚的加入进一步增强了金砖国家在非洲的影响力和号召力。沙特、阿联酋和伊朗加入后，2023 年，金砖十国中 OPEC+ 成员国石油产量在 OPEC+ 石油总产量的占比高达 80% 以上（见图 1-30）。金砖十国在能源领域的紧密合作不仅促进了全球能源治理朝更加公正合理的方向发展，还将显著提升发展中国家在全球能源治理体系中的影响力，重新塑造全球能源贸易与投资格局。

图 1-30 2014~2023 年金砖国家中 OPEC+ 成员国石油产量在 OPEC+ 石油总产量占比

资料来源："Statistical Review of World Energy 2024," Energy Institute, https://www.energyinst.org/statistical-review。

第二，金砖十国能源合作有助于应对非传统安全问题，保障区域能源安全。随着"大金砖"机制的扩展，金砖国家在全球能源生产和消费市场中的地位不断提升。新成员的加入不仅丰富了金砖国家的能源资源结构，也使得金砖国家在平衡能源安全和能源转型方面有了更多的选择和灵活性。通过深化传统能源和新能源全产业链合作，金砖国家可以更好地协调能源政策，增强国际石油及其他能源市场的稳定性，减少对单一能源供应国的依赖。此外，金砖国家开展能源合作有助于应对非传统安全问题，如气候变化、环境污染等。这些非传统安全问题不仅威胁到区域安全，也对全球经济产生重大影响。金砖国家通过多边协调和战略合作，可以有效提高能源安全保障水平，促进低碳经济可持续发展。例如，金砖国家可以在可再生能源研究与合作方面进行深入交流，共同开发太阳能、风能等清洁能源，减少对化石燃料的依赖，从而降低碳排放。

第三，金砖国家能源合作为加强各国互联互通和增进政治互信发挥了重要作用。金砖国家在能源基础设施合作方面取得了显著成果。以中俄能源合作为例，中俄原油管道和中俄东线天然气管道的建成和运营，极大地促进了两国之间的能源互联互通。中俄原油管道自投运以来，已累计向中国输送原油数亿吨，成为保障中国能源安全的重要通道；同时，中俄东线天然气管道的供气量也在逐年增加，为中国供应了稳定可靠的能源。中国与巴西在水电领域也有合作，中国参与巴西多个水电项目的开发、建设和运营，如伊利亚索德拉水电站（Ilha Solteira Hydroelectric Power Plant）和朱比亚水电站（Jupiá Hydroelectric Power Plant）。中方团队为巴西带来了丰富的专业知识和先进的项目管理模式，推动了巴西水电技术的进步；巴方也分享了其管理经验和技术实践，促进了双方相互学习和进步。这种双向的知识和技能交流，对于提升两国在水电领域的国际竞争力具有重要意义。金砖国家能源合作特别是能源基础设施项目合作，不仅加深了金砖国家间能源的互联互通，也加强了金砖国家在政治领域的互信与合作。

4.2 金砖十国开展能源合作的经济意义

金砖十国能源合作在促进成员国及全球经济增长、推动产业全面发展、构建稳定合作框架方面发挥着重要作用，对全球经济的稳定与发展具有深远影响。

第一，金砖国家能源合作将直接推动金砖国家和全球经济增长。相比金砖五国，金砖十国在全球经济和"全球南方 +"经济中的地位不断提升。从 GDP 来看，2023 年，金砖五国占全球 GDP 的比例为 24.57%，金砖十国占全球 GDP 比例为 26.98%（见图 1-31），占"全球南方 +"GDP 的比例从 55.74% 上升至 61.21%（见图 1-32）。从贸易额来看，2023 年，金砖十国占全球出口贸易额比例增加 3.53 个百分点，占"全球南方 +"出口贸易额比例增加 7.95 个百分点；占全球进口贸易额比例增加 3.43 个百分点，占"全球南方 +"进口贸易额比例增加 7.90 个百分点。根据联合国商品贸易统计数据库①，2023 年金砖十国传统能源进出口贸易额达到 2896.98 亿美元，相较于 2019 年 1611.48 亿美元增长了约 79.77%，2019 年到 2023 年金砖十国传统能源进出口贸易额的显著增加直接带动了金砖十国 GDP 的增长。

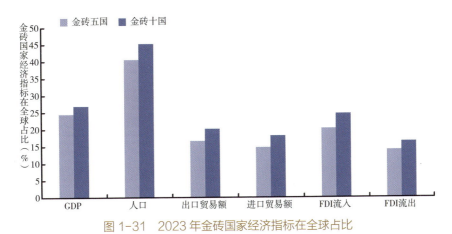

图 1-31　2023 年金砖国家经济指标在全球占比

资料来源：根据 World Bank、WTO 和 UNCTAD 数据绘制。

---

① UN Comtrade, https://comtradeplus.un.org/TradeFlow.

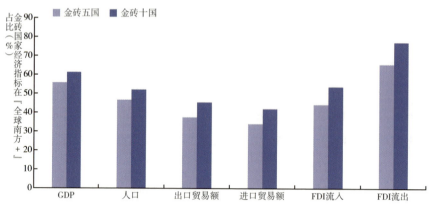

图 1-32　2023 年金砖国家经济指标在"全球南方 +"占比

资料来源：根据 World Bank、WTO 和 UNCTAD 数据绘制。

第二，以能源为纽带与动力，金砖十国携手推动系列产业全面发展。能源合作不仅将提升产业链的运作效率，同时还将促进相关产业的深度融合与转型升级，为金砖国家经济的多元化发展注入了强大动力。与此同时，能源合作的深化也推动了运输链的强化与升级。金砖国家通过构建海陆空多式联运体系，实现了能源及其相关产品的高效、快速流通。这一体系的完善不仅降低了物流成本，提升了市场竞争力，还为区域经济的互联互通与一体化发展奠定了坚实基础。金砖国家还积极推动物流信息化和智能化建设，利用大数据、云计算等先进技术优化运输网络，提高能源运输效率。尤为关键的是，金砖国家在新能源、清洁能源技术领域的研发合作正引领全球能源技术革新与突破。

第三，金砖十国间的能源互供机制为各国构建了一个稳定的合作框架，有效对冲了能源供应、市场、价格及货币交易等方面的不确定性。面对国际能源市场的波动，长期合作协议锁定了价格，为各国经济发展提供了稳定的能源成本预期，减少了市场不确定性带来的冲击。金砖国家间的货币合作与本币结算的推进，降低了汇率风险，提高了交易效率，为能源贸易的顺畅进行提供了有力支持。面对俄乌冲突引发的全球金融市场动荡，国际货币体系面临严峻考验，汇率波动加剧，交易风险上升。此时，金砖国家间的货币合作与本币结算推进显得尤为重要，它不仅降低了成员国之间的汇率风险，提高了交易效率，还通过长期能源合作协议中的货币稳定性承诺，为市场参与者提供了稳定的预期，有效减少了价格波动带来的负面影响。

4.3 金砖十国开展能源合作应对气候变化的意义

金砖十国作为全球经济与能源领域的重要力量，其能源合作在应对全球气候变化的过程中也扮演着至关重要的角色。具体来说，金砖国家能源合作在促进传统能源控碳减排、加快新能源开发利用和推动应对气候变化能源领域达成共识三个方面发挥重要作用。

第一，金砖国家能源合作促进传统能源控碳减排。金砖十国中，中国、印度、俄罗斯、沙特、伊朗等国在煤炭和石油等传统能源生产上占据重要地位，但金砖国家作为一个整体，正逐步意识到传统能源消费带来的碳排放问题。通过加强能源合作，推动技术创新与产业升级，金砖国家共同探索高效、低碳的能源利用方式，减少对传统能源的依赖，有效控制碳排放。例如，中国通过大力发展清洁能源和推进能源结构转型，已在全球控碳减排中发挥了积极作用。金砖国家间的合作，将进一步放大这种效应，为全球气候治理贡献力量。

第二，金砖国家能源合作加快新能源开发利用。金砖十国其他可再生能源生产量占据了全球近一半的份额。具体而言，2023年金砖国家的其他可再生能源生产量达到了2163.09太瓦时（见表1-5），远超世界其他地区的平均水平。水电在金砖国家的能源结构中占据着关键地位，其生产量相当可观，几乎占据全球水电发电总量的一半。核能在金砖国家的能源战略中也占据了举足轻重的地位，俄罗斯和中国更是这一领域的佼佼者，两国的核能发电量在金砖国家中占据主导地位，共同推动了全球核能技术的发展与应用。通过加强在其他可再生能源、水电和核能等领域的合作与交流，金砖国家将进一步推动全球清洁能源的普及和应用，为实现全球能源结构转型和可持续发展目标做出更大贡献。

　　第三，金砖国家能源合作推动应对气候变化及能源领域达成共识。金砖国家间的能源合作是技术与市场深度融合的典范。在应对气候变化及能源领域，金砖国家携手并进，展现出强大的协作潜力，共同推动全球共识的形成。在应对气候变化的全球议程中，金砖国家能够利用其在国际组织中的话语权，加强沟通与合作，共同推动在应对气候变化及能源领域达成国际共识。通过在国际气候谈判中发挥积极作用，金砖国家可以倡导公平、合理、共赢的气候治理理念，促进全球气候治理体系的完善与发展。同时，在双边及多边合作框架下，金砖国家可以分享各自在清洁能源、节能减排和绿色转型等方面的经验和技术，加强联合研发和创新合作，共同推动全球能源结构的优化和升级。这种合作不仅有助于金砖国家自身实现可持续发展目标，也可为全球应对气候变化贡献重要力量。

表 1-5　2023 年金砖十国经济指标、能源指标和话语权指标汇总

	指标	巴西	俄罗斯	印度	中国	南非	埃塞俄比亚	沙特	阿联酋	伊朗	埃及	金砖总	"全球南方+"	全球
经济方面	GDP（万亿美元）	2.17	2.02	3.55	17.79	0.38	0.16	1.07	0.50	0.40	0.40	28.45	46.48	105.44
	GDP 在全球占比（%）	2.06	1.92	3.37	16.87	0.36	0.15	1.01	0.47	0.38	0.38	26.98	44.08	100
	GDP 在"全球南方+"占比（%）	4.67	4.35	7.64	38.27	0.82	0.34	2.30	1.08	0.86	0.86	61.21	100	—
	人口（亿人）	2.16	1.44	14.29	14.11	0.60	1.27	0.37	0.10	0.89	1.13	36.35	69.84	80.25
	人口在全球占比（%）	2.69	1.79	17.81	17.58	0.75	1.58	0.46	0.12	1.11	1.41	45.30	87.03	100
	人口在"全球南方+"占比（%）	3.09	2.06	20.46	20.20	0.86	1.82	0.53	0.14	1.27	1.62	52.05	100	—
	出口贸易额（千亿美元）	4.15	4.84	10.43	40.12	1.32	0.12	3.75	7.10	1.13	0.81	73.77	162.30	364.94
	出口贸易额在全球占比（%）	1.14	1.33	2.86	10.99	0.36	0.03	1.03	1.95	0.31	0.22	20.21	44.47	100
	出口贸易额在"全球南方+"占比（%）	2.56	2.98	6.43	24.72	0.81	0.07	2.31	4.37	0.70	0.50	45.45	100	—
	进口贸易额（千亿美元）	3.84	4.04	10.39	32.86	1.58	0.27	3.49	6.38	0.93	1.12	64.91	154.60	356.29
	进口贸易额全球占比（%）	1.08	1.13	2.92	9.22	0.44	0.08	0.98	1.79	0.26	0.31	18.22	43.39	100

续表

	指标	巴西	俄罗斯	印度	中国	南非	埃塞俄比亚	沙特	阿联酋	伊朗	埃及	金砖总	"全球南方+"	全球
经济方面	进口贸易额在"全球南方+"占比(%)	2.48	2.61	6.72	21.25	1.02	0.17	2.26	4.13	0.60	0.72	41.99	100	—
	FDI 流出（百亿美元）	2.99	2.91	1.33	14.79	-0.28	—	1.61	2.23	0.01	0.04	25.63	33.17	155.04
	FDI 流出在全球占比（%）	1.93	1.88	0.86	9.54	—	—	1.04	1.44	0.01	0.03	16.53	21.39	100
	FDI 流出在"全球南方+"占比（%）	9.01	8.77	4.01	44.59	—	—	4.85	6.72	0.03	0.12	77.27	100	—
	FDI 流入（百亿美元）	6.59	0.84	2.82	16.33	0.52	0.33	1.23	3.07	0.14	0.98	32.85	61.19	133.09
	FDI 流入在全球占比（%）	4.95	0.63	2.12	12.27	0.39	0.25	0.92	2.31	0.11	0.74	24.68	45.98	100
	FDI 流入在"全球南方+"占比（%）	10.77	1.37	4.61	26.69	0.85	0.54	2.01	5.02	0.23	1.60	53.69	100	—
能源方面	煤炭生产量（艾焦）	0.10	9.21	16.75	93.10	5.41					—	124.57	153.02	179.24
	煤炭生产量在全球占比（%）	0.06	5.14	9.35	51.94	3.02						69.50	85.37	100
	煤炭生产量在"全球南方+"占比（%）	0.07	6.02	10.95	60.84	3.54						81.41	100	—

续表

	指标	巴西	俄罗斯	印度	中国	南非	埃塞俄比亚	沙特	阿联酋	伊朗	埃及	金砖总	"全球南方+"	全球
能源方面	煤炭消费量（艾焦）	0.57	3.83	21.98	91.94	3.33	—	0.00	0.10	0.08	0.05	121.88	142.66	164.03
	煤炭消费量在全球占比（%）	0.35	2.33	13.40	56.05	2.03	—	0.00	0.06	0.05	0.03	74.30	86.97	100
	煤炭消费量在"全球南方+"占比（%）	0.40	2.68	15.41	64.45	2.33	—	0.00	0.07	0.06	0.04	85.43	100	—
	石油生产量（亿吨）	1.84	5.42	0.33	2.09	0.00	—	5.32	1.76	2.14	0.30	19.19	32.52	45.08
	石油生产量在全球占比（%）	4.08	12.02	0.73	4.64	0.00	—	11.80	3.90	4.75	0.67	42.57	72.14	100
	石油生产量在"全球南方+"占比（%）	5.66	16.67	1.01	6.43	0.00	—	16.36	5.41	6.58	0.92	59.01	100	—
	石油消费量（亿吨）	1.18	1.65	2.49	7.69	0.25	—	1.72	0.51	0.80	0.34	16.64	26.92	45.31
	石油消费量在全球占比（%）	2.60	3.64	5.50	16.97	0.55	—	3.80	1.13	1.77	0.75	36.72	59.41	100
	石油消费量在"全球南方+"占比（%）	4.38	6.13	9.25	28.57	0.93	—	6.39	1.89	2.97	1.26	61.81	100	—
	天然气生产量（亿立方米）	234.23	5863.82	315.85	2342.58	0.66	—	1141.26	555.61	2256.78	571.00	13541.80	24894.21	40592.31
	天然气生产量在全球占比（%）	0.58	14.45	0.78	5.77	0.00	—	2.81	1.37	6.20	1.41	33.36	49.21	100

续表

指标	巴西	俄罗斯	印度	中国	南非	埃塞俄比亚	沙特	阿联酋	伊朗	埃及	金砖总	"全球南方+"	全球
天然气生产量在"全球南方+"占比(%)	0.94	23.55	1.27	9.41	0.00	—	4.58	2.23	10.11	2.29	54.40	100	—
天然气消费量(亿立方米)	299.88	4533.71	626.10	4048.38	47.48	—	1141.26	668.88	2455.53	600.44	14421.66	24346.69	40101.74
天然气消费量在全球占比(%)	0.75	11.31	1.56	10.10	0.12	—	2.85	1.67	6.12	1.50	35.96	60.71	100
天然气消费量在"全球南方+"占比(%)	1.23	18.62	2.57	16.63	0.20	—	4.69	2.75	10.09	2.47	59.23	100	—
核能发电量(太瓦时)	14.51	217.38	48.20	434.72	8.90	—	0.00	32.27	6.64	0.00	762.63	934.29	2737.66
核能发电量全球占比(%)	0.53	7.94	1.76	15.88	0.33	—	0.00	1.18	0.24	0.00	27.86	34.13	100
核能发电量在"全球南方+"占比(%)	1.55	23.27	5.16	46.53	0.95	—	0.00	3.45	0.71	0.00	81.63	100	—
核能消费量(艾焦)	0.13	1.95	0.43	3.90	0.08	—	0.00	0.29	0.06	0.00	6.84	8.38	24.57
核能消费量全球占比(%)	0.53	7.94	1.75	15.87	0.33	—	0.00	1.18	0.24	0.00	27.84	34.11	100
核能消费量在"全球南方+"占比(%)	1.55	23.27	5.13	46.54	0.95	—	0.00	3.46	0.72	0.00	81.62	100	—

能源方面

续表

指标	巴西	俄罗斯	印度	中国	南非	埃塞俄比亚	沙特	阿联酋	伊朗	埃及	金砖总	"全球南方+"	全球
水电发电量（太瓦时）	428.65	200.87	149.17	1226.00	1.69	—	0.00	0.00	22.65	13.82	2042.84	3033.69	4240.20
水电发电量在全球占比（%）	10.11	4.74	3.52	28.91	0.04	—	0.00	0.00	0.53	0.33	48.18	71.55	100
水电发电量在"全球南方+"占比（%）	14.13	6.62	4.92	40.41	0.06	—	0.00	0.00	0.75	0.46	67.34	100	—
水电消费量（艾焦）	4.01	1.88	1.39	11.46	0.02	—	0.00	0.00	0.21	0.13	19.10	28.37	39.65
水电消费量在全球占比（%）	10.11	4.74	3.51	28.90	0.05	—	0.00	0.00	0.53	0.33	48.17	71.55	100
水电消费量在"全球南方+"占比（%）	14.13	6.63	4.90	40.39	0.07	—	0.00	0.00	0.74	0.46	67.32	100	—
其他可再生能源生产量（太瓦时）	202.82	8.23	232.80	1668.15	18.39	—	5.77	13.84	2.12	10.98	2163.09	2679.37	4748.38
其他可再生能源生产量在全球占比（%）	4.27	0.17	4.90	35.13	0.39	—	0.12	0.29	0.04	0.23	45.55	56.43	100
其他可再生能源生产量在"全球南方+"占比（%）	7.57	0.31	8.69	62.26	0.69	—	0.22	0.52	0.08	0.41	80.73	100	—
其他可再生能源消费量（艾焦）	2.02	0.08	2.26	16.02	0.17	—	0.05	0.13	0.02	0.10	20.85	25.86	45.84

能源方面

续表

	指标	巴西	俄罗斯	印度	中国	南非	埃塞俄比亚	沙特	阿联酋	伊朗	埃及	金砖总	"全球南方+"	全球
能源方面	其他可再生能源消费量在全球占比（%）	4.41	0.17	4.93	34.95	0.37	—	0.11	0.28	0.04	0.22	45.48	56.41	100
	其他可再生能源消费量在"全球南方+"占比（%）	7.81	0.31	8.74	61.95	0.66	—	0.19	0.50	0.08	0.39	80.63	100	—
	一次能源消费量（艾焦）	13.87	31.29	39.02	171.64	4.85	—	11.60	5.13	12.71	3.94	294.06	410.94	619.63
	一次能源消费量在全球占比（%）	2.24	5.05	6.30	27.70	0.78	—	1.87	0.83	2.05	0.64	47.46	66.32	100
	一次能源消费量在"全球南方+"占比（%）	3.38	7.61	9.50	41.77	1.18	—	2.82	1.25	3.09	0.96	71.56	100	—
投票权方面	IMF中投票权占比（%）	2.32	2.71	2.75	6.40	0.64	0.43	0.06	0.75	2.10	0.49	18.65	—	—
	世界银行中投票权占比（%）	1.93	2.85	3.06	5.97	0.77	0.41	0.08	1.27	2.52	0.28	19.14	—	—

注："—"表示无可用数据。

资料来源：根据 World Bank、WTO、UNCTAD 和 IMF 数据整理。

第2章

金砖十国能源矿产资源潜力

能源是自然界中能为人类提供某种形式能量的物质资源。能源的形式多种多样，可以根据不同的标准进行分类。常用的方法是根据其可再生性划分为不可再生能源和可再生能源。不可再生能源包括煤炭、石油、天然气等，可再生能源则包括太阳能、水能、风能和生物质能等。还可以按能源的基本形态划分为一次能源和二次能源。一次能源是指直接从自然界获得的能源，如煤炭、油气、水能、风能、太阳能等；二次能源则是由一次能源转化而来的能源，如电力、热力、成品油等。此外，一般我们将技术上比较成熟且已被大规模利用的能源称为常规能源，也称为传统能源，将尚未大规模利用、正在积极研究开发的能源称为新能源，也称为非常规能源。因此，煤、石油、天然气以及大中型水电被看作常规能源，而太阳能、风能、现代生物质能、地热能、海洋能以及氢能等被看作新能源。

作为技术成熟的清洁能源——核能的主要燃料，铀矿是另一种重要的战略资源，但世界铀资源分布极不均匀，主要集中在澳大利亚（28%）、哈萨克斯坦（13%）、加拿大（10%）、俄罗斯（9%）、纳米比亚（8%）、尼日尔（5%）、巴西（5%）、南非（5%）、中国（4%）、乌克兰（2%），这十个国家的铀资源量之和占全球总资源量的89%。[1]

能源矿产资源是指赋存于地表或者地下的，由地质作用形成的，呈固态、气态和液态的，具有提供现实意义或潜在意义能源价值的天然富集物。金砖十国所处的全球板块位置不同，经历的构造演化和充填的沉积地层差异大，拥有的能源矿产资源（油气、煤炭和铀矿）的禀赋差异大。扩员后金砖国家的油气资源大幅增加，铀矿资源变化不大。本章主要从地质角度简要介绍金砖国家油气、煤炭和铀矿资源禀赋及利用现状。

---

[1] "Supply of Uranium," World Nuclear Association, https://world-nuclear.org/information-library/nuclear-fuel-cycle/uranium-resources/supply-of-uranium.

巴西能源矿产资源概况

巴西位于南美洲东部，是南美最大的国家。北部与法属圭亚那、苏里南、圭亚那、委内瑞拉和哥伦比亚相邻，西部与秘鲁和玻利维亚相接，南部与巴拉圭、阿根廷和乌拉圭相连。海岸线长达 7400 千米，国土广阔，达 851.04 万平方千米。巴西气候多样，大部分地区属于热带气候，北部亚马孙平原是典型赤道（热带）雨林气候，中部高原地带则是热带草原气候，南部呈现亚热带气候特征。巴西利亚是该国首都，国会是最高权力机构，葡萄牙语是官方语言，法定货币是雷亚尔。截至 2024 年 7月，巴西的人口 2.03 亿。

巴西与全球 198 个国家建立了外交关系，积极参与国际事务。它是联合国、世界贸易组织、美洲国家组织、拉美和加勒比国家共同体、南美国家联盟以及南方共同市场等国际和地区组织的重要成员。此外，巴西还是金砖国家、二十国集团和七十七国集团等多边机制的成员国，并且是不结盟运动观察员。巴西与中国友好关系源远流长。1974 年 8 月 15 日，两国正式建立了外交关系。1993 年，巴西和中国建立了战略伙伴关系。2012 年，双方关系进一步升级，成为全面战略伙伴关系。

巴西矿产资源丰富，包括铌、锰、钛、铝矾土、铅、锡、铁、铀等29 种矿物的储量位居世界前列。巴西石油探明储量 149 亿桶（约 21.29

亿吨），居世界第 15 位，在南美地区仅次于委内瑞拉，排名第二。自 2007 年起，巴西沿海地区陆续发现了多个大型盐下油气田，这些油气田的储量介于 1.45 亿吨至 15.07 亿吨之间，标志着巴西已成为世界主要的石油储藏国之一[①]。已探明铌矿储量 520 万吨，占世界总量的 90% 以上。已经探明铁矿储量 333 亿吨，占世界总量的 9.8%，居世界第五位，产量居世界第二位。森林覆盖率达 62%，木材储量 658 亿立方米，占世界总量的 20%。巴西水力资源同样令人瞩目，其淡水资源占全球淡水总量的 18%，人均淡水资源拥有量高达 2.9 万立方米，水力资源的蕴藏量达到 1.43 亿千瓦 / 年。[②]

在巴西的一次能源消费结构中，以石油和水电占绝对主导地位，其中石油占 36.8%，水电占 28.9%，显示出巴西丰富的石油和水力资源优势。排第三位的是其他可再生能源，占 21.4%。在全球能源消费结构中占重要地位的煤炭和天然气，在巴西的消费结构中处于次要地位，天然气占比仅 7.8%，煤炭占比 4.1%（见图 2-1）。2023 年，巴西一次能源消费量相当于 13.87 艾焦（见图 2-2），2013~2023 年十年间年均增长率为 1%。2023 年，巴西人均碳排放量为 2.2 吨，二氧化碳排放总量为 4.8 亿吨，占全球总排放量的 1.2%，其中交通运输业为主要碳排放来源。[③]

---

① 胡永乐等编著《世界油气勘探开发与合作形势图集（南美地区）》，石油工业出版社，2021，第 14 页。

② 《巴西国家概况》，外交部网站，https://www.mfa.gov.cn/web/gjhdq_676201/gj_676203/nmz_680924/1206_680974/1206x0_680976/，最后访问日期：2024 年 5 月 29 日。

③ "EDGAR-Emissions Database for Global Atmospheric Research," European Commission Joint Research Centre, https://edgar.jrc.ec.europa.eu/country_profile. 本章若无特殊注明，碳排放数据均来自本数据库。

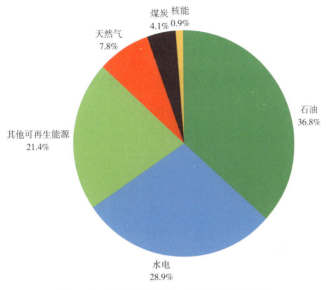

图 2-1　2023 年巴西一次能源消费结构

资料来源："Statistical Review of World Energy 2024," Energy Institute, https://www.energyinst.org/statistical-review。

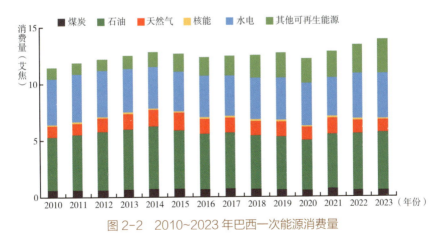

图 2-2　2010~2023 年巴西一次能源消费量

资料来源："Statistical Review of World Energy 2024," Energy Institute, https://www.energyinst.org/statistical-review。

1.1 油气资源潜力

1.1.1 油气勘探开发历史及生产现状

巴西油气勘探开始于陆上，1939 年在雷康卡沃盆地的陆上发现了一个小型的洛巴托（Lobato）油气田，拉开了巴西油气勘探的序幕。巴西油气勘探可分为三个阶段，早期（1922~1970 年）主要集中在陆上勘探，中期（1970~1992 年）陆上和浅水（<500m）兼顾勘探，后期（1992 年至今）以深海为主。20 世纪 90 年代，随着坎波斯盆地北部几个大型深水油气田的发现，桑托斯盆地的勘探重点由浅水区域转向深海，这一战略转变对勘探领域产生了深远影响。2000~2008 年，该盆地深海区域的油气勘探工作取得了显著成效，共计发现 14 个油气田，可采储量总计约 7000 万吨。

2007 年末，巴西国家石油公司宣布在桑托斯盆地的图皮（Tupi）区域盐下探明 7 亿吨至 11 亿吨油当量的油气资源。继图皮油田之后，巴西在糖面包山（Sugar Loaf）、亚拉（Iara）、卡里奥卡（Carioca）、帕拉蒂（Parati）、贝内维（Bernevi）等地区也陆续发现了中质或轻质油田。[①] 此外，朱庇特（Jupiter）区块也探明了大量天然气和凝析油资源。据初步估算，巴西的可采石油和天然气资源总规模接近 77.8 亿吨油当量，是南美洲仅次于委内瑞拉的油气资源大国，在整个西半球的排名中位列第四。随着巴西国家石油公司持续向深海区域拓展勘探，预计探明储量将进一步增加。

近年来，巴西石油产量逐渐攀升，2013~2023 年石油产量年均增长 5.2%，2022 年石油产量 1.63 亿吨，2023 年石油产量为 1.84 亿吨（见图 2-3），占世界石油产量的 4.08%，为全球第八大石油生产国。盐下油产量在国家石油总产量中的占比显著提升，自 2020 年起，盐下石油产量已超总产量的 66%。

---

① 刘深艳、胡孝林、李进波：《巴西桑托斯盆地盐下大发现及其勘探意义》，《中国石油勘探》2011 年第 16 卷第 4 期，第 74~81 页。

图 2-3　2000~2023 年巴西石油剩余探明可采储量及产量

资料来源："Statistical Review of World Energy 2024,"Energy Institute, https://www.energyinst. org/statistical-review，其中 2021~2023 年储量数据来自巴西国家石油、天然气和生物燃料局（ANP）。

　　巴西天然气产量相对较小，主要来自深海油气田，少量来自陆上。2013~2023 年天然气产量年均增长 0.7%，2023 年天然气产量为 234.23 亿立方米（见图 2-4），占世界天然气产量的 0.58%。

图 2-4　2000~2023 年巴西天然气剩余探明可采储量及产量

资料来源："Statistical Review of World Energy 2024,"Energy Institute, https://www.energyinst. org/statistical-review，其中 2021~2023 年储量数据来自巴西国家石油和天然气局（ANP）。

1.1.2　油气资源分布情况

巴西油气资源主要集中于深海区域，陆上石油储量规模较小。巴西境内可分为陆上克拉通和海上被动大陆边缘 2 类构造单元，相应发育 6 个陆上克拉通盆地和 15 个海上被动大陆边缘盆地。[①] 巴西地盾区由多个古老的克拉通组成，包括亚马孙、圣弗朗西斯科、圣路易斯和帕拉纳帕内玛等，目前仅在亚马孙和巴拉纳等盆地有少量天然气被发现。巴西东部被动大陆边缘盆地在巴西海上的油气勘探与开发中占有举足轻重的地位，是油气资源主要聚集区域，尤其是 7 个含盐盆地，如桑托斯、坎波斯、埃斯普利托 – 桑托、舍吉佩 – 阿拉戈斯盆地等，拥有巴西绝大部分油气资源，已发现油气累计可采储量达 118.41 亿吨，占全国总量的 92.65%，是该国最重要的油气聚集区；其次是海上含浊积砂岩盆地，这是巴西油气资源的第二大分布区域，以雷康卡沃、波蒂瓜尔、福斯杜 – 亚马孙和佩罗塔斯盆地等最为重要。[②] 在层位上，95% 以上的油气来自中新生界，以盐下碳酸盐岩和深海浊积砂岩为主，盐岩和深海泥岩构成优质盖层，分别与盐下碳酸盐岩和浊积砂岩构成良好的生储盖组合，勘探前景仍然十分广阔。

巴西油气资源丰富，以常规油气为主。根据中国石油勘探开发研究院全球油气资源评价结果，2023 年巴西常规油气剩余可采储量为 91.51 亿吨油当量，待发现油气资源量预计达 346.83 亿吨油当量。巴西非常规油气资源量也十分可观，2023 年非常规石油和天然气可采储量分别为 207.7 亿吨和 5.9 万亿立方米，其中油页岩、重油和页岩油分别为 153.23 亿吨、45.70 亿吨和 8.8 亿吨，页岩气和致密气分别为 5.1 万亿立方米和 0.8 万亿立方米。[③]

---

① 田纳新、姜向强、石磊、曾昱昕：《南美重点盆地油气地质特征及资源潜力》，《石油实验地质》2017 年第 39 卷第 6 期，第 825~833 页。

② "Edin & Basin Monitor, Brazil, Latin America," IHS, https://www.spglobal.com.

③ Lirong Dou, Zhixin Wen, Zhaoming Wang, *Global Oil and Gas Resources: Potential and Distribution*（Petroleum Industry Press and Springer，2024），p.198.

1.1.3　油气消费情况

巴西石油消费量保持相对稳定趋势，2023 年巴西石油消费量达到 1.18 亿吨，占世界石油消费量的 2.60%，为全球第八大石油消费国。近 20 年来巴西石油消费量相对稳定，整体在 1 亿吨左右。巴西自 2015 年起石油实现稳定自给，逐渐成为全球重要的石油出口国，出口量逐渐增加，2023 年巴西石油产量的 55.2% 用于出口（见图 2-5）。

图 2-5　2000~2023 年巴西石油消费量及对外依存度

资料来源："Statistical Review of World Energy 2024," Energy Institute, https://www.energyinst.org/statistical-review。

2023 年巴西天然气消费量达到 299.88 亿立方米，占世界天然气消费量的 0.75%。近 20 年巴西天然气消费量呈先升后降趋势，2013 年以来，整体保持在 300 亿立方米到 430 亿立方米之间，2015 年达到高峰，约 430 亿立方米。巴西天然气不能实现自给，一直是天然气进口国。2023 年巴西天然气对外依存度为 22%，近 20 年保持在 20% 到 50% 之间，2015 年后波动下降（见图 2-6）。

图 2-6   2000~2023 年巴西天然气消费量及对外依存度

资料来源："Statistical Review of World Energy 2024," Energy Institute, https://www.energyinst.org/statistical-review。

1.2   煤炭资源潜力

1.2.1   煤炭勘探开发历史及生产现状

巴西煤炭资源较少，产量较低，煤炭在全国能源结构中所占比例较小。[1]2020 年，巴西煤炭剩余探明可采储量 65.96 亿吨，占全球份额的 0.61%，全球排名第 16 位。巴西煤炭剩余探明可采储量相对较少，相关投资较小，近年来剩余探明可采储量变化较小。巴西煤炭产量较少，2013~2023 年平均增长率为 –3.2%，近年来呈现小幅波动的态势。根据 EI 世界能源统计数据，2023 年巴西煤炭产量为 680 万吨（0.1 艾焦）（见图 2-7），占全球煤炭生产份额的 0.06%[2]，在全球处于少数地位。巴西煤炭资源品质较差，其特点是高硫、高灰、低碳、低热值，这在一定程度上限制了其开发利用的经济效益，尽管如此，仍适用于发电。

---

① 房照增：《拉美三国煤炭生产加工及环境保护》，《中国煤炭》2007 年第 33 卷第 8 期，第 81~82 页。

② "Statistical Review of World Energy," Energy Institute, https://www.energyinst.org/home.

图 2-7　2000~2023 年巴西煤炭剩余探明可采储量及产量

注：巴西煤炭剩余探明可采储量因无工作量自 2020 年至 2023 年无变化。

资料来源："Statistical Review of World Energy 2024," Energy Institute, https://www.energyinst.org/statistical-review。

1.2.2　煤炭资源分布情况

巴西煤炭资源主要集中在南部的三个州：圣卡塔琳娜州、南里奥格兰德州以及巴拉纳州，主要归属于巴拉纳盆地，地层以二叠系为主。该地层沉积以湖相、浅海相、三角洲相和局限海沉积为主。二叠系煤层是巴拉纳盆地南部煤层气的主要气源岩，砂岩是盆地最重要的储层。煤层有机质类型为Ⅲ型，总有机碳（TOC）含量 22.8%~49.8%，碳质泥岩有机质类型亦为Ⅲ型，最大 TOC 含量仅 4%。[①] 巴西的煤炭探明可采储量约 65.96 亿吨，80% 以上分布在南里奥格兰德州。近年来，南里奥格兰德州的煤炭产量增加主要归因于坎迪奥塔（Candiota）矿区的显著增产，而该地区的其他矿区则面临减产或完全停产问题。[②]

1.2.3　煤炭消费情况

在巴西，煤炭在能源结构中所占份额较少，仅 4.1%。电力产业是煤

---

① "Edin & Basin Monitor, Brazil, Latin America," IHS, https://www.spglobal.com.

② 周雅立：《巴西煤炭工业现状》，《煤矿设计参考资料》1999 年第 4 期，第 37~43 页。

炭消费的主要领域，大约有 88% 的煤炭被用于发电。然而，煤炭对巴西总电力供应的贡献仅为 2%。钢铁工业也是巴西煤炭的重要消费领域，每年需进口约 130 万吨的炼焦煤，主要来源国包括美国和澳大利亚，这些炼焦煤对于钢铁冶炼过程中的高炉操作至关重要。根据 EI 世界能源统计数据，2023 年巴西的煤炭消费量为 0.57 艾焦，占全球消费量的 0.35%，对外依存度为 81%，自 2017 年以来，对外依存度整体呈缓慢下降趋势（见图 2-8）。

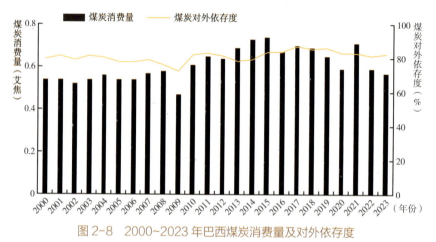

图 2-8　2000~2023 年巴西煤炭消费量及对外依存度

资料来源："Statistical Review of World Energy 2024," Energy Institute, https://www.energyinst.org/statistical-review。

1.3　铀矿资源潜力

1.3.1　铀矿勘探开发历史及生产现状

巴西的铀工业活动由国家核能委员会（CHEN）负责监管，1952 年，国家研究委员会开始系统地勘探放射性矿物。随后在米纳斯吉拉斯州和巴伊亚州发现了第一批铀矿。1955 年巴西与美国签署了技术合作协议，以评估巴西的铀矿潜力。20 世纪 70 年代，随着财政资源的增加，国家核能委员会对放射性矿物的勘探加速。1974 年，政府成立了核能公司专门从事铀勘探和生产。早期成就之一是在波苏斯 - 迪卡尔达斯高原上发现和开发了奥

萨姆 - 尤苏米（Osamu Utsumi）矿床。1975 年末，核能公司发现了 8 个铀资源矿区。2012~2017 年，勘探工作集中在拉各雷尔（Lagoa Real）地区北部。2018~2020 年未开展勘探工作。2020 年底，巴西核能公司开始重新评估拉各雷尔地区和圣基特里亚（Santa Quitéria）地区几个矿床的资源。

　　巴西已探明的铀矿储量约 2.76 万吨，占全球总量的 5%，排全球第七位。[①] 目前，国内仅对 25% 的领土进行了铀矿资源的勘探，勘探结果表明，已确定的、预测的和推测的资源量约为 30.9 万吨八氧化三铀。此外，亚马孙州的皮廷加（Pitinga）矿山和帕拉州的卡拉加斯（Carajás）矿山等混合矿床中也发现了铀矿资源，预计储量约为 15 万吨。[②]

　　巴西的铀生产开始于 1982 年的波苏斯 - 迪卡尔达斯矿山，设计能力为 425 吨 / 年，由核能公司经营至 1988 年。1990~1992 年，由于生产成本增加和需求减少，波苏斯 - 迪卡尔达斯生产中心暂停。1993 年底重新开始生产，一直持续到 1995 年 10 月。波苏斯 - 迪卡尔达斯生产中心于 1997 年关闭，并于 1998 年开始退役计划。卡埃迪特（Caetité）矿区是目前巴西唯一运行的铀矿。卡乔埃拉（Cachoeira）矿床的露天矿部分于 2014 年全部开采完。通过地下采矿法开采卡乔埃拉矿床剩余部分的许可程序正在进行中，拉各雷尔地区的卡埃迪特矿区扩建至 670 吨 / 年也在进行中，包括恩热钮（Engenho）矿床的试运行，预计 2027 年完工。

　　巴西是世界上为数不多的掌握用于和平目的的铀浓缩技术的国家之一，国内所有铀矿都是为满足本国需求而定向生产的，需求与生产之间的缺口通过市场采购来弥补。2019~2020 年，巴西核工业公司（Indústrias Nucleares do Brasil S.A.，简称 "INB"）共获得 650 吨铀矿。计划中的铀产量增加旨在满足所有反应堆的需求，包括安格拉 1 号、安格拉 2 号核电厂和计划中的安格拉 3 号核电厂，铀需求量为 370 吨 / 年到 590

① Silva, G.F., "An Overview of Critical Minerals Potential of Brazil," Serviço Geológico do Brasil, Brasília – DF, 2023.

② Castro, J. C., "Industrias Nucleares Do Brasil- INB Nuclear Fuel Cycle, " Las/Nas Symposium，2016.

吨 / 年。截至 2020 年底，巴西累计生产铀矿 4216 吨，占全球同期总量的 0.13%。[1] 巴西致力于在国际核能领域占据重要地位，国内法律明确禁止铀矿的出口。[2]

1.3.2 铀矿资源分布情况

根据勘探数据，铀矿资源主要分布在巴西中东部的巴伊亚州、塞阿拉州、伯南布哥州、北里奥格兰德州、皮奥伊州、马拉尼昂州、帕拉州、托坎廷斯州、戈亚斯州、米纳斯吉拉斯州、南里奥格兰德州和巴拉纳州，[3] 其中以巴伊亚州铀矿资源最为丰富，是巴西主要的铀矿开采区之一。巴西铀矿资源主要位于太古界高级变质岩石中，以钠交代型铀矿为主，受岩石母岩类型和分布控制，成铀资源回收率低，占低回收成本铀矿资源总量的 28.86%，矿床类型以磷矿石型为主。

巴西已确定的常规铀矿资源在 18.43 万吨至 20.97 万吨之间，主要分布在以下矿床中：波苏斯 - 迪卡尔达斯（奥萨姆 - 尤苏米矿），矿体为 A、B、E 和阿戈斯蒂纽（Agostinho）（塌陷角砾岩型）；菲盖拉（Figueira）和阿莫里农波利斯（Amorinópolis）矿床（砂岩）；伊塔蒂艾亚（Itataia）和相邻的阿尔坎蒂尔（Alcantil）和塞罗特斯拜舒斯（Serrotes Baixos）矿床（磷酸盐）；拉各雷尔地区的埃斯宾哈拉斯（Espinharas）矿床（交代）；坎波斯贝洛斯（Campos Belos）（变质岩）；皮廷加矿床（副产物为锑/铌，与花岗岩相关）；其他包括瓜拉尼格拉费鲁 (Quadrilátero Ferrífero)、甘达雷拉 (Gandarela) 和塞拉德斯加沃塔斯（Serra des Gaivotas）矿床（石英圆

---

[1] "Uranium 2022: Resources, Production and Demand," Nuclear Energy Agency, https://www.oecd-nea.org/jcms/pl_79960/uranium-2022-resources-production-and-demand?details=true.

[2] 解怀颖：《全球铀资源争夺战已打响》，《高科技与产业化》2010 年第 4 期，第 51~53 页。

[3] Silva, G.F., "An Overview of Critical Minerals Potential of Brazil," Serviço Geológico do Brasil, Brasília – DF, 2023.

砾岩）。

　　巴伊亚州是巴西的主要铀矿产区。巴西的圣基特里亚磷矿含有 7950 万吨五氧化二磷，品位为 11%，并且含有约 890 万吨铀矿，品位为 0.0998% 八氧化三铀。计划投资 3.5 亿美元开发该磷矿，并从中回收铀。随着塞阿拉州新矿的投产，巴西核能公司预计在未来三年内，国内的铀矿产能将从每年 400 吨提升至 1200 吨，有望成为全球第五大铀矿生产国。

　　巴西作为一个铀矿资源丰富的国家，已发现铀储量规模较大。然而，其铀矿资源的勘探仅覆盖了国土面积的四分之一，还有较大规模的潜在资源尚未发掘，这迫切需要增加投资。随着全球能源需求的不断增长，预计未来全球对核能发电及铀矿资源开发的兴趣将持续上升。其邻国乌拉圭和阿根廷已经开始调整国内铀矿资源开采法规，以吸引私人资本，增加铀矿产量。巴西铀矿资源预测资源量为 30 万吨，推测资源量为 50 万吨，该数据包括不同地质类型的铀矿床。①

1.3.3　铀矿消费情况

　　2022 年 12 月，巴西核工业公司（INB）与俄罗斯原子能公司签署协议，从 2023 年到 2027 年从后者购买 330 吨天然六氟化铀，为安格拉核电厂供应原料。此外，2023 年，巴西还斥资 7200 万美元从俄罗斯购买了自 1999 年以来的第一批天然铀和浓缩铀。随着核电装机容量的增加，预计巴西的天然铀需求也将稳步增长。

---

① "Uranium 2022: Resources, Production and Demand," Nuclear Energy Agency, https://www.oecd-nea.org/jcms/pl_79960/uranium-2022-resources-production-and-demand?details=true.

2

俄罗斯能源矿产资源概况

俄罗斯联邦共和国（简称"俄罗斯"）横跨欧亚大陆，面积 1709.82 万平方千米，是世界上国土面积最大的国家，与中国等 14 个国家接壤，国界线长 60933 千米，海岸线长达 38807 千米，36% 的领土在北极圈内。俄罗斯地域广袤，地形多种多样，总体上东高西低，南高北低，东部为高山丘陵区，中部和西部的广阔平原区被乌拉尔山分隔，西南部为大高加索山。大部分地区处于北温带，气候多样，以大陆性气候为主，温差普遍较大，1 月气温平均为 −40℃ ~−5℃，7 月气温平均为 11℃ ~27℃。

截至 2023 年 1 月，俄罗斯人口总数约为 1.464 亿，大部分属于白种人，共有 194 个民族，其中俄罗斯族约占全国人口的 77.7%。俄语是官方语言。主要信仰东正教，其次为伊斯兰教，通用货币为卢布。

俄罗斯是联合国安理会常任理事国、欧亚经济联盟、上海合作组织创始国之一、亚太经合组织和二十国集团成员。1949 年 10 月 3 日，中华人民共和国与苏联建交，苏联解体后，1991 年 12 月 27 日，中俄两国签署《会谈纪要》，解决了两国关系的继承问题，中俄建交。

俄罗斯自然资源丰富，种类多，储量大，自给程度高，铁、镍、锡蕴藏量居世界第一位，黄金储量居世界第三位。在能源矿产资源中，煤炭、石油、天然气探明储量世界排名分别为第二位、第六位和第一位[1]，是世界上主要的化石能源生产国、出口国，铀蕴藏量居世界第七位[2]。

俄罗斯是世界上主要的能源消费大国，2023 年一次能源消费量为 31.29 艾焦（见图 2-9），居世界第四位，占比 5.0%。在俄罗斯一次能源消费结构中，天然气居第一位，石油居第二位，分别为 52.2% 和 23.0%（见图 2-10）。2023 年，俄罗斯人均碳排放量为 14.45 吨，二氧化碳排放总量为 20.7 亿吨，占全球总排放量的 5.3%，其中电力行业为最大的碳排放来源。

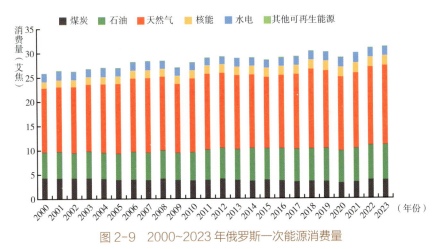

图 2-9　2000~2023 年俄罗斯一次能源消费量

资料来源："Statistical Review of World Energy 2024," Energy Institute, https://www.energyinst.org/statistical-review。

---

[1]　"Statistical Review of World Energy 2024," Energy Institute, https://www.energyinst.org/statistical-review.

[2]　《俄罗斯国家概况》，外交部，https://www.mfa.gov.cn/web/gjhdq_676201/gj_676203/oz_678770/1206_679110/1206x0_679112/。

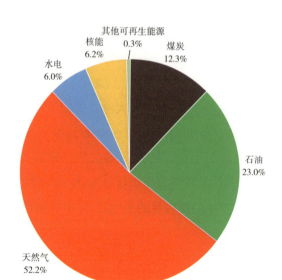

图 2-10　2023 年俄罗斯一次能源消费结构

资料来源："Statistical Review of World Energy 2024," Energy Institute, https://www.energyinst. org/statistical-review。

2.1　油气资源潜力

2.1.1　油气勘探开发历史及生产现状

俄罗斯石油工业始于 19 世纪 70~80 年代，这一时期在巴库和北高加索地区开始大规模生产石油，1913 年石油产量位居世界第一；天然气工业开始于 1946 年，苏联建立了第一条天然气管道，从萨拉托夫至莫斯科①。

在 1917 年十月革命之后，苏联（苏维埃俄国）实现了石油工业国有化，在其境内全面开展石油普查勘探工作，20 世纪 20~70 年代，先后在伏尔加 - 乌拉尔、蒂曼 - 伯朝拉、萨哈林、西西伯利亚和东西伯利亚等盆地

---

① А.П.Афанасенков, В.И. Высоцкий, В.А. Скоробогатов, "Развитие Минерально-Сырьевой Базы Нефтегазового Комплекса России и Мира в XX–XXI: Итоги, Проблемы, Перспективы," *Научно-Технический Сборник, Вести Газовой Науки* 48 （2021）: 21-40.

获得了油气发现，其中20世纪40~70年代是苏联油气工业的主要转折时期，1948~1967年发现了罗马什金（Romashkinskoye）、萨玛特洛尔（Samotlor）、新港（Novoportovskoye）等巨型油田，1965~1976年发现了乌连戈伊（Urengoyskoye）、鲍瓦年科夫（Bovanenkovskoye）等21个巨型气田。1984年在萨哈林大陆架上发现轮斯克大气田（Lunskoye Gas Field），1988年在巴伦支海（Brents Sea）发现什托科曼（Shtokmanovskoye）巨型凝析气田。

20世纪50年代以来，随着伏尔加-乌拉尔油区（被称为"第二巴库"）大规模的发现和投产，1965年苏联石油产量达到2亿吨以上，在60年代后期随着西西伯利亚油区油田大规模的发现和投产，苏联石油产量保持稳定增长，1965~1975年10年时间内产量增长一倍，1975年产量达到4.9亿吨，1987年达到高峰，产量约为6.19亿吨（其中俄罗斯产量为5.69亿吨）。

20世纪90年代，受苏联解体以及低油价的影响，俄罗斯石油产量显著降低（1997年产量为2.93亿吨），直到21世纪初，由于国际油价恢复等原因，其石油产量逐渐恢复，到2009年再次恢复到5亿吨水平，2009~2019年，石油产量逐年上升，2020年出现下降，至2023年，保持缓慢波动上升的趋势。2023年石油产量5.42亿吨（见图2-11），居世界第二位。2000~2008年，俄罗斯天然气产量基本保持持续上涨的趋

图2-11　2000~2023年俄罗斯石油产量

资料来源："Statistical Review of World Energy 2024," Energy Institute, https://www.energyinst.org/statistical-review。

势，2009 年下降至 5362 亿立方米，之后整体呈波动上升趋势，2021 年产量超过了 7000 亿立方米，2023 产量为 5864 亿立方米（见图 2-12），居世界第二位。

图 2-12　2000~2023 年俄罗斯天然气产量

资料来源："Statistical Review of World Energy 2024," Energy Institute, https://www.energyinst.org/statistical-review。

2.1.2　油气资源分布情况

俄罗斯拥有丰富的油气资源，主要分布于西西伯利亚、伏尔加 - 乌拉尔、东西伯利亚、蒂曼 - 伯朝拉、北高加索、滨里海等 6 个陆上盆地，以及东巴伦支海、萨哈林等陆架盆地。根据 IHS 统计资料，截至 2024 年 1 月 1 日，共发现油气田 3985 个，其中油田 3221 个，气田和凝析气田 764 个[①]，石油和凝析油剩余探明可采储量 217.12 亿吨，天然气剩余探明可采储量 41.14 万亿立方米。

西西伯利亚盆地面积约 280 万平方千米，是俄罗斯油气储量最大的含油气盆地，共发现油气田 949 个，石油和天然气探明可采储量分别高达 275.01 亿吨和 50.38 万亿立方米，分别占俄罗斯探明石油可采储量和天然气可采储量的 57.68% 和 74.61%。西西伯利亚盆地作为俄罗斯油气的主产区，已累计开采石油和凝析油 143.10 亿吨，天然气 21.88 亿立方米，石油

---

① IHS 数据库网站，https://edin.ci.ihsenergy.com/edingis/servlet。

和凝析油剩余探明可采储量 131.92 亿吨，天然气剩余探明可采储量 28.50 万亿立方米。2023 年，西西伯利亚盆地石油和天然气产量分别约占俄罗斯石油和天然气总产量的 60% 和 85%。

伏尔加 – 乌拉尔盆地面积约 70 万平方千米，是俄罗斯发现油气田数量最多的含油气盆地，已发现油气田 1947 个，以油田为主，石油探明可采储量 128.38 亿吨，占俄罗斯石油探明可采储量的 26.93%，天然气探明可采储量 2.86 万亿立方米。伏尔加 - 乌拉尔盆地作为俄罗斯的老油区之一，已累计开采石油 88.59 亿吨，石油剩余探明可采储量 39.79 亿吨，2023 年其石油产量约占俄罗斯石油总产量的 22%。

东西伯利亚盆地是俄罗斯油气开发新区，已发现油气田 144 个，石油探明可采储量 15.32 亿吨，天然气探明可采储量 4.35 万亿立方米，分别占俄罗斯石油探明可采储量和天然气探明可采储量的 3.21% 和 6.43%。东西伯利亚盆地为新油气区，油气产量都处于上产阶段，石油剩余探明可采储量 13.37 亿吨，天然气剩余探明可采储量 4.19 万亿立方米，开采潜力巨大。

在油气储量方面，以 IHS 为代表的各数据源与俄罗斯官方公布数据存在一定差异，参考俄罗斯自然资源部统计资料[1]，截止到 2023 年 1 月 1 日，俄罗斯石油和凝析油剩余探明可采储量 315 亿吨，天然气剩余探明可采储量为 65 万亿立方米，石油待发现可采资源量为 953 亿吨，天然气为 211 万亿立方米，凝析油为 138 亿吨，远高于 IHS 等数据库的评价结果。

综合多方资料，根据中国石油勘探开发研究院全球油气资源评价结果[2]，俄罗斯石油待发现常规可采资源量为 148.8 亿吨，天然气为 45.4 万亿立方米，凝析油为 38.4 亿吨；石油待发现非常规可采资源量为 683.1 亿吨，其中页岩油资源量最大，为 338.2 亿吨；天然气待发现非常规资源量为 39.2 万亿立方米，其中非常规页岩气为 19.7 万亿立方米。

---

[1]　中国国家能源局：《中俄能源合作投资指南》，第六届中俄能源商务论坛会议论文，2024 年 7 月，第 71 页、第 107 页。

[2]　Lirong Dou, Zhixin Wen, Zhaoming Wang, *Global Oil and Gas Resources: Potential and Distribution*（Petroleum Industry Press and Springer，2024），p.198.

2.1.3 油气消费情况

俄罗斯是世界上主要的油气消费国和出口国，2023 年其石油产量约
30%、天然气产量约 80% 用于本国消费（见图 2-13、图 2-14），其余部
分出口。2023 年石油消费量为 1.65 亿吨，天然气消费量为 4534 亿立方米，
分别居世界第四位和第二位，天然气消费中 34% 用于电力和热力。

图 2-13　2000~2023 年俄罗斯石油消费量及在总产量中的占比

资料来源："Statistical Review of World Energy 2024," Energy Institute, https://www.energyinst.
org/statistical-review。

图 2-14　2000~2023 年俄罗斯天然气消费量及在总产量中的占比

资料来源："Statistical Review of World Energy 2024," Energy Institute, https://www.energyinst.
org/statistical-review。

2.2　煤炭资源潜力

2.2.1　煤炭勘探开发历史及生产现状

俄罗斯煤田普查和勘探始于彼得一世时期（1672~1725 年），1721 年首次在北顿涅茨克盆地发现了煤矿，在 18~19 世纪，先后在库兹涅茨克、乌拉尔、伊尔库茨克及远东等多个地区发现煤田，19 世纪 60 年代，煤炭产量仅为约 30 万吨（不足 0.01 艾焦）[①]。

19 世纪末至 20 世纪初，俄罗斯煤炭工业迅速发展，1914 年产量达到 3610 万吨（0.68 艾焦），之后受第一次世界大战及苏俄内战的影响，产量下降。1922 年，为了满足社会对煤炭日益增长的需求，苏联煤炭产量持续增加，在卫国战争之前，产量达到了 1.6 亿吨（3.01 艾焦）；20 世纪 50 年代至 1989 年，苏联煤炭工业长期保持发展，煤炭开采地域扩大、高产煤矿的建设、露天采煤份额的快速增长、地下采煤技术水平的提高等，确保了煤炭产量的持续增长。1958 年，苏联煤炭产量首次跃居世界第一，产量为 4.93 亿吨（9.3 艾焦），此纪录一直保持到 1979 年。1988 年苏联煤炭产量达到了历史最高水平——7.72 亿吨（14.56 艾焦），其中俄罗斯产量 4.4 亿吨（8.37 艾焦），约 37% 来自库兹涅茨克矿区。[②]20 世纪 90 年代由于苏联解体等原因，俄罗斯煤炭产量在 1998 年下降至 2.36 亿吨（4.56 艾焦），此后产量逐渐回升，到 2017 年，再次突破 4 亿吨（8.62 艾焦）产量，2023 年产量为 4.33 亿吨（9.21 艾焦）（见图 2-15），其中约 75% 为露天开采[③]。

[①]　Грунь В.Д., Рожков А.А., "Основные вехи в истории развития угольной промышленности России," *Горная Промышленность* 4（2017）: 9-12.

[②]　Грунь В.Д., Рожков А.А., "Основные вехи в истории развития угольной промышленности России," *Горная Промышленность* 4（2017）: 9-12.

[③]　Петренко И.Е., " Итоги работы угольной промышленности России за 2021 год, " *УГОЛЬ* 3（2022）: 9-23.

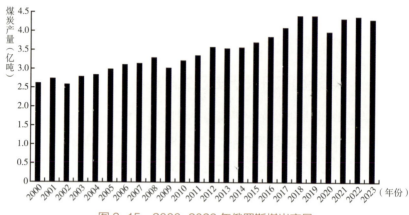

图 2-15　2000~2023 年俄罗斯煤炭产量

资料来源："Statistical Review of World Energy 2024,"Energy Institute, https://www.energyinst.org/statistical-review。

2.2.2　煤炭资源分布情况

俄罗斯是世界煤炭资源最多的国家之一，煤炭储量仅次于美国，居世界第二位。根据《俄罗斯 2021 年矿产资源现状和利用国家报告》[①]，其国家平衡表中煤炭探明可采储量 2743 亿吨，表外储量 558 亿吨，待发现资源量 15289 亿吨，煤炭种类主要包括褐煤、硬煤和无烟煤，其储量占比分别为 53%、44.0% 和 3%。煤炭分布于 22 个盆地 146 个煤田，主要的含煤盆地有坎斯科 - 阿钦、库兹涅茨克、伯朝拉、顿涅茨克、伊尔库茨克、通古斯、勒拿和米努辛等盆地，70% 以上的储量分布于坎斯科 - 阿钦和库兹涅茨克盆地。

库兹涅茨克盆地面积约 2.67 万平方千米，其硬煤储量在俄罗斯居首位，国家平衡表探明储量 687 亿吨，约一半属于焦煤，煤中灰分含量 4%~16%、硫含量 0.4%~0.6%、燃烧热值 29~36 兆焦 / 千克。

---

① "Государственный доклад о состоянии и использовании минерально-сырьевых ресурсов российской федерации в 2021 году,"Министерство природных ресурсов и экологии Российской Федерации Федеральное агентство по недропользованию (Роснедра), https://vims-geo.ru/ru/activity/iacn/russia/gosdokladi/.

坎斯科 – 阿钦盆地面积约 5 万平方千米，国家平衡表探明储量 1180 亿吨，以褐煤为主，俄罗斯褐煤储量的 80% 位于该盆地。煤中灰分含量小于10%、燃烧热值 13~15 兆焦 / 千克、硫含量 0.3%~0.6%。盆地内煤层厚度大（达 70 米），埋藏浅（30~50 米），可以进行露天开采，具有很高的经济效益。

2.2.3　煤炭消费情况

根据 EI 世界能源统计数据，2023 年俄罗斯煤炭消费量为 3.83 艾焦，出口量为 5.39 艾焦，分别居世界第六位和第三位。在俄罗斯一次能源消费结构中煤炭消费居第三位，占比为 12.3%，远低于世界平均值26.5%。

2000 年以来，俄罗斯煤炭消费量及占比整体呈波动下降趋势，2005年之前消费量在 4 艾焦以上，2020 年下降至 3.29 艾焦，近年来有所回升，2023 年为 3.83 艾焦（见图 2–16）。[①]

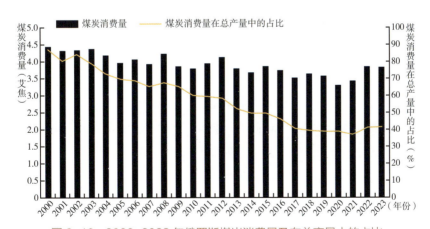

图 2-16　2000~2023 年俄罗斯煤炭消费量及在总产量中的占比

资料来源："Statistical Review of World Energy 2024，" Energy Institute, https://www.energyinst.org/statistical-review。

---

① 　Петренко И.Е., "Итоги работы угольной промышленности России за 2021 год,"*УГОЛЬ* 3(2022):9-23.

2.3　铀矿资源潜力

2.3.1　铀矿勘探开发历史及生产现状

俄罗斯铀矿勘探开始于第二次世界大战中期，1942年9月8日，苏联国防委员会发布了"关于铀工作安排"的命令，1945年10月13日，苏联人民委员会通过了《关于铀原料探矿和勘探的集中化和专业化》的决议，并在当时的国家地质委员会下成立了"第一地质勘探总局"，以解决为苏联原子工程和新兴的核工业提供原材料的问题。[①]

1945~1991年，苏联在其境内开展了大量的铀矿勘探工作，在多个地区发现了铀矿，创建了世界上最大的铀矿资源基地。1991年，在苏联向国际原子能机构提交的铀矿资源基础信息中，铀矿总储量被确定为200万吨。在已发现的储量中，哈萨克斯坦占41%，俄罗斯联邦占34%，乌克兰占18%，乌兹别克斯坦占7%，另外苏联在东欧国家也开展勘探工作并发现了铀矿。[②]苏联解体后，俄罗斯联邦继承了其60%的核电企业和所有核燃料生产设施，在苏联时期7个已探明铀矿储量并已建立铀矿开采的矿区中，只有外贝加尔地区的斯特列尔佐夫斯基矿区位于俄罗斯联邦内，其余6个在俄联邦之外。

1991年之后，俄罗斯铀矿产资源地质勘探部门经历了多次重组，2004年成立了铀地质勘探公司（Urangeo），隶属于自然资源和生态部下的联邦矿产使用局，其总部位于伊尔库茨克，在新西伯利亚、圣彼得堡等地拥有多个分支机构，从事俄罗斯国内及国外的铀矿勘探。截至2022年1月1日，俄罗斯共有29个铀矿产使用权许可证，其中26个用于铀矿床勘探和生产（包括伴

---

① "Машковцева Г. А. "Уран Российских недр, Федеральное агентство по недропользаванию," Москва 2010, https://elib.biblioatom.ru/text/uran-rossiyskih-nedr_2010/p0/.

② "70 лет дорогой поиска, разведки и открытий," https://www.vsp.ru/2015/10/13/70-let-dorogoj-poiska-razvedki-i-otkrytij-2/.

生成分),2 个用于地质研究、勘探和生产,1 个用于勘探和评估的地质研究。[①]

目前俄罗斯铀矿储量中,有 9% 的储量投入开发,另有 61.3% 正在准备开发和在详探。俄罗斯铀矿的开发到铀产品的生产都是在国家原子能集团(Rosatom State Atomic Energy Corporation)管理之下,其中采矿是由其旗下的采矿公司进行,目前其 3 家子公司普里阿尔贡斯克(Priargunsky)、达拉尔(Dalur)和海格达(Khiagda)分别在外贝加尔、布里亚特和库尔干(外乌拉尔)3 个地区 8 个矿区进行铀矿开采,另外在萨哈(雅库特)共和国的埃尔孔(Elkonskoe)矿区也准备投入开发。

2012~2021 年,俄罗斯铀矿产量为 2600~3400 吨,2021 年产量 2640 吨(见图 2-17),上述 3 个地区的产量分别占 43%、31% 和 26%。截至 2021 年底,俄罗斯累计铀矿产量为 17.9 万吨,其中约 87%

图 2-17　2012~2021 年俄罗斯铀矿产量

资料来源:"Государственный доклад о состоянии и использовании минерально-сырьевых ресурсов российской федерации в 2021 году," Министерство природных ресурсов и экологии Российской Федерации Федеральное агентство по недропользованию (Роснедра), https://vims-geo.ru/ru/activity/iacn/russia/gosdokladi/。

① "Государственный доклад о состоянии и использовании минерально-сырьевых ресурсов российской федерации в 2021 году," Министерство природных ресурсов и экологии Российской Федерации Федеральное агентство по недропользованию (Роснедра), https://vims-geo.ru/ru/activity/iacn/russia/gosdokladi/.

来自普里阿尔贡斯克生产中心，该生产中心是世界上最大的铀矿生产企业。[1]

2.3.2 铀矿资源分布情况

根据《俄罗斯 2021 年矿产资源现状和利用国家报告》[2]，截至 2022 年 1 月 1 日，在国家平衡表储量中铀矿剩余储量为 70.77 万吨，表外储量为 13.4 万吨，铀储量排名世界第四（仅次于澳大利亚、哈萨克斯坦和加拿大），产量排名世界第六。俄罗斯境内共发现了 61 个铀矿床，近 90% 的铀矿储量分布于外贝加尔地区的斯特列尔佐夫斯基（Streltsovskoye）矿区、布里亚特共和国的维季姆矿区和萨哈（雅库特）共和国的埃尔孔矿区。

萨哈（雅库特）共和国埃尔孔矿区是俄罗斯最大的铀矿区，属于钾质交代作用带网状金 – 铀矿，发现了 17 个铀矿床，总储量约 38.24 万吨（在国家储量中占比 54.1%），矿石中铀含量为 0.11%~0.36%，其中最大的德鲁日（Druzhnoye）矿床的储量为 9.58 万吨（占比 13.5%），该矿区正准备投入开发。

根据统计资料，在俄罗斯铀矿剩余探明储量中，约 75% 的储量开采成本低于 130 美元 / 千克，5.5% 的储量开采成本低于 80 美元 / 千克，前者主要为交代型铀矿和火山岩型矿床，采用传统地下采矿方法进行开采，包括已开采的外贝加尔矿区以及准备开采的埃尔孔矿区，而后者主要为砂岩型矿床，采用钻井地下浸出法开采，包括布里亚特和库尔干矿区。[3]

根据统计资料，俄罗斯铀矿待发现总资源为 69.33 万吨，主要分布于布里亚特（维季姆）、伊尔库茨克及外贝加尔地区，其中布里亚特地区铀

① "Uranium 2022: Resources, Production and Demand," Nuclear Energy Agency, https://www. oecd-nea.org/jcms/pl_79960/uranium-2022-resources-production-and-demand?details=true.

② "Государственный доклад о состоянии и использовании минерально-сырьевых ресурсов российской федерации в 2021 году-Уголь," https://gd2021.data-geo.ru/fuel/c.

③ "Uranium 2022: Resources, Production and Demand," Nuclear Energy Agency, https://www.oecd-nea.org/jcms/pl_79960/uranium-2022-resources-production-and-demand?details=true.

资源量约 16.19 万吨，为砂岩型矿床，开采成本低于 130 美元 / 千克 [1]，而伊尔库茨克和外贝加尔地区待发现铀矿资源为火山岩型及与地层不整合相关的成因型，开采成本低于 260 美元 / 千克。

2.3.3　铀矿消费情况

俄罗斯拥有独特的气体离心机铀浓缩技术，是世界上最大的核燃料生产商和供应商之一，其铀矿消费包括原材料的加工以及核燃料的消费。

俄罗斯各矿区生产的铀精矿都是由隶属于俄罗斯国家原子能集团之下的 JSC TVEL 公司进一步加工处理，包括铀分离、提纯和核燃料加工等。该公司除加工俄罗斯本土开采的铀矿外，也加工来自国家原子能集团在哈萨克斯坦等国家的国际子公司生产的铀精矿［其中最大的是在哈萨克斯坦的铀一集团（Uranium One Group），2018 年铀矿产量为 4386 吨］，以及其他的来料加工。JSC TVEL 公司旗下的俄罗斯技术装备出口公司（Techsnabexport，TENEX）是最大的核产品供应商之一，其在全球铀产品和服务市场中所占份额为 48%，核燃料向全球 13 个国家的 73 座电力和研究核反应堆供应。

截至 2022 年 1 月 1 日，俄罗斯共有 11 座核电厂，由 37 台机组组成，总装机容量为 29.5 吉瓦。2021 年，俄罗斯核电厂发电量为 2224 亿千瓦时，占该国发电量的 19%。根据俄罗斯核能开发和新发电厂的建设规划高方案，预计到 2035 年装机容量将增长至 35.3 吉瓦。

俄罗斯核工业对铀原料的需求包括其国内核电厂及反应堆的需求，以及其在国外建设的核电项目，需求量分别约为 5900 吨和 4500 吨。铀燃料需求来源于俄罗斯和哈萨克斯坦生产的铀，不足部分由库存和二级来源供应 [2]。

---

[1]　"Uranium 2022: Resources, Production and Demand," Nuclear Energy Agency, https://www.oecd-nea.org/jcms/pl_79960/uranium-2022-resources-production-and-demand?details=true.

[2]　"Uranium 2022: Resources, Production and Demand," Nuclear Energy Agency, https://www.oecd-nea.org/jcms/pl_79960/uranium-2022-resources-production-and-demand?details=true.

3

印度能源矿产资源
概况

印度共和国（简称"印度"）是南亚次大陆最大国家，东北部同中国、尼泊尔、不丹接壤，孟加拉国夹在东北国土之间，东部与缅甸为邻，东南部与斯里兰卡隔海相望，西北部与巴基斯坦交界。面积约 298 万平方千米（不包括中印边境印占区和克什米尔印度实际控制区等），居世界第七位。根据国际货币基金组织统计，截至 2023 年底，人口约 14.29 亿。印度首都是新德里，官方语言是印地语和英语。

印度北部为喜马拉雅高山区，平均海拔 5500 米；中部为印度河 – 恒河 – 布拉马普特拉河（在中国境内称雅鲁藏布江）平原，平均海拔 100~200 米，是印度经济最发达、人口最稠密的地区；南部为印度半岛高原区，西高东低，平均海拔 600 米，高原东西两侧的沿海地区为山脉和狭长的海岸平原。[1] 印度以季风气候为主，全年平均气温在 22℃ 以上；冬季吹东北季风，少雨；夏季吹西南季风，湿润多雨。印度矿产资源比较丰富，有矿藏近 100 种。主要矿产资源有煤、铁、云母、铀矿、宝石和大理岩等。受地质和地理原因的影响，印度大部分矿产及其开发地集中在印度

---

[1]　张建华、吴良士：《印度共和国地质构造与区域成矿》，《矿床地质》2008 年第 3 期，第 423 页。

半岛克拉通上。[1]

　　印度为不结盟运动创始国之一，历届政府均强调不结盟是其外交政策的基础，主张在和平共处五项原则及联合国宗旨和原则的基础上建立公正合理、考虑到所有国家利益并能为所有人接受的国际政治新秩序，呼吁各国共同创造有利于第三世界发展的国际经济新秩序。1950 年 4 月 1 日中印建交。建交以来，中印两国在经济合作领域不断拓展，在军事、安全领域的交流与合作稳步发展，在人文领域的交流与合作不断扩大。中印两国在联合国、世界贸易组织、金砖国家、二十国集团、上海合作组织和中俄印等机制中保持沟通与协调，在气候变化、能源和粮食安全、国际金融机构改革和全球治理等领域携手合作，维护中印两国和发展中国家的共同利益。

　　根据 EI 世界能源统计数据，2000 年以来，印度一次能源消费总量持续增长。2023 年在经济强劲复苏的背景下，印度一次能源消费总量达到39 艾焦（见图 2-18），是仅次于中国和美国的第三大能源消费国。从一次能源消费结构上来看，2023 年印度以化石能源为主，煤炭占比 56.3%，石油占比 27.1%，天然气占比 5.8%，核能占比 1.1%，水电占比 3.6%，其他可再生能源占比 6.1%（见图 2-19）。2023 年，印度人均碳排放量为 2.07吨，二氧化碳排放总量为 29.55 亿吨，占全球总排放量的 7.6%，其中电力行业、工业燃烧和交通运输业是前三大碳排放来源。[2]

---

①　中国国际贸易促进委员会:《企业对外投资国别（地区）营商环境指南（印度）》，中国商务出版社，2020，第 5 页。

②　"Statistical Review of World Energy 2024," Energy Institute, https://www.energyinst.org/statistical-review.

图 2-18　2000~2023 年印度一次能源消费量

资料来源："Statistical Review of World Energy 2024," Energy Institute, https://www.energyinst. org/statistical-review。

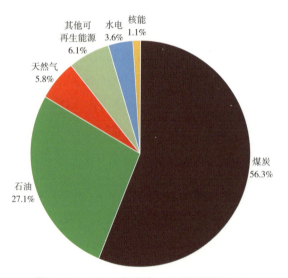

图 2-19　2023 年印度一次能源消费结构

资料来源："Statistical Review of World Energy 2024," Energy Institute, https://www.energyinst. org/statistical-review。

3.1　油气资源潜力

3.1.1　油气勘探发现历史及生产现状

印度自 1889 年在阿萨姆邦的迪格博伊（Digboi）打出第一口油井，直到 1960 年，印度的石油勘探和生产活动主要在东北部地区，陆上主要的油田包括古吉拉特（Gujarat）、阿萨姆（Assam）、那加兰（Nagaland）、泰米尔纳德（Tamil Nadu）和安得拉（Andhra）

根据 2024 年 EI 世界能源统计数据，2023 年印度石油产量为 3260 万吨，占世界石油产量的 0.7%。

印度油气上游行业主要由国有企业控制，其中，印度石油天然气公司（Oil and Natural Gas Corporation，ONGC）和印度石油公司（Indian Oil Corporation，IOC）占市场份额的 80%。从 2012 年开始，由于印度老油田已难以增加产量，印度石油产量连续 10 年下降（见图 2-20）。孟买高地产油区约占全国石油产量的三分之二，目前产量达到顶峰，维持现有产量非常困难。[1]

图 2-20　2000~2023 年印度石油产量

资料来源："Statistical Review of World Energy 2024," Energy Institute, https://www.energyinst. org/statistical-review。

---

[1]　李丽旻:《印度本土油气增产挑战重重》,《中国能源报》2022 年 11 月 21 日, 第 4 版。

面对石油产量的下降，印度政府更加聚焦天然气生产和利用，希望使印度成为一个以天然气为基础的经济体。[①] 根据 2024 年 EI 世界能源统计数据，2023 年印度天然气产量增加至 316 亿立方米（见图 2-21），占世界天然气产量的 0.8%。

图 2-21　2000~2023 年印度天然气产量

资料来源："Statistical Review of World Energy 2024," Energy Institute, https://www.energyinst. org/statistical-review。

印度希望大幅提高本土油气产量，要达到这一目标，不仅需要采用更先进的行业技术，提高油气采收率，同时也要鼓励大量私营企业进入，为石油行业的发展带来更多资源。考虑到近年来印度为应对能源需求压力扩大勘探开发投资，预计短期内印度石油产量将进入增产阶段，但是随着储量减少和部分油田枯竭，预计 2025 年后产量将下降。根据碧辟公司（bp）发布的 2023 年世界能源展望数据，在"新动力情景"下，印度 2025 年原油产量为 4482 万吨，到 2035 年降至 2988 万吨，到 2050 年降至 1992 万吨；预计 2025 年、2030 年、2040 年和 2050 年印度天然

[①]　余功铭、王轶君、钟文新:《印度油气工业现状及发展趋势》,《国际石油经济》2014 年第 11 期, 第 14 页。

气产量分别达到 440 亿立方米、540 亿立方米、950 亿立方米和 1320 亿立方米。①

3.1.2　油气资源分布情况

印度约有 26 个沉积盆地，面积 336 万平方千米，大部分沉积盆地位于海上。已发现油气资源主要分布在西部海上的孟买、坎贝和巴尔梅尔盆地，东部海域的克里希纳 - 戈达瓦里盆地及陆上的阿萨姆盆地。

根据 2024 年 EI 世界能源统计数据，2020 年底，印度石油剩余探明可采储量为 45.4 亿桶，约合 6.36 亿吨（见图 2-22），天然气剩余探明可采储量约为 1.3 万亿立方米（见图 2-23）。根据中国石油勘探开发研究院全球油气资源评价结果，2023 年印度石油剩余探明可采储量提高至 7.65 亿吨，占世界石油剩余探明可采储量的 0.47%，天然气剩余探明可采储量提高至 1.74 万亿立方米，占世界天然气剩余探明可采储量的 0.67%。②

图 2-22　2000~2020 年印度石油剩余探明可采储量

资料来源："Statistical Review of World Energy 2024," Energy Institute, https://www.energyinst.org/statistical-review。

---

① "bp Energy Outlook 2023," https://www.bp.com./en/global/corporate/energy-economics/energy-outlook.html.

② Lirong Dou, Zhixin Wen, Zhaoming Wang, *Global Oil and Gas Resources: Potential and Distribution*（Petroleum Industry Press and Springer，2024），p.206.

图 2-23　2000~2020 年印度天然气剩余探明可采储量

資料来源："Statistical Review of World Energy 2024," Energy Institute, https://www.energyinst.
org/statistical-review。

　　印度非常规油气资源较为丰富，但大多分布在海上盆地和页岩中，开采难度很大。印度页岩气技术可采储量为 2.73 万亿立方米，煤层气技术可采储量为 0.62 万亿立方米，致密气技术可采储量为 0.07 万亿立方米；印度页岩油技术可采储量为 5.68 亿吨，重油技术可采储量为 12.49 亿吨。①

3.1.3　油气消费情况

　　根据 EI 世界能源统计数据，2023 年印度石油消费量达到 2.49 亿吨，占世界石油消费量的 5.5%，对外依存度达到 87%（见图 2-24）；2023 年印度天然气消费量约为 626 亿立方米，占世界天然气消费量的 1.6%，对外依存度达到 50%（见图 2-25）。

---

① Lirong Dou, Zhixin Wen, Zhaoming Wang, *Global Oil and Gas Resources: Potential and Distribution* (Petroleum Industry Press and Springer, 2024), p.198.

图 2-24　2000~2023 年印度石油消费量及对外依存度

资料来源："Statistical Review of World Energy 2024," Energy Institute, https://www.energyinst. org/statistical-review。

图 2-25　2000~2023 年印度天然气消费量及对外依存度

资料来源："Statistical Review of World Energy 2024," Energy Institute, https://www.energyinst. org/statistical-review。

　　未来，石油在印度能源消耗中仍占有主要地位。2023 年，印度是 G20 经济增速最快的国家，未来原油需求还将延续上升。根据碧辟 2023 年能源展望年报数据，预计 2025 年、2030 年、2040 年和2050 年，印度石油消费量分别达到 2.68 亿吨、3.43 亿吨、4.28 亿吨和

4.33 亿吨。①

　　为缓解本国石油供需矛盾，保障国家获得充足的能源，印度政府一直在鼓励更多的投资企业进入该行业，以减少印度的石油进口依赖。技术层面同样面临挑战，印度石油部长曾向埃克森美孚（Exxon Mobil）、贝克休斯（Baker Hughes）等企业高管公开表示，希望获得美国先进的海上采油技术支持。

　　印度天然气行业面临的挑战主要是日益加剧的供需矛盾，对外依存度偏高，国内供给难以持续稳定。在俄罗斯对乌克兰采取军事行动之后，地缘政治局势进一步复杂，导致天然气进口长期合同的供应中断风险增加，国际价格波动对印度天然气资源进口产生不利影响，迫使印度承担了较高的进口溢价，这种局势势必传导至下游行业，长期来看不利于印度天然气行业的发展。随着印度国内对环保的重视，以及电力行业复苏、城市居民和工业天然气需求的持续增长，未来印度天然气占一次能源消费比例将逐年上升。

　　若要达到印度一次能源消费结构中天然气占比 15% 的目标，印度将面临巨大调整，最有效的方式就是更大程度地激励电力行业的天然气消费，未来印度天然气发电行业的发展速度将会加快，天然气消费增长主要集中在工业和发电部门。② 根据碧辟 2023 年能源展望年报数据，预计 2025 年、2030 年、2040 年和 2050 年印度天然气消费量分别达到 760 亿立方米、1200 亿立方米、2180 亿立方米和 2860 亿立方米。

　　总体来看，印度正在为天然气消费量持续增长做准备。在消费方面，燃气发电需求存在巨大增量空间。在基础设施投资方面，未来将推进东西部天然气管网互联，扩大天然气管道覆盖率。在上游领域，增加国内勘探开发投资的同时寻求海外项目合作和多元化进口，大规模寻求长达数十年的液化天然气（LNG）长期购销协议，以尽可能降低在现货市场面临的风险。印度液化天然气公司（Petronet LNG）、印度最大天然气公司印度石油天然气公司和印度石油公司正在与大型 LNG 出口国讨论长期供应协

---

① "bp Energy Outlook 2023," https://www.bp.com./en/global/corporate/energy-economics/energy-outlook.html.

② 任娜：《印度石油市场分析及展望》，《国际石油经济》2019 年第 9 期，第 91 页。

议，分别与美国、卡塔尔和阿联酋就 20 年甚至更长期 LNG 供应协议进行谈判。[①]

3.2 煤炭资源潜力

3.2.1 煤炭勘探开发历史及生产现状

在印度，煤炭约占主要商业能源的 55%。全国近 72% 的电力基于煤炭发电。印度的煤矿主要集中在印度半岛的东北部和中部，东北部煤矿主要在阿萨姆邦和锡金邦。第三纪含煤沉积物分布在阿萨姆、那加兰和梅加拉亚。

根据 EI 世界能源统计数据，截至 2020 年底，印度煤炭剩余探明可采储量达到 1111 亿吨（见图 2-26），占世界的 10.3%，位列世界第五，储采比 147 年，连续五年呈现缓慢上升趋势。[②]

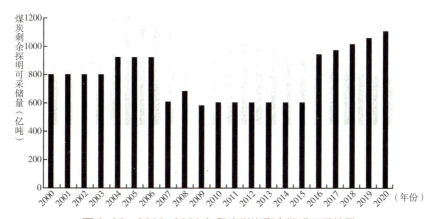

图 2-26　2000~2020 年印度煤炭剩余探明可采储量

资料来源："Statistical Review of World Energy 2024," Energy Institute, https://www.energyinst.org/statistical-review。

① 王林:《印度 LNG 采购重心由现货转为长协》,《中国能源报》2023 年 5 月 29 日, 第 5 版。

② "Statistical Review of World Energy 2024," Energy Institute, https://www.energyinst.org/statistical-review.

印度煤炭品质整体不高,炼焦煤中较高品质约占 15%,大部分炼焦煤通常含有较高灰分(>15%);动力煤中高热值(>5.5 兆焦 / 千克)占12%,平均热值只有 4.5 兆焦 / 千克,相比澳大利亚等地的煤质有显著差距。印度煤炭资源埋藏普遍较浅,露天煤矿占产量的 95% 以上。[①] 煤炭品质较低和浅层露天煤矿较多,使得印度煤炭开采较为方便。根据印度煤炭公司(CIL)2021 年披露的成本核算数据,印度煤炭的生产成本在低热值动力煤中处于世界最低水平,约 16.5 美元 / 吨。

印度煤炭产量快速上行,根据 2024 年 EI 世界能源统计数据,2023 年印度煤炭总产量 10.1 亿吨(16.75 艾焦)(见图 2-27),仅次于中国,占世界的 11.1%,位列世界第二,比 2022 年增长 11%。

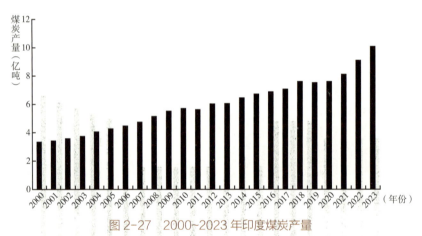

图 2-27　2000~2023 年印度煤炭产量

资料来源:"Statistical Review of World Energy 2024," Energy Institute, https://www.energyinst. org/statistical-review。

3.2.2　煤炭资源分布情况

印度的煤炭主要为晚古生代二叠系［一般称为冈瓦纳煤系(Gondwana Coal Measures)］和第三系。其中,上石炭统—二叠系冈瓦纳煤系主要分布

---

① 倪坤、刘闯、李浩然:《印度露天煤矿发展研究》,《中国煤炭》2023 年第 11 期,第 113~120 页。

在印度半岛东部和中南部的时代较老的冈瓦纳地层组内,在印度煤层中占统治地位。印度煤炭资源埋藏深度较浅,印度煤田主要是冈瓦纳盆地、泰米尔纳德邦富煤区、第三纪盆地、达莫德尔 – 噪鹊谷富煤区等。

印度主要含煤地层分布在东部喜马拉雅山麓、中部、西部三大地区。

东部喜马拉雅山麓地区包括阿萨姆邦、梅加拉亚邦和那加兰邦等地。煤炭主要分布在比哈尔盆地、梅加拉亚盆地和那加兰盆地等地,主要特点是煤质较高,煤层比较厚。

中部地区包括贾坎德邦、奥里萨邦、马哈拉施特拉邦、查蒂斯加尔邦等。煤炭主要分布在干旱的德干高原地区,主要矿田包括贾里亚(Jaria)煤田、西夫尔吉尔哈德(Sifur-Gilhard)煤田和坎普尔(Kanpur)煤田等。

西部地区包括古吉拉特邦和拉贾斯坦邦。煤炭主要分布在拉尔皮塔盆地和那加爪哇盆地等地,煤质多为褐煤。

印度煤炭主要有黑煤和褐煤两类,烟煤和无烟煤占比高达 95%,次烟煤和褐煤仅占 5%。由于印度地质构造复杂,包括断层、褶皱和地堑等,受地质构造的影响,印度的煤层厚度因地域而异。东部地区的煤层较厚,有时超过 20 米,而西部地区的煤层较薄,通常在 5 米以下。印度的煤炭资源中有一定比例的高品质煤,具有高热值和低灰分的特点,同时也存在一些高灰分和高硫分的煤炭资源。[①]

3.2.3　煤炭消费情况

印度是世界上最大的煤炭生产国之一,煤炭在印度能源中的主体地位不会发生改变,在未来的能源供应中占据重要地位。

印度缺乏高品质动力煤和冶金煤,同时印度人口众多、经济增速快,煤炭长期供不应求,缺口需要依赖进口煤炭填补。根据 2024 年 EI 世界能源统计数据,2023 年印度煤炭消费量达 21.98 艾焦,2023 年印度煤炭对外依存度为 31%(见图 2-28)。

---

① 董大啸、苏新旭:《印度煤炭资源概况》,《中国煤炭地质》2016 年第 8 期,第 38~41 页。

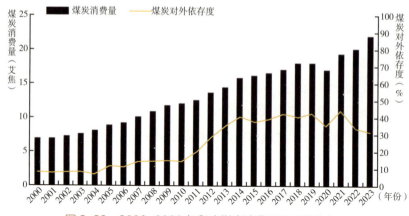

图 2-28　2000~2023 年印度煤炭消费量及对外依存度

资料来源："Statistical Review of World Energy 2024," Energy Institute, https://www.energyinst. org/statistical-review。

印度尼西亚、澳大利亚、南非和美国是印度重要的进口煤炭来源国。2022 年俄乌冲突爆发后，澳大利亚、美国和南非改向欧洲输送煤炭，印度尼西亚、俄罗斯和莫桑比克增加对印度出口，其中印度尼西亚和俄罗斯贡献了主要增量。

3.3　铀矿资源潜力

3.3.1　铀矿勘探开发历史及生产现状

印度铀矿的勘探历史可追溯到 1909 年印度南部和西南部海岸发现含有独居石的黑砂。在印度，铀的勘探、开采、生产、燃料制造和核动力反应堆的运营由政府控制。关于印度铀的第一次报告是在 1913 年，当时在比哈尔的伟晶岩中发现了胶粒岩（蚀变铀矿）和 36lb 纯铀矿结核。1949 年在辛格布姆剪切带开始了铀矿的第一次广泛调查，1951 年在贾杜古达开始了铀的第一次勘探钻探。从 21 世纪前十年开始，铀矿资源进入了大规模勘探和开发期，主要集中在印度中部和南部地区。①

　　2021年印度铀矿产量为600吨（见图2-29），较2020年增加了200吨，同比增加50%。印度政府计划到2031~2032年将铀矿产量增加10倍，实现自给自足。②

图 2-29　2004~2021 年印度铀矿产量

资料来源："World Information Service on Energy," https://wisenederland.nl/。

3.3.2　铀矿资源分布情况

　　印度铀矿资源主要位于安得拉邦、拉贾斯坦邦、特伦甘纳邦、贾坎德邦、梅加拉亚邦、卡纳塔克邦、北方邦的矿床中。印度东北部贾坎德邦的贾杜戈达铀矿历史最为悠久，该矿自 1967 年以来为印度提供了 25% 的核燃料。印度铀矿化 / 矿床主要分为碳酸盐岩储集层型、不整合型和裂缝控制型三种类型。

　　截至 2021 年 1 月 1 日，印度已知的常规原地铀矿资源估计为 29.3 万

---

① "Uranium 2022: Resources, Production and Demand," Nuclear Energy Agency, https://www.oecd-nea.org/jcms/pl_79960/uranium-2022-resources-production-and-demand?details=true.

② "World Information Service on Energy," https://wisenederland.nl/.

吨（原地），其中包括 28.2 万吨的合理保证资源量和 1.1 万吨的推断资源量。印度未发现的常规原地铀矿资源估计为 19.9 万吨，其中包括 14.4 万吨的预测未发现资源和 5.5 万吨的推测未发现资源。

3.3.3　铀矿消费情况

印度作为一个贫铀国，自从 20 世纪 60 年代拥有反应堆技术后，每年需要从国外进口大量铀矿。由于缺乏必要的技术，印度目前只能开采低品位铀矿，铀含量仅为 0.1%，而国外铀矿的铀含量为 12%~14%，这使得铀矿的提取和加工成本与其他国家相比非常高。印度主要从俄罗斯、哈萨克斯坦、法国和澳大利亚等国进口铀矿，其中哈萨克斯坦 2015~2019 年共向印度销售 5000 吨铀矿燃料，即便如此也只能支撑不到 70% 的反应堆正常运转。①

---

① "World Information Service on Energy," https://wisenederland.nl/.

4

中国能源矿产资源概况

　　中华人民共和国（简称"中国"）位于亚洲东部、太平洋的西岸，陆地面积约 960 万平方千米，陆地边界长达 2.28 万千米，同 14 国接壤，与 8 国海上相邻。东部和南部大陆海岸线约 1.8 万千米，海域分布着大小岛屿 7600 个，面积最大的是台湾岛，面积 35759 平方千米。目前中国有 34 个省级行政区，包括 23 个省、5 个自治区、4 个直辖市、2 个特别行政区。北京是中国的首都。中国是世界上人口最多的发展中国家之一，是世界第二大经济体，并持续成为世界经济增长最大的贡献者，2023 年经济总量超 126 万亿元[①]。

　　中国的气候复杂多样，有温带季风气候、亚热带季风气候、热带季风气候、温带大陆性气候和高寒气候等气候类型，从南到北跨热带、亚热带、暖温带、中温带、寒温带和青藏高原地区。

　　中国是联合国安理会常任理事国、上海合作组织创始国之一、亚太经合组织、二十国集团、金砖成员。中国已成为世界货物贸易第一大国、外汇储备第一大国、利用外资第二大国，经贸大国地位不断巩固，成为推动经济全球化的中坚力量。

　　中国是矿产资源大国，目前基本形成了煤、油、气、电、核、新能源

---

　① 国家统计局国家数据库，https://data.stats.gov.cn/easyquery.htm?cn=C01。

和可再生能源多轮驱动的能源生产体系，为世界能源生产第一大国。据中国国家统计局发布的数据，2023 年中国一次能源生产总量为 48.3 亿吨标准煤，比上年增长 4.2%。能源生产结构中煤炭占 66.6%，石油占 6.2%，天然气占 6.0%，水电、核电、风电、太阳能发电等非化石能源占 21.2%。①

中国是世界能源消费第一大国，能源消费结构正在向清洁低碳加快转变。据 2024 年 EI 世界能源统计数据，2023 年，中国一次能源消费总量为 170.74 艾焦（见图 2-30），较 2022 年增长 6.5%，能源自给率为 83.1%。2023 年煤炭消费占一次能源消费总量比重为 52.2%（见图 2-31），比 2013 年降低 15.2 个百分点；天然气、水电、核能、其他可再生能源消费量占一次能源消费总量比重为 29.2%，比 2013 年提高 13.9 个百分点。②

同时，中国也是碳排放大国。2023 年，中国人均碳排放量为 9.24 吨，

图 2-30　2000~2023 年中国一次能源消费量

资料来源："Statistical Review of World Energy 2024，" Energy Institute, https://www.energyinst.org/statistical-review。

①　中国国家统计局数据库，https://data.stats.gov.cn/easyquery.htm?cn=C01。

②　"Statistical Review of World Energy 2024," Energy Institute, https://www.energyinst.org/statistical-review.

二氧化碳排放总量为 132.6 亿吨，占全球总排放量的 34%，其中电力行业、工业燃烧和工业过程是前三大碳排放来源。

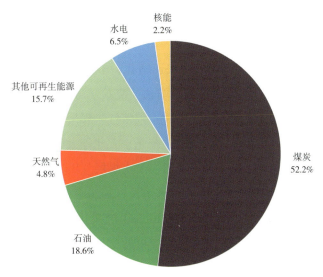

图 2-31　2023 年中国一次能源消费结构

资料来源："Statistical Review of World Energy 2024," Energy Institute, https://www.energyinst. org/statistical-review。

4.1　油气资源潜力

4.1.1　油气勘探开发历史及生产现状

新中国成立 75 年以来，石油工业经历了常规油气大发现和常非并举两大发展阶段。1949~2000 年，先后发现了克拉玛依油田、大庆油田、胜利油田、克拉 2 气田等常规油气田。2000 年以来，常规油气稳步发展，发现西峰、姬塬、富满、安岳等大油气田；非常规油气快速发展，相继发现苏里格致密气田、涪陵页岩气田、川南页岩气田、庆城页岩油田等非常规大型油气田，形成油气并重、常非并举的发展格局。

中国石油勘探始于 19 世纪末，1959 年大庆油田的发现，使中国的石油工业进入了一个崭新的时代。进入 21 世纪，中西部、海洋地区石油储量快速增长，非常规致密油、页岩油取得规模发现，全国石油储量呈现高位稳定增长态势。截至 2020 年底，石油剩余探明可采储量 260 亿桶（约 36.36 亿吨），年产量稳定在 2 亿吨左右（见图 2-32、图 2-33）。

天然气储产量在 21 世纪保持快速增长。中国大范围的天然气勘探突破始于 20 世纪 90 年代初，发现了靖边、克拉 2 等常规气田。2000 年以来，在常规天然气田规模发现的同时，致密气、煤层气、页岩气勘探开发相继取得突破，常规领域发现安岳、普光、大北等大型气田，非常规领域发现苏里格致密气田、长宁页岩气田、大吉煤层气田、泸州深层页岩气田等大型气田，天然气储量、产量高速增长。2020 年天然气剩余探明可采储量 8.4 万亿立方米（见图 2-34）。2023 年产量达 2343 亿立方米（见图 2-35）。天然气产量占国内油气产量当量的比例由 2001 年的 12% 增至目前的 47%。

中国石油工业以陆相沉积盆地产油气著称。油气资源集中分布在松辽、渤海湾、鄂尔多斯、四川、准噶尔、塔里木、珠江口、吐哈、柴达木

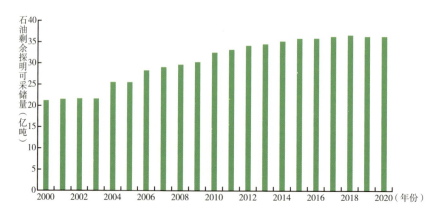

图 2-32　2000~2020 年中国石油剩余探明可采储量

资料来源："Statistical Review of World Energy 2024," Energy Institute, https://www.energyinst.org/statistical-review。

图 2-33　2000~2023 年中国石油产量

资料来源："Statistical Review of World Energy 2024," Energy Institute, https://www.energyinst.org/statistical-review。

等 24 个大型含油气盆地。目前已发现的石油储量中，80% 以上来自中 - 新生代陆相湖盆沉积。主要海相盆地一般位于叠合盆地的下构造深层，发育不同类型的沉积体系，构成良好的生储盖组合，天然气勘探前景同样十分广阔。

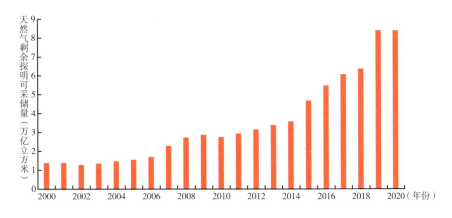

图 2-34　2000~2020 年中国天然气剩余探明可采储量

资料来源："Statistical Review of World Energy 2024," Energy Institute, https://www.energyinst.org/statistical-review。

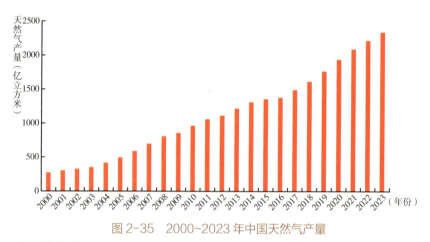

图 2-35　2000~2023 年中国天然气产量

资料来源："Statistical Review of World Energy 2024," Energy Institute, https://www.energyinst. org/statistical-review。

中国油气资源丰富，资源类型多。据中石油第四次油气资源评价（2016 年）结果，中国石油总地质资源量 1752.4 亿吨（技术可采 425 亿吨），包括常规油、致密油、油页岩油、油砂等资源类型。天然气总地质资源量 363 万亿立方米（技术可采 138 亿吨），包括常规气、致密砂岩气、页岩气、煤层气、天然气水合物等类型。中国石油地质资源和天然气地质资源各类型资源量及所占比例见图 2-36。

4.1.2　油气消费情况

随着中国经济的高速发展，中国石油消费量逐年增长。据 EI 世界能源统计数据，2017~2023 年年均消费量 6.7 亿吨，石油对外依存度也逐年攀升，2018 年超过 70%，2023 年达到最高水平，占比达 73%（见图 2-37）。天然气消费量呈高速增长趋势，由 2010 年以前的不足 1000 亿立方米，增长到 2023 年的 4048 亿立方米，2018 年对外依存度超过 40%，2021 年最高，达 45%（见图 2-38）。

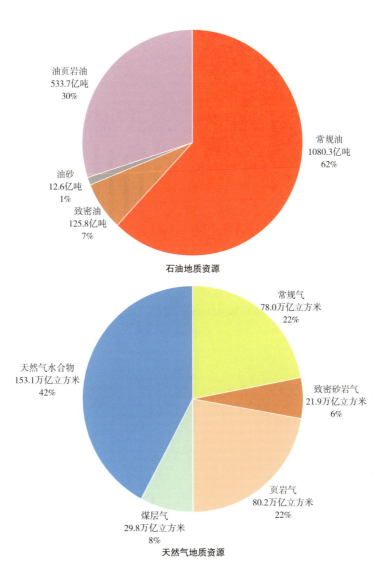

图 2-36 中国油气地质资源量及占比

资料来源：郑民、李建忠、吴晓智等：《我国主要含油气盆地油气资源潜力及未来重点勘探领域》，《地球科学》2019 年第 3 期，第 833~847 页。

图 2-37　2000~2023 年中国石油消费量及对外依存度

资料来源："Statistical Review of World Energy 2024,"Energy Institute, https://www.energyinst.org/statistical-review。

图 2-38　2000~2023 年中国天然气消费量及对外依存度

资料来源："Statistical Review of World Energy 2024,"Energy Institute, https://www.energyinst.org/statistical-review。

4.2　煤炭资源潜力

4.2.1　煤炭勘探开发历史及生产现状

新中国煤炭勘探开发历程大致可以分为四个时期。第一个时期是恢复与初步发展时期（1949~1977 年）。新中国成立之初，为满足国民经济增长对煤炭的需求，中国充分利用计划经济优势，集中力量搞建设，1977 年全国煤炭产量达到 5.5 亿吨，与 1949 年的 3000 万吨相比，增长了 17 倍，为中国煤炭工业发展奠定了基础。第二个时期是转型发展期（1978~2000 年），这一时期中国从完全的计划经济体制过渡到初步的市场经济体制，企业活力得到增强，煤炭产量以每隔 2~5 年增加约 1 亿吨的速度增长。1995 年全国煤炭产量达到 13.61 亿吨（28.49 艾焦），跃居世界第一。2000 年达到 13.97 亿吨（29.61 艾焦），相较于 1978 年中国煤炭产量 6.18 亿吨（13 艾焦），增长了约 1.26 倍，产量年均增长约 3386 万吨。第三个时期是超常发展期（2001~2012 年）。这一时期中国工业进入重化工业阶段，对煤炭的需求快速增长，煤炭产量连上几个台阶：2004 年中国煤炭生产 14.72 亿吨（46.35 艾焦），2009 年达到 31.15 亿吨（64.39 艾焦），2012 年产量 39.45 亿吨（78.44 艾焦）。2001~2012 年 11 年间煤炭产量增加 1.87 倍，产量年均增加约 2.25 亿吨。第四个时期是结构优化期（2012~2023 年）。2013 年以来，煤炭利用进入清洁利用、低排放的结构优化期，煤炭产量先降后升，2023 年全国煤炭产量达到 47.1 亿吨（93.1 艾焦）（见图 2–39），同比增长 3.4%，创历史新高，产量在全球占比 52.8%。目前，我国已建成神东、黄陇、宁东、新疆等 14 个大型煤炭基地，产量占全国的 94% 左右。

4.2.2　煤炭资源分布情况

煤炭是中国的主体能源，在过去 30 余年里，中国一直是世界第一产煤大国。中国的含煤地层主要分布在华北、东北和南方三大区域，分布面积广，资源总量丰富。根据原国土资源部《全国煤炭资源潜力评价（2014）》

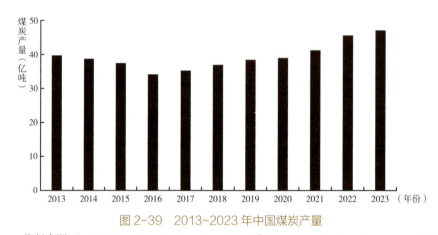

图 2-39   2013~2023 年中国煤炭产量

资料来源："Statistical Review of World Energy 2024," Energy Institute, https://www.energyinst. org/statistical-review。

数据，全国 2000 米以浅煤炭资源总量达到 5.9 万亿吨，其中，探获资源量[1]达 2.02 万亿吨，预测资源量 3.88 万亿吨[2]。中国煤炭资源在地理分布上呈现西多东少、北富南贫的特点：昆仑 – 秦岭 – 大别山以北地区煤炭资源占 90% 以上，而这一线以南的地区占比不足 10%；大兴安岭 – 太行山 – 雪峰山一线以西地区占 89%，而这一线以东地区仅占 11%。从行政划分上看，主要分布于陕西、内蒙古、新疆等地区，占全国煤炭资源总量的 57.4%。从深度上看，1000~2000 米深度段的资源量占比达 93.8%，是煤炭资源的主体。

中国的煤种从褐煤、烟煤到无烟煤均有广泛分布。根据中国煤炭地质总局发布的第三次全国煤田预测结果，褐煤和低变质程度的烟煤占已发现煤炭资源总量的 55.1%[3]。褐煤资源主要分布在内蒙古东部和云南省境内，以褐煤为代表的低品质煤提质加工利用是实现中国煤炭可持续发展的重要战略选择；较为稀缺的中变质程度的炼焦煤占探明资源储量的 27.6%，且

---

① 探获资源量，指经济上可行、技术上可开采且法律上允许开采的矿产资源量。

② 王海宁：《中国煤炭资源分布特征及其基础性作用新思考》，《中国煤炭地质》2018 年第 7 期，第 5~9 页。

③ 毛节华、许惠龙：《中国煤炭资源预测与评价》，科学出版社，1999，第 10 页。

大多数为气煤，优质炼焦煤仅占探明储量的 9% 左右；高变质的贫煤和无烟煤储量仅占保有资源量的 17%。高硫煤占探明储量约 14%，主要分布在四川、重庆、贵州、山西等省市。

据 2024 年 EI 世界能源统计数据，截至 2020 年底，中国煤炭累计探明储量 1431.97 亿吨，全球占比达到 13.3%，储采比达到 37。

4.2.3　煤炭消费情况

煤炭是中国能源安全的基石。自新中国成立以来，中国能源消费结构中，煤炭占比在新中国成立至 2017 年均超过 60%。尽管近几年随着能源多元化和新能源迅猛发展，煤炭在能源消费中的比重有所下降，但根据 2024 年 EI 世界能源统计数据，2023 年中国煤炭消费量 91.94 艾焦（见图 2-40），同比增长 4.0%，仍占一次能源消费总量的 52.2%，持续发挥着中国能源保供的主体作用。

进口煤是中国煤炭供应的重要补充。中国自产煤炭尚不能完全满足国内需求，进口煤的补充作用及其影响变得日益重要，2023 年中国进口煤 10.16 艾焦，同比增长 74.3%，中国煤炭表观需求的对外依存度达到 11%（见图 2-40），创历史最高水平。

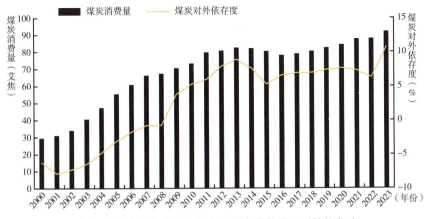

图 2-40　2000~2023 年中国煤炭消费量及对外依存度

资料来源："Statistical Review of World Energy 2024," Energy Institute, https://www.energyinst.org/statistical-review。

4.3 铀矿资源潜力

4.3.1 铀矿勘探开发历史及生产现状

20 世纪 50 年代，国防建设亟须铀矿资源，中国快速组建了铀矿勘查专业队伍，在全国范围内开展了大规模的普查工作，发现了一批大型、特大型铀矿床，如相山铀矿田、伊犁盆地铀矿田等，为中国核能工业的发展提供了有力支撑。20 世纪 90 年代末，随着中国核电站建设的加速，国内对铀的需求进一步增长。铀矿勘探对象由华南的花岗岩型或火山岩型热液矿床开采转向北方中新生界地浸砂岩型矿床，在伊犁、吐哈、二连、鄂尔多斯、松辽等中大型沉积盆地发现蒙其古尔、洪海沟、巴彦乌拉、皂火壕、纳岭沟、巴音青格利、特拉敖包、海力锦等大型、特大型铀矿床，鄂尔多斯盆地北部发展成为我国首个资源量超 10 万吨级的铀资源基地。截至 2023 年底已在全国 23 个省（自治区、直辖市）发现了铀矿资源，特别是江西、内蒙古、新疆、广东、湖南、广西、河北等省区，已发现的铀资源储量约占全国总量的 95%。

在大规模开展铀矿勘查工作的同时，中国也加快了国内铀开采步伐，建立了江西崇义、陕西蓝田、河北青龙、新疆伊宁、内蒙古通辽、福建福州和湖南韶关 7 个生产中心。此外，为了今后建设新的铀生产中心，对新发现的储量丰富的砂岩型铀矿床，如鄂尔多斯和二连盆地的砂岩型铀矿床进行了一系列的先导试验和可行性研究。2024 年 7 月 12 日，中国规模最大的天然铀产能项目——中核集团"国铀一号"示范工程在内蒙古鄂尔多斯开工建设。据国际原子能机构发布数据，中国 2018~2021 年的铀年产量保持稳定在 1600tU 的水平。[①]

---

① "Uranium Resources, Production and Demand," Nuclear Energy Agency, https://www.oecd-nea.org/jcms/pl_79960/uranium-2022-resources-production-and-demand?details=true.

4.3.2　铀矿资源分布情况

中国铀矿潜力巨大，资源种类繁多。铀矿资源潜力结果表明：全国铀矿 1000 米以浅的资源量超过 200 万吨[1]。其中，砂岩型铀矿最大预测资源量约为 96 万吨；其次为花岗岩型，预测资源量为 46 万吨；火山岩型预测资源量为 34 万吨；碳硅泥岩型预测资源量为 17 万吨；其他类型占比较小，如伟晶岩型和碱性岩型等，约 17 万吨[2]。

中国 4 大工业铀矿类型中，砂岩型铀矿主要赋存于北方伊犁、鄂尔多斯、二连、松辽等中新生界为主的陆相沉积盆地中；花岗岩型铀矿主要分布在华南地区；火山岩型铀矿主要分布在滨太平洋中生代活动大陆边缘带，其次是准噶尔、天山—兴安华力西期褶皱带；碳硅泥岩型铀矿分布在古地块被动陆缘斜坡带内，且主要分布于扬子陆块区的上震旦统—上古生界[3]。

至 2022 年底，中国已发现并探明铀矿床 360 余个、10 余种类型，其中，砂岩型、花岗岩型、火山岩型和碳硅泥岩型是主要的工业类型。已查明铀矿资源（可靠资源和推断资源）34.4 万吨，主要分布在 13 个省的 21 个地区。

4.3.3　铀矿消费情况

核能发电是中国铀矿消费的主要领域，中国政府大力推进核电建设，消费量呈现稳步增长趋势。中国目前在运核电机组 56 座，总发电量约为 53.1 吉瓦，在建核电机组 27 座。据统计，仅 2015~2021 年，中国核电站的总装机量从 3000 万千瓦增长到 5465 万千瓦[4]，跻身全球第三，直接推

---

[1] 张金带、李子颖、徐高中等：《我国铀矿勘查的重大进展和突破——进入新世纪以来新发现和探明的铀矿床实例》，地质出版社，2015，第 15 页。

[2] 张金带、李友良、简晓飞：《我国铀资源勘查状况及发展前景》，《中国工程科学》2008 年第 1 期，第 113~118 页。

[3] 秦明宽、李子颖、蔡煜琦等：《对加强我国铀资源勘查"三新"突破的战略性思考》，《世界核地质科学》2022 年第 3 期，第 383~398 页。

[4] 中国核能行业协会网站，https://www.china-nea.cn。

动了铀矿消费量的增加。

2021 年，中国铀矿资源需求量为 9563 吨，而同年产量仅为 1855 吨，缺口 7708 吨（见图 2-41），81% 的铀矿资源需要进口。根据规划，2020 年至 2035 年中国计划将新建 150 座核电机组，预计 2030 年中国有望超越美国成为全球核能装机容量最大的国家，2035 年核能发电量将高达 200 吉瓦。随着中国核能装机容量的持续增加，国际原子能机构预测，到 2030 年中国铀矿需求量将增加到 2.26 万吨，有可能取代美国成为全球第一铀矿资源需求国，届时铀矿资源缺口将达 90% 左右。

图 2-41　2011~2021 年中国铀矿供求关系走势

资料来源：世界核能协会和国家统计局网站。

南非能源矿产资源概况

　　南非共和国（简称"南非"）地处南半球，位于非洲大陆的最南端，有"彩虹之国"的美誉。南非陆地面积约为121.90万平方千米，海岸线长3000千米。南非东濒印度洋，西临大西洋，北邻纳米比亚、博茨瓦纳、津巴布韦、莫桑比克和斯威士兰。位于开普敦东南1920千米大西洋上的爱德华王子岛及马里恩岛亦为南非领土。

　　南非全境大部属于热带草原气候，全年高温，年平均气温约25℃，干湿季分明。每年12月至次年2月是夏季，6月至8月为冬季。①

　　南非是世界上唯一拥有3个首都的国家：行政首都比勒陀利亚，立法首都开普敦，司法首都布隆方丹。

　　2022年，南非人口6000万，分黑人、有色人、白人和亚裔四大种族。南非有12种官方语言，其中英语和阿非利卡语为通用语言。南非宗教信仰以基督教为主。通用货币为兰特。

　　南非奉行独立自主的全方位外交政策，倡导多边主义，反对单边主义；主张在尊重主权、平等互利和互不干涉内政基础上同一切国家保持和

---

　　①　中国国际贸易促进委员会：《企业对外投资国别（地区）营商环境指南（南非）》，中国商务出版社，2020。

发展双边友好关系。以非洲特别是南部非洲为外交政策的基本立足点和核心关注点，在巩固周边基础上倡导"非洲复兴"。南非是联合国、非盟、英联邦、二十国集团、不结盟运动、环印度洋联盟、金砖国家、国际民航组织、世界卫生组织等 70 多个国际组织或多边机制成员国。

南非是非洲第二大经济体，属于中等收入发展中国家，同时也是非洲经济最发达、工业化水平最高的国家。南非自然资源十分丰富。金融、法律体系比较完善，通信、交通、能源等基础设施良好。矿业、制造业、农业和服务业均较发达，是该国经济四大支柱，深井采矿等技术居世界领先地位。2023 年，南非国内生产总值（名义）为 3777 亿美元，人均国内生产总值（名义）为 6138 美元。

南非矿产资源非常丰富，是世界五大矿产资源国之一，其矿产素以种类多、储量大、产量高而闻名于世，拥有被誉为世界第二富含矿产的地质构造。南非已探明储量并开采的矿物有 70 余种。据商务部投资指南和南非矿业委员会数据，南非的铂族金属、铬、锰、氟石、黄金、锆、钛等储量、产量和出口量位居世界前列，其中铂族金属、锰、铬的储量居世界第一位，氟石、黄金、锆居第三位。南非主要能源如石油、天然气相对缺乏，主要依赖于进口，部分能源需求通过生物质能、煤制油技术、核能、太阳能和风能满足。

2023 年，南非一次能源消费总量为 4.85 艾焦（见图 2-42），其中煤炭占比最高，达 68.5%（见图 2-43）。2000~2023 年，一次能源消费量最高达到 5.33 艾焦。南非制定了自己的碳中和计划和实现路径[①]，2023年，南非人均碳排放量为 6.56 吨，二氧化碳排放总量为 3.97 亿吨，占全球总排放量的 1%，其中电力行业贡献了最大的碳排放量，其次是燃料开采。

---

① 周立志、张鹏飞、麻常辉等：《南非碳中和实现路径及减排措施研究》，《全球能源互联网》2022 年第 5 卷第 1 期，第 85~96 页。

图 2-42　2000~2023 年南非一次能源消费量

资料来源："Statistical Review of World Energy 2024," Energy Institute, https://www.energyinst. org/statistical-review。

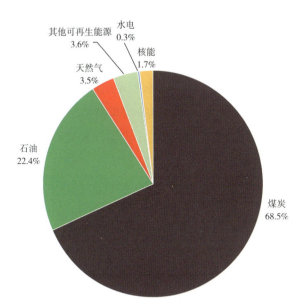

图 2-43　2023 年南非一次能源消费结构

资料来源："Statistical Review of World Energy 2024," Energy Institute, https://www.energyinst. org/statistical-review。

5.1　油气资源潜力

南非主要发育奥特尼瓜、卡鲁和非洲西南海岸 3 个沉积盆地，油气资源潜力一般，EI 世界能源统计数据未单独列出南非油气资源量。其石油和天然气产量也很小，2021 年石油产量约 12.1 万吨，2021 年常规天然气产量约 11 亿立方米。

5.1.1　油气勘探开发历史及生产现状

南非的油气勘探始于 1969 年，其总体特征是盆地油气资源丰度低，石油和天然气储产量较少，常规油气发现主要在奥特尼瓜盆地，可分为三个阶段。在早期勘探发现阶段，1969 年在奥特尼瓜盆地钻探发现了第一个海上气田 Ga-A1，天然气和凝析油 2P 可采储量分别为 2.83 亿立方米和3571 吨。在储量增长阶段，1981 年奥特尼瓜盆地勘探取得重大突破，发现了位于莫塞尔湾的 F-A 气田，该气田是南非迄今为止发现的最大气田，天然气 2P 可采储量 31.2 亿立方米。在稳定阶段，1992 年至今奥特尼瓜盆地有间歇性勘探发现。截至目前，奥特尼瓜盆地已发现油气田 38 个，均位于海上，其中油田 12 个，气田 26 个，累计发现石油 1839 万吨、天然气 101.7 亿立方米，均为中小型油气田。[①]

卡鲁盆地常规油气发现较少，1969 年首次在其下二叠统煤层中发现克拉内梅尔 1（Cranemere 1）微型气田，2P 可采储量仅 280 万立方米，之后近 40 年里勘探基本处于停滞阶段，直到 2008 年在卡鲁盆地下二叠统火山碎屑岩和砂岩中发现了 HADV 1 气田。2013 年，在卡鲁盆地下二叠统砂岩和碳质泥岩中发现了盆地迄今为止最大的气田，其天然气 2P 可采储量 42 亿立方米。截至目前，卡鲁盆地已发现气田 5 个，累计发现天然气 45.2 亿立方米，均为中小型气田。

---

① IHS Energy, EDIN, http: //www. ihsenergy.com；Tellus, Tellus Data, June 2022, http://www.fugro-robertson.com/products/tellusFRL.

5.1.2　油气资源分布情况

据 IHS 和 EIA，2022 年南非的常规石油剩余 2P 可采储量约 1692 万吨，常规天然气剩余 2P 可采储量 1866.93 亿立方米（加上非常规气合计 3243.64 亿立方米）。

中国石油 2023 年评价结果表明，南非常规待发现油气资源量为 4.56 亿吨油当量，其中石油 0.73 亿吨、凝析油 0.51 亿吨、天然气 3705.34 亿立方米。陆上和海上浅水区勘探相对成熟，深水区勘探程度较低。奥特尼瓜盆地常规待发现油气资源量为 0.54 亿吨油当量；卡鲁盆地常规油气开发潜力较小，以非常规为主，其常规待发现天然气资源量 41 亿立方米。非洲西南海岸盆地油气潜力低，在属于南非的部分未发现规模油气，在北部纳米比亚境内 2913B 和 PEL39 深水区块分别发现了维纳斯（Venus）和格拉芙（Graff）大油田，可采储量分别为 6.7 亿吨和 1.3 亿吨。

（3）油气消费情况

2023 年南非消费石油 2490 万吨（见图 2–44）、消费天然气 47.5 亿立方米，分别占南非一次能源消费总量的 22.4% 和 3.5%。南非石油消费量从 2000 年以来基本稳定在 2000 万吨之上，变化不大；天然气消费量不大，但比 2000 年消费的 11 亿立方米有较大提升。

5.2　煤炭资源潜力

5.2.1　煤炭勘探开发历史及生产现状

南非煤炭资源丰富，其煤炭产量居世界第八位、出口量第三位，均居非洲国家首位。19 世纪中期南非煤矿被发现并尝试开采，之后开采量不断增加，1981 年生产量达 1.3 亿吨。[①] 从 2000 年开始其煤炭生产量就在 2

---

① 彭北桦、苏新旭、张博：《南非煤炭资源开发前景研究》，《中国煤炭》2017 年第 7 期，第 165~169 页；毕莹：《南非煤炭工业发展趋势》，《中国煤炭》2021 年第 3 期，第 125~132 页。

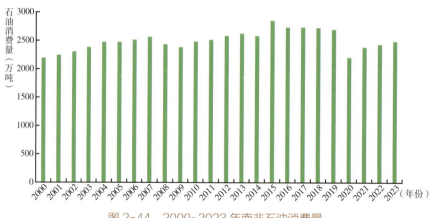

图 2-44　2000~2023 年南非石油消费量

资料来源："Statistical Review of World Energy 2024，" Energy Institute, https://www.energyinst.org/ statistical-review。

亿吨以上，一直相对稳定。

2023 年南非产煤 2.29 亿吨（见图 2-45），共有煤矿 90 座，其中井工煤矿 60 座，生产 49% 的煤炭；露天煤矿 30 座，生产 51% 的煤炭。

5.2.2　煤炭资源分布情况

南非主要含煤盆地为卡鲁盆地，其完整地保留了自晚石炭世至侏罗纪的地层。截至 2023 年底，南非已探明煤炭储量为 98.93 亿吨，约占世界储量的 0.9%，煤炭储量集中在南非东北部，其中 70% 以上的可采储量分布在海维尔德（Highveld）煤田、威特班克（Witbank）煤田及埃尔默洛（Ermelo）煤田。

南非煤层不仅埋藏浅，而且厚度较大、分布稳定，开采条件好；生产的动力煤具有高热量（Q4500 以上）、低硫及低挥发的特点，其中含氟量较高，均值 180 微克 / 克左右。

在南非丰富的煤炭储量中，威特班克 - 海维尔德煤田占有重要地位。威特班克煤田位于南非首都比勒陀利亚市南面，煤田面积 8000 多平方千米，含煤岩系一般厚 120 米至 130 米之间，最厚达 520 米，共含可采煤 5

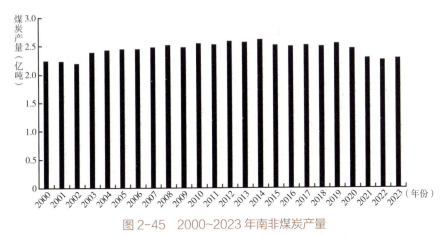

图 2-45　2000~2023 年南非煤炭产量

资料来源：“Statistical Review of World Energy 2024,” Energy Institute, https://www.energyinst.
org/statistical-review。

层，总地质储量 300 亿 ~350 亿吨，探明储量 124 亿吨。煤种主要为气煤，局部受火成岩影响变质为无烟煤或炼焦煤。南非的出口煤大部分来自这个煤田，而该煤田的开采历史已有 1 个多世纪了，目前正以每年 9100 万吨的速度耗减。[①]

5.2.3　煤炭消费情况

2023 年南非煤炭消耗总量为 3.33 艾焦（1.23 亿吨），与 2000 年差别不大（见图 2-46）。目前，南非动力煤多用于国内电力行业，其动力煤消费量占总产量的 70%，其中，燃煤发电占 50%、煤化工占 30%、建材及民用占 20%。由于国内高度依赖煤炭，南非煤出口量较少，占总产量不足一半。

根据南非科学和工业研究委员会（CSIR）数据，2022 年燃煤发电约占南非发电量的 80%，可再生能源（不含水电）占比 7%。[②]

---

① 梁富康、苏新旭、王传峰：《南非的煤炭资源及开发前景》，《中国矿业》2018 年第 27 卷第 12 期，第 65~71 页。

② CSIR,https://www.csir.co.za/csir-releases-statistics-on-power-generation-south-africa-2022.

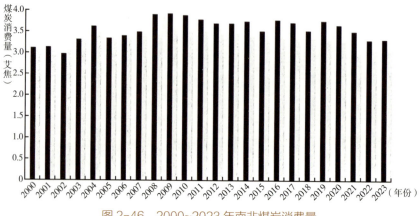

图 2-46　2000~2023 年南非煤炭消费量

资料来源："Statistical Review of World Energy 2024," Energy Institute, https://www.energyinst.org/statistical-review。

5.3　铀矿资源潜力

自 1952 年南非生产铀矿以来，一直是国际铀市场上的重要参与者。尽管南非铀矿产量近年来有所下滑，但总体铀矿生产保持稳定态势。在《铀 2022：资源、生产和需求》（简称"红皮书"）[①] 定义的 15 种矿床类型中，有 7 种是在南非发现的，即古石英—卵石—砾石型、砂岩、褐煤和煤、侵入型、表面型、磷矿、花岗岩相关矿床。南非的铀矿资源特点显著，不仅分布集中、规模巨大，而且矿床类型多种多样。在这些类型中，古石英—卵石—砾石型铀矿尤为突出。

南非的铀矿资源储量相当可观，据 2022 年红皮书预测，南非未发现铀矿的常规资源达 85 万吨，开采成本低于 260 美元 / 千克铀矿的资源量为 44.47 万吨，开采成本低于 130 美元 / 千克铀矿的资源量为 32.09 万吨，

---

① "Uranium 2022: Resources, Production and Demand," Nuclear Energy Agency, https://www.oecd-nea.org/jcms/pl_79960/uranium-2022-resources-production-and-demand?details=true.

开采成本低于 80 美元 / 千克铀矿的资源量为 22.8 万吨。[①]

威特沃特斯兰德盆地位于南非以约翰内斯堡市为中心的广大地区，该盆地铀资源占南非已探明铀资源总量的 79% 左右，包括由石英卵石砾岩聚集的地下铀资源，以及由此产生的尾矿储存设施。南非已确定的总资源中，约 47% 在威特沃特斯兰德的地下作业中，28% 在其相关的尾矿设施中，20% 在斯普林博克平原盆地中，约 5% 在卡鲁盆地的砂岩矿床中。另外，卡鲁盆地估计含有 9 万 ~15 万吨的铀矿。

柯贝赫核电站（Koeberg Nuclear Power Plant）是南非唯一的核电站。它有两个轻水热反应堆，分别 于 1984 年和 1985 年投入使用，总装机容量为 1840 兆瓦，每年大约需要 294 吨铀。[②]

---

① CSIR,https://www.csir.co.za/csir-releases-statistics-on-power-generation-south-africa-2022.

② "Uranium 2022: Resources, Production and Demand," Nuclear Energy Agency, https://www.oecd-nea.org/jcms/pl_79960/uranium-2022-resources-production-and-demand?details=true.

阿联酋能源矿产资源概况

阿拉伯联合酋长国（简称"阿联酋"）位于阿拉伯半岛东部，北濒波斯湾，西部和南部与沙特阿拉伯交界，东部和东北部与阿曼毗连，总面积8.36万平方千米。阿联酋北部为波斯湾水域，南部为陆地，海岸线长734千米。

阿联酋属热带沙漠气候，全年分为两季，5月至10月为热季，最高气温可达50℃以上；11月至次年4月为凉季，最低气温可至7℃。平均降水量约100毫米，多集中于1月至2月。

阿联酋的首都是阿布扎比，全国常住人口约1024万，其中外籍人占88%，主要来自印度、巴基斯坦、埃及、叙利亚、巴勒斯坦等国。居民大多信奉伊斯兰教，多数属逊尼派。阿拉伯语为官方语言，英语为通用语言。1971年12月2日，阿拉伯联合酋长国宣告成立，由阿布扎比、迪拜、沙迦、富查伊拉、乌姆盖万和阿治曼6个酋长国组成联邦国家。1972年2月10日，哈伊马角加入联邦。

阿联酋石油和天然气资源非常丰富，以石油生产和石油化工工业为主。政府在发展石化工业的同时，把发展多样化经济、扩大贸易和增加非石油收入在国内生产总值中的比重作为首要任务。

自1984年建交以来，中阿两国友好合作关系发展顺利。特别是近年来，中阿关系呈现全面、快速、深入发展势头。两国高层和各级别互访往来不断，在国际和地区事务中相互支持与配合。阿联酋是我国在中东地区最大的出口市场和第二大贸易伙伴。

2023 年，中阿双边贸易额 949.8 亿美元，其中中国出口额 556.9 亿美元，进口额 392.9 亿美元。2023 年，中国从阿联酋进口原油 4181.7 万吨。

根据 EI 世界能源统计数据[1]，2023 年阿联酋一次能源消费量达到 5.13 艾焦（见图 2-47）。在一次能源消费结构中，天然气和石油占绝对主导地位，其中天然气占 46.9%，石油占 42.9%。核能、煤炭和其他可再生能源消费占比分别为 5.6%、2.0% 和 2.5%（见图 2-48）。阿联酋没有水电消费。2023 年，阿联酋人均碳排放量为 20.22 吨，二氧化碳排放总量为 2.06 亿吨，占全球总量的 0.53%，其中最大碳排放来自工业燃烧，其次为电力行业。

图 2-47　2000~2023 年阿联酋一次能源消费量

资料来源："Statistical Review of World Energy 2024," Energy Institute, https://www.energyinst.org/statistical-review。

6.1　油气资源潜力

6.1.1　油气勘探开发历史和生产现状

阿联酋在地质上处于阿拉伯板块东部边缘[2]，西北边界为卡塔尔 – 法

---

① "Energy Institute Statistical Review of World Energy 2024," Energy Institute, https://www.energyinst.org/statistical-review.

② Alsharhan, A.S., "Petroleum Geology of the United Arab Emirates," *Journal of Petroleum Geology* 12 (1989): 253-288.

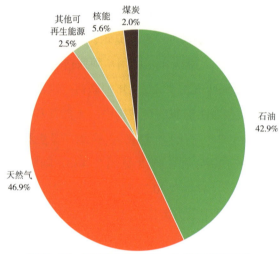

图 2-48　2023 年阿联酋一次能源消费结构

资料来源："Statistical Review of World Energy 2024, "Energy Institute, https://www.energyinst.org/statistical-review。

尔斯背斜，东部及东北部为阿曼盆地和阿曼造山带，北部接扎格罗斯褶皱带东段，南部以大陆斜坡过渡到阿拉伯地盾。

阿联酋所处的鲁卜哈利次盆是一个多期叠合盆地，经历了前寒武纪内克拉通盆地、寒武纪－早二叠世弧后盆地、晚二叠世－晚白垩世被动大陆边缘盆地和第三纪前陆盆地。中生代以来，沉积了巨厚的海相碳酸盐岩和碎屑岩。

中生代侏罗系[①]及下白垩统[②]碳酸盐岩是阿联酋地区主要含油层系。

阿联酋的油气勘探活动始于 1936 年，包括地表调查、重力、磁力和地震勘查等工作。1950 年实施第一口钻井拉斯萨德尔 RS-1（Ras Sadr RS-1），未获油气发现。1954 年和 1958 年分别发现巴布（Bab）陆上油田和乌姆沙伊夫（Umm Shaif）海上油田，并于 1962 年出口第一批原油，标志着

[①]　Mohammed S. Al Silwadi et al., "New Insights into Regional Correlation and Sedimentology, Arab Formation (Upper Jurassic), Offshore Abu Dhabi," *GeoArabia* 1 (1996): 6-27.

[②]　Cong-Sheng Bian et al., "Sedimentology, Sequence Stratigraphy and Their Control on Reservoirs Quality in Mid-Cretaceous Mishrif Formation in East Rub al Khali Basin, Western UAE," *Carbonates and Evaporites* 37 (2022): 71.

石油工业逐渐成为阿联酋经济的主体和国家的经济支柱。[①] 随后，一系列大型油气田被发现，阿联酋成为世界上最富有的产油区之一。

目前，阿联酋阿布扎比国家石油公司（ADNOC）掌控着 95% 以上的油气储产量。2022 年阿布扎比国家石油公司产量约 1.7 亿吨，年产气 570 亿立方米。作为世界主要的石油输出国之一，油气对于阿联酋经济发展至关重要。

6.1.2　油气资源分布情况

阿联酋油气资源丰富，主要分布在鲁卜哈利次盆，根据 IHS 数据[②]，截至 2023 年，阿联酋已发现油气田 109 个，油气剩余 2P 可采储量约为 117 亿吨油当量，其中石油剩余 2P 可采储量约为 72 亿吨，天然气剩余 2P 可采储量约为 5.5 万亿立方米。阿联酋水域勘探相对成熟，前十大油气田中有 4 个位于水域，包括排名第一的扎库姆（Zakum）油田，以及乌姆沙伊夫、法塔赫（Fateh）油田和加瑟（Gassha）气田。陆上油气田主要分布在阿布扎比酋长国中部，包括巴布、布哈森（Bu Hasa）、阿萨布（Asab）等油田。

根据中国石油勘探开发研究院全球油气资源评价结果，阿联酋剩余可采资源量约 118.61 亿吨油当量[③]，其中非常规油技术可采资源量约 33.93 亿吨，主要为页岩油；非常规气技术可采资源量约 7.64 万亿立方米，主要为页岩气和致密气。尽管阿联酋天然气总体储量较大，但致密气的高开采成本和波斯湾海域天然气的高含硫化氢制约了天然气产量的增长。

6.1.3　油气消费情况

目前阿联酋国内天然气消费仍需从卡塔尔进口，且每年保持两位数增长，需求缺口逐年加大。

[①]　王奕男：《阿联酋石油工业发展史述略》，《西安石油大学学报》（社会科学版）2019 年第 4 期。

[②]　IHS, Edin Basin, http://edin.ihsenergy.com/.

[③]　Lirong Dou, Zhixin Wen, Zhaoming Wang, *Global Oil and Gas Resources: Potential and Distribution*（Petroleum Industry Press and Springer，2024），p.154.

2023 年，阿联酋石油产量为 1.76 亿吨（见图 2-49），石油消费量为 0.5 亿吨（见图 2-50）；天然气产量为 556 亿立方米（见图 2-51），天然气消费量为 669 亿立方米（见图 2-52）。阿联酋石油消费量相对于本国石油产量很低，石油的对外依存度极低。而天然气消费量相对产量较高，随

图 2-49　2000~2023 年阿联酋石油产量

资料来源："Statistical Review of World Energy 2024，" Energy Institute, https://www.energyinst.org/statistical-review。

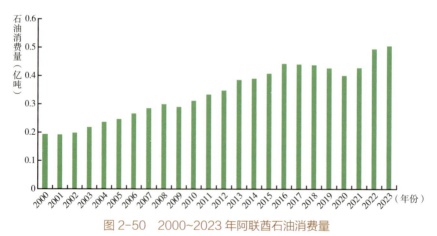

图 2-50　2000~2023 年阿联酋石油消费量

资料来源："Statistical Review of World Energy 2024，" Energy Institute, https://www.energyinst.org/statistical-review。

着阿联酋国内燃气电厂发电量需求持续上升，和以天然气为原料的工业化项目的增加，天然气缺口正逐年加大。目前阿联酋主要从卡塔尔进口天然气以填补国内缺口。2023 年对外依存度约为 16.9%。

图 2-51　2000~2023 年阿联酋天然气产量

资料来源："Statistical Review of World Energy 2024，" Energy Institute, https://www.energyinst.org/statistical-review。

图 2-52　2000~2023 年阿联酋天然气消费量

资料来源："Statistical Review of World Energy 2024，" Energy Institute, https://www.energyinst.org/statistical-review。

7

沙特能源矿产资源概况

　　沙特阿拉伯王国（简称"沙特"或"沙特阿拉伯"）位于亚洲西南部的阿拉伯半岛，东濒波斯湾，西临红海，总面积225万平方千米，与多个国家接壤，北部为约旦、伊拉克和科威特，东部为卡塔尔和阿拉伯联合酋长国，东南部为阿曼苏丹国，南部为也门，并经法赫德国王大桥与巴林相接。海岸线长2448千米。地势西高东低。除西南高原和北方地区属亚热带地中海型气候外，其他地区均属热带沙漠气候。夏季炎热干燥，最高气温可达50℃以上；冬季气候温和。年平均降雨不超过200毫米。

　　沙特首都为利雅得市，全国总人口3218万，其中沙特公民约占58.4%。伊斯兰教为国教，其中，逊尼派占85%，什叶派占15%。全国分为13个省，官方语言为阿拉伯语，货币为沙特里亚尔，政治体制为君主制，总体保持稳定。

　　沙特以"石油王国"著称，是世界上石油储量、产量和销售量最多的国家之一。石油收入是沙特最主要的经济来源，2023年国内生产总值10676亿美元，人均国内生产总值3.15万美元，进出口总额为5330.6亿美元，其中进口额为2109.3亿美元，出口额为3221.3亿美元。近年来，沙特为摆脱对石油产业的依赖，积极推进经济多元化发展，2016年以来提出"2030愿景"以及一系列重大发展规划和倡议。

　　沙特奉行独立自主的外交政策，已同 130 多个国家建立外交关系，依托政治、宗教影响力及经济实力积极参与国际和地区事务。沙特是石油输出国组织（OPEC）核心成员和二十国集团中唯一的阿拉伯国家。2021 年沙特获得上海合作组织对话伙伴地位。

　　2022 年 12 月，习近平主席出席在沙特首都利雅得举办的首届中国—阿拉伯国家峰会、中国—海湾阿拉伯国家合作委员会峰会并对沙特进行国事访问。中沙元首签署《中华人民共和国和沙特阿拉伯王国全面战略伙伴关系协议》。中沙双方还发表联合声明，签署《共建"一带一路"倡议与"2030 愿景"对接实施方案》及能源、投资、司法、教育、新闻等领域合作文件。

　　中沙两国各领域务实合作成果丰硕。2001 年以来，沙特一直是中国在中东地区第一大贸易伙伴。沙特也是中国最大原油供应国。2023 年中国从沙特进口原油 8595.9 万吨。中国自 2013 年以来成为沙特第一大贸易伙伴。2023 年中沙双边贸易额 1072.3 亿美元，其中中国出口额 428.6 亿美元，进口额 643.7 亿美元。2023 年 11 月，中沙两国央行签署本币互换协议，互换规模为 500 亿元人民币 /260 亿沙特里亚尔。

　　根据 EI 世界能源统计数据[①]，2023 年沙特一次能源消费量为 11.6 艾焦（见图 2-53）。在一次能源消费结构中，石油和天然气占绝对主导地位，其中石油占 64.1%，天然气占 35.4%（见图 2-54），显示出沙特丰富的石油和天然气资源优势。其煤炭消费占比为 0.04%，其他可再生能源消费占比为 0.5%，没有核能和水电消费。2023 年，沙特人均碳排放量为 17.15 吨，二氧化碳排放总量为 6.23 亿吨，占全球总排放量的 1.6%，其中电力行业是最大的碳排放来源，其次为交通运输业。

---

　　① "Statistical Review of World Energy 2024，" Energy Institute, https://www.energyinst.org/statistical-review.

图 2-53   2000~2023 年沙特一次能源消费量

注：沙特没有核能和水电，煤炭消费很少，故图中无此三项。

资料来源："Statistical Review of World Energy 2024," Energy Institute, https://www.energyinst. org/statistical-review。

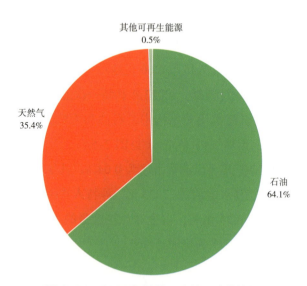

图 2-54   2023 年沙特一次能源消费结构

注：煤炭消费占比太小，故未在图中显示。

资料来源："Statistical Review of World Energy 2024," Energy Institute, https://www.energyinst. org/statistical-review。

7.1　油气资源潜力

7.1.1　油气勘探开发历史及生产现状

沙特基本横跨整个阿拉伯半岛，从盆地角度属于阿拉伯盆地，内部包含多个构造单元。沙特的西部为阿拉伯地盾[①]，地表出露前寒武系结晶基岩；西北为西阿拉伯次盆，向东南方向依次为维典 – 美索不达米亚次盆、中阿拉伯次盆和鲁卜哈利次盆[②]。

沙特的油气勘探始于 1933 年，并于 1935 年开始钻井。1938 年达曼七号井正式进行商业生产，此后沙特迎来油气工业的繁荣发展。1938 年和 1940 年发现达曼（Dammam）油田、阿布哈德里亚（Abu Hadriya）油田和布盖格（Abqaiq）油田之后，沙特相继发现了以世界第一大陆上油田加瓦尔（Ghawar）为代表的一系列大型油田。1949 年，沙特原油年产量达到 2500 万吨。1951 年通过海上地震勘探，发现了当时世界上最大的萨法尼亚（Safaniya）油田。至 1958 年，沙特已发现 10 个大油田。

20 世纪 70 年代沙特开展大量钻井工作，平均每年发现 3~4 个油田，并于 1978 年在加瓦尔油田和贝利（Berri）油田深部地层发现了气藏。20 世纪 80 年代以来，钻探和开发速度迅速下降，1981 年钻井 229 口，1985 年降至 96 口。1989 年钻探工作有所恢复。1989 年至 1996 年，沙特获得了近 20 个重大油气发现。1996~1997 年，沙特阿美公司（Saudi Arabian Oil Company）曾在沙特中部地区发现 4 个油田和气田。1997 年下半年在沙特东部地区成功发现油气田。1998 年 3 月，沙特在其东部地区获得重要的天然气发现。2000 年，沙特阿美公司分别在沙特东部的尼班和沙登发现两个大型天然气 / 凝析气田，总储量达 8.2 亿吨凝析油和 1132 亿立

[①] Glen Brown et al., *Geology of the Arabian Peninsula Shield Area of Western Saudi Arabia* (US Geological Survey, 1989): 23-74 .

[②] Simon Stewart, "Structural geology of the Rub'Al - Khali Basin, Saudi Arabia," *Tectonics* 35 (2016): 2417-2438.

方米天然气。2000 年后，沙特每年平均发现油气田 3~4 个，单个油气田地质储量均不大。2013 年发现的哈森姆（Hazem）油气田地质储量 1.1 亿吨油当量。2013 之后发现油气田 32 个，但地质储量都相对较小。

7.1.2 油气资源分布情况

沙特在前寒武系结晶基底之上持续沉积了古生界[①]、中生界[②]和新生界地层[③]。以厚层多旋回碳酸盐岩沉积体系为主，发育多个含油气系统。

沙特油气资源丰富，拥有中东最大的油田加瓦尔油田，已发现油气资源主要分布在中阿拉伯次盆内，其次在鲁卜哈利次盆，其余次盆发现油气较少。中阿拉伯次盆已发现油气主要赋存于南北向的大型长垣背斜构造。根据 IHS 数据，截至 2023 年，沙特已发现油气田 168 个，油气剩余 2P 可采储量约为 503 亿吨油当量，其中石油和天然气剩余 2P 可采储量分别约为 392 亿吨和 13.7 万亿立方米。[④]

根据中国石油勘探开发研究院全球油气资源评价结果，沙特剩余可采资源量约 488.74 亿吨油当量[⑤]，其中非常规油技术可采资源量约 226.03 亿吨，主要为重油、油页岩和页岩油；非常规气技术可采资源量约 11.93 万亿立方米，主要为页岩气和致密气。

[①] Ayman N.Qadrouh et al., "Mineralogical and Geochemical Imprints to Determine the Provenance, Depositional Environment, and Tectonic Setting of the Early Silurian Source Rock of the Qusaiba Shale, Saudi Arabia," *Marine and Petroleum Geology* 130 (2021): 105-131.

[②] Gary Cole and Peter J.,Jones, *Geochemistry of the Upper Jurassic Tuwaiq Mountain and Hanifa Formation Petroleum Source Rocks of Eastern Saudi Arabia* (Springer-Veriag:Petroleum Source Rocks，1995), pp. 67-87; K.D.Newell and R.D.Hennington, Potential Petroleum Source Rock Deposition in the Middle Cretaceous Wasia Formation, Rub'Al Khali, Saudi Arabia(In SPE Middle East Oil and Gas Show and Conference, 1983), pp. 151-156.

[③] Dallas L.Peck et al., Geology of the Arabian Peninsula Shield Area of Western Saudi Arabian (US Geological Survey, 1989), pp. 117-127.

[④] IHS Energy, EDIN, https://www.ihsenergy.com/.

[⑤] Lirong Dou, Zhixin Wen, Zhaoming Wang, *Global Oil and Gas Resources: Potential and Distribution*（Petroleum Industry Press and Springer，2024），p.154.

7.1.3　油气消费情况

沙特是世界最大石油净出口国。2023 年，沙特石油产量为 5.32 亿吨（见图 2-55），石油消费量为 1.72 亿吨（见图 2-56）；天然气产量为 1141 亿立方米（见图 2-57），天然气消费量为 1141 亿立方米（见图 2-58）。

图 2-55　2000~2023 年沙特石油产量

资料来源："Statistical Review of World Energy 2024," Energy Institute, https://www.energyinst.org/statistical-review。

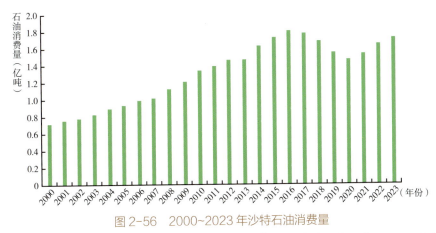

图 2-56　2000~2023 年沙特石油消费量

资料来源："Statistical Review of World Energy 2024," Energy Institute, https://www.energyinst.org/statistical-review。

图 2-57　2000~2023 年沙特天然气产量

资料来源："Statistical Review of World Energy 2024," Energy Institute, https://www.energyinst.org/statistical-review。

图 2-58　2000~2023 年沙特天然气消费量

资料来源："Statistical Review of World Energy 2024," Energy Institute, https://www.energyinst.org/statistical-review。

7.2　铀矿资源潜力

沙特铀矿资源勘查程度较低，仍处于起步阶段。目前发现铀矿资源主要分布在西部阿拉伯地盾区，发现的铀矿类型主要有碱性岩型、含铀磷块岩型、钙结岩型、火山岩型，尚未发现砂岩型和花岗岩型铀矿床。沙特的铀矿床推断为非常规资源，原地非常规铀矿资源总量为 77731 吨，其中侵入性深岩体型为 63171 吨，磷矿型为 14560 吨。[①]

① "Uranium 2022: Resources, Production and Demand," Nuclear Energy Agency, https://www.oecd-nea.org/jcms/pl_79960/uranium-2022-resources-production-and-demand?details=true.

8

伊朗能源矿产资源概况

伊朗伊斯兰共和国（简称"伊朗"）位于亚洲西南部，同土库曼斯坦、阿塞拜疆、亚美尼亚、土耳其、伊拉克、巴基斯坦和阿富汗相邻，南濒波斯湾和阿曼湾，北隔里海与俄罗斯和哈萨克斯坦相望，素有"欧亚陆桥"和"东西方空中走廊"之称。国土面积 164.5 万平方千米，海岸线长 2700 千米。境内多高原，东部为盆地和沙漠。属大陆性气候，冬冷夏热，大部分地区干燥少雨。

伊朗现有人口 8855 万，首都德黑兰。伊朗官方语言为波斯语，伊斯兰教为国教，98.8% 的居民信奉伊斯兰教，其中 91% 为什叶派，7.8% 为逊尼派。

伊朗是联合国的创始成员之一，也是不结盟运动和石油输出国组织（OPEC）成员。伊朗也是亚洲主要经济体之一，经济实力较强。伊朗盛产石油，为世界石油天然气大国，石油产业是伊朗经济支柱和外汇收入的主要来源，占其外汇总收入的一半以上。近年，伊朗经济总体保持低速增长。伊朗奉行独立、不结盟的对外政策，反对单边主义、霸权主义和强权政治。

中伊交往可追溯至公元前 2 世纪。班超的副使甘英曾到过伊朗（安息王朝），并打通了中国经伊朗至古罗马的交通线，即古丝绸之路。此后，两国间往来连绵不断。1971 年 8 月 16 日，中伊建交。2016 年 1 月，两国建立全面战略伙伴关系。近年来，两国高层持续保持密切接触。

中伊两国各领域务实合作稳步开展。2021 年 3 月，中伊两国签署全面合作计划。2022 年 1 月，中伊双方宣布启动全面合作计划落实工作。2023 年，中伊双边贸易额 146.6 亿美元，其中中国出口额 100.8 亿美元，进口额 45.8 亿美元。

根据 EI 世界能源统计数据[①]，2023 年伊朗一次能源消费量相当于 12.71 艾焦（见图 2-59）。在一次能源消费结构中，天然气和石油占绝对主导地位，其中天然气占 69.5%，石油占 27.5%，显示出伊朗丰富的石油和天然气资源优势。其他可再生能源、水电、煤炭和核能的消费占比分别为 0.2%、1.7%、0.6% 和 0.5%（见图 2-60）。2023 年，伊朗人均碳排放量为 9.1 吨，二氧化碳排放总量为 7.79 亿吨，占全球总排放量的 2%，其中建筑业碳排放量最大，其次是电力行业。

图 2-59　2000~2023 年伊朗一次能源消费量

资料来源："Statistical Review of World Energy 2024, " Energy Institute, https://www.energyinst. org/statistical-review。

---

① "Statistical Review of World Energy 2024, " Energy Institute, https://www.energyinst. org/statistical-review.

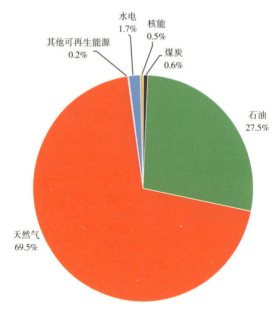

图 2-60   2023 年伊朗一次能源消费结构

资料来源："Statistical Review of World Energy 2024," Energy Institute, https://www.energyinst.org/statistical-review。

8.1   油气资源潜力

8.1.1   油气勘探发现历史和生产现状

伊朗石油工业的发展经历了四个阶段。

1901~1951 年为早期勘探阶段。1908 年发现第一个大油田——麦斯杰德伊苏莱曼油田。到 1950 年年产油量达 3226 万吨，石油剩余探明可采储量增至 17.81 亿吨。

1951~1979 年为伊朗石油国有化阶段。1951 年伊朗宣布石油实行国有化，成立伊朗国家石油公司（National Iranian Oil Co, NIOC），后由于种种原因被迫授权"国际财团"勘探西南部。

1979~1988 年，受伊斯兰革命和两伊战争影响，伊朗石油工业发展停滞。1979 年伊斯兰革命爆发后，伊朗国家石油公司控制了所有作业权，勘探活动几乎停止，石油产量暴跌。1980 年 1 月伊朗国家钻井公司（National Iranian Drilling Company，NIDC）开始作业。两伊战争后期，钻探工作逐渐恢复，石油产量由 1980 年的 6575 万吨逐渐增加到 1988 年的 1.16 亿吨。

1988 年至今为战后恢复阶段。两伊战争结束后，伊朗国家石油公司开始了新的勘探活动，实施了战后经济发展和工业多样化计划，恢复和增加油气生产、加工和石油化工设施。2004 年积极实施石油项目招商引资，国际石油公司助推伊朗油气工业发展。2006 年开始伊朗受联合国安理会制裁，之后外资大多撤出。

2000~2024 年，伊朗共发现油气田 60 个，除 2005 年发现的基什（Kish）气田，其余油气田地质储量均不大。

8.1.2　油气资源分布情况

伊朗主要含油气盆地包括扎格罗斯前陆盆地[①]、伊中盆地群 - 库姆盆地、南里海盆地、阿姆河盆地、鲁卜哈利次盆、中阿拉伯次盆。其中大部分油气集中在阿拉伯板块东北缘的扎格罗斯、鲁卜哈利和中阿拉伯三个地质单元，其油气地质条件、油气系统和成藏组合基本一致，但构造和圈闭类型有明显差异。

扎格罗斯前陆盆地是一个由古 / 中生界[②]大陆边缘沉积盆地与新生代前陆盆地叠加形成的大型盆地，是伊朗、伊拉克主要油田产区。该盆地发育有 3 套主力烃源岩、9 套优质储层、3 套区域盖层、大量北西向线状背斜构造。

伊朗油气资源丰富，已发现油气资源主要分布在扎格罗斯盆地内，少量分布在中阿拉伯次盆和鲁卜哈利次盆。根据 IHS 数据[③]，截至 2023 年，伊朗

---

① Saura, E. et al., "Modeling the Flexural Evolution of the Amiran and Mesopotamian Foreland Basins of NW Zagros (Iran - Iraq)," *Tectonics* 34 (2015):377-395.

② Abbassi, N., "Sedimentary Facies, Architectural Elements and Trace Fossils of Kashkan Formation, Folded Zagros Zone in SW Iran," *Journal of Sciences, Islamic Republic of Iran* 22 (2011):239-255.

③ IHS, Edin Basin, http://edin.ihsenergy.com/.

已发现油气田 206 个，油气剩余 2P 可采储量约为 420 亿吨油当量，其中石油和天然气剩余 2P 可采储量分别为 165 亿吨和 31.6 万亿立方米。

根据中国石油勘探开发研究院全球油气资源评价结果，伊朗剩余可采资源量约 443.1 亿吨油当量[①]，其中非常规油技术可采资源量约 6.54 亿吨，主要为页岩油；非常规气技术可采资源量约 1.1 万亿立方米，主要为致密气。

8.1.3　油气消费情况

2023 年，伊朗石油产量为 2.14 亿吨（见图 2-61），石油消费量为 0.8 亿吨（见图 2-62）；天然气产量为 2517 亿立方米（见图 2-63），天然气消费量为 2456 亿立方米（见图 2-64）。

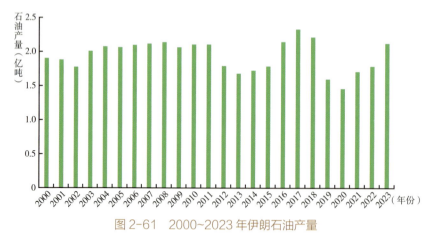

图 2-61　2000~2023 年伊朗石油产量

资料来源："Statistical Review of World Energy 2024，"Energy Institute, https://www.energyinst.org/statistical-review。

---

①　Lirong Dou, Zhixin Wen, Zhaoming Wang, *Global Oil and Gas Resources: Potential and Distribution*（Petroleum Industry Press and Springer，2024），p.154.

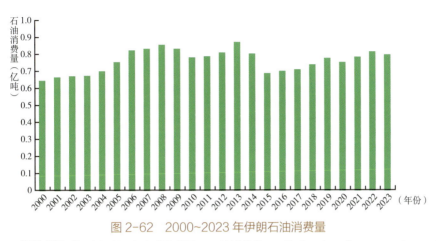

图 2-62　2000~2023 年伊朗石油消费量

资料来源："Statistical Review of World Energy 2024,"Energy Institute, https://www.energyinst.org/statistical-review。

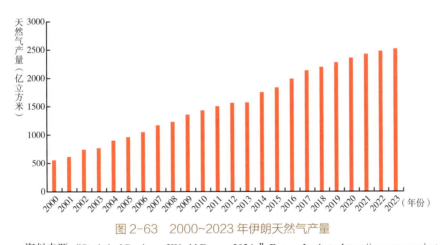

图 2-63　2000~2023 年伊朗天然气产量

资料来源："Statistical Review of World Energy 2024,"Energy Institute, https://www.energyinst.org/statistical-review。

图 2-64　2000~2023 年伊朗天然气消费量

资料来源："Statistical Review of World Energy 2024，" Energy Institute, https://www.energyinst. org/statistical-review。

8.2　铀矿资源潜力

伊朗系统性的铀矿勘探起始于 20 世纪 70 年代初。从 1977 年至 1978 年底，通过航空地球物理勘测，伊朗约三分之一的国土面积（54.8 万平方公里）得到了覆盖。在此期间，众多地表辐射异常现象被探测出来，伊朗随之展开了持续的实地调查，这一调查工作一直延续至今。

截至 2019 年 1 月 1 日，伊朗原位推断资源总量为 5535 吨[①]。预测未发现常规资源为 57900 吨。

自 2006 年以来，通过露天开采加欣盐塞（表面型）回收的铀矿石一直在阿巴斯港（Bandar Abbas）铀厂进行加工。阿巴斯港铀厂于 2006 年开始运营，名义年生产能力为 21 吨，并于 2016 年关闭。位于阿尔达坎附近的第二个生产设施于 2017 年开始运营，其名义年生产能力为 50 吨，将使用萨格汗（Saghand）铀矿的矿石供应。除了目前正在运作的阿尔达坎铀厂

---

① "Uranium 2022: Resources, Production and Demand," Nuclear Energy Agency, https://www.oecd-nea.org/jcms/pl_79960/uranium-2022-resources-production-and-demand?details=true.

生产中心外，伊朗正在进行规划纳里甘生产中心的可行性研究。2021 年伊朗铀矿产量为 21 吨（见图 2–65）。

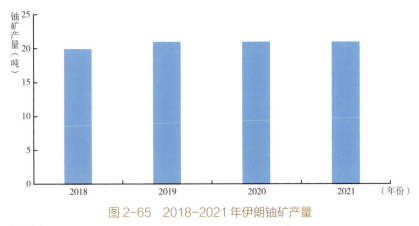

图 2-65　2018~2021 年伊朗铀矿产量

资料来源："Uranium 2022: Resources, Production and Demand," Nuclear Energy Agency, https://www.oecd-nea.org/jcms/pl_79960/uranium-2022-resources-production-and-demand?details=true。

埃及能源矿产资源概况

    阿拉伯埃及共和国（简称"埃及"），首都开罗，跨亚、非两大洲，大部分位于非洲东北部，西连利比亚，南接苏丹，东临红海并与巴勒斯坦、以色列接壤，北濒地中海。总面积100.1万平方千米，海岸线长约2900千米，全国划分为27个省。

    埃及全境干旱少雨，尼罗河三角洲和北部沿海地区属亚热带地中海气候，其余大部分地区属热带沙漠气候。

    埃及人口1.13亿，是中东地区人口最多的国家，非洲第三人口大国。伊斯兰教为埃及的主要信仰宗教，信徒以逊尼派为主，占总人口的84%。同时存在科普特基督正教、天主教、希腊基督正教、亚美尼亚基督教以及基督新教等多个基督教教派，约占16%。

    埃及在阿拉伯、非洲和国际事务中均发挥着重要作用。首都开罗现为阿拉伯国家联盟总部所在地。

    2023年，埃及一次能源消费量为3.94艾焦（见图2-66），其中石油和天然气占比分别为37.9%和54.9%（见图2-67）。自2000年以来，埃及一次能源消费量总体呈波动上升趋势，最高峰为2022年，达到3.98艾焦。此外，埃及也制订了碳中和计划。2023年，埃及人均碳排放量为2.31

吨，二氧化碳排放总量为 2.5 亿吨，占全球总排放量的 0.6%，其中电力行业贡献了最大的碳排放量，其次是交通运输业。

图 2-66　2000~2023 年埃及一次能源消费量

资料来源："Statistical Review of World Energy 2024," Energy Institute, https://www.energyinst.org/statistical-review。

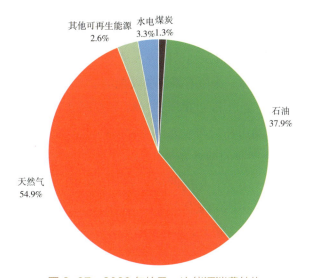

图 2-67　2023 年埃及一次能源消费结构

资料来源："Statistical Review of World Energy 2024," Energy Institute, https://www.energyinst.org/statistical-review。

9.1　油气资源潜力

9.1.1　油气勘探开发历史及生产现状

埃及的石油勘探开始非常早，始于 1860 年。第一个油田格穆萨
（Gemsa）于 1869 年在苏伊士湾发现，并于 1910 年投产，由英美油田合
资公司（AEO）开发（英国石油公司和壳牌联合成立）。在两次世界大战
期间还新发现了 5 个油田。然而，1953 年出台了一项法律，限制向埃及
公司（埃及国民拥有至少 51% 所有权的公司）授予新区块，这标志着埃
及政府越来越多地参与该国石油和天然气行业。1956 年成立了通用石油
公司（General Petroleum Corporation，GPC），即现在的埃及通用石油公
司（Egyptian General Petroleum Corporation，EGPC），它获得了 63 个许
可证，并于 1964 年将 AEO 运营的油田收归国有。之后 EGPC 与国际石油
公司建立了合资企业，以鼓励外国公司参与。1965~1980 年，埃及发现了
许多油田，包括苏伊士湾的摩根（Morgan）油田、七月（July）油田和拉
马丹（Ramadan）油田，以及西部沙漠和尼罗河三角洲的新油田。1973 年
埃及颁布了一项新法律，为所有勘探协议规定了产品分成合同。

1980~2000 年，壳牌和 EGPC 于 1981 年在西部沙漠发现了巴德埃尔
丁（Badr El Din）油田和阿布－塞南（Abu Sennan）油田，20 世纪 80 年
代埃及迎来了石油产业的蓬勃发展。1988 年，富含天然气的地中海和陆
上尼罗河三角洲成了天然气勘探的热点地区。20 世纪 90 年代，在西部沙
漠发现了系列油田，在地中海发现了大量天然气。[①]

21 世纪初，勘探许可大幅下降，投标需要经过漫长的审查，直到
2014 年批准的速度才有所加快，进入新一轮勘探发现高峰期。2015 年 9
月埃尼公司发现祖哈尔（Zohr）气田，探明储量高达 8500 亿立方米，以

---

① 刘恩然、张立勤、王都乐等：《埃及油气资源勘探开发现状》，《桂林理工大学学
报》2019 年第 39 卷第 3 期，第 591~598 页。

及储量可观的努尔（Noor）、阿特罗（Atoll）等气田。2022 年，埃及新油气储量激增，先后获得了 53 个新石油和天然气发现，包括位于西部沙漠、苏伊士湾、地中海和尼罗河三角洲的 42 个新油田和 11 个新气田。[1]

据 EI 世界能源统计数据，1965 年埃及的石油产量已达 650 万吨，石油产量在 1993 年达到最高峰，其后产能稳步下降；1966 年天然气年产量为 1 亿立方米，之后稳步增加，在 2021 年达到最高峰。

9.1.2　油气资源分布情况

据中国石油 2023 年评价结果，埃及石油和天然气剩余可采储量分别5.97 亿吨和 2.05 万亿立方米，居非洲国家第六位和第三位。埃及油气剩余可采储量以天然气为主，集中分布在地中海地区、西部沙漠地区和苏伊士湾地区。天然气剩余可采储量占比 70.9%，原油（含凝析油）剩余可采储量占比 29.1%。待发现油气资源量为 24.07 亿吨油当量，其中石油 8.8亿吨、凝析油 3.22 亿吨、天然气 1.35 万亿立方米。

尼罗河三角洲常规油气勘探前景仍然很好，其中待发现油气资源主要位于古近系 - 新近系[2]。陆上达到勘探成熟阶段，海上为中等勘探成熟阶段，具有非常好的资源潜力。苏伊士湾盆地和北埃及盆地常规油气开发潜力依然很大，但勘探潜力有限。

9.1.3　油气消费情况

埃及石油产量 1993 年达到峰值 4750 万吨，2010 年以来，由于成熟油田产量下降、投资减少和石油勘探成功有限，埃及石油产量大幅下降，从 3500 万吨波动下跌（见图 2-68），加上本土石油消费增加，埃及石油出口快速减少，2012 年成为石油净进口国。2023 年，埃及石油产量 2980万吨，石油消费量 3430 万吨（见图 2-69）。

---

[1]　IHS Energy, EDIN, https://www.ihsenergy.com.

[2]　胡永乐、史卜庆、范子菲等编著《世界油气勘探开发与合作形势图集（非洲地区）》，石油工业出版社，2021，第 72~158 页，第 529~548 页。

图 2-68　1970~2023 年埃及石油供需趋势

资料来源："Statistical Review of World Energy 2024," Energy Institute, https://www.energyinst. org/statistical-review。

图 2-69　2000~2023 年埃及石油消费量

资料来源："Statistical Review of World Energy 2024," Energy Institute, https://www.energyinst. org/statistical-review。

　　20 世纪 70 年代中期埃及开始生产供国内使用的天然气，完全满足其需求。2004 年，天然气产量超过消费量，剩余部分用于出口，2015 年成为天然气净进口国。埃及天然气产量在 2016 年达到最低点，为 402.52 亿立方米。2021 年天然气产量达到峰值，为 678 亿立方米。2023 年埃及天然气产量 571 亿立方米（见图 2-70），天然气消费量 600 亿立方米（见图 2-71），是非洲最大的天然气消费市场，因其天然气产量下降，2023 年埃及再次成为天然气净进口国。

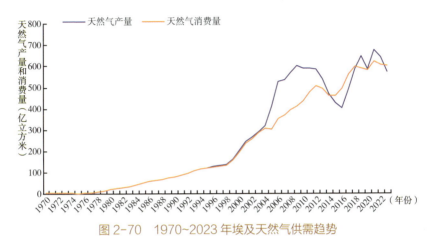

图 2-70　1970~2023 年埃及天然气供需趋势

资料来源："Statistical Review of World Energy 2024," Energy Institute, https://www.energyinst. org/statistical-review。

图 2-71　2000~2023 年埃及天然气消费量

资料来源："Statistical Review of World Energy 2024," Energy Institute, https://www.energyinst. org/statistical-review。

9.2　煤炭资源潜力

9.2.1　煤炭勘探开发历史及生产现状

埃及煤炭资源在非洲地区所占比例很小，其仅有的煤炭资源主要分布在西奈半岛北部地区和中南部地区。埃及最大的煤矿，也是唯一在运营的煤矿是玛格哈拉（Maghara）煤田，位于西奈半岛北部，估算褐煤储量为5200万吨。该矿发现于1958年，1964年开始生产低阶烟煤[1]，是埃及唯一的煤矿。主要含煤层系是侏罗系地层，属于中挥发分烟煤，煤的灰分较低，硫含量高。[2]

9.2.2　煤炭资源分布情况

埃及煤炭资源潜力有限，如前所述煤田主要分布在西奈半岛，主要包括玛格哈拉煤矿、阿尤恩穆萨（Ayun Musa）煤矿、瓦迪奥代（Wadi Oeda）煤矿和瓦迪托拉（Wadi Thora）煤矿，仅玛格哈拉煤矿具有商业开发价值，且由于技术和资金问题，仅开采了煤炭总储量的20%[3]。阿尤恩穆萨煤矿无商业价值，瓦迪奥代煤矿和瓦迪托拉煤矿质量较低。

9.2.3　煤炭消费情况

埃及对于煤炭的消费一直比较少，最高峰也不满0.1艾焦。近期，随着天然气的规模发现，为了清洁环保，埃及更不需要依赖煤炭。埃及政府

---

[1]　Melegy A. and Salman S., "Petrological and Environmental Geochemical Studies on the Aban-doned Maghara Coal Mine," *Geolines* 22 (2009):44-51.

[2]　Baioumy H. M., "Mineralogical and Geochemical Characterization of the Jurassic Coal from Egypt," *Journal of African Earth Sciences* 54(3-4)(2009):75-84.

[3]　Edress N. A. A., Opluštil S., Sýkorová I., "Depositional Environments of the Jurassic Maghara Main Coal Seam in North Central Sinai，Egypt," *Journal of African Earth Sciences* 140 (2018):241-255.

还在电力部门制订了一项雄心勃勃的计划，促进能源可持续发展，包括可再生的风能及太阳能用于替代煤炭。但从消费量来看，2023 年煤炭消费总量为 0.05 艾焦（9.25 万吨），在埃及一次能源消费结构中仅占 1.3%。

9.3　铀矿资源潜力

埃及的铀矿勘探活动开始于 1956 年。通过地球物理、放射性和地质勘探发现了许多放射性异常，分布在东部沙漠和西奈半岛的不同地质环境中。1984~1985 年，埃及国家核材料机构（NMA）发现加巴尔 – 加塔尔（Gabal Gattar）花岗岩基岩北部的铀矿化特征，在资源评价方案的框架内，于 1998 年在西奈（Sinai）探矿区、1999 年在加巴尔 – 加塔尔探矿区挖掘了当地第一个采矿试验竖井。2016~2019 年，NMA 重点勘探了东部沙漠和南西奈 4 个铀矿勘探区，包括在地球物理和地球化学调查的支持下进行探沟和浅层钻探，以跟踪含铀矿化地层的地下延伸，预测铀矿资源估计值显著增加。

据经济合作与发展组织核能机构（OECD/NEA）与国际原子能机构（IAEA）联合发布的红皮书，埃及在东部沙漠和南西奈地区有 4 个铀矿床，阿布宰尼迈（Abu Zenima）和加巴尔 – 加塔尔属于已确定的常规资源，铀原位推测资源约 2515 吨，阿布鲁谢德（Abu Rusheid）和伊尔塞拉（El Sella）为未发现的常规资源，铀原位预测资源为 13600 吨。[1]

埃及于 2001 年在加巴尔 – 加塔尔和阿布宰尼迈开发了矿山和处理试点项目，并计划于 2025 年在阿布鲁谢德和伊尔塞拉实施类似的项目。根据这些试点项目的结果，未来可能会建设生产中心。其中，加巴尔 – 加塔尔项目的试点生产中心包括槽浸出（1000 吨含铀花岗岩矿石容量）和小

---

[1] "Uranium 2022: Resources, Production and Demand," Nuclear Energy Agency, https://www.oecd-nea.org/jcms/pl_79960/uranium-2022-resources-production-and-demand?details=true.

规模堆浸出（2500 吨矿石）。已承诺的生产中心将包括建造一个容量为 10000 吨矿石的堆浸堆放置。阿布宰尼迈项目的试点生产中心包括槽浸出（4000 吨矿石容量）和一个堆浸堆放置（1000 吨含铀矿石）。计划 2025 年在阿布鲁谢德和伊尔塞拉建立试点生产设施，计划中阿布鲁谢德项目的试点生产中心将包括槽浸出（适量的基岩含铀岩石）和一个用于铀提取的离子交换装置。计划中伊尔塞拉项目的试点生产中心将包括一个堆浸堆放置和一个用于铀提取的离子交换装置。

埃塞俄比亚能源矿产
资源概况①

　　埃塞俄比亚联邦民主共和国（简称"埃塞俄比亚"），国土面积 110.36 万平方千米，位于非洲东北部，东与吉布提和索马里相邻，南与肯尼亚毗邻，西与苏丹接壤，北与厄立特里亚交界。埃塞俄比亚境内以山地高原为主，大部属埃塞俄比亚高原，中西部是高原的主体，占全国面积的三分之二，东非大裂谷纵贯全境，平均海拔近 3000 米，素有"非洲屋脊"之称。高原四周地势逐渐下降。北部的达罗尔洼地降到海平面以下 125 米，为全国最低点。红海沿岸为狭长的带状平原。北部、南部、东北部的沙漠和半沙漠地区约占全国面积的 25%。西门山脉的达善峰海拔高度 4623 米，为埃塞俄比亚全国最高峰。

　　受高海拔的影响，埃塞俄比亚气候宜人，年平均温度为 16℃。全年大致分为旱季和雨季，2~3 月和 6~9 月分别为小雨季和大雨季，其他时间为旱季。

　　埃塞俄比亚是非洲人口第二大国，首都为亚的斯亚贝巴。人口约 1.2 亿。埃塞俄比亚有 80 多个民族，主要有奥罗莫族（约占 40%）、阿姆哈拉族（约占 30%）、提格雷族（约占 8%）、索马里族（约占 6%）、锡达玛族（约占 4%）等。

---

① 因 EI 数据未覆盖埃塞俄比亚，故本节数据主要来自 IEA 和 ENI 等，仅供参考。

中国与埃塞俄比亚于1970年11月24日建交。近年来，两国关系呈现健康、持续发展势头。2023年10月，两国建立全天候战略伙伴关系。两国建交50余年来关系稳定健康发展，政治互信日益加深，特别是在经贸领域的合作成果丰硕。中国是埃塞俄比亚第一大贸易伙伴、最大的工程承包方和最大的投资来源国。埃塞俄比亚是"一带一路"倡议重要合作伙伴，也是中非产能合作先行先试示范国家。中埃关系是中非关系和南南合作的典范。

2021年埃塞俄比亚一次能源生产结构以生物燃料和废弃物为主，占比87.2%（见图2-72）。2021年能源总供给为1.99艾焦，其中非可再生能源0.19艾焦、可再生能源1.80艾焦。2023年，埃塞俄比亚人均碳排放量为0.14吨，二氧化碳排放总量为0.17亿吨，其中交通运输业为主要碳排放来源。

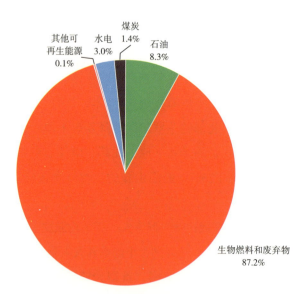

图 2-72　2021 年埃塞俄比亚一次能源生产结构

资料来源："Ethiopia Energy Mix," IEA, https://www.iea.org/countries/ethiopia/energy-mix。

2008~2022年埃塞俄比亚终端能源消费量见图2-73。2022年埃塞俄比亚终端能源消费以生物质能为主，占比约为85.6%，生物质能消费又以

图 2-73　2008~2022 年埃塞俄比亚终端能源消费量

资料来源："Ethiopia Energy Mix," IEA, https://www.iea.org/countries/ethiopia/energy-mix。

民用为主，石油与煤炭消费占比仅为 12.7%。

2022 年埃塞俄比亚电力总装机容量 5.7 吉瓦，较上年增加 0.8 吉瓦。发电来源主要是水电，占比 86%；其次为风电；占比 7%，再次是生物质能发电，占比 6%。

埃塞俄比亚的电力供应足以满足本国需求，但由于电网老化、布网不合理，本国电网普及率仅 50%。2021 年埃塞俄比亚全部为可再生能源发电，总发电 15817 吉瓦时，其中水电占比 94%，其次为风电占比 5%。同时，埃塞俄比亚已开始向苏丹、吉布提和肯尼亚出口电力。

2023 年，埃塞俄比亚的二氧化碳排放量较低，人均碳排放量仅为 0.138 吨，二氧化碳排放总量仅为 1670.77 万吨，占全球总排放量不足 1%，其中交通运输业为主要排放来源。

10.1　油气资源潜力

埃塞俄比亚位于"泛非构造带"中的东非造山带，莫桑比克带北部和阿拉伯 – 努比亚地盾南端的接触带上，东非大裂谷呈北东 – 南西向纵贯埃塞全境，将埃塞俄比亚分为东部低地（莫桑比克地盾部分）、中西部高原

（阿拉伯－努比亚造山带部分）和东非裂谷系（东支）。东非造山带主要
由阿拉伯－努比亚地盾和莫桑比克带构成。①

10.1.1　油气勘探发现历史和现状

石油许可管理核心部门（PLACP）是埃塞俄比亚国内油气行业主管部
门。埃塞俄比亚联邦政府矿业和石油部（Ministry of Mines and Petroleum）
负责向外国投资者发放预查、勘查和采矿许可证。石油许可管理核心部门
是矿业和石油部下属机构，负责监督与该国油气业务相关的所有活动，由
两个分支机构组成，包括石油许可证管理部门和合同管理部门。

埃塞俄比亚国家石油公司（National Oil Ethiopia PLC，NOC）是一家
私营公司，主要负责下游销售业务，政府可参与勘探开发，参与权比例最
高可达 10%。勘探期最长为 4 年，经与政府协商后可延长 4 年，开发和
生产许可的期限通常为 25 年，还可与政府协商延长 10 年。按照埃塞俄比
亚政府的有关规定，外国投资者在埃塞俄比亚开展矿产资源的勘查开发必
须注册成立勘查开发公司。外国投资者与埃塞俄比亚本国公司合作开展矿
产资源的勘探开发，必须注册成立联合投资公司。矿业用地可以通过租
用（主要是指租用暂时满足某种需求的服务）、租赁（通常是指租赁大型
资产）或免费取得的方式获取。预查许可证、勘查许可证、采矿许可证的
申请所需资料根据《埃塞俄比亚矿业法》有关规定执行，矿业权保留、流
转、吊销、放弃，则根据《埃塞俄比亚矿业管理条例》有关规定执行。

埃塞俄比亚对石油和天然气的探寻可追溯到 20 世纪 40 年代，大部分
勘探工作在欧加登盆地进行，面积 35 万平方千米，很多石油公司在不同
的时间进入埃塞俄比亚并退出。美国天纳克（Tenneco）公司分别于 1973
年发现卡鲁布（Calub）气田（地质储量约 1076.92 亿立方米）和 1974 年
发现希拉拉（Hilala）气田（地质储量约 448.79 亿立方米），由于各种原

---

① 高长亮、党万民、田绍喜等：《埃塞俄比亚地质特征与矿产概况》，《山东国土资
源》2010 年第 11 期，第 19~23 页。

因，包括安全性和缺乏必要的融资和技术等放弃了该项目。2013 年中国保利协鑫石油天然气集团控股有限公司接管了该天然气田。2013 年，英国图洛石油公司（Tullow Oil）在南奥莫（Omo）区块钻探了赛比萨 -1（Sabisa-1）井，此举证明了格雷拉里中北部（North-Central Gregory）裂谷盆地北部 – 中部存在有效的油气系统，并降低了该区块其他勘探目标的风险，同年，新非洲全球能源有限公司（New African Global Energy Ltd，NewAGE）钻探库兰 -3（El Kuran-3）井，发现了库兰（El Kuran）气田，地质储量约 403.85 亿立方米。2017 年底，保利协鑫公司发现了杜哈尔（Dohar）油田，地质储量约 1133.6 亿立方米，该公司并于 2018 年对两口井进行了评价。2022 年埃及终止了与保利协鑫公司的勘探合同。

10.1.2　油气资源分布

埃塞俄比亚境内有 7 个盆地，包括索马里盆地（局部）、迈卢特盆地（局部）、阿特巴拉盆地、格里高利盆地、拉穆盆地、红海盆地（局部）和亚丁湾盆地。索马里盆地欧加登次盆和阿特巴拉盆地形成于晚古生代 –早中生代，而迈卢特盆地、格里高利盆地、拉穆盆地、亚丁湾盆地和红海盆地形成于晚中生代 – 新近纪。索马里盆地欧加登次盆是埃塞俄比亚最大的盆地，在该国境内面积超过 35.5 万平方千米。该盆地由深海、浅海和大陆沉积组成。[1]

埃塞俄比亚以天然气资源为主。截至 2023 年 9 月，埃塞俄比亚发现了 10 个油气田，天然气地质储量 3299.08 亿立方米，天然气可采储量 2439.68 亿立方米，凝析油地质储量 1332.63 万吨，凝析油可采储量 837.55 万吨。

据 2022 年中石油非洲资源评价，埃塞俄比亚待发现可采资源量天然气 165 亿立方米、原油 0.65 亿吨、凝析油 0.045 亿吨。

---

[1]　Ahmed W., "Fossil Fuel Energy Resources of Ethiopia," *Bulletin of the Chemical Society of Ethiopia* 1 (2008):67-84 .

10.1.3　油气消费情况

埃塞俄比亚油气消费完全依靠进口。成品油和原油主要用于运输、农业、商业和工业部门，包括液化石油气（LPG）、煤油、喷气/涡轮燃料、石油汽油、柴油、燃油、润滑油和润滑脂，该国花费大量外汇进口石油产品。2022年，埃塞俄比亚石油消费量达到477.95万吨，同比增长7.87%（见图2-74）。

图2-74　2015~2022年埃塞俄比亚石油消费量和增长率

资料来源："World Energy Review 2023," ENI, https://www.eni.com/assets/documents/eng/topic/global-energy-scenarios/world-energy-review/2023/WER_2023.pdf。

埃塞俄比亚油气管储基础设施建设较差。目前国内没有重要的油气管道和液化天然气厂。

在原油基础设施方面，埃塞俄比亚的所有石油产品需求均依赖进口，供应路线仅限于来自吉布提港的铁路或苏丹的油轮。

10.2　煤炭资源潜力

10.2.1　煤炭勘探开发历史及生产现状

煤炭分布于西北高原、西南高原和中部高原。目前没有工业规模的煤矿开采项目。2012 年雅尤（Yayu）含煤区首次开采煤炭，项目耗资 5 亿美元，是当时该国第二大项目，仅次于埃塞俄比亚复兴大坝。该项目由国有军工集团金属工程公司（METEC，现称埃塞俄比亚工程集团）负责，以开采煤炭和生产尿素为主要产业，规划建设两座尿素厂、一座磷酸二铵（DAP）化肥厂、一座煤矿开采厂和一座化学品制造厂，计划在该地区开采 920 万吨煤炭和生产 30 万吨尿素。由于公司破坏了森林环境，该项目于 2017 年暂停。雅尤含煤区卡马仕（Kamashi）煤矿最大开采规模为年产量约 50 万吨，但自 2020 年 5 月以来，本尚古勒 - 古马兹州（Benishangul Gumuz）地区持续爆发冲突，当地煤炭供应急剧下降。

10.2.2　煤炭资源分布

埃塞俄比亚的煤炭工业起步相对较晚，勘探工作可以追溯到 20 世纪 40 年代。埃塞俄比亚探明煤炭地质储量约 2.97 亿吨，主要赋存于新生界沉积岩。含煤地层夹在火山岩层之间，煤层一般较薄，最大厚度为 4 米，煤质较差，规模较小。煤炭主要夹于砂岩 / 粉砂岩 / 泥岩 - 煤炭 - 页岩中。埃塞俄比亚的煤炭属于褐煤。煤质具高灰分、低固定碳和高挥发分的特点。[①]

埃塞俄比亚境内含煤岩系沉积在东非大裂谷的古近纪 - 新近纪小型断陷盆地中。

德尔比 - 莫耶（Delbi-Moye）含煤区位于咖法省季马境内，含煤区面积约 55 平方千米。德尔比 - 莫耶含煤区及油页岩地层包括泥岩、黏土岩、炭质泥岩、粉砂岩、砂岩等，含煤地层厚度 3.57~272.82 米，包含三个煤组，各组含煤 0~6 层，西部莫耶区比东部德尔比区煤层分布更广泛，厚度更大。含煤层系上部有两层岩浆岩岩床，中间为一层火山碎屑岩沉积，火

---

① 李献水、张心彬：《埃塞俄比亚煤炭地质考察报告》，《中国煤田地质》1999 年第 4 期，第 29~40 页；Wolela A., "Fossil Fuel Energy Resources of Ethiopia: Coal Deposits," *International Journal of Coal Geology* 4 (2007): 293-314.

山碎屑岩厚 1.75~20 米，平均 9.62 米。第四系地层厚度 0~53.4 米。

雅尤含煤区占地面积约 150 平方千米。交通便利，贝德利 – 雅尤 – 默图的柏油公路横贯该区。该区地层变化大，东部、中部和西部地区岩相岩序各不相同，碎屑沉积层间发育煤和油页岩。雅尤含煤区基底构造较复杂，后期形成的火山岩系控制着该含煤区。雅尤东部地区含煤地层厚度 36.15~157.45 米，含煤层数 1~10 层，单层煤层厚度最大为 2.35 米，煤质量待查明；中部地区含煤及油页岩，煤层最大厚度为 0.5 米。

切尔卡（Chilga）含煤区位于塔纳湖北部，面积约 23.5 平方千米。交通便利，贡德尔 – 梅特玛的公路经过该区，沟谷 – 河岸边发育煤系露头。含煤地层为新近系上新统地层。切尔卡区外围及底部岩层均为岩浆岩，形成了约 3000 米宽的地堑构造，发育含煤岩系，煤系地层倾角较平缓，实测最大倾角为 30°。切尔卡区河流 – 湖泊相地层由黏土、火山灰、页岩、炭质泥岩和薄煤层交互构成，沉积中心最大厚度达 90 米，薄煤层多达 20 层，单层最大厚度为 1.25 米。

10.2.3　煤炭消费情况

2019 年前，埃塞俄比亚煤炭消费量处于快速增长期，此后迅速下滑。截至 2022 年，IEA 能源终端消费数据显示，埃塞俄比亚的煤炭消费总量约为 0.028 艾焦（见图 2–75）。埃塞俄比亚国家石油公司（National Oil Ethiopia）作为煤炭主要进口商和供应商，每年煤炭进口开支达 3 亿美元，进口煤炭主要用于满足埃塞俄比亚水泥行业的需求[①]。根据预测，未来几年埃塞俄比亚煤炭需求量可能将进一步上升到 0.31 艾焦 / 年（约合 750 万吨 / 年）的水平。

---

① "Can Ethiopia's Coal Bonanza Substitute Imports?" https：//ethiopianbusinessreview. net/can-ethiopias-coal-bonanza-substitute-imports/.

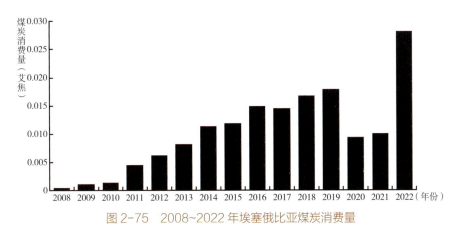

图 2-75　2008~2022 年埃塞俄比亚煤炭消费量

资料来源："World Energy Statistics and Balances," https://www.iea.org/data-and-statistics/data-product/world-energy-statistics-and-balances.

　　因为外汇储备严重短缺，埃塞俄比亚政府宣布计划用国内生产煤炭代替从南非进口煤炭。2022 年 1 月，埃塞俄比亚政府向全国 8 家企业颁发了大型煤炭开采许可证，但是由于硫磺、土壤等杂质的影响，当地煤炭每公斤仅产生 4000 大卡卡路里热量，远低于南非进口的煤炭每公斤 6000 大卡卡路里热量。水泥行业需要煤炭燃烧产生的高热量，当地煤炭质量差严重影响水泥产量。

10.3　铀矿资源潜力

　　埃塞俄比亚铀矿勘探活动始于 20 世纪 50 年代，1954~1964 年多次进行国际合作，开展航空放射性测量调查和相关地面勘探，都未能识别出与放射性矿产资源相关的重大辐射异常。[1]2006 年，埃塞俄比亚政府启动了铀矿勘探项目。然而，这些勘探活动只检测到与铀伴生矿物有关的一些辐

---

[1]　"Uranium 2022: Resources, Production and Demand," Nuclear Energy Agency, https://www.oecd-nea.org/jcms/pl_79960/uranium-2022-resources-production-and-demand?details=true.

射异常点，矿物多为存在于局部伟晶岩体中的伴生矿物。2014 年累计投资 2.2 万美元开展铀矿勘探和开发。

2021 年，在埃塞俄比亚东部波浪（Weredas）地区，包括波浪、哈拉尔 – 科萨（Harar Kersa）、巴比勒（Babile）、吉拉瓦（Girawa）、米达加（Midaga）和法迪斯（Faddis）发现了 6 个铀矿床异常点，联邦政府正在考虑将铀矿作为替代水力发电的新能源。

第3章

金砖十国新能源潜力与实现碳中和路径

二氧化碳是地球碳循环的主要介质，也是温室气体的主要类型。在《巴黎协定》框架下，全球 196 个国家和地区就气候治理达成广泛共识并确立了应对气候变化的长期目标：到本世纪末将全球气温升幅控制在工业化前水平 2℃以内，并努力将温度升幅控制在 1.5℃以内；全球尽快实现温室气体排放达峰，并在本世纪下半叶实现温室气体净零排放。为实现《巴黎协定》温控目标，减碳降碳是必要途径。碳中和指通过各类减排措施和碳汇活动，使人类活动中产生的碳排放总量与吸收量相抵消，实现净排放量为零的状态。截至目前，全球已有 149 个国家公布了碳中和目标。

与化石能源相关的二氧化碳排放量占全球总排放量的 90% 以上。与化石能源相比，新能源的碳排放系数普遍较低。[1] 新能源是指在新技术基础上开发利用，接替传统能源的非化石无碳、可再生清洁能源，主要类型有太阳能、风能、生物质能、氢能、地热能、海洋能、核能、新材料储能等。[2] 在保障满足全球经济发展用能需求的前提下，提高新能源的开发和利用，是实现碳中和的必由之路。

近年来，金砖十国结合自身特点，加大新能源技术研发和应用的力度，积极应对全球气候变化，新能源在一次能源消费结构的比重不断增加。本章重点介绍金砖各国新能源的发展现状和趋势，其中包括水电、风能、太阳能、生物质能、核能与氢能。需要说明的是，这不代表行业标准分类，而是基于金砖国家发展特点进行分析。

---

[1]　碳排放系数是指每一种能源燃烧或使用过程中单位能源所产生的碳排放数量。

[2]　邹才能、熊波、薛华庆等：《新能源在碳中和中的地位与作用》，《石油勘探与开发》2021 年第 4 期，第 411~420 页。

1

巴西新能源潜力与实现
碳中和路径

    2023 年巴西发电量 710 太瓦时，其中石油、天然气、煤炭等传统能源发电占比分别为 1.4%、5.3%、2.0%，整体占比较低；水电发电占比高达 60.4%，是巴西第一大电力来源，另外核能、其他可再生能源及其他能源[①]发电占比分别为 2.0%、28.6% 和 0.3%。[②]

1.1　新能源潜力及特征

1.1.1　水电

    巴西是全球水资源最丰富的国家之一，贯穿巴西领土北部的亚马孙河是世界流量最大的淡水河流。巴西境内的亚马孙河、巴拉纳河和圣弗朗西斯科河等大江大河，以及众多的湖泊和水库，为巴西提供了充足的水力资

[①]　其他能源包括未分类的发电、统计差异和未指定来源的，如抽水蓄能、不可再生废弃物和化学来源的热量等。本章各节开篇的"其他能源"如无特殊注明，均是此意。

[②]　"Statistical Review of World Energy 2024，" Energy Institute，https://www.energyinst.org/statistical-review. 本章消费量、发电量、发电比例数据若无特殊注明均来自该报告。

源。水电是巴西电力供应的主要来源。2023 年巴西水电装机容量 110 吉瓦（见图 3-1），全球占比 7.8%。按装机容量计算，巴西是世界第二大水电生产国，拥有南美最大的水电装机容量，占南美总装机容量的三分之二。[①]2023 年巴西水电发电量 428.7 太瓦时，占全球份额的 10.1%，全球排名第二，仅次于中国。从消费量看，2023 年巴西水电消费量为 4.01 艾焦，占全球份额的 10.1%，全球排名第二。

图 3-1　2013~2023 年巴西水电发电量和装机容量

资料来源："Statistical Review of World Energy 2024," Energy Institute, https://www.energyinst.org/statistical-review；"Renewable Capacity Statistics 2024," International Renewable Energy Agency, https://www.irena.org。

近年来，巴西水资源曾面临严峻挑战。2021 年巴西遭遇了严重的干旱，降雨量创下 20 年来新低，导致巴西水电供应一度短缺，政府不得不增加化石能源发电量，与此同时，化石能源进口量增加，电价大幅上涨。在此背景下，巴西化石燃料发电边际成本上涨近 90%。加之水库修建过程中排放大量温室气体，经济效益和环境保护矛盾凸显，制约了巴西水电发展。

---

① IHA, "2024 World Hydropower Outlook," International Hydropower Association, https://www.hydropower.org/.

从投资趋势看，现阶段，巴西水电基础设施运行已有半个世纪，有待升级改造。据世界经济论坛（World Economic Forum，WEF）报告，巴西现有水电设施全面现代化改造将需要近 150 亿美元的投资。[①]

1.1.2　风能

巴西风力发电快速发展，自 1992 年建成第一台风力发电机后，风能装机容量连年攀升。目前巴西大型风电站集中在东北部地区。2021~2022 年，东北部地区风能发电平均功率和峰值功率分别 4 次创造最高纪录。巴西能源部称，单日风力发电功率曾达到 1139.9 万千瓦的最高值，总量超过东北部地区居民 24 小时的用电需求。从装机容量看，2023 年巴西风能装机容量为 29.1 吉瓦（见图 3-2）。2023 年，巴西 12 个州建有约 900 座风力发电厂[②]。从发电量看，2023 年巴西风能发电量为 95.5 太瓦时，占全球份额的 4.1%，全球排名第四，仅次于中国、美国和德国；从消费量看，2023 年巴西风能消费量为 0.89 艾焦，占全球份额的 4.1%，全球排名第四，仅次于中国、美国和德国。表 3-1 为该国在不同高度对应的风速和平均功率密度。该国在距离地面 100 米的高度上，其对应的 10% 的最强风区可以达到 7.02 米 / 秒的速度和 326 瓦 / 平方米的强度。[③]

---

①　WEF, "Mobilizing Investment for Clean Energy in Brazil Country Deep Dive," World Economic Forum，https://www3.weforum.org/docs/WEF_Mobilizing_Investment_for_Clean_Energy_in_Brazil_2022.pdf.

②　《巴西风电行业概况》，商务部，2023 年 4 月 5 日，https://br.mofcom.gov.cn/scdy/art/2023/art_65919e39ab9048e9897826a4ec57e26c.html。

③　"Global Wind Atlas," https://globalwindatlas.info/zh. 本章风速和平均功率密度数据若无特殊注明均来自 weforum.org/docs/WEF_Mobilizing_Investment_for_Clean_Energy_in_Brazil_2022.pdf.。

图 3-2　2013~2023 年巴西风能发电量和装机容量

资料来源："Statistical Review of World Energy 2024,"Energy Institute, https://www.energyinst. org/statistical-review；"Renewable Capacity Statistics 2024," International Renewable Energy Agency，https://www.irena.org。

表 3-1　巴西风能分布数据

距地面高度（米）	风速（米/秒）	平均功率密度（瓦/平方米）
10	2.08~4.94	24.93~171.94
50	3.39~6.98	66.32~354.64
100	4.13~8.22	99.49~504.73
150	4.79~8.78	151.52~686.57
200	5.28~10.05	210.22~872.71

资料来源："Global Wind Atlas," https://globalwindatlas.info/zh。

　　从投资趋势看，2011 年至 2020 年，巴西风能领域吸引投资 358 亿美元，为巴西经济创收 3210 亿雷亚尔，其中 1110 亿雷亚尔直接投资于风电场建设。2011 年至 2020 年，风能领域共创造了 19 万个就业岗位，项目建设拉动当地 GDP 实现 21% 的增长，据统计，对风能项目每投资 1 雷亚尔可获 2.9 倍收益。①

---

　　①　《巴西风力发电行业概况：2022 年超 4GW》，国际风力发电网，2023 年 5 月 8 日，https://wind.in-en.com/html/wind-2431328.shtml。

1.1.3　太阳能

巴西的太阳能资源丰富，国土面积的 80% 位于热带地区，50% 以上的国土海拔超过 500 米，年平均光照时间超过 3000 小时的水平面太阳能总辐射量为 1534~2264 千瓦时 / 平方米，平均约 1700 千瓦时 / 平方米，全国平均光照强度为每天 4.5~6.3 千瓦时 / 平方米，太阳能发电潜在装机容量为 1.14 亿千瓦以上。[①]

巴西光伏产业开发潜力大，可以在很大程度上缓解国内的电力供应问题。从装机容量看，2023 年巴西新增太阳能装机容量 11.0 吉瓦，同比增长 46.7%，累计太阳能装机容量达 37.4 吉瓦（见图 3-3）。从发电量看，据能源研究所数据，2023 年巴西太阳能发电量 51.5 太瓦时，占全球份额的 3.1%，全球排名第六。从消费量看，2023 年巴西太阳能消费量 0.48 艾焦，占全球份额的 3.1%，全球排名第六。2017 年以来巴西太阳能消费量快速增长，年均增长率达 26%。

图 3-3　2013~2023 年巴西太阳能发电量和装机容量

资料来源："Statistical Review of World Energy 2024，" Energy Institute, https://www.energyinst.org/statistical-review；"Renewable Capacity Statistics 2024," International Renewable Energy Agency，https://www.irena.org。

[①]　成功、焦敬平、李晓平等:《巴西：能源大国的短板和机遇》，维普资讯，2022 年 10 月，https://cqvip.com/doc/journal/2008885726。

　　从投资趋势看，太阳能产业是巴西发展最迅速的能源产业之一。巴西政府颁布《半导体和显示器工业科技发展支持计划》以鼓励太阳能产业的研发，该计划规定符合国家税收优惠政策的太阳能电池和面板生产企业在2019年以后投入5%的净利润用于产业技术研发。

　　从社会效益看，2021年全球与太阳能、风能、水能、生物质能等相关的就业岗位数量达到1270万个，其中巴西占比10%，位居世界第二。2021年，巴西太阳能产业共创造就业岗位17万个，其中60%为技术岗位，40%为管理岗位。2023年，该国太阳能产业的就业岗位数量可达到30万个。①

1.1.4　生物质能

　　巴西生物质能发电处于世界领先水平，特别是在生物乙醇技术方面，与美国、欧盟合作共同研发，并建立相应的国际标准，共同推动了全球生物燃料市场的扩大，在增强国际影响力的同时，也获得了巨大的经济收益。

　　巴西生物质能源从2000年开始稳步增长，75%的生物质能来自固体生物质，主要是制糖和乙醇行业在生产过程中使用的甘蔗渣，另外25%的生物质能来源于液体生物燃料的使用。据国际可再生能源署（IRENA）数据，2023年巴西生物质能装机容量达到17.6吉瓦（见图3-4），其中固体生物燃料装机容量17.1吉瓦。② 2023年巴西生物质能（含地热）发电量55.8太瓦时，占全球份额的7.1%，全球排名第三，仅次于美国和中国。巴西2023年生物质能（含地热）消费量0.64艾焦，占全球份额的7.3%，全球排名第三。

---

① 《拉美国家积极发展可再生能源（国际视点）》，网易，2023年4月26日，https://m.163.com/dy/article/I37S8J6B0514R9M0.html。

② "Renewable Capacity Statistics 2024," International Renewable Energy Agency, https://www.irena.org. 本章装机容量数据若无特殊注明均来自此网站。

图 3-4　2013~2023 年巴西生物质能发电量和装机容量

资料来源："Statistical Review of World Energy 2024," Energy Institute, https://www.energyinst. org/statistical-review；"Renewable Capacity Statistics 2024," International Renewable Energy Agency，https://www.irena.org。

可再生能源在巴西电力、交通和能源等终端能源消费中的比例约占 50%，其中，生物质能大约占终端能源消费的 31%，具体占电力供应的 8.4%，交通运输的 25.1%，供热的 51.4%。生物燃料的消费量在过去 20 年里稳步增长，特别是燃料乙醇的消费量增长迅猛。自 2005 年引入生物柴油以替代传统柴油，生物柴油的消费量逐步提高，2019 年生物柴油占柴油总消费的 9.6%。化石柴油和汽油的消费量在 2014 年达到高峰后逐年下降，近 5 年趋于平稳，约占交通运输能源总消费的 71%。

1.1.5　核能

巴西铀矿资源丰富，铀矿储量居世界第七位，但大部分资源未得到开发。巴西主要铀矿有 3 个，分别是 1997 年关停的波苏斯 - 迪卡尔达斯铀矿、1999 年开始运行的巴伊亚州卡埃迪特铀矿和计划开采的塞阿拉州圣基塔利亚铀矿。巴西核工业起步早，但受到资金、社会环境等因素影响，发展较为缓慢。目前仅建成安格拉一座核电厂，包括安格拉 1 号和安格拉 2 号两座在运营的反应堆，安格拉 3 号机组项目长期搁置。2022 年 11 月，安格拉 3 号机组重新开工建设，预计 2028 年投入商业运营。

根据巴西能源研究公司（Empresa de Pesquisa Energética）的分析，未来巴西每年电力消费将以 3.5% 的速度增长，考虑到当地降雨模式的变化，需要大力发展核能和可再生能源，减少对水电的依赖。从装机容量看，在 2021 年举办的第 26 届联合国气候变化大会〔又称《联合国气候变化框架公约》（United Nations Framework Convention on Climate Change，UNFCCC）第 26 次缔约方大会，COP26〕上，巴西能矿部长表示，未来 30 年巴西将增加 1000 万千瓦的核能装机容量。2022 年 1 月，巴西发布的新 10 年期能源行业规划称，该国计划于 2031 年在东南部建成一台 1000 兆瓦级核电机组。机组名称及确切厂址尚未确定。[①]

据能源研究所数据，2023 年巴西核能发电量 14.5 太瓦时（见图 3-5），占全球份额的 0.5%；核能消费量 0.13 艾焦，占全球份额的 0.5%。根据规划，巴西核能发电量将从每年 14 太瓦时提高至 33 太瓦时，在新核电机组投运后，核能在巴西电力市场中的份额将从 2023 年的 2% 增至 2031 年的 4%。[②]

图 3-5　2013~2023 年巴西核能发电量

资料来源："Statistical Review of World Energy 2024," Energy Institute, https://www.energyinst.org/statistical-review。

---

① 《巴西新建核电厂计划于 2031 年完工》，北极星核电网，2022 年 2 月 14 日，https://news.bjx.com.cn/html/20220214/1203952.shtml。

② Nuclear Power in Brazil, "World Nuclear Association," May 20, 2024, https://www.world-nuclear.org/information-library/country-profiles/countries-a-f/brazil.aspx.

1.1.6 氢能

据 IEA 数据，2000 年以来巴西运行了 2 个低碳氢能项目，目前在建项目（包括设计、可行性研究和试运行项目）22 个，总产能超过 350 万吨 / 年。[①] 根据 2022 年公布的《国家氢能计划（2023—2025）》，2020 年和 2021 年巴西炼油厂生产的氢气约为 32 万吨和 31 万吨，同时该计划明确了国家的战略有三个时间框架：到 2025 年，在全国部署低碳氢能试点工厂；到 2030 年，巩固巴西作为具有竞争力的低碳氢生产国的地位；到 2035 年，巩固巴西的低碳氢能中心地位。[②]

1.2 碳中和目标、政策及措施

2023 年，巴西国内一次能源消费结构中，石油、天然气、煤炭占比分别为 36.8%、7.8%、4.1%，核能、水电和其他可再生能源占比分别为 0.9%、28.9%、21.4%。巴西尚未实现碳达峰，2023 年巴西碳排放量 4.8 亿吨，全球占比 1.2%，其碳排放的来源及占比依次是交通运输业（45.2%）、工业燃烧（18.3%）、电力行业（10%）、工业过程（9.2%）、建筑业（8.6%）、燃料开采（5.8%）、农业（2.8%）、废弃物（0.1%）。[③]

1.2.1 碳中和目标

巴西自 2016 年向联合国气候大会提交国家自主贡献（Nationally Determined Contributions，NDC）文件以来，分别于 2020 年和 2022 年进

[①] "Global Hydrogen Review 2023," International Energy Agency, https://www.iea.org.

[②] Brazil Ministry of Mines and Energy, "National Hydrogen Energy Plan (2023-2025)," http://www.mme.gov.br/.

[③] "Statistical Review of World Energy 2024, " Energy Institute, https://www.energyinst. org/statistical-review；"Global Hydrogen Review 2023," International Energy Agency, https://www.iea.org.

行了更新。2016 年巴西提交的 NDC 中，设定了到 2030 年可再生能源在一次能源消费结构中占比 45%，可再生能源（水电除外）在电力供应中占比 23% 的目标。2022 年 4 月最新版的巴西国家 NDC，没有提到 2025 年和 2030 年的减排目标绝对量，也没有提到具体的部门计划，仅提及需要国际财务支持。

1.2.2 实现碳中和的政策及措施

2021 年 10 月 25 日，巴西推出《国家绿色增长计划》，该计划包括四个方面：经济激励、制度变革、绿色项目优先标准和推进绿色研发。具体措施包括：改善自然资产管理，以激励生产力、创新力和竞争力；创造绿色就业机会；促进森林保护，保护生物多样性；减少温室气体排放，向低碳经济转型；大力发展绿色金融；推进绿色研发。但巴西气候政策目前出现疲软趋势。[①]

在土地利用和林业方面，自 1990 年以来土地利用和林业是巴西温室气体的最大来源，2021 年，巴西亚马孙地区森林仅 7~8 月损毁面积就达到 13235 平方千米，同比增长近 22%，达到过去 15 年以来最高水平。[②] 巴西国家气候变化政策（PNMC）承诺，到 2020 年森林砍伐率将比 1996~2005 年的水平减少 80%，目前离这一目标渐行渐远。[③]

在农业方面，农业是巴西温室气体的第二大来源，农业碳排放占该国排放总量的近一半，如果考虑农业部门的间接排放量，则该部门是巴西最大的单一排放源。同时，巴西粗放的农业发展模式使得该国需要通过扩大森林砍伐面积为发展农业提供土地，导致巴西农业、林业碳排放量的增长。而巴西政府尚未制定有效的农业减排政策及法规，未来仍需引入投资改善农业作业方式，提高农业生产率以适应气候发展目标。

---

① 窦立荣等：《国际油公司碳中和路径》，石油工业出版社，2022，第 33~73 页。

② 《巴西亚马逊雨林一年损毁面积激增 22% 创 15 年来新高》，观察者网，2021 年 11 月 19 日，https://new.qq.com/rain/a/20211119A094Q200。

③ CAT，"The Climate Action Tracker"，https://climateactiontracker.org/.

在交通运输方面，交通运输业是巴西碳排放的主要来源之一。近年来，随着巴西车辆保有量的增加，交通运输业碳排放逐年增长。根据巴西能源部中长期情景，到 2030 年巴西电动车市场份额将达到 20%，到 2040 年将达到 85% 以上。巴西政府制订了运输和城市交通计划（PSTM），作为缓解和适应气候变化的关键政策。根据该计划，巴西将增加交通基础设施，使用更加节能环保的运输模式，提高公共客运系统使用效率。

2

俄罗斯新能源潜力
与实现碳中和路径

2023 年俄罗斯发电量 1178.2 太瓦时，其中石油、天然气、煤炭等传统能源发电占比分别为 0.6%、44.8%、17.9%，整体占比高；核能和水电发电占比分别为 18.4% 和 17.1%；而可再生能源发电占比仅为 0.7%；其他能源发电占比为 0.5%。

2.1　新能源潜力及特征

2.1.1　水电

俄罗斯水力资源丰富，待开发水力资源储量居世界第二位，该国理论水电总蕴藏量 2900 太瓦时，技术可利用资源量 1670 太瓦时，约为总蕴藏量的 57.6%，经济可利用资源量达到 852 太瓦时，目前开发利用的水资源仅占 20%。[①] 从区域分布看，俄罗斯水力资源分布极不均衡，约有 80% 分布在东西伯利亚和远东地区，叶尼塞河及其支流安加拉河为东西伯利亚水力发电的主要来源。欧洲部分，伏尔加河地区占 30%，俄罗斯

---

① "2024 World Hydropower Outlook," International Hydropower Association, https://www.hydropower.org/.

北部、北高加索地区占 40%。从资源开发利用看，据国际水电协会数据，2023 年俄罗斯水电装机容量 51.93 吉瓦（见图 3-6），全球占比 3.7%，居全球第五位。俄罗斯有 15 个规模较大的水力发电站，伏尔加河与卡马河有 6 个、叶尼塞河有 5 个、阿穆尔河有 2 个，莫斯科州和达吉斯坦州各有 1 个。①

图 3-6　2013~2023 年俄罗斯水电发电量和装机容量

资料来源："Statistical Review of World Energy 2024，" Energy Institute, https://www.energyinst.org/statistical-review；"Renewable Capacity Statistics 2024," International Renewable Energy Agency，https://www.irena.org。

从投资趋势看，2010~2021 年累计投资达 8070 亿卢布，主要源于俄罗斯水电股份有限公司（RusHydro），累计投资 7005 亿卢布，占比 87%。中长期看，俄罗斯尚无大型水电站建设计划，行业投资呈逐年减少趋势。投资额预计从 2023 年的 300 亿卢布逐渐减少至 2026 年的 210 亿卢布。②

①　Ассоциация, "Гидроэнергетика России," https://www.hydropower.ru/hydropower/analitics.php.

②　Ассоциация, "Гидроэнергетика России и зарубежных стран," https://hydropower.ru/.

2.1.2 风能

俄罗斯风能发展规模小，但增速超过水能。风力发电可解决偏远地区电力供应紧缺问题。据俄罗斯风能委员会（Russian Association of Wind Power Industry，RAWI）发布的《2022 年俄罗斯风能市场回顾》，2022 年俄罗斯风能装机容量较 2021 年增长了 1.1 倍，新投入风电涡轮机 75 台，新增发电量 230 兆瓦。截至 2022 年底，风能发电占俄罗斯统一电力系统公司（UES）总装机容量的 0.93%。[①] 截至 2023 年底，俄罗斯的全国的风能装机容量为 2518 兆瓦，发电量达到 4.7 太瓦时（见图 3-7）。受国际局势影响，国际风电巨头西门子歌美飒可再生能源公司退出俄罗斯市场，俄罗斯风电行业最大外国投资商芬兰富腾（Fortum）公司几乎所有在建风电项目均处于冻结状态。目前俄罗斯风力涡轮机生产及风电项目建设主要由本土公司 NovaWind 承担。2022 年俄罗斯两座风力发电场投入商业运营，分别为摩尔曼斯克州的科拉风电场和斯塔夫罗波尔边疆区的别列斯托夫卡亚风电场，风电机组的国产率高达 68%。[②] 据 RAWI 专家预测，到 2026~2027 年，俄罗斯风力发电机生产领域有望实现技术独立，到 2030 年风电机组有望实现出口，目标市场为中亚、外高加索地区，越南、印度也有意从俄罗斯购买风力涡轮机。俄罗斯到 2035 年风电项目规划容量为 3.2 吉瓦。未来，俄罗斯主要风能潜力区集中在北冰洋沿岸和俄罗斯西南部罗斯托夫、伏尔加格勒和卡尔梅克地区。表 3-2 为该国在不同高度对应的风速和平均功率密度，该国在距离地面 100 米的高度上，其对应的 10% 的最强风区可以达到 8.48 米 / 秒的速度和 793 瓦 / 平方米的强度，风能潜力巨大。

[①] Rawi, "Обзор ветроэнергетического рынка России за 2022 год," Russian Association of Wind Power Industry, https://rawi.ru/2023/03/rossiyskaya~vetroenergetika~novyie~grani~razvitiya/.

[②] "Выработка ветроэнергии в РФ за 2022 год выросла в полтора раза，Федеральный Бизнес-журнал," https://business-magazine.online/fn_1302966.html.

图 3-7　2013~2023 年俄罗斯风能发电量和装机容量

资料来源："Statistical Review of World Energy 2024," Energy Institute, https://www.energyinst. org/statistical-review；"Renewable Capacity Statistics 2024," International Renewable Energy Agency，https://www.irena.org。

表 3-2　俄罗斯风能分布数据

距地面高度（米）	风速（米 / 秒）	平均功率密度（瓦 / 平方米）
10	3.21~6.92	96~866.73
50	5.04~8.57	217.24~1121.58
100	6.1~9.68	311.33~1331.48
150	7.05~10.71	449.27~1620.37
200	7.74~11.43	597.52~1880.12

资料来源："Global Wind Atlas," https://globalwindatlas.info/zh。

2.1.3　太阳能

俄罗斯西南部和南部地区太阳能资源丰富，年均日辐射量在 3.5~4.5 千瓦时 / 平方米，部分地区的夏季日辐射量甚至可高达 6 千瓦时 / 平方米。目前，俄罗斯光伏装机容量相对较小，但发展潜力大。截至 2023 年底，俄罗斯太阳能装机容量 2170 兆瓦（见图 3-8），占俄罗斯统一电力系统总装机容量的 0.72%。[①] 据俄罗斯能源部数据，俄罗斯的目标是到 2024 年太阳能装机容量增加 1.52 吉瓦，2024~2030 年，再增加 1.18 吉瓦。[②]

图 3-8　2013~2023 年俄罗斯太阳能发电量和装机容量

资料来源："Statistical Review of World Energy 2024," Energy Institute, https://www.energyinst.org/statistical-review；"Renewable Capacity Statistics 2024," International Renewable Energy Agency，https://www.irena.org。

2.1.4　生物质能

俄罗生物质能发展潜力大，但过去 20 年，俄罗斯几乎没有进行生物质能领域的开发，其消费的生物技术产品 80% 以上从发达国家进口。俄罗斯生物质能的主要来源为木材加工业、农业、城市固体废弃物等。其中，每年木材加工业废弃物总量超过 2 亿立方米，农业废弃物每年 2.0 亿~2.5 亿

---

①　Алексей Поветкин, "Развитие ветроэнергетики в России с 2014 по 2022 год," Сделано у нас, https://sdelanounas.ru/blogs/150179/; Konstantin Suslov, "Анализ развития солнечной энергетики в России," Энергетическая политака, https://energypolicy.ru/analiz-razvitiya-solnechnoj-energetiki-v-rossii/energoperehod/2023/19/31/.

②　《这 14 个国家也适合发展光伏发电！》，搜狐网，2018 年 8 月 4 日，https://www.sohu.com/a/245274441_818114。

立方米，城市固体废弃物每年 3500 万吨。[①] 从资源潜力看，俄罗斯生物质能技术潜力为 15~20 吉瓦，未来增长空间较大。截至 2023 年底，俄罗斯的生物质能装机容量为 1373 兆瓦，发电量达到 0.85 太瓦时（见图 3-9）。从市场趋势看，根据俄罗斯科学院的研究，每千瓦的生物燃料装机容量成本为 2000~4000 欧元，在天然气价格飞涨的背景下，具备一定的成本优势。[②] 未来俄罗斯生物质能的目标市场主要是欧盟，该地区生物燃料消费量年增长率为 50%，俄罗斯土地利用潜力大，耕地面积占全球 9%，约有4000 万公顷耕地无人认领，[③] 可用于建设种植园。

图 3-9　2013~2023 年俄罗斯生物质能发电量和装机容量

资料来源："Statistical Review of World Energy 2024，" Energy Institute, https://www.energyinst.org/statistical-review；"Renewable Capacity Statistics 2024," International Renewable Energy Agency，https://www.irena.org。

①　Ресурсы биомассы в России, "как энергетического топлива，" Новости Навуки，http://novostynauki.com/e-ntsiklopediya/bioenergetika/resursy-biomassy-v-rossii-kak-energeticheskogo-topliva/?ysclid=lme6mc14nw169428527.

②　Зайченко В.М.，Чернявский А.А.，"Автономные системы энергоснабжения，"Москва，НЕДРА，2015, 285 с., ил.

③　ECOportal，"Почвенные ресурсы России," https://ecoportal.info/pochvennye-resursy-rossii/.

2.1.5　核能

俄罗斯的核能发电量从 2000 年的 130.7 太瓦时增长到 2023 年的 217.4 太瓦时（见图 3-10），增长了 66.3%，增长幅度在金砖十国中相对较小，但因其起步较早，起点较高，所以总体而言核能产量较高。

图 3-10　2013~2023 年俄罗斯核能发电量

资料来源："Statistical Review of World Energy 2024，"Energy Institute, https://www.energyinst. org/statistical-review。

俄罗斯从 1954 年开始建第一个核电站，也是世界上第一座建成发电的核电站——奥布宁斯克核电站，20 世纪 80 年代中期苏联已经有 25 座核反应堆投入运行，但其核工业由于 1986 年的切尔诺贝利事件以及之后苏联解体造成的资金短缺而陷入了困境。20 世纪 90 年代末，俄罗斯国内核能建设计划得以恢复，截至 2022 年 9 月，俄罗斯运营核电机组 37 座，总装机容量 29.7 吉瓦。24 座核电机组延长使用寿命，到 2026 年，计划关停其中 7 座；在建核电机组 4 座，处于规划阶段的机组 9 座，主要分布于欧洲部分。[1]2023 年俄罗斯核能发电量为 217.4 太瓦时，在欧洲仅次于法国，

---

① Rusecounion, "Современное состояние атомной энергетики в России," Rusecounion，https://rusecounion.ru/ru/nuclearenergyinrussia2022.

居欧洲国家第二位、世界第四位。[1] 俄罗斯的核电站生产能力强,在满足其国内能源需求的同时,还为周边国家提供电力资源。同时,由于建设核电站,俄罗斯每年可减少1亿吨二氧化碳当量排放。[2]

未来,俄罗斯将继续大力发展核能产业,提升核电站的生产能力和安全性能。根据俄罗斯联邦的发展战略(Federal Target Program,FTP),预计到2030年核电站总数量将达到60座,核能发电占比将达到25%~30%,2050年将达到45%~50%,到21世纪末将达到70%~80%。

2.1.6 氢能

俄罗斯的氢能使用可追溯到苏联时期,1961年苏联宇航员加加林环绕地球飞行,他所驾驶的宇宙飞船加入了氢燃料。[3]2020年5月,莫斯科建造了俄罗斯首座加氢站。2020年俄罗斯氢气产量约为500万吨,占全球的6.9%。[4] 俄罗斯在氢能战略出台前,主要依赖高碳排放的灰氢,2020年俄罗斯加工石油约2.7亿吨,消耗约220万吨氢气。预计到2030年,俄罗斯对石油产品及相关氢气的需求量将增长8%,用于合成甲醇和氨的氢气需求量分别约为70万吨和280万吨;化工行业对氢气的需求量将达到440万吨,其中用于合成甲醇和氨的氢气需求量分别为100万吨和340万吨。[5]

---

① Statista Research Department, "Nuclear electricity generation in Russia from 2010 to 2022," Statista Research Department, https://www.statista.com/statistics/1028777/nuclear-electricity-generation-in-russia/.

② Росатом, "Генерация электроэнергии," Росатом, https://www.rosatom.ru/production/generation/.

③ 杨明清、杨一鹏:《俄罗斯氢能源开发现状及未来发展》,《石油石化节能与计量》2021年第10期,第51~54页。

④ 董宣:《俄罗斯氢能发展将驶入快车道》,《中国石油报》2021年8月24日,第8版。

⑤ 李琰、胡光玥:《俄罗斯氢能发展现状与展望》,《国际石油经济》2022年第11期,第40~47页。

2020 年 6 月，俄罗斯政府提出《2035 年前俄罗斯联邦能源战略》，"推动氢气生产和消费的发展，并引领俄罗斯成为氢气生产和出口的世界一流国家"，明确 2024 年氢气出口量目标为 20 万吨，2035 年达到 200 万吨。为实现这一目标，俄罗斯政府于 2020 年 10 月发布了《"2024 年前俄罗斯联邦氢能发展"行动计划》，计划到 2024 年建成完整的氢能产业链，并由传统能源企业主导。[①]

2021 年 8 月，俄罗斯政府正式批准通过《俄罗斯联邦氢能发展构想》，明确氢能发展的中期（2024 年前）和长期（2035 年前）目标、任务、战略倡议、关键措施，并提出远期（2050 年前）发展方向。在第一阶段（2021~2024 年），俄罗斯打造氢产业集群并实施试点项目，推动氢能在国内市场的使用；在第二阶段（2025~2035 年），重点启动首批商业制氢项目，建设大型氢气生产设施用于出口。[②]

2.2　碳中和目标、政策及措施

2023 年，俄罗斯一次能源消费结构中，石油、天然气、煤炭占比分别为 23.0%、52.2%、12.3%，核能、水电和其他可再生能源占比分别为 6.2%、6.0%、0.3%。俄罗斯尚未实现碳达峰，2023 年俄罗斯碳排放量 20.7 亿吨，全球占比 5.3%，其碳排放的来源及占比依次是电力行业（42.6%）、工业燃烧（15.2%）、建筑业（12.7%）、交通运输业（12.6%）、燃料开采（11.3%）、工业过程（5.3%）、农业（0.3%）。

2.2.1　碳中和目标

俄罗斯于 2020 年 11 月更新的国家自主贡献目标（NDC），规定俄罗斯 2030 年温室气体排放量比 2019 年减少 70%，能否实现该目标取决于

---

① 李琰、胡光玥：《俄罗斯氢能发展现状与展望》，《国际石油经济》2022 年第 11 期，第 40~47 页。

俄罗斯社会经济发展状况。俄罗斯计划到 2030 年，温室气体排放绝对量（不考虑土地利用、土地利用变化和林业活动）为 24.08 亿吨二氧化碳当量，较 1990 年水平降低 24%，较 2010 年水平提高 20%。[①]2021 年 10 月，俄罗斯政府批准了《2050 年前碳减排经济社会发展战略》，并于 2022 年 9 月向《联合国气候变化框架公约》提交了长期战略（LTS）。俄罗斯承诺到 2060 年实现温室气体净零排放。该战略还包括到 2050 年将温室气体排放量比 1990 年降低 80% 的目标。俄罗斯经济发展部于 2022 年 2 月为该战略配套制定了路线图（草案），目前该路线图正在更新中。[②]

2.2.2　实现碳中和的政策及措施

俄罗斯政府坚持"两手抓"，在实现碳中和的同时，谋求保持其作为能源超级大国的地位，并减少对经济社会的影响。2020 年 8 月，俄罗斯经济发展部制定了《2050 年前碳减排经济社会发展战略（草案）》，该战略首次提出国家气候项目体系概念，旨在为加大绿色投资、减少碳足迹创造条件。2021 年 4 月，为落实俄罗斯总统普京"未来 20 年俄罗斯温室气体净排放量少于欧盟"的要求，俄罗斯经济发展部对战略进行了补充，设置了基准、集约、激进和惯性四种情景。在基准情景下，通过森林碳汇等方式减排；在集约情景下，通过脱碳经济、吸引外资、利用可再生能源替代低效煤炭发电等方式减排；在激进情景下，通过改进温室气体捕集和封存模式，提高现有系统吸收温室气体的能力；惯性情景未设定减排目标，计划在 2021~2050 年温室气体减少的排放量超过同一时期欧盟温室气体减少的排放量。2021 年 11 月，政府正式批准《2050 年前碳减排经济社会发展战略》，旨在对俄罗斯应对气候变化的政策进行调整。[③]

---

① CAT, "The Climate Action Tracker," https://climateactiontracker.org/.

② ТАСС, "Минэкономразвития обновит план исполнения стратегии низкоуглеродного развития России," Информационное Агенство России ТАСС, https://tass.ru/ekonomika/16121487.

③ 窦立荣等：《国际油公司碳中和路径》，石油工业出版社，2022，第 33~73 页。

在能源供应方面，俄罗斯的能源部门占总排放量的近 80%。2020 年，俄罗斯政府承诺到 2030 年将单位国内生产总值能耗降低 30%。[①] 在《2050 年前碳减排经济社会发展战略》中，俄罗斯政府提出了一系列减排目标，包括到 2050 年前将温室气体净排放量相较 2019 年水平降低 60%，相较 1990 年水平降低 80%，并计划在 2060 年全面实现碳中和。此外，该战略还规定了降低煤炭在能源消费结构中的比例目标，即到 2050 年将煤炭在俄罗斯一次能源消费结构中占比降至 4%~5%。另外，俄罗斯政府还致力于推动液化天然气（LNG）项目建设，计划到 2035 年前将 LNG 产量提升至 1.4 亿吨 / 年，并在国际市场占据 20% 的份额。此外，俄罗斯能源领域实现碳中和的举措还包括增加氢气和氨气的生产和出口，以及推广碳捕集、利用和封存（CCUS）技术。

在工业脱碳方面，受到欧盟实施碳边境调节机制（CBAM）影响，俄罗斯水泥、钢铁、铝、化肥、电力企业均面临较大的减排压力。据毕马威（KPMG）估计，2025~2030 年，俄罗斯工业部门向欧盟出口碳关税负担将达到 333 亿欧元。对此，俄罗斯钢管制造商 TMK 公司计划通过更新生产设施，到 2030 年将温室气体排放量与 2020 年相比减少 8%，俄罗斯铝业联合公司（RUSAL）将采用水电生产低碳铝。此外，俄罗斯政府还推出了企业强制性碳报告制度，并研发了碳强度监测系统，计划在 2030 年前投资 340 亿卢布用于建立高效的气候变化监测系统，以获取完整可靠的数据信息；逐步实施碳税征收，并引入碳交易、碳抵消、排放情况披露以及污染者问责机制等措施。[②]

在交通运输方面，俄罗斯于 2021 年 11 月颁布了《2030 年前交通运输战略》，计划到 2030 年将交通运输行业碳排放量较 2017 年减少 1.2%。

[①] Ministry of Economic Development of Russia, "State Report: On the State of Energy Saving and Increasing Energy Efficiency in the Russian Federation," Ministry of Economic Development of Russia, https://en.economy.gov.ru/.

[②] "KPMG оценила ущерб для России от введения углеродного налога в ЕС," РБК, https://www.rbc.ru/business/07/07/2020/5f0339a39a79470b2fdb51be.

采取的关键措施包括推动节能或电动汽车使用、建设低碳基础设施、采用低碳替代燃料等。但该战略未涉及逐步淘汰化石能源乘用车和取消重型车销售，也未规定燃料效率标准。

在土地利用和林业方面，俄罗斯环境部于 2021 年 2 月宣布将改变森林碳汇计算方法，将非管理储备森林与管理储备森林共同纳入温室气体减排清单［据联合国政府间气候变化专门委员会（Intergovernmental Panel on Climate Change，IPCC）指南，仅有管理储备森林才能纳入碳汇］。该政策颁布后，俄罗斯每年森林碳汇增加近 5.0 亿吨二氧化碳当量。此外，俄罗斯北部地区由于气温升高森林火灾频发，仅 2021 年就有 1880 万公顷森林被毁，2022 年至少有 300 万公顷被毁，森林碳汇下降将增加俄罗斯2060 年实现碳中和目标的难度。①

---

① "Siberian Wildfires Burn 3 Mln Hectares of Forest Since January – State Watchdog," *The Moscow Times*, August 1, 2022, https://www.themoscowtimes.com/2022/08/01/siberian-wildfires-burn-3-mln-hectares-of-forest-since-january-state-watchdog-a78466.

3

印度新能源潜力与实现
碳中和路径

2023 年印度发电量 1958.2 太瓦时，其中石油、天然气、煤炭等传统能源发电占比分别为 0.15%、2.7%、75.1%；水电、核能、其他可再生能源和其他能源发电占比分别为 7.6%、2.5%、11.9% 和 0.05%。

3.1 新能源潜力及特征

3.1.1 水能

印度水资源丰富，主要来源于恒河、印度河和布拉马普特拉河三大河流，该国水资源可利用量为 1.12 万亿立方米，约占水资源总量的 60%。从装机容量看，由于印度用电需求量日益增加，为保障电力供应充足，截至 2023 年 3 月 31 日，印度已制定水电总装机容量为 4.21 万兆瓦的计划（不包括容量为 4745.60 兆瓦的抽水蓄能），其中在建项目的装机容量 1.5 万兆瓦（不包括 1500 兆瓦的抽水蓄能）。据国际可再生能源署数据，2023 年印度水电装机容量 52.1 吉瓦（见图 3-11）。从发电量看，2000~2023 年印度水电发电量总体呈波动上升趋势，从 2000 年的 77.0 太瓦时增长到 2023 年的 149.2 太瓦时，增长 94%。

图 3-11　2013~2023 年印度水电发电量和装机容量

资料来源："Statistical Review of World Energy 2024,"Energy Institute, https://www.energyinst.org/statistical-review；"Renewable Capacity Statistics 2024,"International Renewable Energy Agency，https://www.irena.org。

印度政府将水电发展作为低碳发展的重要方向。2019 年，印度政府将水电定义为可再生能源，并将超过 25 兆瓦的大型水电项目的类别从常规电力项目改为可再生能源项目。2020 年，印度政府在《电力法（修正案）》中增加了水电购置义务（HPO），尚未指定电力零售商从水力发电项目获得的最低电量百分比。为实现 COP26 上印度总理莫迪提出的 2070 年碳中和目标及到 2030 年印度经济中的碳强度降低 45% 的气候目标，印度累计电力装机容量的 50% 需要来自非化石能源，到 2032 年印度至少需要 18.8 吉瓦的抽水蓄能水电（PSH）产能，而根据印度《国家电力计划（草案）》（NEP），印度有 96.5 吉瓦的 PSH 潜力尚未得到开发。为促进抽水蓄能项目开发，政府于 2023 年 2 月发布《抽水蓄能项目采购电力指导方针（草案）》。目前印度有 8 个抽水蓄能项目，装机容量约为 4.7 吉瓦，另有 4 个装机容量为 2.8 吉瓦的项目正在建设中。[1]

---

[1] 《印度政府修正〈电力法〉有望实现可再生能源目标》，全国能源信息平台百家号，2020 年 5 月 6 日，https://baijiahao.baidu.com/s?id=1665932837407352465&wfr=spider&for=pc；《印度计划到 2032 年达到 18GW 的抽水蓄能》，国际储能网，2023 年 3 月 9 日，https://www.chu21.com/html/chunengy-20637.shtml。

印度水电行业受气候变化、资金来源有限和区域发展不平衡等因素影响，其发展面临挑战。但印度政府贯彻低碳增长的发展战略，计划在2030年前使非化石能源在总发电量中占比达到50%。作为一个水力资源丰富的国家，印度的水电开发潜力巨大。未来印度水电消费量将持续增加，至2030年达到472太瓦时。未来政府可能会对水电行业给予更多的政策和资金支持，推动技术和管理的进步，以增加水电在电网中的比重，改善电力结构。因此印度水电行业发展前景比较乐观，预计到2030年，印度水电发电量将达到175太瓦时。

3.1.2　风能

印度风能资源丰富。该国地处季风气候带，三面濒海，每年63%的风能发电来自春夏季风，大部分风能发电机组安装在季风经过的印度西部和南部地区。印度5~9月流行西南季风，5月下旬印度洋气流到达印度南部的喀拉拉邦，7月后达到最大风速。印度西部、泰米尔纳德邦南部、古吉拉特邦库奇地区和孟加拉湾海岸（东部）的风速可达20~30千米/小时，即5.6~8.3米/秒。印度冬季盛行东北季风，从喜马拉雅山脉气压带流向印度洋，奥里萨邦、古吉拉特邦、库奇、泰米尔纳德邦南部的风速在冬季可达10千米/小时。印度各邦的风资源开发不均衡，开发充分的邦主要集中在西南地区。泰米尔纳德邦开发了资源潜力的65%，而西孟加拉邦仅开发了资源潜力的0.24%。表3-3为印度在不同高度对应的风速和平均功率密度，在距离地面100米的高度上，其对应的10%的最强风区可以达到6.58米/秒的速度和316瓦/平方米的强度，风能潜力巨大。

表3-3　印度风能分布数据

距地面高度（米）	风速（米/秒）	平均功率密度（瓦/平方米）
10	2.69~5.63	47.35~478.83
50	3.86~6.97	94.52~493.53

续表

距地面高度（米）	风速（米 / 秒）	平均功率密度（瓦 / 平方米）
100	4.63~7.99	131.27~564.7
150	5.25~8.74	187.19~673.07
200	5.71~8.71	248.34~794.03

资料来源："Global Wind Atlas," https://globalwindatlas.info/zh。

　　2023 年，印度风能装机容量约为 44.7 吉瓦，较 2013 年增长约 42.9%，其发电量为 82.1 太瓦时（见图 3-12），较 2013 年增长约 73.6%。

图 3-12　2013~2023 年印度风能发电量和装机容量

资料来源："Statistical Review of World Energy 2024," Energy Institute, https://www.energyinst. org/statistical-review；"Renewable Capacity Statistics 2024," International Renewable Energy Agency，https://www.irena.org。

3.1.3　太阳能

　　印度地处热带，几乎全年日照充足，每年有 250~300 个晴天，太阳能资源禀赋得天独厚。印度大部分地区有效光照时间在 1700 小时以上，日辐射量为 4.0~7.0 千瓦时 / 平方米，年辐射量为 1600~2200 千瓦时 / 平方米。作为一种无污染、零排放的清洁能源，太阳能的成功利用可以解决印度农村电气化、快速城市化和电网分散化的问题。2023 年，印度太阳能发电量大幅增长，新增装机容量达到 9.7 吉瓦。① 拉贾斯坦邦和古吉拉特邦是印度太阳能增长最多的地区，2022 年以上两地太阳能新增装机容量 8.6 吉瓦，而印度其他邦共增加了 5.3 吉瓦。2023 年上半年，古吉拉特邦太阳能装机容量为 1.6 吉瓦，居全国首位。由于其部署的风光混合政策，古吉拉特邦在 2023 年上半年安装了 1.04 吉瓦的风能装机容量，也处于领先地位。未来拉贾斯坦邦和古吉拉特邦预计将继续在太阳能和风能装机容量中占最大的份额，其 2030 年可再生能源目标分别为 90 吉瓦和 61.4 吉瓦。②

为鼓励太阳能产业的发展，印度从 2010 年初开始发展太阳能市场，时任印度总理曼莫汉·辛格发起了"太阳能计划"。"太阳能计划"规划了广泛的协调行动，以促进全国太阳能技术的部署。截至 2013 年底，印度的光伏装机容量已达到 1.3 吉瓦。印度的光伏市场持续快速增长，2015 年达到 5 吉瓦，2017 年达到 18 吉瓦，2018 年达到约 24 吉瓦。从总的成效来看，印度太阳能发电虽然取得一定进展，但成本仍远高于火电，利用率有待提高。2023 年，印度政府出台《国家电力计划（草案）》，预计 2026~2027 年可再生能源累计装机容量达 337 吉瓦，其中光伏装机容量达到 186 吉瓦。截至 2023 年，印度累计光伏装机容量 73.3 吉瓦。① 从太阳能发电量看，2023 年印度太阳能发电量为 113.41 太瓦时（见图 3-13），较 2013 年增长 32 倍。

① 《印度 2022 年新增光伏装机 13.9GW》，国际太阳能光伏网，2023 年 3 月 22 日，https://solar.in-en.com/html/solar-2420519.shtml。

② 《印度光伏政策与展望》，北极星太阳能光伏网，2024 年 2 月 27 日，https://guangfu.bjx.com.cn/news/20240227/1363090.shtml。

图 3-13 2013~2023 年印度太阳能发电量和装机容量

资料来源："Statistical Review of World Energy 2024," Energy Institute, https://www.energyinst. org/statistical-review；"Renewable Capacity Statistics 2024," International Renewable Energy Agency，https://www.irena.org。

3.1.4 生物质能

印度是农业大国，可耕地面积占全球十分之一，印度具备生物质能发展的良好条件。根据印度土地资源局的数据，印度拥有 6390 万公顷不适宜农作物生长的荒地，其中高原山地占 19.4%，土地退化的林地占 14.1%；退化土地面积达 170 万公顷，适合种植非食用油料植物，如麻风树，其丰富的油脂资源可成为生物柴油的优质生产原料。[1]

印度的生物质能主要用于农村能源和发电，农村能源项目包括生物气、改良炉灶、综合农村能源规划、特别区域释放项目、动物能源，发电项目包括生物质燃烧/共发电、生物质气化。印度生物质能主要为生物柴油和燃料乙醇。早在 2001 年印度政府即采用试点推广燃料乙醇，2003年制定《国家生物柴油任务》，2005 年颁布《国家生物柴油购买政策》，2008 年通过《国家生物燃料政策》。此后陆续出台《农村地区生物质能计划》《清洁发展机制项目》等专项政策。印度政府将生物乙醇生产视作 21

---

① 杨翠柏：《印度能源政策分析》，《南亚研究》2008 年第 2 期，第 57 页。

世纪的首要任务，强调发展生物乙醇产业对于应对气候问题及改善农民生活具有重要意义。印度乙醇掺混比例目标从 2014 年的 2% 增加到 2021 年的 10%，乙醇消耗量也从 2014 年的 3.8 亿升增加到 2021 年的 32 亿升，使用这些生物燃料乙醇为印度减少碳排放量 270 万吨，并节省了 4100 亿卢比（约 53 亿美元）的外汇。[①]2021 年，印度政府将实现乙醇掺混比例 20% 的目标从 2030 年提前到 2025 年，并计划 2023 年开始销售 20% 的乙醇掺混生物燃料。值得注意的是，印度现有车辆对 E10 汽油（添加 10% 无水乙醇的混合汽油）以上燃料存在兼容性问题，能否说服消费者购买仍有待观察。[②]

早在 2018 年，印度生物质能装机容量就达 10.1 吉瓦，提前实现了之前设定的到 2022 年达 10 吉瓦的目标。2022 年印度工会预算中提到生物质能在火电厂发电用能中占比 5%~7%，每年可减少 3800 万吨的二氧化碳排放。当前，印度生物质能发电的装机成本最低，为 700~2600 美元 / 千瓦。从产量和消费量看，截至 2023 年，印度生物质能发电量达到 37.3 太瓦时（见图 3-14），消费量达到 0.43 艾焦。作为农业大国，印度的生物质能发电市场仍有较大的潜力。根据印度新能源和可再生能源部（MNRE）估算，印度累计生物质能装机容量有望突破 28 吉瓦。[③]印度政府对可再生能源的高度重视，也将进一步刺激国内生物燃料行业的快速发展。

---

① 《印度计划大力发展燃料乙醇以降低对进口原油的依赖》，新浪财经，2022 年 6 月 24 日，https://finance.sina.com.cn/money/bond/2022-06-24/doc-imizmscu8513720.shtml。

② IEA, "India Biofuel Economy Roadmap— Challenges & Prospects," IEA Bioenergy, https://www.ieabioenergy.com/blog/publications/india-biofuel-economy-roadmap-challenges-prospects/.

③ WBA, "India: The Next Big Bioenergy Revolution," WBA White Paper, https://www.worldbioenergy.org/uploads/White%20Paper%20-%20India.pdf.

图 3-14　2013~2023 年印度生物质能发电量和装机容量

资料来源："Statistical Review of World Energy 2024，" Energy Institute, https://www.energyinst. org/statistical-review；"Renewable Capacity Statistics 2024," International Renewable Energy Agency，https://www.irena.org。

3.1.5　核能

　　印度铀矿资源丰富，是全球第九大铀矿生产国和出口国，其铀矿储量约为 13.8 万吨，主要分布在布拉马普特拉河和梅加拉亚邦地区。[1]印度的核工业发展起步较早，早在 1974 年 5 月就实施了首次核试验，但由于拒不签署《不扩散核武器条约》，被国际核贸易体系排除在外。印度对外声称长期致力于和平利用核能，主张将核能应用于发展核电，但目前该国仍然高度依赖化石能源发电，核能发电仅占印度总发电量的 3%，未来印度计划将这一比例提高到 9%~10%。从装机容量看，截至 2023 年，印度核能装机容量 405 吉瓦，计划到 2030 年装机容量达到 810 吉瓦。2022 年，印度运营中的商业核反应堆有 22 座，总装机容量 6.8 吉瓦。另有 11 座核电站在建，与 22 座商业核反应堆合计装机容量 8.7 吉瓦，印度政府还批准

---

[1]　"Uranium 2022: Resources, Production and Demand," Nuclear Energy Agency, https://www.oecd-nea.org/jcms/pl_79960/uranium-2022-resources-production-and-demand?details=true.

了 10 处新厂址用于建设更多机组。①

从发电量看，近年印度火电电量增速放缓而新能源电量增速提升。
2000~2023 年印度核能发电量整体呈波动增长态势，从 2000 年的 15.8
太瓦时增长到 2023 年的 48.2 太瓦时（见图 3-15），增加了 205%。随
着印度社会和经济的快速发展，应用于核电领域的新一代技术不断
涌现。

图 3-15　2013~2023 年印度核能发电量

资料来源："Statistical Review of World Energy 2024，" Energy Institute, https://www.energyinst.
org/statistical-review。

印度政府将加速推动核电领域科技创新转化，并通过国际合作引进和
吸收更多先进技术，实现核电领域的自主研发和技术创新，降低建设成
本。印度核能市场规模的不断扩大，吸引了越来越多的外商投资者。印度
政府将加强与国际核电企业和金融机构合作，积极吸引外部投资，促进印
度核电产业的快速发展。印度将采用较为分散化的建设模式，即分别在多
个地区建设小型核电站。这种方式能够降低安全管理难度、提高稳定性，
并可以有效降低建设成本。

---

① "India Nuclear Power Sector," Official Website of the International Trade Administration,
April 27, 2023,https://www.trade.gov/market-intelligence/india-nuclear-power-sector.

综上，印度核电行业呈现科技创新加速、绿色发展趋势明显、外部投资增多和采用分散化建设模式等趋势。预计到 2035 年、2040 年、2045 年和 2050 年，印度核能消费量将达到 0.8 艾焦、1 艾焦、1.1 艾焦和 1.3 艾焦，呈现显著增加的趋势。[①]

3.1.6　氢能

印度是重要的氢能消费大国。据国际能源署统计数据，2000 年以来印度运行了 10 个低碳氢能项目，2023 年在建项目（包括设计、可行性研究和试运行项目）69 个，预计总产能约为 711 万吨。据国际能源署统计数据，2022 年印度的氢气消费量为 855 万吨（见图 3-16），其中用于炼油化工的约为 387 万吨，占 45.3%。[②]2021 年，印度曾计划推出《国家氢能任务》，旨在 2023~2024 年将炼油业绿氢用量在氢气总用量的占比提高至 10%；到 2026 年，这一比例将提高至约 25%。[③] 该任务草案后续未有

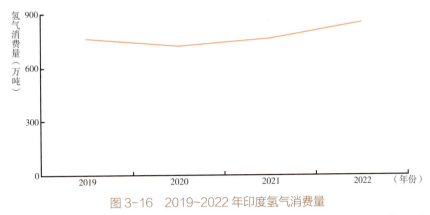

图 3-16　2019~2022 年印度氢气消费量

资料来源："Global Hydrogen Review 2023," International Energy Agency, https://www.iea.org。

---

① "bp Energy Outlook 2050," beyond petroleum, https://www.bp.com.

② "Global Hydrogen Review 2023," International Energy Agency, https://www.iea.org.

③ 李丽旻：《印度实现"绿氢"目标挑战重重》，《中国能源报》2021 年 8 月 16 日，第 5 版。

明确进展。2023 年 1 月，印度政府批准了《国家绿氢计划》，根据该计划，印度将在 2030 年前部署约 125 吉瓦的新可再生能源发电设备，以支持年产 500 万吨绿氢。[①]

3.2 碳中和目标、政策及措施

2023 年，印度一次能源消费结构中，石油、天然气、煤炭占比分别为 27.1%、5.8%、56.3%，核能、水电和其他可再生能源占比分别为 1.1%、3.6%、6.1%。印度尚未实现碳达峰，2023 年印度碳排放量 29.55 亿吨，全球占比 7.6%，其碳排放的来源及占比依次是电力行业（46.6%）、工业燃烧（21%）、交通运输业（11.5%）、工业过程（7.9%）、建筑业（7.5%）、燃料开采（4.5%）、农业（1.0%）。

3.2.1 碳中和目标

印度是《巴黎协定》签署国，2021 年总理莫迪在 COP26 上承诺印度将于 2070 年实现碳中和，包括五项具体内容：一是到 2030 年，将非化石燃料发电产能目标提高至 500 吉瓦；二是 50% 的电力将来自可再生能源；三是碳排放强度降低 45%；四是碳排放总量减少 10 亿吨；五是到 2070 年实现温室气体净零排放。2022 年，印度正式批准了《国家气候计划》，确认 "30-70" 气候目标，即 2030 年碳排放强度较 2005 年降低 45%，2070 年实现温室气体净零排放。[②]

3.2.2 实现碳中和的政策及措施

近年来，印度积极应对气候变化，出台多项气候行动战略。2008 年，印度出台首份《应对气候变化国家行动计划》（NAPCC），提出

---

① 金属功能材料编辑部：《印度批准绿氢计划，拟打造全球绿氢生产和出口中心》，《金属功能材料》2023 年第 1 期，第 65 页。

② CAT, "The Climate Action Tracker," https://climateactiontracker.org/.

到 2022 年将可再生能源供应量提高到占能源消费总量的 6%。2015 年，印度公布了首个国家自主贡献预案（Intended Nationally Determined Contribution，INDC），提出将非化石能源发电份额增加到 2030 年的 40%。2019 年，印度对 INDC 的内容进行补充，提出到 2022 年可再生能源发电的装机容量增加 175 吉瓦。2020 年，在《国家气候声明》中提出，预计到 2040 年印度温度将比目前上升 1.5℃，并指出将可能引发的灾难性后果。

印度在应对气候变化方面取得了诸多进展，一方面是通过支持风光产业发展、扩大抽水蓄能项目规模、支持绿色氢能发展等加强对可再生能源的政策支持力度。在太阳能领域，据印度能源、环境和水资源研究委员会（CEEW）测算，印度要想实现 2070 年碳中和目标，到 2050 年，太阳能装机容量必须增加到 1689 吉瓦，风能装机容量必须增加到 557 吉瓦；到 2070 年，印度太阳能装机容量必须达到 5630 吉瓦，风能装机容量增加到 1792 吉瓦。目前，印度光伏组件的 80% 来自中国市场，印度希望创建一个能够抵御供应侧冲击的光伏产业，在未来 3~4 年内实现光伏制造价值链本土化，并制定了带有贸易保护主义色彩的光伏项目组件型号和制造商批准清单（ALMM）。在氢能领域，印度新能源和可再生能源部早在 2016 就发布了氢能和燃料电池路线图，全面阐述了氢能研发的计划并为研发部门提供大量资金支持。此外，在水电领域，印度电力部发布《抽水蓄能项目（PSP）指南（草案）》。

另一方面是通过提高森林覆盖率来减少碳排放。印度土地面积为 297 万平方千米，其中森林面积为 72.2 万平方千米，森林覆盖率为 24.6%。2023 年印度颁布了《森林保护法（修正案）》，对 1980 年发布的《森林保护法》进行修改，规范了工业和当地社区森林资源开采活动，以增加印度的森林面积。该国森林保护的目标是到 2030 年使森林碳汇增加 25 亿 ~30 亿吨二氧化碳当量。据气候行动追踪组织（Climate Action Tracker，CAT）预计，未来印度还将采取更为有力的低碳政策，可能的方向包括：停止新建煤电项目，制订淘汰现有产能的可持续发展计划；增加 LNG 进口，扩大 LNG

等清洁能源使用范围以改善能源消费结构;加大财政支持力度。印度现在仅将占 GDP 3% 的财政预算用于应对气候变化,预计未来还将增加该领域的资金支持。①

---

① CAT, "The Climate Action Tracker," https://climateactiontracker.org/.

4

中国新能源潜力与实现碳中和路径

2023 年中国发电 9456.44 太瓦时，其中石油、天然气、煤炭等传统能源发电占比分别为 0.1%、3.2%、60.8%，整体占比高；核能和水电发电占比分别为 4.6% 和 13%；其他可再生能源发电占比为 17.6%，其他能源占比为 0.7%。[①]

4.1　新能源潜力及特征

4.1.1　水电

中国水资源丰富，人均占有量少，水资源总量居世界第四位，人均占有量仅为世界平均值的四分之一。水资源空间分布从东南沿海向西北内陆递减，其中黄河、淮河、海河、辽河四大流域水资源量小，长江、珠江、松花江流域水资源量大。2023 年，中国平均年降水量为 642.8 毫米，水资源总量为 2.58 万亿立方米，全国人均综合用水量为 419 立方米。[②]

---

① 《中国统计年鉴》，国家统计局，https://www.stats.gov.cn/。
② 《2023 年中国水资源公报》，水利部，2024 年 6 月 14 日，http://www.mwr.gov.cn/sj/tjgb/szygb/202406/t20240614_1713318.html。

自 2014 年以来中国水电装机容量和发电量稳居世界第一。从装机容量看，近年来中国水能装机容量逐年上升，但上升的幅度低于其他类型新能源装机容量，因此水电装机容量在总装机容量的占比逐年下降。2023 年，中国水电装机容量 421.5 吉瓦（见图 3-17），占总装机容量的 14.4%。中国水电发电量总体上呈波动上升态势，但受到干旱或汛期主要流域降水不稳定等因素影响，水电发电量年均增幅波动较大，2023 年水电发电量为1285.85 万亿千瓦时。[①]2023 年，中国水电新增并网容量 804 万千瓦，在建装机容量约 2700 万千瓦，主要分布在金沙江、雅砻江、大渡河等流域，2022 年新增核准装机容量 300 万千瓦，待开发水力资源主要集中在西南地区。2022 年，中国主要流域水电进入水风光一体化新发展阶段，在金沙江、雅砻江全面推进水风光一体化示范基地开发建设。

图 3-17 2013~2023 年中国水电发电量和装机容量

资料来源：《中国统计年鉴》；"Statistical Review of World Energy 2024, " Energy Institute, https://www.energyinst.org/statistical-review。

在抽水蓄能发展方面，2021 年，国家能源局发布了《抽水蓄能中长期发展规划（2021—2035 年）》，规划目标包括到 2025 年，抽水蓄能投

---

① 《国家能源局发布 2022 年全国电力工业统计数据》，国家能源局，2023 年 1 月 18 日，http://www.nea.gov.cn/2023-01/18/c_1310691509.htm。

产总规模达到 6200 万千瓦以上；到 2030 年，达到约 1.2 亿千瓦；到 2035 年，建立具有国际竞争力的抽水蓄能现代化产业，并培育形成一批抽水蓄能大型骨干企业。[①]2022 年，国家发改委和国家能源局联合部署加快"十四五"时期抽水蓄能项目的开发和建设，着重加快抽水蓄能技术的发展。2022 年，抽水蓄能新增投产 880 万千瓦，核准电站 48 座，总规模6890 万千瓦，已建抽水蓄能电站投产规模 4580 万千瓦，核准在建抽水蓄能电站投产规模 1.21 亿千瓦。[②]

我国在"十四五""十五五"期间将都新增常规水电装机容量 4000 万千瓦左右，除此之外还计划到 2025 年和 2035 年将抽水蓄能投产规模分别增至 6200 万千瓦和 1.2 亿千瓦以上，未来中国水电投资及装机增速将进入快速上升阶段。

4.1.2　风能

中国的风能资源主要集中在东南沿海地区以及内蒙古、新疆和甘肃等地，具有较大的潜在开发价值。2022 年，中国百米高度年平均风速约为 5.7 米 / 秒，年平均风功率密度为 227.4 瓦 / 平方米，有 22 个省（区、市）年平均风速超过 5.0 米 / 秒。[③]表 3-4 为中国在不同高度对应的风速和平均功率密度，在距离地面 100 米的高度上，其对应的 10% 的最强风区可以达到 8.93 米 / 秒的速度和 669 瓦 / 平方米的强度，风能潜力巨大。

---

① 《抽水蓄能中长期发展规划（2021—2035 年）》，国家能源局，http://zfxxgk.nea. gov.cn/1310193456_16318589869941n.pdf。

② 《2022 年中国可再生能源发展报告》，中国水电水利规划设计总院微信公众号，2023 年 6 月 29 日，https://mp.weixin.qq.com/s/Gv2YiVxl~Exo1fwnraTOJw。

③ 《2022 年中国风能太阳能资源年景公报》，中国气象局风能太阳能中心，2023 年 4 月 21 日，https://www.cma.gov.cn/zfxxgk/gknr/qxbg/202304/t20230421_5454513. html。

表 3-4　中国风能分布数据

距地面高度（米）	风速（米/秒）	平均功率密度（瓦/平方米）
10	3.62~7.49	125.26~802.77
50	5.03~9.08	214.73~881.04
100	5.96~10.21	282.7~1007.01
150	6.68~11.1	376.85~1176.93
200	7.22~11.81	476.3~1355.89

资料来源："Global Wind Atlas," https://globalwindatlas.info/zh。

　　从资源开发利用潜力看，中国风能以风力发电为主，可开发利用风能储量为 10 亿千瓦。从装机容量看，中国风能装机容量居全球首位。2023年，中国风能装机容量达到 441 吉瓦（见图 3-18），同比增长 20.7%，较 2016 年增长 2 倍。这一数字是 2023 年欧洲风能总装机容量的 1.6 倍，是美国的 2.9 倍，使中国在过去 13 年中稳居全球风能装机容量第一的位置。[①]从发电量看，2023 年中国风能发电量达 886 太瓦时，同比增长 16.2%，占全部电源总发电量的 9.3%。

图 3-18　2013~2023 年中国风能发电量和装机容量

资料来源：《中国统计年鉴》；"Statistical Review of World Energy 2024," Energy Institute, https://www.energyinst.org/statistical-review。

①　《国家发展改革委 国家能源局关于印发〈"十四五" 现代能源体系规划〉的通知》，中国政府网，2022 年 1 月 29 日，https://www.gov.cn/zhengce/zhengceku/2022-03-23/content_5680759.htm。

2023 年，全国新增风能装机容量 7593 万千瓦，较上年增长 105%，新增风能装机以集中式风能为绝对主体，主要集中在风资源条件良好的华北、西北和东南沿海地区。从风能生产看，中国风能机组整机生产企业约有 20 家，风能机组整机产量居世界首位，大型国有电力企业市场份额约占 70%，跨行业参与风能开发的设备制造、水利工程、石油化工、交通运输等企业不断增加。[①]

随着"十四五"规划、碳达峰和碳中和政策的推出，风力发电等行业的发展步入快车道，中国将全面推进风电的大规模开发和高质量发展。据国家能源局预测，"十四五"期间国内风电年均新增装机容量 50~70 吉瓦，此外《"十四五"可再生能源发展规划》提出，到 2025 年，可再生能源年发电量达到 3.3 万亿千瓦时左右，其中风能和太阳能发电量实现翻倍，地热能供暖、生物质供热、生物质燃料、太阳能热利用等非电利用规模达到 6000 万吨标准煤以上。未来行业的发展政策环境持续向好。2022 年 12 月，国家能源局发布《能源碳达峰碳中和标准化提升行动计划》，要求加快制定海上风电开发及多种能源综合利用技术标准，制定风电机组退役回收与再利用相关标准。中共中央、国务院发布《扩大内需战略规划纲要（ 2022—2035 年 ）》，要求以沙漠、戈壁、荒漠地区为重点加快建设大型风电、光伏基地。2023 年 3 月，国家发改委在《关于统筹节能降碳和回收利用 加快重点领域产品设备更新改造指导意见》中指出，要加快填补风电等领域发电效率标准和老旧设备淘汰标准空白。[②]

4.1.3 　 太阳能

中国拥有丰富的太阳能资源，全国超过三分之二的地区年平均日照时

---

① 《2022 年中国可再生能源发展报告》，中国水电水利规划设计总院微信公众号，2023 年 6 月 29 日，https://mp.weixin.qq.com/s/Gv2YiVxl-Exo1fwnraTOJw。

② 《2023 年中国风电行业全景图谱（ 附市场现状和发展趋势等 ）》，前瞻经济学人，2023 年 5 月 15 日，https://www.qianzhan.com/analyst/detail/220/230515-09f13231.html。

间超过 2200 小时，2023 年全国平均年地面总辐射量为 1496.1 千瓦时 / 平方米。据中国气象局风能太阳能资源评估中心估算，中国陆地太阳能资源理论储量为 1.86 万亿千瓦。据中国气象局发布的《2023 年中国风能太阳能资源年景公报》，2023 年全国年平均水平面总辐射量约 1496.1 千瓦时 / 平方米，光伏发电年最佳斜面总辐射量约 1740.4 千瓦时 / 平方米。中国西部地区太阳能资源较中东部地区更为丰富，西部高原和少雨干燥地区的辐射量较高，而东部平原和多雨高湿地区的辐射量较低。2023 年，中国新疆大部、西藏、西北、西南西部、内蒙古大部、华北、华中大部、华东大部以及华南大部地区的年平均水平面总辐射量超过 1400 千瓦时 / 平方米。其中，西藏大部、青海中北部、四川西部等地区年平均水平面总辐射量超过 1750 千瓦时 / 平方米，被认为是中国太阳能资源最为丰富的区域。①

近年来，中国太阳能装机规模保持快速增长。从装机容量看，2023 年新增装机容量 216.89 吉瓦，同比增长 55.2%，总装机容量达到 610 兆瓦。从发电量看，2023 年发电量达 584.2 太瓦时（见图 3-19），同比增长 36.7%，占全部来源总发电量的 6.2%。

图 3-19　2013~2023 年中国太阳能发电量和装机容量

资料来源：《中国统计年鉴》；"Statistical Review of World Energy 2024," Energy Institute, https://www.energyinst.org/statistical-review。

---

① 《2023 年中国风能太阳能资源年景公报》，中国气象局风能太阳能中心，2024 年 2 月 22 日，https://www.cma.gov.cn/zfxxgk/gknr/qxbg/202402/t20240222_6082082.html。

　　光伏产业保持快速增长势头。2023 年，中国光伏新增装机容量 21689 万千瓦，已成为我国电力新增装机主体，其中分布式成为光伏发展主要方式，2023 年分布式光伏新增装机容量 9629 万千瓦，同比增长 88%，占当年光伏新增装机容量的 44% 以上，新增用户光伏发电装机主要分布在农村地区。在光伏产业相关政策不断完善的基础上，国内光伏新增装机容量有望持续增长。据中国光伏行业协会预测，2030 年保守情况下中国光伏新增装机量将达到 105 吉瓦，乐观情况下将达到 128 吉瓦。从光伏组件制造端看，2023 年多晶硅产量 143 万吨，同比增长 66.9%；硅片产量 622 吉瓦，同比增长 67.5%；晶硅电池产量 545 吉瓦，同比增长 64.9%；晶硅组件产量 499 吉瓦，同比增长 69.3%，其中多晶硅和光伏组件产量分别连续 13 年和 17 年居全球首位。光伏制造端总产值突破 1.7 万亿元人民币，光伏产品出口超过 512 亿美元。[①]

　　从投资规模看，2022 年中国太阳能发电新增总投资约 3410 亿元人民币，较 2021 年增长约 58%。[②] 2022 年 1 月，国家发改委和国家能源局联合发布《"十四五"现代能源体系规划》，计划全面推动太阳能发电的大规模开发和高质量发展。在太阳能资源禀赋较好、建设条件优越、具备持续整装开发条件、符合区域生态环境保护等要求的地区，有序推进光伏发电集中式开发；积极推动工业园区、经济开发区等屋顶光伏开发利用，推广光伏发电与建筑一体化应用；开展光伏发电制氢示范；积极发展太阳能发电等。[③] 国家发改委能源研究所预测，到 2025 年，中国光伏总装机容

---

① 《2023 年全国光伏制造行业运行情况》，中华人民共和国工业和信息化部，2024 年 2 月 28 日，https://wap.miit.gov.cn/jgsj/dzs/gzdt/art/2024/art_23c220a8b3b34340851632dfae47a34e.html。

② 《2022 年中国可再生能源发展报告》，中国水电水利规划设计总院微信公众号，2023 年 6 月 29 日，https://mp.weixin.qq.com/s/Gv2YiVxl-Exo1fwnraTOJw。

③ 《国家发展改革委 国家能源局关于印发〈"十四五"现代能源体系规划〉的通知》，中国政府网，2022 年 1 月 29 日，https://www.gov.cn/zhengce/zhengceku/2022-03-23/content_5680759.htm。

量 7.3 亿千瓦，占全国总装机容量的 24%；到 2030 年，中国光伏总装机容量 30 亿千瓦，占全国总装机容量的 49%；到 2050 年，中国光伏总装机容量达到 50 亿千瓦，占全国总装机容量的 59%；2025 年、2030 年、2050 年全年发电量分别为 8770 亿千瓦时、3.5 万亿千瓦时和 6.0 万亿千瓦时，占当年全社会用电量的 9%、28% 和 39%。①

4.1.4　生物质能

中国是农业大国，生物质资源丰富，利用方式主要为生物质发电、生物天然气、生物质清洁供热、生物液体燃料等，其中发电是最主要的利用形式。从生物质能发电装机容量看，截至 2023 年底，中国生物质能发电装机容量已经连续六年位列世界第一，中国生物质能发电累计装机容量 44.14 吉瓦，其中垃圾焚烧发电装机容量 25.6 吉瓦，农林生物质发电装机容量 16.77 吉瓦，沼气发电装机容量 17.7 吉瓦。②2023 年，中国生物质能发电新增装机容量 2.94 吉瓦。从发电量看，2023 年，中国生物质能发电量达到 198 太瓦时（见图 3-20），同比增加 15.6 太瓦时。伴随中国加快可再生能源部署的步伐，生物质能未来发展前景好、空间大。在"十四五"期间，中国将持续推进生物质能多元化利用，稳步发展城镇生活垃圾焚烧发电，有序发展农林生物质发电和沼气发电。据前瞻产业研究院《2023年中国生物质能发电行业全景图谱》预测，到 2028 年，中国生物质能发电累计装机规模将超过 64 吉瓦。③

从产量看，据《2024 中国生物质能产业发展年度报告》，2023 年，中国生物质天然气年产量达 5 亿立方米，生物质清洁供热成型燃料利用量

①　《发改委能源研究所：到 2050 年，光伏将成我国第一大电源》，索比·光伏，2021 年 9 月 7 日，https://news.solarbe.com/202109/07/343514.html。

②　《2024 生物质能产业发展年鉴》，中国产业发展促进会，2024 年 4 月 16 日，https://www.beipa.org.cn/newsinfo/7051800.html。

③　《预见 2023：〈2023 年中国生物质能发电行业全景图谱〉》，前瞻产业研究院，https://www.qianzhan.com/analyst/detail/220/230808-2a2b0424.html。

图 3-20　2013~2023 年中国生物质能发电量和装机容量

资料来源：《中国统计年鉴》；"Statistical Review of World Energy 2024，" Energy Institute，https://www.energyinst.org/statistical-review。

超 2000 万吨，供应热量约 3 亿吉焦，生物液体燃料年产量超 500 万吨。从投资规模看，2022 年中国生物质能投资为 580 亿元人民币。[①] 未来中国生物质能利用方面仍有较大潜力。据中国产业发展促进会预测，到 2030 年，中国生物质能发电装机容量将达到 5000 万千瓦左右。在非电领域，生物质清洁供热面积达到 4.0 亿平方米，生物天然气年产量达到 30 亿立方米，生物燃料年产量将达到 2500 万吨并逐步应用于航运和海运。据中国产业发展促进会《3060 零碳生物质能发展潜力蓝皮书》，生物质能是典型的生态能源，其环境、民生、零碳价值远大于能源价值。未来生物质能将发挥减污降碳、发展现代农业和保障能源安全等综合效益，生物质能产业将走"农业 – 环境 – 能源 – 农业"闭合循环、绿色低碳、可持续发展道路。[②]

4.1.5　核能

核能作为安全、高效、清洁的电力供应方式，为实现"双碳"目标提

① 《2022 年中国可再生能源发展报告》，中国水电水利规划设计总院微信公众号，2023 年 6 月 29 日，https://mp.weixin.qq.com/s/Gv2YiVxl-Exo1fwnraTOJw。

② 《生物质能：多元化发展才能走得更远》，人民网，2023 年 4 月 24 日，http://paper.people.com.cn/zgnyb/html/2023-04/24/content_25979680.htm。

供了现实选择。中国是核工业大国，铀矿是核工业发展的资源基础。根据2023年铀矿资源潜力评价，中国铀矿资源总量超过280万吨。[①] 铀矿作为战略性新兴产业所需矿产，需求量呈现快速增长态势，2022年包括铀矿在内的13种战略性矿产对外依存度超过70%。[②]

中国核电机组长期保持安全稳定运行，机组建设稳步推进。据中国核能行业协会《中国核能发展报告（2024）》，从装机容量看，截至2023年底，中国商运核电机组55台，总装机容量为5703万千瓦，仅次于美国、法国，居世界第三位。截至2023年底，中国在建核电机组24台，总装机容量2905万千瓦，核电在建规模世界领先。根据国家发改委、国家能源局发布的《"十四五"现代能源体系规划》，预计到2025年，中国核电运行装机容量达到7000万千瓦左右，逐步成为新型电力系统安全稳定运行的重要支撑性电源。[③] 预计2030年前，中国核电装机规模有望超过美国居世界第一位，在全球能源产业格局中扮演更加重要的角色。

此外，中国核能工程国际合作取得新进展，华龙一号核电技术应用于巴基斯坦、英国、阿根廷等多国核电站项目；中国与俄罗斯、法国合作推动核科技创新合作，国际原子能机构"放药及放射源协作中心"落地中国。

从发电量看，2023年中国核能发电量为434.7太瓦时（见图3-21），约占全国总发电量的4.86%，同比增长3.98%。中国核能发电量达到全球第二，且持续增长，为保障电力供应安全和推动降碳减排作出了重要贡献。

---

① 《十年中国铀矿勘查成果发布 铀资源总量超过280万吨》，网易，2023年7月21日，https://www.163.com/dy/article/IA604OJA05198CJN.html。

② 《我国铀矿看查获突破性进展》，国家核安全局，2023年8月8日，https://nnsa.mee.gov.cn/ywdt/hyzx/202308/t20230808_1038226.html。

③ 《解码"十四五"规划里核电：装机达到7000万千瓦》，国际电力网，2021年4月16日，https://power.in-en.com/html/power-2386528.shtml。

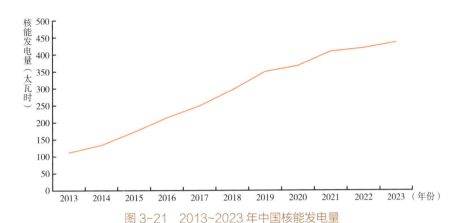

图 3-21　2013~2023 年中国核能发电量

资料来源：《中国统计年鉴》。

4.1.6　氢能

中国是全球最大氢能生产国和消费国。据国际能源署数据，2000 年以来中国已经运行 21 个低碳氢能项目，2023 年在建项目（包括设计、可行性研究和试运行）59 个，总产能超过 500 万吨 / 年，其中最大的氢气生产项目是 2023 年中石化在新疆库车的光伏绿氢项目，该项目也是全球最大的绿氢项目，投资约 30 亿元人民币，产能建设约为 4410 吨，2023 年产量约为 2.0 万吨。[①] 据《中国氢能源及燃料电池产业发展报告 2022》，2022 年中国氢气总产能约为 4480 万吨，[②] 其氢源主要来自煤、天然气、工业副产品和碱性电解水，煤和天然气制氢分别占 62% 和 19%（见图 3-22）。

中国氢气供需基本平衡。据中国氢能联盟数据，2023 年中国氢气产能约 3350 万吨，氢气需求总量约 3300 万吨，其中超过 95% 的氢气用于石油炼化、合成氨等产业。[③] 据国际能源署、中国煤炭工业协会统计，

① "Global Hydrogen Review 2023," International Energy Agency, https://www.iea.org.

② 《中国氢能源及燃料电池产业发展报告 2022》，中国氢能联盟，https://www.h2cndata.com/。

③ 《我国氢能产业发展步入快车道》，国家能源局，2024 年 5 月 31 日，https://hbj.nea.gov.cn/dtyw/gjnyjdt/202406/t20240605_264050.html。

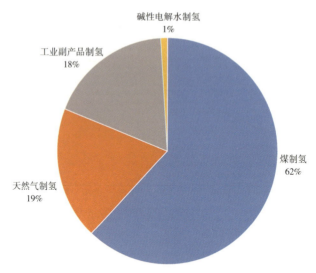

图 3-22　中国氢能源结构

资料来源：《中国氢能源及燃料电池产业发展报告 2022》，中国氢能联盟，https://www.h2cndata.com/。

2022 年中国氢气产量约为 3780 万吨，占全球的 39.9%；氢气的消费量为 2760 万吨（见图 3-23），占全球的 29%，其中用于炼油化工约为 886 万吨，占中国氢气消费量的 32.1%。[①] 国家发改委和国家能源局联合颁布的《氢能产业发展中长期规划（2021—2035 年）》指出，到 2025 年将形成较为完善的氢能产业发展制度政策环境，产业创新能力显著提高，基本掌握核心技术和制造工艺，初步建立较为完整的供应链和产业体系；燃料电池车辆保有量约 5 万辆；部署建设一批加氢站；可再生能源制氢量达到 10 万 ~20 万吨 / 年，成为新增氢能消费的重要组成部分。[②]

[①]　中国煤炭工业协会，http://www.coalchina.org.cn/。

[②]　《氢能产业发展中长期规划（2021—2035 年）》，国家能源局，2022 年 3 月 23 日，http://zfxxgk.nea.gov.cn/2022-03-23/c_1310525630.htm；《一图读懂钢铁行业节能降碳改造升级实施指南》，国家发展和改革委员会，2022 年 2 月 25 日，https://www.ndrc.gov.cn/xxgk/jd/zctj/202202/t20220225_1316977.html。

图 3-23　2019~2022 年中国氢气产量和消费量

资料来源：中国煤炭工业协会，http://www.coalchina.org.cn/。

4.2　碳中和目标、政策及措施

2023 年，中国一次能源消费结构中，石油、天然气、煤炭占比分别为 19.2%、8.5%、53.8%。而核能、水电和其他可再生能源占比分别为 2.3%、6.7%、9.5%。[①] 中国是世界第二大、金砖国家中最大的经济体，也是世界上最大的发展中国家。中国尚未实现碳达峰，2023 年中国碳排放量 132.6 亿吨，全球占比 34%，其碳排放的来源及占比依次是电力行业（48.8%）、工业燃烧（21.7%）、工业过程（11.0%）、交通运输业（8.1%）、燃料开采业（5.4%）、建筑业（4.9%）、农业（0.1%）。

4.2.1　碳中和目标

中国是《巴黎协定》的签署国，2015 年确定了到 2030 年的国家自主贡献。2020 年 9 月 22 日，习近平主席在第七十五届联合国大会一般性辩论上发表讲话，指出中国将提高国家自主贡献力度，采取更加有

① 《中国统计年鉴》，中国国家统计局，https://www.stats.gov.cn/。

力的政策和措施，二氧化碳排放力争于 2030 年前达到峰值，努力争取 2060 年前实现碳中和。2021 年 10 月中国向《联合国气候变化框架公约》秘书处正式提交了《中国落实国家自主贡献成效和新目标新举措》。到 2030 年，中国单位国内生产总值二氧化碳排放将比 2005 年下降 65% 以上，非化石能源占一次能源消费比重将达到 25% 左右，森林蓄积量将比 2005 年增加 60 亿立方米，风电、太阳能发电总装机容量将达到 12 亿千瓦以上。[①]

4.2.2　实现碳中和的政策及措施

近年来，中国积极应对气候变化，加强碳达峰碳中和政策体系的顶层设计。2021 年，中国成立碳达峰碳中和工作领导小组，发布《关于完整准确全面贯彻新发展理念 做好碳达峰碳中和工作的意见》和《2030 年前碳达峰行动方案》，明确了碳达峰碳中和工作的时间表、路线图、施工图。同年，中国正式向联合国提交《中国落实国家自主贡献成效和新目标新举措》和《中国本世纪中叶长期温室气体低排放发展战略》。2022 年，中国政府颁布《国家适应气候变化战略 2035》，明确适应气候变化工作重点领域、区域格局和保障措施。[②]2024 年，习近平主席就组建中国资源循环集团有限公司作出重要指示，强调打造全国性资源回收再利用平台。10 月 18 日，中国资源循环集团有限公司在天津正式成立。[③]

中国是化石能源生产和需求大国，化石能源是中国能源供应的基础和保障能源安全的基石。在能源供应方面，中国一是积极推进煤炭清洁高

---

① 《中方提交〈中国落实国家自主贡献目标进展报告（2022）〉》，生态环境部，2022 年 11 月 11 日，https://www.mee.gov.cn/ywgz/ydqhbh/qhbhlf/202211/t20221111_1004576.shtml。

② 《一图读懂〈国家适应气候变化战略 2035〉》，生态环境部，2022 年 6 月 13 日，https://www.mee.gov.cn/zcwj/zcjd/202206/t20220613_985407.shtml。

③ 《习近平主席就组建中国资源循环集团有限公司作出重要指示》，中国政府网，2024 年 10 月 18 日，https://www.gov.cn/yaowen/liebiao/202410/content_6981247.htm。

效利用，实现 10.3 亿千瓦煤电机组完成超低排放改造，建成世界最大的清洁煤电供应体系，并承诺不再新建境外煤电项目；二是大力发展可再生能源。根据中国政府 2022 年发布的《"十四五"现代能源体系规划》，中国全面推进风电和太阳能发电大规模开发和高质量发展；因地制宜开发水电，到 2025 年常规水电装机容量达到 38 亿千瓦左右；积极安全有序发展核电，到 2025 年，核能装机容量达到 7000 万千瓦左右；推进生物质能多元化利用；在具备高温地热资源条件的地区有序开展地热能发电示范；推动海洋能发电在近海岛屿供电、深远海开发、海上能源补给等领域应用。[①]

在工业脱碳领域，制定《重点领域节能降碳改造升级实施指南》，带动行业整体能效提升。根据《钢铁行业节能降碳改造升级实施指南》，中国钢铁工业将重点围绕加强先进技术攻关、加快成熟工艺普及推广培育标杆示范企业，目标是到 2025 年，钢铁行业炼铁、炼钢工序能效标杆水平以上产能比例达到 30%，能效基准水平以下产能基本清零。[②]

在交通运输领域，中国发布了《新能源汽车产业发展规划（2021—2035年）》，规划的目标是到 2025 年，纯电动乘用车新车平均电耗降至 12.0 千瓦时/百公里，新能源汽车新车销售量达到汽车新车销售总量的约 20%，同时在限定区域和特定场景实现高度自动驾驶汽车的商业化应用。到 2035 年，纯电动汽车成为中国新车销售的主流，公共领域用车将全面实现电动化，燃料电池汽车实现商业化应用，高度自动驾驶汽车实现规模化应用。[③]

---

① 《国家发展改革委 国家能源局关于印发〈"十四五"现代能源体系规划〉的通知》，中国政府网，2022 年 1 月 29 日，https://www.gov.cn/zhengce/zhengceku/2022-03/23/content_5680759.htm。

② 《一图读懂钢铁行业节能降碳改造升级实施指南》，国家发展和改革委员会，2022年 2 月 25 日，https://www.ndrc.gov.cn/xxgk/jd/zctj/202202/t20220225_1316977.html。

③ 《国务院办公厅关于印发新能源汽车产业发展规划（2021—2035 年）的通知》，中国政府网，2020 年 11 月 2 日，https://www.gov.cn/zhengce/content/2020-11/02/content_5556716.htm。

在建筑领域，中国发布了《"十四五"建筑节能与绿色建筑发展规划》，规划的目标是到 2025 年，城镇新建建筑全面建成绿色建筑，建筑能源利用效率稳步提升，建筑用能结构逐步优化，建筑能耗和碳排放增长趋势得到有效控制，基本形成绿色、低碳、循环的建设发展方式，为 2030 年前城乡建设领域碳达峰目标奠定坚实基础。[①]

在土地利用和林业领域，中国出台了《全国森林经营规划（2016—2050 年）》，部署了建立森林经营规划制度、完善公共财政扶持政策、健全现代金融支持政策、深化森林资源管理改革、科学开展天然林保育经营 5 项政策。目标是到 2050 年，中国特色的森林经营理论、技术、政策、法律和管理体系全面建成，中国森林经营进入世界先进国家行列。具体目标为确保中国的森林覆盖率稳定在 26% 以上，森林蓄积量达到 230 亿立方米以上，森林植被总碳储量达到 130 亿吨以上，森林每年提供的主要生态服务价值达到 31 万亿元以上。[②]根据《中国落实国家自主贡献目标进展报告（2022）》，截至 2021 年底，全国森林覆盖率达到 24.02%，森林蓄积量达到 194.93 亿立方米。[③]

[①] 《住房和城乡建设部关于印发"十四五"建筑节能与绿色建筑发展规划的通知》，中国政府网，2022 年 3 月 1 日，https://www.gov.cn/zhengce/zhengceku/2022-03/12/content_5678698.htm?eqid=c2935eb700016f6300000003647581df。

[②] 《国家林业局关于印发〈全国森林经营规划（2016—2050 年）〉的通知》，中国政府网，2016 年 7 月 28 日，https://www.gov.cn/xinwen/2016-07/28/content_5095504.htm。

[③] 《中国落实国家自主贡献目标进展报告（2022）》，https://www.gov.cn/xinwen/2022-11/12/5726372/files/23fcb19ad06246b3b8d5876608684856.pdf。

南非新能源潜力与实现碳中和路径

2023 年南非发电量 224.4 太瓦时，其中石油、煤炭等传统能源发电占比分别为 2.1%、82.8%；水电、核能和可再生能源发电占比为 0.8%、4.0% 和 10.3%。煤炭是南非最主要的发电来源，可再生能源发电占比持续增长。

5.1 新能源潜力及特征

5.1.1 水电

南非的水资源较为匮乏，据国际水电协会数据，南非经济上可行的潜在水力发电量约为 4.7 太瓦时。[①] 从区域分布看，南非最大的河流奥兰治河的流量仅为长江的百分之一，并且与四个邻国共享。

降雨是南非淡水资源的重要来源，而南非的年降雨量仅为 450 毫米，远低于全球年平均降雨量 860 毫米。南非水资源缺乏是由其独特地理环境造成的，尽管处于非洲大陆最南端，且有两大洋环绕，但因为受冷热两股海洋气流影响，加上沿岸山脉等地形地貌，南非的气候在时空分布上差异大，降雨量不均，降雨通常集中在夏季，常以极端雷雨形式出现，国内水

---

① "2024 World Hydropower Outlook," International Hydropower Association，https://www.hydropower.org/.

流稳定的大河很少，易发洪涝或干旱灾害。由于降水和河水流量分布不均，南非需要更多的堤坝进行蓄水调节。此外受到气候变化的影响，在未来几十年里，南非西部地区的降水量与河流水量很可能会锐减。

据国际可再生能源署数据，2023 年南非水电装机容量 3484 兆瓦（见图 3-24），全球占比 0.25%，居非洲第三位。2023 年南非水电发电量 1.7太瓦时，同比下降 45.6%。

图 3-24　2013~2023 年南非水电发电量和装机容量

资料来源："Statistical Review of World Energy 2024," Energy Institute, https://www.energyinst.org/statistical-review；"Renewable Capacity Statistics 2024," International Renewable Energy Agency，https://www.irena.org。

5.1.2　风能

南非风能资源丰富，大部分沿海地区及其山区适合风力发电，而这些地区基本上尚未开发。南非海岸的风能潜力总体较大，海岸平均年风速超过 6 米 / 秒，平均功率密度超过 200 瓦 / 平方米。内陆风力发电潜力地区包括东海维尔德高原、东开普省的德拉肯斯堡山麓和夸祖鲁 – 纳塔尔省。[①] 据国际可再生能源署数据，南非陆上风力潜在发电规模

---

① R. Diab, "Wind atlas of South Africa," Department of Mineral and Energy Affairs, Pretoria, https://www.dmre.gov.za/.

为 26.18 吉瓦。[①]

　　海上风力潜在地区分为浅水地区和深水地区。南非东海岸德班和理查兹湾之间 60 米以下的浅水地区，平均风速超过 9 米 / 秒，有利于海上固定式涡轮机风电场的开发。而南非海岸深水浮式涡轮机开发潜力大，包括北开普省附近的西海岸、西开普省附近的西南海岸、东开普省附近的东海岸和夸祖鲁 - 纳塔尔附近的东北海岸。以上地区靠近商业港口，物流便利。预计南非海上风电固定式涡轮机的潜在装机容量约为 49 吉瓦，浮式涡轮机的潜在装机容量可达到 852 吉瓦，海上风电总发电量潜力为 4452 太瓦时，这意味着海上风电仍有巨大增长空间。[②] 表 3-5 为南非在不同高度对应的风速和平均功率密度，在距离地面 100 米的高度，其对应的 10% 的最强风区可以达到 7.73 米 / 秒的速度和 559 瓦 / 平方米的强度，风能潜力巨大。

表 3-5　南非风能分布数据

距地面高度（米）	风速（米 / 秒）	平均功率密度（瓦 / 平方米）
10	3.42~6.03	86.12~554.09
50	4.93~7.76	180.79~739.46
100	5.88~8.82	249.69~883.88
150	6.7~9.6	346.91~1028.48
200	7.32~10.16	452.48~1160.12

资料来源："Global Wind Atlas," https://globalwindatlas.info/zh。

　　根据国际能源署预测，到 2030 年南非的风能发电量将达到 12 太瓦时，到 2040 年达到 81 太瓦时。南非能源部于 2021 年发布了一项综合资源计划，计划指出，未来 12 年，该国的目标是陆上风能装机容量达到 11.5 吉瓦。随着国际市场参与者的参与和可再生能源的快速适应，风电的平准化度电成本

[①]　"Renewable Capacity Statistics 2024," International Renewable Energy Agency, https://www.irena.org.

[②]　"Global Offshore Wind Report 2024," Global Wind Energy Council, https://gwec.net/.

（LCOE）显著下降，因此未来南非风电市场有望实现高速增长。[①]

据国际可再生能源署和能源研究所数据，2023 年南非风能装机容量为 3442 兆瓦（见图 3-25），占全球风能装机容量的 0.34%，同比增长 8.8%，2013~2023 年年均增长率为 29.6%。2023 年南非风能发电量为 11.6 太瓦时，占全球发电量的 0.5%，同比增长 19.3%，2013~2023 年年均增长率为 77.6%。

图 3-25　2013~2023 年南非风能发电量和装机容量

资料来源："Statistical Review of World Energy 2024，" Energy Institute, https://www.energyinst. org/statistical-review；"Renewable Capacity Statistics 2024," International Renewable Energy Agency，https://www.irena.org。

5.1.3　太阳能

南非是世界上太阳辐射水平最高的国家之一，其西北部地区太阳能资源丰富，年均日辐射量 3.5~5.4 千瓦时 / 平方米，部分地区夏季日辐射量高达 6 千瓦时 / 平方米。相比之下，美国部分地区约为 3.6 千瓦时 / 平方米，欧洲地区约为 2.5 千瓦时 / 平方米。南非的高辐射地区总面积约为 19.4

① "South African Wind Energy Market；Growth, Trends, and Forecasts (2024–2029)，" Mordor Intelligence, https://www.mordorintelligence.com/industry-reports/south-africa-wind-energy-market.

万平方千米，其中北开普省是世界上太阳辐射量最高的地区之一。据国际可再生能源署估计，南非太阳能潜在发电规模为 63.81 吉瓦，然而太阳能的大规模开发需要对从高辐射地区到主要电力消费中心的输电线路进行大量投资。[①]

截至 2023 年底，南非太阳能装机容量 6164 兆瓦（见图 3-26），占全球装机容量的 0.43%，同比下降 2.6%，2013~2023 年年均增长率为 37.1%。2023 年南非太阳能发电量为 6.4 太瓦时，占全球太阳能发电量的 0.39%，同比增长 3.3%，2013~2023 年年均增长率为 38.7%。[②] 南非矿产资源和能源部（Department of Mineral resources and Energy，DMRE）目前确定的目标是到 2030 年太阳能发电量达到 8288 兆瓦，占其国内总装机容量的 10.52%。南非在 2019 年达成太阳能光伏的平准化度电成本低于化石能源发电的平均成本，预计未来南非太阳能发电将维持高速发展。[①] 南非

图 3-26　2013~2023 年南非太阳能发电量和装机容量

资料来源："Statistical Review of World Energy 2024，" Energy Institute, https://www.energyinst.org/statistical-review；"Renewable Capacity Statistics 2024，" International Renewable Energy Agency，https://www.irena.org。

① "South Africa Department of Energy," https://www.gov.za/department-energy-m.

② "Statistical Review of World Energy 2024，" Energy Institute, https://www.energyinst.org/statistical-review.

正在部署太阳能取暖装置，在不到 5 年的时间里，已经安装了近 1.2 万个。光伏供暖装置的安装简单，热源可靠，成本较低，竞争力强，在南非的发展前景较好。

5.1.4 生物质能

南非生物质能发展潜力大，每年生产约 1800 万吨农业和林业残留物，包括木材废料（来自林业）、甘蔗渣（来自甘蔗糖业）等。南非的木材废料主要用途是现代纸浆和造纸工业，每年生产约 240 万吨纸浆和 270 万吨纸张，其残留物可在回收锅炉中燃烧以产生蒸汽供热和发电。甘蔗生产的蔗渣和纸浆，造纸工业的废弃物也可以用于提供能源。南非炼糖业每年消耗甘蔗超过 2000 万吨，产生约 700 万吨蔗渣，其中大部分用于工业加热和发电，发电装机容量约为 245 兆瓦。此外，利用甘蔗、甜菜、向日葵和油菜籽等能源作物生产生物燃料的潜力很大，然而这些物质的低能量密度使得长距离运输不经济，因此需要在生产地附近使用，或者为了方便运输而进行再加工。其他生物质能来源还有城市固体废弃物，南非的城市垃圾主要以填埋方式处理。据估计，生活和工业垃圾蕴含的潜在发电量约为 11 太瓦时 / 年。这些物质可直接焚烧或转化为沼气和甲烷发电。目前已经有此类垃圾填埋场开始发电，如德班垃圾填埋场发电项目等。[①]

从资源潜力看，据国际可再生能源署估计，南非生物质能的潜在发电规模为 1268 兆瓦。鉴于南非农业部门的规模较大，增加生物燃料产量的潜力巨大，不过粮食安全往往阻碍政府利用投资扩大生物燃料生产。2023年，南非生物质能装机容量为 265 兆瓦（见图 3–27），同比无增长，占全球总装机容量的 0.05%；生物质能发电量为 0.41 太瓦时，同比无增长。

---

① "Draft Post-2015 National Energy Efficiency Strategy. In Government Gazette (Issue 40515) ," South Africa Department of Energy, https://www.gov.za/department-energy-m.

图 3-27　2013~2023 年南非生物质能发电量和装机容量

资料来源："Statistical Review of World Energy 2024," Energy Institute, https://www.energyinst. org/statistical-review; "Renewable Capacity Statistics 2024," International Renewable Energy Agency，https://www.irena.org。

5.1.5　核能

南非铀资源丰富，核能约占南非一次能源供应的 1.6%。2023 年南非核能发电量为 8.9 太瓦时（见图 3-28），占全球核能总发电量的 0.33%，同比下降 11.9%。南非的核能发电量占本国发电量的 4.0%，因核电使用减少碳排放量 3.56 亿吨二氧化碳。虽然建立核电站投入巨大，但综合考虑每兆瓦电力的核电生命周期成本后，核能发电仍具有竞争力。截至 2022 年底，南非核能发电装机容量为 1.85 吉瓦，无在建核电机组。南非唯一的核电站库博格核电站，拥有两个发电机组，分别于 1984 年和 1985 年接入电网。2022 年 7 月，南非国家电力公司将该核电站的运营期限从原定 40 年许可期再延长 20 年，至 2045 年。[1]

---

[1] "World Nuclear Performance Report 2024," World Nuclear Association, https://world-nuclear.org/.

图 3-28　2013~2023 年南非核能发电量

资料来源："Statistical Review of World Energy 2024," Energy Institute, https://www.energyinst. org/statistical-review。

5.1.6　氢能

据国际能源署数据，2000 年以来南非运行了 1 个低碳氢能项目，目前在建项目（包括设计、可行性研究和试运行项目）11 个，总产能超过 500 万吨 / 年。据《中国能源报》报道，2023 年 6 月，南非与荷兰、丹麦两国签署一份合作协议并建立"南非氢能基金"，以此推动南非氢能产业发展。①

5.2　碳中和目标、政策及措施

南非一次能源消费结构中，石油、天然气、煤炭占比分别为 22.4%、3.5%、68.5%，核能、水电、其他可再生能源占比分别为 1.7%、0.3%、3.6%。南非尚未实现碳达峰，2023 年南非碳排放量 3.97 亿吨，全球占比 1%，其碳排放的来源及占比依次是电力行业（48.7%）、燃料开采（16.4%）、交

---

① 李丽旻、董梓童：《南非能源绿色低碳转型正在加速》，《中国能源报》2023 年 8 月 28 日，第 5 版。

通运输业（12.4%）、工业燃烧（12.1%）、建筑业（6.0%）、工业过程（4.0%）、农业（0.4%）。

5.2.1　碳中和目标

2020 年 10 月南非向《联合国气候变化框架公约》提交国家自主贡献（NDC），首次表明将在 2050 年实现净零目标。南非在 2021 年 9 月更新了 NDC，其无条件目标为到 2030 年温室气体排放绝对量为 3.66 亿 ~ 4.36 亿吨二氧化碳当量，较 1990 年水平增加 3%~23%，较 2010 年水平减少 18%~31%。更新后的 NDC 整体降低了 2030 年的目标范围：2016 年 NDC 为 4.14 亿 ~6.30 亿吨二氧化碳当量，更新后上限比之前降低了 31%，下限降低了 12%。[①]

5.2.2　实现碳中和的政策及措施

在碳税方面，南非于 2019 年 2 月通过了碳税法案，涵盖化石燃料燃烧排放、工业和产品使用排放，以及煤炭开采等逃逸排放，并于 2019 年 6 月正式实施。在实施的第一阶段（2019~2022 年），约 60% 的排放量免税，且针对特定部门发放额外补贴，最终相当于高达 95% 的排放量并没有被征收碳税。碳税法案的实施伴随着一系列税收激励和收入回收措施，以最大限度地减少第一阶段政策（原至 2022 年，后延长至 2025 年）对电力和能源密集型行业（包括采矿、钢铁）的影响。

在能源领域，2020 年政府公布了《低碳减排发展战略》（Low-emission Development Strategy，LEDS），提出了"峰值 – 平台 – 下降"的减排路径，以及在能源、工业、交通、建筑等领域的一些减排措施。南非 77% 以上的能源消费来自煤炭，而 LEDS 中，政府希望到 2030 年将煤炭消费比例降至 45%，并计划关闭和改造一些较旧的燃煤电站以实现这一目标。与此

---

① "South Africa's Low-Emission Development Strategy 2050," Republic of South Africa, https://www.gov.za/.

同时，南非还将投资可再生能源。LEDS 指出，南非同时拥有风力和太阳能发电的有利条件。根据科学与工业研究委员会的研究，未来风能和光伏发电的度电成本将比南非新燃煤电厂的度电成本低 40%。根据气候行动追踪组织（CAT）的分析，南非可再生能源在总发电量中的份额需要在 2030年达到 45%、2040 年达到 85%、2050 年达到 98%，才能与《巴黎协定》相一致。

南非另一项增加可再生能源的关键政策，是 2010 年最初推出的《2010—2030 年综合资源计划》（IRP），该计划为政府对 2030 年之前对电力行业实行的产能扩张计划。[①] 2019 年 10 月，南非通过了 IRP2019。IRP2019 将 2030 年可再生能源装机容量的目标提高了五倍，达到 31.2 吉瓦（其中风能将增加 15.8 吉瓦，太阳能将增加 7.4 吉瓦），约占 2030 年总发电量的三分之一。[②]

能源供应向可再生能源转型的政策中，2011 年南非发布可再生能源独立发电商采购计划（REIPPPP），通过公开招标的方式引入独立发电商，开发太阳能、风电和生物质能项目，推进能源转型。2022 年 4 月第六轮REIPPPP 招标包括光伏发电和风电，规模分别为 1 吉瓦和 1.6 吉瓦。[③] 尽管 REIPPPP 掀起了可再生能源项目开发的热潮，所有投标轮次都大大超额认购，但采购的可再生能源项目实际投产及并入电网的时间出现了相当大的延误。

市政支持是部署小于 1 兆瓦的小型光伏装置的关键驱动力。根据《2020 年南非城市小型嵌入式发电现状报告》，截至 2020 年 11 月，全国各城市的小型光伏发电总容量为 282 兆瓦。开普敦市政府于 2023 年 1 月

---

① "Integrated Resource Plan for Electricity 2010-2030," South Africa Department of Energy, https://www.gov.za/department-energy-m.

② "Integrated Resource Plan (IRP2019)," South Africa Department of Energy, https://www.gov.za/department-energy-m.

③ 《"走出去"公共服务平台 – 国别（地区）指南》，商务部，http://fec.mofcom.gov.cn/article/gbdqzn/。

推出了现金换电计划。该计划指出，光伏屋顶系统的所有者能够在每月电费的现有信贷基础上，将多余的电力以现金形式出售给市政当局。大型商业银行已开始为 1 兆瓦以下的小型项目提供贷款。通过现金换电计划和信贷计划，商业客户可以以 0.7387 兰特 / 千瓦时（约 0.036 欧元 / 千瓦时）的价格向城市出售多余的绿色电力，而他们的电费则可以获得 0.25 兰特 / 千瓦时（约 0.012 欧元 / 千瓦时）的信贷。这两项措施的实施使屋顶太阳能装置的申请激增，2023 年初两个月该市收到了 1040 份申请，凸显了未来小型光伏市场的巨大潜力。①

2023 年 3 月，南非又推出了一项针对 1 兆瓦以上屋顶光伏项目的扣除优惠计划，该计划规定，企业可以税前扣除可再生能源投资成本的 125%。这与之前的计划有较大的改变，之前的计划允许企业在第一年税前扣除投资的 50%，第二年扣除 30%，第三年扣除 20%。

在工业领域，2015 年，南非制定了《国家能源效率战略草案》（NEES），NEES 提出到 2030 年将制造业能耗降低 16%，通过矿业公司采取具体节能措施，使南非到 2030 年实现每年累计节能 40 皮焦。此外，财政部通过一系列税收激励措施，鼓励低碳、可再生能源、节能等领域的投资。② 南非设立了提升能效措施的南非国家清洁生产中心（NCPC-SA），2011~2021 年实施了能源管理系统相关工业能效促进项目，并设立了资助绿色技术研究和应用的南非绿色基金。然而，这些措施产生的减排影响极为有限，而钢铁生产和采矿等排放密集型部门却无政策驱动的减排迹象。预计钢铁行业的排放强度需要到 2030 年降低约 30%，到 2050 年降低

---

① "Address by President Cyril Ramaphosa on Actions to Address the Electricity Crisis, Union Buildings, Tshwane，" Government of South Africa, July 15, 2022, https://www.thepresidency.gov.za/address-president-cyril-ramaphosa-actions-address-electricity-crisis-union-buildings-tshwane.

② "Integrated Resource Plan," South Africa Department of Energy, https://www.gov.za/department-energy-m.

90%~100%，才能与《巴黎协定》一致。[1]

在运输行业，南非交通部于 2018 年发布了《2018—2050 年绿色运输战略》，提出了一系列的实施措施。预计南非到 2030 年零排放燃料（生物燃料、清洁电力和氢气）在运输部门总需求中的份额需要增加到 20%，到 2040 年需要增加到 50%~60%，到 2050 年需要增加到 80%~90%，才能与《巴黎协定》一致。2013 年南非推出了电动汽车产业路线图，旨在引入电动汽车。然而，截至 2020 年 8 月，该路线图下尚未推出针对当地制造商的采购激励措施，因此在南非销售的此类车辆仍然很少，2019 年仅售出约 550 辆。预计南非电动汽车在汽车年销量中的份额到 2030 年需要增加到 50%~95%，2040 年需要增加到 90%~100%，才能与《巴黎协定》一致。[2]

在建筑领域，南非已经实施了几项关于新建筑和旧建筑重大翻新的建筑法规和规范。政府用节能装置改造了 1450 座建筑物，与 2015 年相比，2030 年，南非住宅部门的最终能源消耗将减少 33%，公共和商业部门的最终能源消耗将减少 37%。预计南非住宅建筑的排放强度到 2030 年需要比 2015 年下降 50%，2040 年下降 90%，2050 年下降 100%，才能与《巴黎协定》一致。[3]

在废弃物管理方面，2007 年 12 月，南非批准了《生物燃料工业战略》，其中概述了政府制定政策、法规和激励措施的方法，旨在发展南非的生物燃料工业，实现生物燃料占总能源消费的比例达到 2%。而基于粮食安全考虑，国家液体燃料供应中的生物燃料不包括玉米等粮食作物。

---

[1]　CAT, "The Climate Action Tracker, " https://climateactiontracker.org/.

[2]　CAT, "The Climate Action Tracker, " https://climateactiontracker.org/.

[3]　"Country profile South Africa," Grantham Research Institute on Climate Change and the Environment, December 23, 2016, http://www.lse.ac.uk/GranthamInstitute/country~profiles/south~africa/; "Sustainable Energy Solutions for South African Local Government A Practical Guide," Sustainable Energy Africa, https://za.boell.org/en/2017/09/01/sustainable-energy-solutions-south-african-local-government-practical-guide.

6

阿联酋新能源潜力
与实现碳中和路径

2023 年阿联酋发电量为 165.0 太瓦时，其中作为传统能源的天然气发电占比达到 72.0%，核能和可再生能源发电分别为 19.6% 和 8.4%，整体占比在中东国家名列前茅。

6.1 新能源潜力及特征

6.1.1 风能

阿联酋风能资源较为丰富。表 3-6 为该国在不同高度对应的风速和平均功率密度，阿联酋在距离地面 100 米的高度上，对应的 10% 的最强风区可以达到 6.91 米 / 秒的速度和 310 瓦 / 平方米的强度，境内很多区域处在经济风速之上，因此具有较大的开发潜力。

表 3-6   阿联酋风能分布数据

距地面高度（米）	风速（米 / 秒）	平均功率密度（瓦 / 平方米）
10	3.7~4.34	86.59~191.3
50	5.07~5.83	164.2~255.77
100	6.07~6.99	234.79~332.41

距地面高度（米）	风速（米／秒）	平均功率密度（瓦／平方米）
150	6.79~7.81	338.23~464.11
200	7.25~8.32	430.91~592.31

资料来源："Global Wind Atlas," https://globalwindatlas.info/zh。

阿联酋的风力发电起步较晚，目前规模较小。风电项目最早始于 2011年，马斯达尔（Masdar，即阿布扎比未来能源公司）宣布将在塞班尼亚岛修建陆上风电场，装机容量为 30 兆瓦，运行后将并入岛上的电网，但该项目在 2021 年前未有实质性进展。马斯达尔在风能开发领域十分活跃，在英国和阿曼也投资了一批风电项目，具有非常强的实力。近年来，低速风机的研发应用推动了风力发电的大规模开发，2021 年 8 月位于迪拜东南方的哈塔（Hatta）风力发电场由迪拜水电局确认开发，该项目也是阿联酋国内第一个风电项目，装机容量为 28 兆瓦，目前还处于前期设计阶段。

6.1.2　太阳能

太阳能在阿联酋的可再生能源开发榜单中高居首位。该国属于热带沙漠气候，位于北纬 22°~27°，处在"太阳能带"，终年光照充足，年平均日照时间超过 3500 小时，太阳能总辐射量南高北低，其水平面总辐射日平均在 5.72 千瓦时／平方米 ~6.17 千瓦时／平方米（年累计为 2088~2252千瓦时／平方米），太阳能资源异常丰富。太阳能光伏输出在峰值功率下为 4.77~5.12 千瓦时（年累计为 1741~1869 千瓦时）。据估算，该国境内年均单位面积太阳能辐射能量密度为 1964 千瓦时／平方米，年均太阳能总储量可达 140 万亿千瓦时。①

早在 2009 年阿联酋便计划修建一座完全由太阳能供电的城市——

---

① "Global Solar Atlas," https://globalsolaratlas.info/map；张本成、李华：《阿联酋可再生能源市场分析》，《国际工程与劳务》2022 年第 9 期，第 58~61 页。

马斯达尔城。2013 年位于阿布扎比的聚光太阳能热发电（Concentrating Solar Power，CSP）"太阳一号"正式启用（装机容量为 100 兆瓦），成为当时全球最大的抛物线槽电站之一。2019 年该项目正式进入商业运营阶段，其装机容量也进一步扩大到 1.78 吉瓦，成为全球最大的太阳能园区。另外，迪拜和阿布扎比分别推出 55 兆瓦和 500 兆瓦的《屋顶太阳能计划》，旨在居民区推广可再生能源应用。①

据国际可再生能源署数据，2023 年阿联酋的太阳能装机容量为 5925 兆瓦（见图 3-29），其中太阳能光伏装机容量为 5325 兆瓦（见图 3-30），占太阳能总装机容量的 89.9%，其余为集中式太阳能发电。2023 年阿联酋太阳能发电量共计 13.7 太瓦时，同比增加 77.6%，2013~2023 年年均增长 66.2%。

图 3-29 2013~2023 年阿联酋太阳能发电量和装机容量

资料来源："Statistical Review of World Energy 2024," Energy Institute, https://www.energyinst. org/statistical-review；"Renewable Capacity Statistics 2024," International Renewable Energy Agency，https://www.irena.org。

---

① 张本成、李华:《阿联酋可再生能源市场分析》,《国际工程与劳务》2022 年第 9 期，第 58~61 页。

图 3-30　2013~2023 年阿联酋太阳能光伏发电量和装机容量

资料来源："Statistical Review of World Energy 2024, " Energy Institute, https://www.energyinst. org/statistical-review；"Renewable Capacity Statistics 2024," International Renewable Energy Agency，https://www.irena.org。

6.1.3　核能

据国际原子能机构（IAEA）数据，截至 2021 年底，阿联酋共有 2 个核反应堆在运转，装机容量为 2762 兆瓦，另有 2 座共计 2690 兆瓦装机容量的在建核反应堆。[①] 2022 年 10 月，巴拉卡核电站的第三台机组上线，总容量增至 4.2 吉瓦。据能源研究所数据，2023 年阿联酋核能发电量为 32.3 太瓦时，同比增长 60.5%。

6.1.4　氢能

据国际能源署数据，2000 年以来阿联酋已经运行了 2 个低碳氢能项目，目前在建项目（包括设计、可行性研究和试运行项目）14 个，总产能超过 81.9 万吨／年。其中最著名的是位于迪拜沙漠腹地的穆罕默德·本·拉希德·阿勒·马克图姆太阳能公园的绿氢项目，该项目从 2021 年开始由迪拜电力水务局和西门子能源合作运营，是中东地区第一家绿氢工厂。

---

① "Annual Report 2021," International Atomic Energy Agency, https://www.iaea.org/.

2021 年 11 月，阿联酋发布了旨在成为低碳氢领域全球领导者的氢领导力路线图。该路线图的目标是到 2030 年低碳氢及其衍生物主要出口市场的份额达到 25%。目前阿联酋正在进行的项目超过 7 个，计划每年生产 50 万吨氢气。[①]

6.2　碳中和目标、政策及措施

2023 年，阿联酋一次能源消费结构中，石油、天然气、煤炭占比分别为 42.9%、46.9%、2.0%，而核能和其他可再生能源占比分别为 5.6% 和 2.5%。阿联酋目前尚未实现碳达峰，2023 年阿联酋二氧化碳排放量 2.06 亿吨，全球占比 0.53%，其二氧化碳排放的来源及占比依次是工业燃烧（35.1%）、电力行业（31.7%）、交通运输业（21.1%）、工业过程（9.4%）、燃料开采（2.5%）、建筑业（0.4%）。

6.2.1　碳中和目标

2021 年 10 月，阿联酋正式公布《2050 年净零排放战略倡议》，宣布 2050 年实现温室气体净零排放目标。2022 年 5 月，为了推动各部门实施《2050 年净零排放战略倡议》，阿联酋气候变化和环境部正式启动气候目标国家对话平台。[②]

阿联酋在 2016 年首次提交的国家自主贡献中，计划清洁能源占比从 2014 年的 0.2% 增加到 2021 年的 24%，2030 年温室气体排放量（包括土地利用、土地利用变化和林业活动）减少到 2.38 亿吨二氧化碳当量。[③] 在 2023 年提交的"第二次国家自主贡献的第三次更新"中，其目标是到 2030 年

---

① 中国产业发展促进会氢能分会：《海湾多国积极发展氢能经济》，《中国改革报》2023 年 6 月 28 日，第 7 版。

② 窦立荣等：《国际油公司碳中和路径》，石油工业出版社，2022，第 33~73 页；李学华：《阿联酋加快提高可再生能源占比》，《经济日报》2023 年 7 月 7 日，第 4 版。

③ CAT, "The Climate Action Tracker," https://climateactiontracker.org/.

将温室气体排放量（不考虑土地利用、土地利用变化和林业活动）减少至1.85 亿吨，较 2019 年减少 19%，与基准情景相比减少 40%。阿联酋还是首个通过"2050 年净零排放战略倡议"（与《巴黎协定》的目标一致）的中东国家。①

6.2.2　实现碳中和的政策及措施

早在 2017 年阿联酋就推出《国家能源战略 2050》，该战略的目标是到 2050 年清洁能源将占 44%、天然气占 38%、清洁煤占 12%、核能占6%，并将发电领域碳排放减少 70%。2023 年 7 月，阿联酋更新了《国家能源战略 2050》，该战略计划 2030 年在可再生能源领域投入 1500 亿～2000 亿迪拉姆以提高能源效率，大幅提高可再生能源在能源供应中的比例，计划将可再生能源装机容量增加到 14.2 吉瓦，使能源结构中清洁能源的占比提高到 30%，并促进清洁能源的使用，同时取消了"清洁煤占12%"的目标。②

2023 年，阿联酋推出《国家氢能战略》，这是该国新能源的重要政策文件，阿联酋将此作为投资清洁能源的举措及主办 COP28 筹备工作的一部分。这一战略的目标是通过制定具体的能源政策吸引更多投资，促进氢能经济发展，提升该国作为全球最大低碳氢生产国之一的地位。此战略是基于阿联酋在 2021 年 COP26 上提出的氢能领导力路线图制定的，旨在成为全球十大氢生产国之一。通过《国家氢能战略》的实施，到 2031 年实现重工业、陆路运输、航空和海运等难以减排的行业排放量减少 25%，并在 2050 年实现减排 100% 的目标。③

阿联酋是中东地区最为积极和最早响应《巴黎协定》的国家，其在能

---

① CAT, "The Climate Action Tracker, " https://climateactiontracker.org/.

② 窦立荣等：《国际油公司碳中和路径》，石油工业出版社，2022，第 33~73 页；李学华：《阿联酋加快提高可再生能源占比》，《经济日报》2023 年 7 月 7 日，第 4 版。

③ 李学华：《阿联酋加快提高可再生能源占比》，《经济日报》2023 年 7 月 7 日，第4 版。

源供应、交通运输、建筑行业和废弃物处置等方面采取了大量措施。[①]

在能源供应方面，目标是到 2030 年将电力碳排放量（6800 万吨二氧化碳当量）较 2019 年减少 11%。在核能发电上，2022 年 10 月，巴拉卡核电站的第三台机组上线（总容量增至 4.2 吉瓦），最后一台机组预计 2025 年运行，届时装机容量将增加到 5.6 吉瓦。根据该国的可再生能源发展规划，到 2030 年可再生能源发电装机容量将达到 9 吉瓦。其中，继 2019 年建成约 1.2 吉瓦的 Noor Abu Dhabi 太阳能光伏发电厂后，2022 年该项目的装机容量又增加了 2 吉瓦。2022 年 5 月，第三个太阳能光伏项目进入招标程序，一旦建成，太阳能光伏发电量将增加 1.5 吉瓦。作为《国家能源战略 2050》的一部分，阿联酋还承诺在未来 30 年投资约 1600 亿美元用于生产清洁和可再生能源，其中可能包括核能和天然气。除太阳能项目外，阿联酋首座抽水蓄能水电站的合同于 2019 年 8 月签订，预计容量为 250 兆瓦，计划 2024 年投入使用。

在交通运输方面，目标是到 2030 年将交通排放量较 2019 年水平减少 1%，预计 2030 年运输部门的排放量约为 4200 万吨二氧化碳当量。该国制定了一些管理交通排放的政策，包括提高车队燃料和排放效率，以及鼓励使用公共交通和电动汽车。修订后的《国家能源战略 2050》将电动汽车的新目标更新为 2030 年超过 69 万辆电动汽车和混合动力汽车，到 2050 年超过 300 万辆，以及到 2030 年将电动汽车充电器数量增加到 879 个，到 2050 年底增加到 3 万个。

在建筑行业方面，制定了到 2030 年将建筑排放量较 2019 年水平减少 56% 的目标，预计 2030 年建筑行业的排放量将达到 2700 万吨二氧化碳当量。作为其《国家能源战略 2050》的一部分，阿联酋制定了将能源消耗减少 40% 的目标。为支持建筑行业实现这一目标，阿联酋制定了多项政策，包括国家水和能源需求侧管理计划和联邦政府的建筑改造计划，目标是到 2050 年进行 2000 次改造。

[①]　CAT, "The Climate Action Tracker," https://climateactiontracker.org/.

在废弃物处置方面，目标是到 2030 年，废弃物排放量较 2019 年的水平增加 8%；2030 年，废弃物行业的排放量预计为 1400 万吨二氧化碳当量。2021 年 1 月，阿联酋推出《2031 年循环经济政策》，成立循环经济委员会，负责监督针对制造业的减少废弃物政策的实施。2022 年 5 月，沙迦垃圾焚烧发电厂启动，装机容量为 30 兆瓦。另外该国计划在迪拜再建一座 200 兆瓦的发电厂，在阿布扎比再建一座 70 兆瓦的发电站，预计将于 2024 年投入运营。

沙特新能源潜力 与实现碳中和路径

2023 年沙特发电 422.9 太瓦时，其中石油、天然气发电占比分别为 36.0% 和 62.7%；可再生能源发电占比 1.3%，整体占比较低。

7.1 新能源潜力及特征

7.1.1 风能

沙特风能资源较为丰富，其中东部的波斯湾、西部的红海沿岸、西北部的部分地区是主要的富集区域。该国大部分地区全年平均风速高于标准经济风速 4.0 米 / 秒，为 4.0~10.2 米 / 秒。表 3-7 为沙特在不同高度对应的风速和平均功率密度，在距离地面 100 米高度上，其对应的 10% 的最强风区可以达到 7.91 米 / 秒的速度和 453 瓦 / 平方米的强度，开发潜力大。

表 3-7　沙特风能分布数据

距地面高度（米）	风速（米 / 秒）	平均功率密度（瓦 / 平方米）
10	4.03~5.37	113.99~287.26
50	5.49~7.14	209.18~424

续表

距地面高度（米）	风速（米/秒）	平均功率密度（瓦/平方米）
100	6.57~8.46	294.96~564.86
150	7.55~9.5	454.79~759.75
200	8.22~10.2	603.85~948.34

资料来源："Global Wind Atlas," https://globalwindatlas.info/zh。

2017年1月17日，由沙特阿美公司与美国通用电气公司联合开发的沙特境内第一座风力发电站竣工。2021年，沙特首个大型风电项目达马德·贾达尔风电站开始运行，装机容量为400兆瓦，这是中东地区目前最大的风电站。根据沙特可再生能源项目开发办公室发布的《沙特2030年可再生能源规划》，到2030年，沙特风能装机容量达16吉瓦。但据国际可再生能源署数据，2023年，沙特风能装机容量为403兆瓦（见图3-31），与目标差距甚大，发电量约为1.45太瓦时。

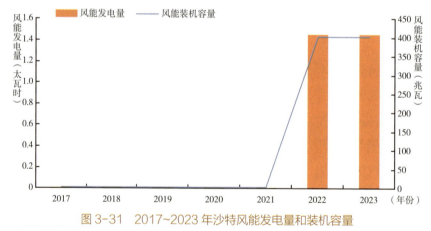

图3-31　2017~2023年沙特风能发电量和装机容量

资料来源："Statistical Review of World Energy 2024," Energy Institute, https://www.energyinst.org/statistical-review；"Renewable Capacity Statistics 2024," International Renewable Energy Agency，https://www.irena.org。

7.1.2　太阳能

沙特位于北纬 17.5°~31°，属"太阳能带"，太阳能资源蕴含丰富，主要集中在东部，其中东南部最为丰富，是全球太阳能资源最丰富的国家之一。沙特水平面总辐射日平均为 5.69~6.62 千瓦时 / 平方米（年累计为 2077~2416 千瓦时 / 平方米）。太阳能光伏输出在峰值功率下为 4.58~5.67 千瓦时（年累计为 1672~2070 千瓦时）。据估算，全境年均单位面积太阳能辐射能量密度为 2124 千瓦时 / 平方米，年均太阳能总储量可达 45.67 亿吉瓦时。[①]

2012 年 4 月 3 日，沙特在首都利雅得召开的可再生能源战略会议是该国太阳能发电建设历史上可以追溯的最早记录。此后政府宣布将发展多种可再生能源，公布建造最大太阳能光伏发电站的行动计划，行动计划内容之一是在未来 20 年向太阳能光伏领域投资 1090 亿美元建设太阳能发电站，最终实现到 2032 年装机容量达到 41 吉瓦的发展目标。据国际可再生能源署数据，2023 年，沙特太阳能装机容量达到 2285 兆瓦，发电量为 4.3 太瓦时（见图 3-32）。从投资合作角度看，中国同沙特积极寻求合作契合点，例如中国建材国际工程集团有限公司正在与沙特 Ajlan Brothers 集团洽谈共建太阳能产业链，远期规划 1 吉瓦的碲化镉生产线和 500 吨太阳能玻璃生产线，并考虑在沙特建立研发中心，项目总投资约 10 亿美元，其中中方采用技术入股和部分资金入股方式建设该项目，中方股比 51%，沙方股比 49%。[②]

---

① "Global Solar Atlas，" https://globalsolaratlas.info/map.

② 《"走出去"公共服务平台 – 国别（地区）指南》，商务部，http://fec.mofcom.gov.cn/article/gbdqzn/。

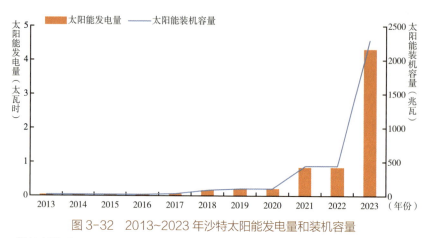

图 3-32　2013~2023 年沙特太阳能发电量和装机容量

资料来源："Statistical Review of World Energy 2024," Energy Institute, https://www.energyinst. org/statistical-review；"Renewable Capacity Statistics 2024," International Renewable Energy Agency，https://www.irena.org。

7.1.3　核能

目前沙特没有核电厂。2023 年 1 月，能源部长阿卜杜勒阿齐兹·本·萨勒曼亲王在利雅得举行的未来矿产论坛上的演讲中称，沙特计划使用当地的铀来发展自己的核电工业。① 2022 年 3 月，沙特成立了沙特核能控股公司 (SNEHC)，主要工作是建设核电厂，开展电力生产、供热及淡化海水等工作。目前，沙特计划在 2030 年前投资约 1000 亿美元新建 16 座核电站，建成后总发电量可达 22 吉瓦时。②

---

① 《沙特阿拉伯计划利用当地铀资源发展核电工业》，中国核电网，2023 年 2 月 6 日，
　　https://www.cnnpn.cn/article/35068.html。
② 《俄罗斯参与沙特首座核电厂的建设招标》，国家原子能机构，2022 年 12 月 26 日，
　　https://www.caea.gov.cn/n6760338/n6760343/c6841802/content.html；《沙特成立核
　　能公司建设核电厂》，中国能源网，2022 年 3 月 22 日，https://www.china5e.com/
　　news/news-1131586-1.html。

7.1.4　氢能

据国际能源署数据，2000 年以来沙特在建低碳氢能项目（包括设计、可行性研究和试运行项目）共 2 个，总产能超过 77 万吨 / 年，其中最著名的是沙特未来新城 NEOM 中的绿氢项目，该项目采用电解水制氢技术，设计产能为 34 万吨 / 年，预计将于 2026 年建成投产，是世界上规模最大的绿氢工厂，总投资超过 85 亿美元。沙特在国际氢能运输方面表现积极，2020 年 9 月，沙特阿美向日本船运 40 吨蓝氨，成为全球第一个此类示范项目；另外，2022 年沙特出口韩国 2.5 万吨蓝氨，2023 年出口日本、印度、中国、韩国、保加利亚、欧盟总计超过 13 万吨蓝氨。

目前沙特正在根据全球氢能发展进程制定本国的氢能战略规划和发展路线图，自 2021 年以来，先后同韩国、德国、美国、法国签署了多项氢能发展计划。另外，沙特政府在 2021 年 10 月宣布将投资 1100 亿美元开发全球最大的天然气项目贾夫拉（Jafurah）气田，大部分天然气将用于生产蓝氢。该国能源大臣表示计划到 2035 年出口约 400 万吨氢气，沙特有望成为全球最大的氢气供应国。①

7.2　碳中和目标、政策及措施

沙特一次能源消费结构中，石油和天然气占比分别为 64.1% 和 35.4%，而其他可再生能源占比不足 1%。目前沙特尚未实现碳达峰，2023 年沙特二氧化碳排放量 6.23 亿吨，全球占比 1.6%，其碳排放的来源及占比依次是电力行业（42.1%）、交通运输业（23.4%）、工业燃烧（14.5%）、工业过程（13.4%）、燃料开采（5.7%）、建筑业（0.9%）。

---

① 江涵、徐新智、刘哲等:《沙特能源转型及氢能发展展望》,《储能科学与技术》2022 年第 7 期，第 2354~2364 页。

7.2.1　碳中和目标

2021 年 10 月，在首届绿色倡议论坛上，沙特王储穆罕默德·本·萨勒曼首次提出《沙特阿拉伯绿色倡议》，计划投资近 1900 亿美元，实施 60 多项计划，将在 2060 年前实现净零排放目标并实施相应的行动路线。该行动路线以 2019 年排放量为基准，温室气体排放量由 2019 年减少 1.3 亿吨二氧化碳当量到 2030 年减少 2.78 亿吨二氧化碳当量，到 2060 年实现温室气体净零排放。同年 10 月 23 日，沙特提交最新的国家自主贡献目标，除上述的温室气体总减排目标外，还单独提出甲烷排放量与 2020 年相比减少 30%。在能源行业方面，可再生能源发电量占总发电量的 50%，其中 50% 由天然气供给；在建筑行业方面，引入新的建筑绝缘标准等节能措施，并收紧空调的最低能效标准，以减少对石油的消耗。由于土地利用和林业存在一定的不确定性，预计到 2030 年，沙特的国家自主贡献目标中排放水平将在 5.2 亿~8.0 亿吨二氧化碳当量（不包括土地利用、土地利用变化和林业活动）。①

7.2.2　实现碳中和的政策及措施

沙特在 2016 年 4 月通过的《2030 年愿景》中，明确提出"去石油化和推动经济多元化"的发展目标，建立具有自生能力的非石油经济。同年 6 月通过《2020 年国家转型计划》（NTF），愿景和计划首次提出"降低国内石油消费，建立具有自生能力的非石油经济"等能源转型发展目标。② 相关举措包括五个方面：一是继续维持石油生产总体稳定；二是重点发展炼油化工产业；三是实施"向东看"战略，巩固和扩大亚太地区市场份额；四是大力发展天然气及太阳能、核能在内的新能源；五是将沙特阿美

---

① 《俄罗斯参与沙特首座核电厂的建设招标》，国家原子能机构，2022 年 12 月 26 日，https://www.caea.gov.cn/n6760338/n6760343/c6841802/content.html；窦立荣等：《国际油公司碳中和路径》，石油工业出版社，2022，第 33~73 页。

② 窦立荣等：《国际油公司碳中和路径》，石油工业出版社，2022，第 33~73 页。

打造成综合性能源公司。2020 年 11 月，沙特推出《循环碳经济计划》。该计划是基于"4R"降低大气中的碳排放量，即碳的减少（Reduction）、再次使用（Reuse）、消除（Removal）和回收利用（Recycling）。其目的是在全球范围内推广该计划，促进降低碳排放和保障充足的能源供应，但至今尚未透露与碳经济计划相关的具体时间表。[①]

沙特是全球最主要的油气资源国与生产国，对能源转型态度较为消极，后迫于国际压力，态度有所转变。政府开始大力发展氢能等可再生能源，建立碳交易市场，推广循环碳经济，提供石燃料补贴，完善现代化交通体系，发展电动汽车产业，植树造林，帮助本地区减少碳排放量。[②]

在能源供应方面主要包括四项内容。一是大力发展可再生能源，其中氢能最受关注。到 2030 年，沙特计划通过多种可再生能源项目供应本国 50% 以上的电力，从而减少 1.3 亿吨的碳排放，同时将废弃物利用率提高到 94% 以上。此外，沙特政府还着力成为全球氢能市场的主要参与者。作为实现这一目标的一部分，沙特国际电力与水务公司（ACWA Power）、沙特未来新城计划与美国空气产品公司（Air Production）于 2020 年签署三方协议，耗资 50 亿美元在西北部工业新城打造一个"绿氢工厂"，美国空气产品公司还将另外投资 2.0 亿美元建设氢燃料分销基础设施。二是建立碳交易市场并积极推广循环碳经济。政府通过沙特公共投资基金（PIF）和沙特证券交易所（Tadawul）在北非和中东建立区域碳交易市场。为了发展本国的循环碳经济，在未来 10 年将投资约 100 亿美元。三是降低能耗。工业、交通和建筑行业的能源消耗占本国总量的 90%，成为重点关注领域。四是提供化石燃料补贴。沙特的补贴主要用于化石燃料发电领域，额度目前高居全球前三，仅 2019 年政府就提供了近 300 亿美元的补贴。

---

① 《"走出去"公共服务平台 – 国别（地区）指南》，商务部，http://fec.mofcom.gov.cn/article/gbdqzn/。

② 窦立荣等：《国际油公司碳中和路径》，石油工业出版社，2022，第 33~73 页。

在交通运输方面主要包括两项内容。一是发展电动汽车产业。沙特与美国电动汽车制造商 Lucid Motors 签订合作协议，后者投资超过 10 亿美元，将于 2024 年在沙特制造电动汽车。二是完善现代化交通体系。目前沙特的交通行业极大依赖石油消耗，其国内燃料油消费量年均增幅为 7%。为加快燃料油的清洁替代进程，沙特计划 2021~2022 年完善公共交通体系，但目前尚不确定新系统将采用何种能源作为动力。

在土地使用及林业方面，主要举措为植树造林。沙特计划到 2030 年种植 4.5 亿棵树，恢复 800 万公顷退化土地，每年减少碳排放 2.0 亿吨二氧化碳当量；长期目标是种植 100 亿棵树，并与中东地区伙伴合作种植 400 亿棵树（累计 500 亿棵），帮助将中东地区碳排放量减少 60% 以上。截至 2020 年前后，沙特已经种植约 1800 万棵树，但据世界银行 2021 年统计，沙特森林面积仅占国土总面积的 0.5%，因此这些树可以说是杯水车薪。此外，沙特通过筹措建立海洋探索基金会等组织，进一步加强对陆地、海洋以及沿海环境的保护。

8

伊朗新能源潜力与实现
碳中和路径

2023 年伊朗发电量为 382.9 太瓦时，其中石油、天然气和煤炭发电占比分别为 7.1%、84.5% 和 0.24%；核能、水电和可再生能源等非化石能源发电分别为 1.7%、5.9% 和 0.56%，整体占比较低。

8.1　新能源潜力及特征

8.1.1　水电

伊朗是西亚地区的一个半干旱至干旱国家，考虑到能源和可持续发展的要求，伊朗政府决定优先发展水电工程，目前是中东地区最大的水电国家。[①] 伊朗水电的开发最早可追溯到 1929 年在哈迈丹市建成的水电站，而伊朗历史上首座大型水电站是 1961 年在卡拉季河上建成的卡拉季水电站，年发电量为 150 吉瓦时。从区域分布看，西南部 840 千米长的卡伦河上蕴藏着伊朗大部分水电资源，另外在卡伦河的支流迪兹河以及卡尔黑河流域也有一些水电蕴藏量可供开发。据国际可再生能源署

---

① 　M. 格瑞维、陈志彬：《伊朗水电开发的成就及规划》，《水利水电快报》2005 年第 22 期，第 5~7 页。

和能源研究所数据，2023 年，伊朗水电装机容量达到 1.27 万兆瓦，居中东地区第一位，水电发电量为 22.7 太瓦时（见图 3-33），同比增加 61.8%。

图 3-33　2013~2023 年伊朗水电发电量和装机容量

资料来源："Statistical Review of World Energy 2024," Energy Institute, https://www.energyinst. org/statistical-review；"Renewable Capacity Statistics 2024," International Renewable Energy Agency，https://www.irena.org。

8.1.2　风能

伊朗的风能资源较为丰富，表 3-8 为伊朗在不同高度对应的风速和平均功率密度，在距离地面 100 米的高度上，其对应的 10% 的最强风区可以达到 8.41 米 / 秒的速度和 744 瓦 / 平方米的强度，风能潜力可以与法国和英国等主要风能发达国家相媲美。据估计，伊朗拥有 10 万兆瓦的潜在装机容量。[①]

[①]　Eric Wheeler, Michael Desai, "Iran's Renewable Energy Potential," Middle East Institute, January 26, 2016, https://www.mei.edu/publications/irans-renewable-energy-potential.

表3-8　伊朗风能分布数据

距地面高度（米）	风速（米/秒）	平均功率密度（瓦/平方米）
10	3.58~6.96	140.57~744.39
50	4.84~8.73	233.08~968.45
100	5.72~9.88	301.74~1169.7
150	6.31~10.7	388.03~1390.72
200	6.75~11.32	471.51~1593.5

资料来源："Global Wind Atlas," https://globalwindatlas.info/zh。

伊朗的风电发展规模目前较小，据国际可再生能源署和能源研究所数据，2023 年，伊朗的风能装机容量为 365 兆瓦，发电量为 1.3 太瓦时（见图 3-34）。

图 3-34　2013~2023 年伊朗风能发电量和装机容量

资料来源："Statistical Review of World Energy 2024," Energy Institute, https://www.energyinst.org/statistical-review；"Renewable Capacity Statistics 2024," International Renewable Energy Agency，https://www.irena.org。

8.1.3　太阳能

伊朗大部分地区属于热带沙漠气候，太阳辐射较强，太阳能发电潜能较大，尤其是伊朗的西南地区日照丰富，太阳能潜力更大。伊朗水平面总辐射日平均在 3.67~6.22 千瓦时 / 平方米（年累计为 1340~2270 千瓦时 / 平方米），太阳能资源异常丰富。太阳能光伏输出在峰值功率下为 3.31~5.48 千瓦时（年累积为 1208~2000 千瓦时）。据估算，伊朗境内年均单位面积太阳能辐射能量密度为 1975 千瓦时 / 平方米，年均太阳能总储量可达 3210 万亿千瓦时。[1]

目前伊朗的太阳能装机容量相对较小，但发展潜力大。据国际可再生能源署和能源研究所数据，2023 年，伊朗太阳能装机容量为 595 兆瓦，发电量为 762 吉瓦时（见图 3-35）。

图 3-35　2013~2023 年伊朗太阳能发电量和装机容量

资料来源："Statistical Review of World Energy 2024," Energy Institute, https://www.energyinst.org/statistical-review; "Renewable Capacity Statistics 2024," International Renewable Energy Agency, https://www.irena.org。

8.1.4　生物质能

伊朗农业废弃物、动物粪便和城市固体废弃物的年生物质能潜力分

---

[1]　"Global Solar Atlas," https://globalsolaratlas.info/map.

别为 878 万吨、770 万吨和 300 万吨。^① 伊朗多样的温度（夏季平均温度 19℃~38℃，冬季平均温度 10℃~25℃），为生物质能的原料生长提供了适宜的环境。伊朗的生物质能来源主要是菜籽油、棕榈油、橄榄油、麻风树油等，但这些原料多用作生物柴油的原材料，生物质能发电规模远小于风能和太阳能。^② 据国际可再生能源署数据，2023 年，伊朗生物质能装机容量为 14 兆瓦，发电量为 28 吉瓦时（见图 3-36）。生物质能并不是伊朗未来发展可再生能源的重点领域。

图 3-36　2013~2023 年伊朗生物质能发电量和装机容量

资料来源："Statistical Review of World Energy 2024," Energy Institute, https://www.energyinst.org/statistical-review；"Renewable Capacity Statistics 2024," International Renewable Energy Agency，https://www.irena.org。

8.1.5　核能

伊朗的核能建设于 20 世纪 50 年代后期启动，据国际原子能机构数据，截至 2021 年，伊朗已经运转至少 1 个核反应堆，容量为 915 兆瓦，

① Yahya Hamzeh et al., "Current and Potential Capabilities of Biomass for Green Energy in Iran," *Renewable and Sustainable Energy Reviews* 15(2011): 4934-4938.

② Behdad Shadidi, "Gholamhassan Najafi and Mohammad Ali Zolfigol," *A Review of the Existing Potentials in Biodiesel Production in Iran* 14(2022): 1-8.

运营时长至少超过 10 年，目前正在建的核反应堆有 1 个，容量为 974 兆瓦。[①] 据能源研究所数据，2023 年，伊朗核能发电量为 6.6 太瓦时（见图 3-37），2013~2023 年年均增长 4.5%。

图 3-37　2013~2023 年伊朗核能发电量

资料来源："Statistical Review of World Energy 2024, " Energy Institute, https://www.energyinst.org/statistical-review。

8.2　碳中和目标、政策及措施

2023 年，伊朗一次能源消费结构中，石油、天然气、煤炭占比分别为 27.5%、69.5%、0.6%，核能、水电和其他可再生能源占比分别为 0.5%、1.7% 和 0.2%。伊朗尚未实现碳达峰，2023 年伊朗二氧化碳排放量 7.79 亿吨，全球占比 2%，其排放的来源及占比依次是建筑业（23.2%）、电力行业（21.9%）、交通运输业（17.8%）、工业燃烧（16.6%）、燃料开采（12.5%）、工业过程（7.8%）、农业（0.2%）。

---

① "Annual Report 2021," International Atomic Energy Agency, https://www.iaea.org/.

8.2.1　碳中和目标

伊朗对能源转型的态度一直较为消极，截至 2023 年 9 月，伊朗尚未正式批准《巴黎协定》，也未制定碳中和目标。伊朗在 2015 年发布的 INDC 中，承诺到 2030 年将温室气体排放量相较基准情景，无条件的前提下减少 4% 或有条件的前提下减少 12%，即无条件的前提下减少 8100 万吨二氧化碳当量或者有条件的前提下减少约 2.4 亿吨二氧化碳当量。[①]

8.2.2　实现碳中和的政策及措施

在伊朗核问题全面协议签署后的 2015~2018 年，伊朗未受国际制裁，对可再生能源等关键技术的投资有所回升。2018 年，美国退出伊朗核问题全面协议后重新对其实施制裁。伊朗政府在《巴黎协定》承诺中明确表示，其气候变化目标以不受国际制裁为前提。受国际制裁影响，伊朗经济陷入深度衰退。能源部门为伊朗温室气体排放的主要来源。据统计，2022 年伊朗能源行业碳排放量是总排放量的 73.7% 以上。伊朗是世界第九大原油生产国，尽管美国制裁限制了伊朗石油出口，但油气资源仍是伊朗的经济支柱，也是政府的主要收入来源之一。伊朗政府已做了一些实现经济多元化的努力，但并未影响气候变化向好发展。[②]

伊朗没有明确的低碳发展规划，仅有一些关于空气清洁的规定（Clear in Law），根据《2016—2021 年第六个五年经济、文化和社会发展计划法》（简称《第六个五年发展计划法》）第 50 条，政府有权提升可再生能源和清洁能源发电厂的贡献，优先考虑非政府部门（本地和外国）的投资。其目的是充分利用国内的容量，确保可再生能源和清洁能源发电厂的电力容量在项目法的完成期限内至少占全国总电力容量的 5%。[③]

---

① CAT, "The Climate Action Tracker," https://climateactiontracker.org/.

② 窦立荣等：《国际油公司碳中和路径》，石油工业出版社，2022，第 33~73 页。

③ CAT, "The Climate Action Tracker," https://climateactiontracker.org/.

在能源供应方面，天然气燃烧是伊朗国内主要的二氧化碳排放源，伊朗在《第六个五年发展计划法》中表示，要把天然气燃烧量至少减少90%。伊朗的发电以化石燃料为主，水电和核能的占比分别仅为9%和2%，目前伊朗尚未出台减少电力行业排放的政策，仅承诺提高火电效率。伊朗拥有大量未开发的可再生能源，特别是太阳能，在第六个五年发展计划中设定了5吉瓦可再生能源目标。目前可再生能源装机容量水平仍然很低，根据国际可再生能源署数据，2023年，伊朗风能、太阳能等可再生能源总装机容量仅为0.97吉瓦，不到总装机容量的1%。

在交通运输方面，伊朗汽车市场仍以化石能源汽车为主，伊朗计划引入2.7万辆公交车和50万辆带有压缩天然气的长续航出租车，还计划用电动自行车取代40万辆汽油动力摩托车，用压缩天然气皮卡和卡车取代45万辆汽油皮卡和50万辆柴油卡车，但这些措施没有明确的时间表和实施计划。

在建筑行业方面，伊朗已经制定减少能源使用和提高建筑能效的初步计划。其在《第六个五年发展计划法》中设定了到2021年将建筑能源使用量减少5%的目标。早在2016年，伊朗就为政府机构和公共实体设定了一个目标，即在两年内用可再生能源供应其20%的电力消耗，但目前尚不清楚这一目标是否已经实现。

在工业方面，其排放量占总排放量的近五分之一。第三次国家信息通报中提出的缓解措施包括用工业副产品（包括高炉矿渣）替代部分用于水泥生产的熟料，以及在一些工业应用中用天然气替代石油作为原料。这些措施将在2025年前实施，但没有详细的时间表。

在林业方面，伊朗向《联合国气候变化框架公约》提交的第三次国家信息通报包括将林业部门的净排放量从2010年的2160万吨二氧化碳当量减少到2025年的1660万吨二氧化碳当量的目标。为实现这一目标，伊朗将每年减少20%的非法木材采伐、森林和牧场改造，每年减少10%的燃料木材采伐，并增加森林恢复、植树造林和重新造林。

埃及新能源潜力与实现
碳中和路径

2023 年埃及发电量为 220.1 太瓦时，其石油、天然气发电占比分别为 7.6%、81.1%；水电和可再生能源发电占比分别为 6.3% 和 5.0%，整体占比较低。

9.1　新能源潜力及特征

9.1.1　水电

埃及水资源短缺，未开发的资源较少，未来水力发电的可行性较低。从资源开发利用看，埃及水力发电大部分潜力已经被开发。据国际可再生能源署数据，2023 年，埃及水电装机容量 2832 兆瓦（见图 3–38），全球占比 0.21%，居非洲第五位。2023 年埃及水电发电量为 13.8 太瓦时，同比增长 4.0%，2013~2023 年年均增长率 0.44%。①

---

① "Renewable Capacity Statistics 2024," International Renewable Energy Agency, https://www.irena.org/.

图 3-38　2013~2023 年埃及水电发电量和装机容量

资料来源："Statistical Review of World Energy 2024," Energy Institute, https://www.energyinst. org/statistical-review；"Renewable Capacity Statistics 2024," International Renewable Energy Agency，https://www.irena.org。

　　从区域分布看，埃及水资源的 97% 集中于尼罗河，分布极为不均。尼罗河每年 11 月开始进入枯水期，水位迅速下降；而从 5 月到 10 月则进入洪水期，洪水期的峰值出现在每年的 9 月，造成尼罗河的全年径流分布不均衡。1970 年建成的阿斯旺大坝位于埃及尼罗河第一瀑布，在尼罗河河道形成了纳赛尔水库，水库最高每秒可以拦截洪水 1.1 万立方米，蓄水量可以达到 480 亿立方米，从而有效地平衡了洪水期和枯水期的水量年度变化。阿斯旺大坝的水力发电容量为 2.1 吉瓦，占埃及发电总量的 15%。在洪水期水量充沛的情况下，发电量甚至可以占到全国发电量的一半，有效地提升了埃及电力供应的稳定性。①

　　埃及与苏丹于 1959 年签订了尼罗河水资源分配协议，协议分配尼罗河每年约 840 亿立方米水量中，埃及占 555 亿立方米，苏丹占 185 亿立方米，其余 100 亿立方米计为蒸发流失。

　　从投资趋势看，埃及计划在未来几年更换阿斯旺高坝和阿斯旺低坝的

---

① 胡文俊、杨建基、黄河清：《尼罗河流域水资源开发利用与流域管理合作研究》，《资源科学》2011 年第 10 期，第 1831 页。

19 台涡轮机，修复费用预计为 4800 万美元，根据与德国开发银行签署的协议，资金将由德国经济合作与发展部的贷款提供。[①]

9.1.2　风能

埃及拥有丰富的风能资源，红海沿岸的年平均风速达到 8~10 米 / 秒，尼罗河西南岸和西部沙漠南部的年平均速度达到 6~8 米 / 秒，可用于发电。[②] 据国际可再生能源署数据，埃及风能的陆上风力潜在发电规模为 58.78 吉瓦。埃及主要风能潜力区集中在苏伊士湾地区和尼罗河沿岸。表 3-9 为埃及在不同高度对应的风速和平均功率密度，在距离地面 100 米的高度上，其对应的 10% 的最强风区可以达到 9.09 米 / 秒的速度和 663 瓦 / 平方米的强度，风能潜力巨大。

表 3-9　埃及风能分布数据

距地面高度（米）	风速（米 / 秒）	平均功率密度（瓦 / 平方米）
10	4.42~6.48	129.98~377.85
50	6.02~8.45	252.35~639.38
100	7.2~9.86	368.62~880.56
150	8.27~10.76	560.93~1120.62
200	8.96~11.31	727.26~1315.99

资料来源："Global Wind Atlas," https://globalwindatlas.info/zh。

埃及海上风电潜力巨大，红海地区的功率密度为 300~800 瓦 / 平方米，平均风速为 6~10 米 / 秒。埃及红海地区以及地中海部分地区估计拥

[①] "2024 World Hydropower Outlook," International Hydropower Association, https://www.hydropower.org/.

[②] "Renewable Energy Outlook: Egypt," International Renewable Energy Agency, https://www.irena.org/.

有约 13 吉瓦的风能发电量。2023 年埃及风能装机容量为 1890 兆瓦（见图 3-39），占全球风能装机容量的 0.19%，同比增长 13.0%，2013~2023年年均增长率为 13.8%。2023 年埃及风能发电量为 5.7 太瓦时，占全球发电量的 0.25%，同比增长 4.1%，2013~2023 年年均增长率 13.8%。

图 3-39　2013~2023 年埃及风能发电量和装机容量

资料来源："Statistical Review of World Energy 2024，" Energy Institute, https://www.energyinst.org/statistical-review；"Renewable Capacity Statistics 2024，" International Renewable Energy Agency，https://www.irena.org。

9.1.3　太阳能

埃及光照资源得天独厚，年平均日照时间为 2800~3200 小时。埃及东南部及西南部地区太阳能资源丰富，年均日辐射量 4.8~5.6 千瓦时，部分地区夏季日辐射量高达 5.7 千瓦时 / 平方米。在全球范围内，埃及是最适合利用太阳能发电和供暖的地区之一。埃及 1.01 亿人口中的大约 95% 居住在尼罗河沿岸和尼罗河三角洲，因此广大的无人区是开发大型太阳能电站的理想之地。[①]

据国际可再生能源署数据，埃及太阳能的潜在发电规模为 63.8 吉瓦。

---

① "Renewable Energy Outlook: Egypt，" International Renewable Energy Agency，https://www.irena.org/.

2023 年，埃及太阳能装机容量 1856 兆瓦（见图 3-40），同比增长 7.7%，2013~2023 年年均增长率为 48.7%。2023 年埃及太阳能发电量为 5.2 太瓦时，占全球发电量的 0.32%，同比减少 2.6%，2013~2023 年年均增长率 70.4%。目前已装机容量相对国家总体可发电装机容量潜力较小，未来埃及光伏发电将维持高速发展。据国际可再生能源署预测，到 2035 年，埃及太阳能总装机容量将达到 43 吉瓦，占可再生能源的 70% 以上。

图 3-40　2013~2023 年埃及太阳能发电量和装机容量

资料来源："Statistical Review of World Energy 2024，" Energy Institute, https://www.energyinst.org/statistical-review；"Renewable Capacity Statistics 2024," International Renewable Energy Agency，https://www.irena.org。

9.1.4　生物质能

　　埃及拥有大量来自农业废弃物、动物粪便和城市固体废弃物的生物质资源。农业废弃物总量每年 3500 万吨，其中 40% 用于喂养动物，其余为能源利用。城市固体废弃物平均每人每天 0.5 公斤，仅在开罗就达到每天近 1 万吨。[①] 据国际可再生能源署估计，埃及生物质能的潜在发电规模为

---

　　① "Country Report on Solid Waste Management in Egypt," German Agency for International Cooperation, April, 2014, https://docslib.org/doc/9487300/country-report-on-the-solid-waste-management-in-egypt.

2336兆瓦。埃及已经应用了不同的生物质技术，特别是在农村地区用动物粪便生产沼气。2023年，埃及生物质能装机容量为131兆瓦，发电量277吉瓦时（见图3-41），同比无增长。

图3-41　2013~2023年埃及生物质能发电量和装机容量

资料来源："Statistical Review of World Energy 2024，" Energy Institute, https://www.energyinst.org/statistical-review；"Renewable Capacity Statistics 2024," International Renewable Energy Agency，https://www.irena.org。

9.1.5　核能

埃及目前尚无核电装机。2015年11月，埃及与俄罗斯签署了一项政府间协议，合作开发建设和运营其第一座核电站，主要由俄罗斯提供资金。2019年4月，埃及核电站管理局（NPPA）从埃及核与辐射管理局（ENRRA）获得了建设达巴（El Dabaa）核电站的批准。位于埃及亚历山大以西140千米的达巴核电站，由4台1.2吉瓦的WER-1200机组组成，原定于2020年底施工。然而，前两个机组的施工许可证申请是在2021年年中才提出的，经过多次拖延，于2022年底获得批准。达巴1号机组于2022年7月开工，2号机组于2022年11月开工，3号机组于2023年6月开工。第一个反应堆投入运行的时间被推迟后，其投入运行的时间最终定为 2030 年，该核电站的预定使用年限约为 60 年。[①]

9.1.6　氢能

据国际能源署数据，2000 年以来埃及在建低碳氢能项目（包括设计、可行性研究和试运行项目）27 个，总产能超过 1140 万吨 / 年，目前尚无实际运营的项目。2019 年，埃及氢气消费量约为 180 万吨，其中 42% 用于化肥产业、35% 用于钢铁产业、16% 用于炼油、7% 用于化工。[②] 埃及计划在 2035 年之前投产 11.62 吉瓦装机容量的绿氢项目。埃及政府出台了强有力的政策支持氢能行业发展，包括为投资者提供大幅税收优惠和简化项目审批程序。然而，由于水资源严重短缺，埃及在氢能发展方面面临着巨大挑战。除此之外，氢储存也是一个难题。埃及目前位于尼罗河三角洲和西部沙漠的废弃油气田，为储存气态氢提供了可能性。

作为《联合国气候变化框架公约》第二十七次缔约方大会的主办方，埃及的目标是成为区域绿氢生产中心。会议期间，埃及政府宣布了与欧洲复兴开发银行合作编写的《国家绿氢战略》，发布了《欧盟 – 埃及可再生氢能伙伴关系联合声明》，与多国签署了十余份在苏伊士运河经济区建设绿氢工厂的谅解备忘录。

9.2　碳中和目标、政策及措施

埃及一次能源消费结构中，石油、天然气、煤炭占比分别为 37.9%、

---

① "World Nuclear Performance Report 2024," World Nuclear Association, https://world-nuclear.org/.

② 沈威、陈翰：《中国与埃及低碳能源转型：从可再生能源到绿氢》，中央财经大学绿色金融国际研究院，2023 年 8 月 18 日，https://iigf.cufe.edu.cn/info/1012/7444.htm。

54.9%、1.3%，水电和其他可再生能源占比分别为3.3%和2.6%，占比很低。埃及尚未实现碳达峰，2023年埃及二氧化碳排放量2.5亿吨，全球占比0.6%，其二氧化碳排放的来源及占比依次是电力行业（35.8%）、交通运输业（20.8%）、工业过程（14.7%）、工业燃烧（12.8%）、燃料开采（7.7%）、建筑业（7.1%）、农业（1.1%）。

9.2.1 碳中和目标

埃及于2023年6月更新了NDC，有条件的NDC为到2030年温室气体排放绝对量为4.96亿~5.12亿吨二氧化碳当量，较2010年水平增加69%~75%。此外，埃及承诺到2030年可再生能源发电量占总发电量的42%，比之前的NDC提前五年。埃及的NDC仍然没有包括整个经济体的减排目标，而是提出了电力、运输和油气等行业的减排目标。农业和土地管理机构被排除在NDC的减排行动之外。目前的NDC缺乏透明度，且以埃及获得国际支持为条件。截至2023年7月，埃及没有向UNFCCC提交长期战略。

9.2.2 实现碳中和的政策及措施

埃及早在2014年就通过了《可再生能源法》（第203/2014号法令），为可再生能源项目的私人开发引入了竞争性投标（BOO）、上网电价补贴政策（FiT）和通过第三方接入的独立电力生产商（IPP）三种开发方式。2016年2月正式发布《可持续发展战略暨2030年愿景》（简称《埃及2030年愿景》），提出到2030年将以油气为主的能源部门温室气体排放量与2016年水平相比减少10%。将可再生能源在一次能源消费结构的比重提高到12%，占总发电量的比重提高到32.5%。[①] 此外，《埃及2030年愿景》的重要目标之一为提高所有领域的本地化水平，在风电领域本

[①] "Net Zero by 2050: A Roadmap for the Global Energy Sector," International Energy Agency, https://www.iea.org/.

地所占比例要达到 70%。2016 年 10 月，埃及总理谢里夫·伊斯梅尔在
与埃及最高能源委员会的会见中签署了该国《2035 年综合可持续能源战
略》(ISES-2035)。埃及将在 2035 年前将化石能源（石油和煤炭）的消
费量占该国能源消费结构中的 96% 逐渐减少至 81%。此次会见还提及
将在 2024~2025 年建成一座装机容量为 1.2 吉瓦的核电设施，此后增加
3 组核电设施，总装机容量将达到 4.8 吉瓦。[1] 埃及电力和可再生能源部
长穆罕默德·沙克尔称，到 2035 年，埃及可再生能源将在能源消费结
构中占比 42%，其中风能占比 14%、水电占比 2%、光伏占比 22%、光
热占比 4%。根据规划，私营企业将成为埃及新能源项目的主要资金来
源。2022 年 5 月，埃及启动了《2050 年可持续发展战略》，主要的措
施包括引入绿色债券等创新金融工具、多边开发银行的贷款等，建立国
家监测、报告和核查系统以便规划和跟进气候行动，在各部委设立可持
续发展和气候变化机构以及将与气候变化有关的问题纳入埃及的环境影
响评估研究等。在 COP26 上，埃及宣布将《2035 年综合可持续能源战
略》目标提前到 2030 年，并在 2023 年 6 月更新的国家自主贡献目标中
确认。[2]

　　在能源供应方面，为实现 2030 年的新目标，埃及启动了一些大型可
再生能源项目，包括 1.6 吉瓦的本班（Benban）光伏发电厂。然而，可再
生能源的装机速度仍然需要加快。2022 年，可再生能源发电量仅占总发
电量的 12%，装机容量仅占总装机容量的 19%。2021 年 11 月，政府对太
阳能电池板征收 5% 的进口关税，此前政府对太阳能电池板减免进口关税。
此外政府原计划在 2022 年年中之前完全取消化石燃料消费补贴，但由于
担心消费价格上涨，已将日期推迟到 2025 年年中。此种政策也会对可再

---

[1]　"Egypt Launched Sustainable Energy Strategy," Eygpt Oil & Gas，https://egyptoil-
gas.com/news/egypt-launched-sustainable-energy-strategy/.

[2]　"Egypt National Climate Change Strategy (NCCS) 2050," Egyptian Environmental
Affairs Agency, March 3, 2024, https://beta.sis.gov.eg/en/media-center/strategies/egypt-
national-climate-change-strategy-nccs-2050/.

生能源的发展造成一定的阻碍。

在工业脱碳方面，2015 年 4 月，埃及通过立法，允许水泥生产商将其能源供应来源从天然气转向煤炭，以应对全国的能源危机，该行业约 90% 的企业在制造过程中使用煤炭。据估计，到 2030 年，这一转变将使该行业的二氧化碳排放量增加 15%。[①]

在交通运输方面，2019 年运输部门能源消费量占埃及能源消费总量的 30%。埃及在 NDC 中承诺到 2030 年将该行业的排放量减少 7%。2020 年，埃及政府宣布了一项全国性计划，即到 2023 年 40 万辆以上的汽车改用压缩天然气，使此类汽车总数达到 100 万辆。埃及中央银行为支持这一举措，提供了总额近 10 亿美元的贷款。埃及电动汽车市场正处于起步阶段，高昂的价格、有限的充电基础设施和充满挑战的监管环境都是影响该市场增长的因素。政府计划补贴购买当地生产的电动汽车，并制定了到 2023 年安装 3000 个充电站的目标。原本埃及禁止进口二手车，然而 2018 年放宽了禁令，允许进口使用年限不超过三年的二手电动汽车。[②] 此外埃及军工生产部与中国合作制定 2040 年电动汽车行业战略，以促进当地生产。[③]

在废弃物管理方面，2020 年 10 月，埃及通过了一项新的废弃物管理法。2021 年 9 月，埃及军工生产部、环境部、地方发展部与加拿大可再生能源公司瑞能集团以及吉萨省政府合作建立了公私合作伙伴关系，建造了第一座垃圾焚烧发电厂。[④]

---

① "Low-Carbon Roadmap for the Egyptian Cement Industry," European Bank for Reconstruction and Development, https://www.ebrd.com/documents/climate-finance/egypt-roadmap-cement.pdf.

② "The Project of Producing the Electric Car 'Exists' and Provide a Package of Incentives," Ministry of Public Business Sector, January, 2021, http://www.mpbs.gov.eg/Arabic/MediaCenter/News/Pages/new324.aspx.

③ "Annual Report 2020," New & Renewable Energy Authority, http://nrea.gov.eg/Content/reports/Annual%20Report%202020%20En.pdf.

④ 孔妍、郭庆坤：《埃及气候变化应对策略及其困境》，《阿拉伯世界研究》2023 年第 1 期，第 70 页。

埃塞俄比亚新能源潜力
与实现碳中和路径

2023 年，埃塞俄比亚电力总装机容量为 5545 兆瓦，其中水电装机容量 4883 兆瓦，占比 88.1%；风能装机容量 324 兆瓦，占比 5.8%；生物质能装机容量 310 兆瓦；其余 28 兆瓦来自地热能和太阳能等。据估算，2023 年埃塞俄比亚发电量将超过 160 亿千瓦时，其中水电约占 95%。[①]

10.1 新能源潜力及特征

10.1.1 水电

埃塞俄比亚水资源量极为丰富，有"东非水塔"之称，居非洲第二位。全国境内共有 12 条主要流域（包括尼罗河、奥莫河、吉贝河等）和 12 个大型湖泊（如塔纳湖、查莫湖、阿巴亚湖等），水资源分布呈西多东少的特点，水域总面积在 10 万平方千米以上，其中地表水流量约 1220 亿立方米/年，可用地下水约为 16 亿立方米，境内有 9 条河流适合开发水电项目。埃塞俄比亚水力资源技术可开发容量为 48030 兆瓦，全国已

---

① "Renewable Energy Statistics 2023," International Renewable Energy Agency，https://www.irena.org.

建和在建的水电站装机容量占技术可开发量的 20.9%（约为 10068 兆瓦）。目前，埃塞俄比亚正积极建设装机容量达 5150 兆瓦的复兴大坝水电项目，其中早期的 750 兆瓦发电机组已运营。奥莫河沿岸在建的科伊沙（Koysha）水力发电大坝将成为埃塞俄比亚仅次于复兴大坝的第二大坝，该项目总投资额 25 亿欧元，预计三年内完工，装机容量为 2170 兆瓦。[①]据国际可再生能源署数据，2023 年，埃塞俄比亚水电装机容量为 4883 兆瓦，发电量超过 16 太瓦时（见图 3-42）。

图 3-42   2013~2023 年埃塞俄比亚水电发电量和装机容量

资料来源："Renewable Capacity Statistics 2024," International Renewable Energy Agency, https://www.irena.org。

10.1.2   风能

埃塞俄比亚境内的风能资源量约为 3030 吉瓦，其中待开发资源量达 1600 吉瓦。[②]表 3-10 为埃塞俄比亚在不同高度对应的风速和平均功率密度，

---

① 乔苏杰、陈长、范慧璞：《埃塞俄比亚可再生能源和电力发展现状及合作分析》，《水力发电》2021 年第 11 期，第 100~103 页；《"走出去"公共服务平台 – 国别（地区）指南》，商务部，http://fec.mofcom.gov.cn/article/gbdqzn/。

② 乔苏杰、陈长、范慧璞：《埃塞俄比亚可再生能源和电力发展现状及合作分析》，《水力发电》2021 年第 11 期，第 100~103 页；《"走出去"公共服务平台 – 国别（地区）指南》，商务部，http://fec.mofcom.gov.cn/article/gbdqzn/。

在距离地面 100 米的高度上，其对应的 10% 的最强风区可以达到 7.61 米 /
秒的速度和 405 瓦 / 平方米的强度，风能潜力巨大，风能可装机规模为
1350 吉瓦，但目前已开发量还不足 1%。已经投产的风电场包括：阿达玛
Ⅱ（Adama Ⅱ）风电场（153 兆瓦）、埃斯格达（Ashgoda）风电场（120
兆瓦）和阿达玛Ⅰ（Adama Ⅰ）风电场（51 兆瓦），此外，阿伊莎Ⅱ
（Ayisha Ⅱ）风电场部分运营，装机容量 80 兆瓦。[1]

表 3-10　埃塞俄比亚风能分布数据

距地面高度（米）	风速（米 / 秒）	平均功率密度（瓦 / 平方米）
10	2.67~5.29	42.73~227.55
50	3.89~7.29	95.71~419.79
100	4.67~8.59	139.75~589.64
150	5.23~9.61	193.33~769.96
200	5.64~10.36	248.89~945.97

资料来源："Global Wind Atlas," https://globalwindatlas.info/zh。

目前南北边境地区、索马里州与吉布提相邻的边境区域是埃塞俄比亚
境内装机规模较大的地区，其中索马里州可装机规模最大，约占全国的
80%。[2] 据国际可再生能源署数据，2023 年，埃塞俄比亚风能装机容量
为 324 兆瓦，发电量为 700 吉瓦时左右（见图 3-43）。

---

[1]　Ethiopia Electric Power, "Power Generation," https://www.eep.com.et/en/power-generation.

[2]　乔苏杰、陈长、范慧璞：《埃塞俄比亚可再生能源和电力发展现状及合作分析》，
《水力发电》2021 年第 11 期，第 100~103 页。

图 3-43 2013~2023 年埃塞俄比亚风能发电量和装机容量

资料来源："Renewable Capacity Statistics 2024," International Renewable Energy Agency，
https://www.irena.org。

10.1.3 太阳能

地处非洲东部的埃塞俄比亚太阳能辐射非常强，蕴含较为丰富的太阳能资源。埃塞俄比亚全境水平面总辐射日平均在 4.7~6.6 千瓦时 / 平方米（年累计为 1716~2409 千瓦时 / 平方米）。[1] 太阳能光伏输出在峰值功率下为 3.85~5.34 千瓦时（年累计为 1405~1949 千瓦时）。埃塞俄比亚太阳能资源分布的主要特点是北高南低，其中北部中央地区年均太阳辐射总量可以超过 2100 千瓦时 / 平方米。据估算，全国年均单位面积太阳能辐射能量密度为 2161 千瓦时 / 平方米，年均太阳能总储量可达 2385 万亿千瓦时。[1]

埃塞俄比亚目前尚未开发大型集中式太阳能发电项目，开发潜力很大。埃塞俄比亚的太阳能发电仅限于光伏系统，只在太阳能园区建设和运营。梅特哈拉（Metehara）太阳能光伏园区项目是一个 100 兆瓦太阳能光伏发电项目，目前正处于工程建设许可阶段，意大利国家电力公司

---

① "Global Solar Atlas，" https://globalsolaratlas.info/map.

（ENEL）和美国能源投资公司兰花集团（Orchid）分别持股 80% 和 20%，规划面积超过 250 公顷。该项目预计发电 2800 万千瓦时 / 年，大约减少 29.6 万吨二氧化碳当量排放，成本预计约为 1.3 亿美元。[①] 据国际可再生能源署数据，2023 年，埃塞俄比亚太阳能装机容量仅为 21 兆瓦，发电量为 34 吉瓦时（见图 3-44）。

图 3-44　2013~2023 年埃塞俄比亚太阳能发电量和装机容量

资料来源："Renewable Capacity Statistics 2024," International Renewable Energy Agency，https://www.irena.org。

10.1.4　生物质能

埃塞俄比亚的生物质能总潜力估计为每年 821 太瓦时，其中 56.01% 来自森林残留物，28.29% 来自作物残留物，15.36% 来自牲畜养殖废弃物，0.33% 来自城市固体废弃物。[②] 埃塞俄比亚生物质能

①　"Melka Sedi Biomass Power-Plant Ethiopia," Power-technolog, November 16, 2021, https://www.power-technology.com/marketdata/melka-sedi-biomass-power-plant-ethiopia/.

②　Amsalu Tolessa, "Bioenergy Production Potential of Available Biomass Residue Resources in Ethiopia," *Journal of Renewable Energy* 2023(2023): 1-12.

占比较小，每年可利用的生物质资源约为 1.42 亿吨，每年开发的潜力约为 7190 万吨。生物质能用于发电的比例也很小。据国际可再生能源署统计，2023 年，其生物质能装机容量为 310 兆瓦，发电量为 23 吉瓦时（见图 3-45）。[②]

图 3-45　2013~2023 年埃塞俄比亚生物质能发电量和装机容量

资料来源："Renewable Capacity Statistics 2024," International Renewable Energy Agency, https://www.irena.org。

目前，埃塞俄比亚只有一个生物质热电厂——莱比（Reppie）电厂，它位于首都亚的斯亚贝巴的主要垃圾填埋场附近，于 2014 年开始建设，耗资约 1.18 亿美元，废弃物焚烧后产生的蒸汽驱动涡轮机发电，装机容量为 25 兆瓦。此外，埃塞俄比亚还有一些热电联产（CHP）发电厂，通常为制糖厂，比如 Tendaho 制糖厂、Omo Kuraz 制糖厂、Wonji-Shoa 制糖厂等。用甘蔗生产糖和生物乙醇会产生甘蔗渣生物质废弃物。生产糖和生物乙醇的热能和电能通过燃烧甘蔗渣的热电联产设施提供。当年 10 月至次年 5 月为甘蔗收获期，因此工厂及其热电联产设施的运营仅限于这几个月。[①]

---

① "List of Power Stations in Ethiopia," Wikipedia, https://en.wikipedia.org/wiki/List_of_power_stations_in_Ethiopia#Thermal.

埃塞俄比亚计划在阿法尔地区建设生物质能发电厂，其中该地区的 Melka Sedi 生物质能发电厂装机容量为 137.5 兆瓦，该热电联产项目将通过燃烧农业副产品产生的热量进行发电。目前该项目处于公示期，且将分阶段开发。该项目预计于 2024 年动工，2025 年投入商业运营，归埃塞俄比亚电力公司所有，项目成本约为 1 亿美元。[①]

考虑到全球化石燃料价格不断上涨，生物燃料已成为埃塞俄比亚的主要能源组成之一，国内多个地区正在进行生物燃料投资活动，特别是生物柴油和生物乙醇的生产。埃塞俄比亚政府于 2007 年启动了一项庞大的生物燃料扩张战略，通过能源多样化、增加储备外汇和技术转移等措施应对能源危机的挑战。根据这项战略，将乙醇与汽油以 1∶9 的比例混合，生物柴油与柴油混合，2012 年实现了乙醇与汽油混合使用的目标。然而由于生物柴油的生产主要由私营部门承担，品质差异较大，生物柴油与柴油的混合目标未实现。自 2007 年以来，埃塞俄比亚政府为投资者提供诸多激励措施，如减税、低成本土地租赁和长期信贷措施等，以扩大生物燃料生产，但政府未能制定土地使用规划，使得粮食生产和生物燃料作物生产之间的矛盾日益突出。[②]

在生物乙醇方面，考虑到保障食品供应的国家政策，政府不鼓励使用粮食作物作为原料。目前生物乙醇仅仅是制糖厂的副产品。埃塞俄比亚的乙醇生产与制糖厂有关，旨在替代石油产品的进口，促进农业发展和提高农产品加工效率，创造就业机会，并增加出口收入。芬恰（Finchaa）和梅特哈拉是该国仅有的两家生产生物乙醇的制糖厂，并且产品全部用于交通业。目前，该国有三个生物乙醇混合站，分别由尼罗河石油公司（Nile Petroleum Corporation）、利比亚国家石油公司（Libya National Oil

---

① "Melka Sedi Biomass Power-Plant Ethiopia," Power-technolog, November 16, 2021, https://www.power-technology.com/marketdata/melka-sedi-biomass-power-plant-ethiopia/.

② Natei Ermias Benti et al., "Biodiesel Production in Ethiopia: Current Status and Future Prospects," *Scientific African* 19(2023): 1-19.

Corporation）和埃塞俄比亚国家石油公司投资运营。自 2008 年以来，埃塞俄比亚在交通燃料中使用 5% 的生物乙醇混合物，随后提高到了 10%，总计约 3820 万升生物乙醇与汽油混合，节省了 3090 万美元的石油进口费用。[①]

在生物柴油方面，至今政府已经批准了 25 个项目，但只有一家蓖麻生产公司开始种植和出口原料（即 Acazis 项目），其他公司要么处于计划阶段，要么正在修改投资计划，均未投入生产。因此 2006 年以来已经批准的生物柴油项目除 Acazis 项目外，目前该国没有生产生物柴油。生物柴油项目通常在边缘地区获得批准，且用于传统农业生产。尽管最近埃塞俄比亚宣布的《气候适应型绿色经济战略》（CRGE）要求到 2030 年将交通汽油中生物柴油混合比例提高到 5%，但现今混合柴油尚未用于交通燃料中。

10.2　碳中和目标、政策及措施

埃塞俄比亚化石能源资源匮乏，其中天然气储量为 249 亿立方米。[②]由于埃塞俄比亚经济较为落后，其化石能源消费量整体较低。埃塞俄比亚尚未实现碳达峰。2023 年埃塞俄比亚二氧化碳排放量 1670.77 万吨，全球占比 0.04%，其二氧化碳排放的来源及占比依次是交通运输业（39.7%）、工业燃烧（25%）、工业过程（23.8%）、建筑业（8.6%）、农业（2.8%）、电力行业及燃料开采（合计 0.1%）。[③]

① Natei Ermias Benti et al., "The Current Status, Challenges and Prospects of Using Biomass Energy in Ethiopia," *Biotechnol Biofuels* 14(2021): 1-24.

② 《"走出去"公共服务平台 – 国别（地区）指南》，商务部，http://fec.mofcom.gov.cn/article/gbdqzn/。

③ "Our World in Data," Global Change Data Laboratory, https://ourworldindata.org/.

10.2.1　碳中和目标

2020 年，埃塞俄比亚加入气候雄心联盟 (Climate Ambition Alliance)，提出到 2050 年实现净零排放目标。[①] 2021 年 7 月，埃塞俄比亚提交了最新的国家自主贡献目标，承诺在国际支持（包括土地利用、土地利用的变化和林业）的条件下，到 2030 年将比修订后的基准情景减少 54.8% 的碳排放量，大约减少碳排放 2.78 亿吨二氧化碳当量，较 2015 年国家自主贡献目标减少 2.55 亿吨有所提升。另外在 2015 年国家自主贡献目标的基础上增加了一个无条件的组成部分，即比基准情景减少 14%，大约减少碳排放 5600 万吨二氧化碳当量。到 2030 年，温室气体排放绝对量（不考虑土地利用、土地利用的变化和林业）为 2.69 亿吨二氧化碳当量（无条件）和 2.37 亿吨二氧化碳当量（有条件），较 1990 年分别减少 300% 和 253%，较 2010 年分别减少 99% 和 76%。[②]

10.2.2　实现碳中和的政策及措施

埃塞俄比亚于 2023 年 6 月向《联合国气候变化框架公约》提交了《长期低排放发展战略》（LT LEDS）。该战略是建立在其国家自主贡献的基础上，兼顾气候韧性和绿色经济战略，并实施一个为期 10 年的发展计划。通过可持续农业土地管理、草原碳汇、植树造林等措施，在土地和林业领域减少 2.89 亿吨二氧化碳当量的碳排放；通过提高畜牧业生产力、农业机械化等措施，在畜牧业领域减少 1670 万吨二氧化碳当量的碳排放；通过提高能源效率、交通运输电气化等措施，在能源领域减少 1560 万吨二氧化碳当量的碳排放。此战略还明确了埃塞俄比亚的长期低排放发展战略的基准情景以及三种净零排放脱碳情景，包括逾期行动情景（Late

①　CAT, "The Climate Action Tracker," https://climateactiontracker.org/.

②　Federal Democratic Republic of Ethiopia, "Updated Nationally Determined Contribution," United Nations Climate Change, https://unfccc.int/.

Action）、国家自主目标情景（NDC Aligned）和最大雄心情景（Maximum Ambition）。①

埃塞俄比亚作为非洲积极响应《巴黎协定》的国家，从自身的实际情况出发制定碳中和的措施，以实现 2050 年净零排放的目标。其在能源供应方面、农业及畜牧业方面和交通运输方面实施了诸多措施。②

在能源供应方面，埃塞俄比亚大部分电力来自水力发电，风力发电所占份额越来越大，因此其电网几乎完全脱碳。2015~2020 年，埃塞俄比亚的目标是到 2020 年将水电装机容量从 2015 年的 4 吉瓦增加到 17 吉瓦，到 2020 年将超过 13 吉瓦。但是根据现有数据，埃塞俄比亚尚未实现这些目标，2021 年的水电装机容量约为 4 吉瓦。其他可再生能源发电中，正在建设的 200 兆瓦地热 Aluto Langano 项目和 120 兆瓦 Assela 项目已经获得气候投资基金（The Climate Investment Funds，CIF）资助。

在农业及畜牧业方面，其温室气体排放约占埃塞俄比亚排放量的四分之三（不包括土地利用、土地利用的变化和林业）。根据埃塞俄比亚最新的基准情景，预计农业排放量的增长将超过任何其他部门。畜牧业是埃塞俄比亚最大的单一排放源（不包括土地利用的变化和林业）。埃塞俄比亚正在实施减少牲畜甲烷排放项目，包括同气候与清洁空气联盟（Climate and Clean Air Coalition）合作的乳制品行业低排放发展项目。

在交通运输方面，埃塞俄比亚最新的国家自主贡献目标旨在实现交通电气化，减少石油需求，增加电动汽车在汽车市场的份额，其十年（2021~2030 年）发展计划旨在将铁路长度从约 900 千米增加到近 4200 千米，将轻轨的载客量从每天 7.5 万人增加到每天 20 万人。

---

① Federal Democratic Republic of Ethiopia, "Ethiopia'S Long Term Low Emission And Climate Resilient Development Strategy, " United Nations Climate Change, https://unfccc.int/.

② CAT, "The Climate Action Tracker," https://climateactiontracker.org/.

第4章

金砖五国能源合作成就

金砖五国在能源合作方面取得了显著成就，不仅加强了成员国之间的双边及多边合作，还促进了能源贸易增长，同时在全球能源治理中发挥了重要作用。金砖五国不断推动成员国之间的双边合作深入发展和实现优势互补，在合作过程中加大金融支持力度，以深化交流合作，促进共赢发展。同时金砖五国也在积极推动多边合作，提高参与全球能源治理的能力，为各国带来更多的发展机遇。梳理和总结金砖五国之间的合作成就有助于推动国际新能源新秩序的构建，提升金砖五国在全球能源领域的地位和增强影响力。

1

金砖五国能源
项目合作

金砖五国间在传统能源与新能源领域合作多点开花，传统能源贸易量稳中有升，新能源业务快速接力发展，积极建立双边能源合作机制。在传统能源领域，2020年以来金砖五国特别是中国、俄罗斯、印度和巴西加快合作步伐，以应对全球能源需求减弱和低油价效应带来的挑战；在新能源领域，随着全球能源转型和气候变化，金砖五国也在加快太阳能、风能、水电、核能等新能源领域的开发和利用，并进一步加强五国之间的合作。

1.1 油气行业

1.1.1 合作项目概况

金砖五国间在油气领域的合作历史由来已久，1993年，中国石化和俄罗斯石油公司（Rosneft Oil）开始合作开发洛莫夫斯科耶（Lomovskoye）项目。2000年，中国石化和巴西国家石油公司（Petrobras）开展了图皮项目的合作，该项目水深2250米，图皮作为坎波斯（Campos）盆地中最大深水区块之一，为中巴在油气领域的合作奠定了良好的资源基础。印巴合作最早为2000年印度石油天然气公司和巴西国家石油公司合作的阿尔戈那塔（Argonauta）项目，该项目水深1692米，是金砖国家合作机制成立以前金砖五国间合作开展的油气项目中水深最深的项目之一。印俄合作最早为1992年印度石油天然气公司和俄罗斯石油公司合作的梅斯科耶-扎帕德诺耶（Mayskoye Zapadnoye）项目。2009年，俄罗斯石油公司开始在巴西运营1-JOB-001A-AM项目。至此，金砖五国在油气领域的合作不断加深。

自2006年金砖国家成立以来，金砖五国间油气合作发展迅速。据S&P Global统计，截至2022年底，金砖五国正在合作或合作结束的油气区块共有162个。其中，2006年之前合作的区块数量为109个，金砖合作机制成立以后的区块数量增加53个。从油气区块的所在国分布来看，金砖五国间油气合作区块主要位于巴西和俄罗斯，区块数量分别为34个和123个，位于第三方国家的区块有5个（见图4-1）。从油气区块面积分布来看，以小于100平方千米的区块为主，共97个；面积在100~500平方千米的区块28个；超过5000平方千米的区块有2个（见图4-2）。在有水深数据的25个油气区块中，以水深超过2000米的区块为主，共有18个；水深小于1000米的区块有1个（见图4-3）。金砖五国在油气领域的合作中，中国作为参与方的油气区块数量最多，主要参与的企业有中国石油、中国海油、中国石化及其相关控股公司，投资目的地主要为俄罗

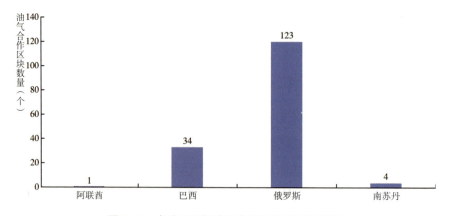

图4-1　金砖五国间油气合作区块所在国分布

资料来源：根据S&P Global（https://energyportal.ci.spglobal.com/home）数据绘制。

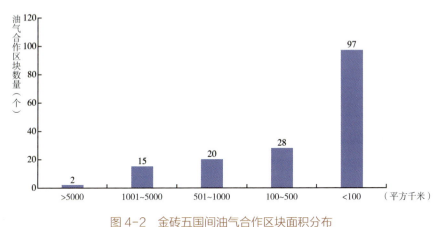

图 4-2　金砖五国间油气合作区块面积分布

资料来源：根据 S&P Global（https://energyportal.ci.spglobal.com/home）数据绘制。

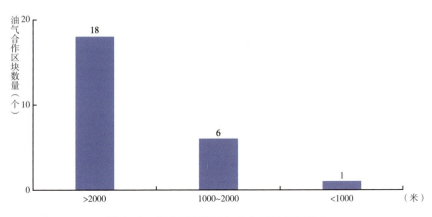

图 4-3　金砖五国间油气合作区块水深分布

资料来源：根据 S&P Global（https://energyportal.ci.spglobal.com/home）数据绘制。

斯和巴西。

在巴西参与油气领域投资的国家有中国、印度和俄罗斯。中国参与的企业包括中国石油、中国海油、中国石化和中国中化；印度参与的企业包括印度石油天然气公司和印度巴拉特石油公司（Bharat Petroleum Corporation Limited）；俄罗斯参与的企业主要为俄罗斯石油公司。从油气

项目剩余 2P 权益可采储量来看，来自中国企业的剩余 2P 权益可采储量
为 3.07 亿吨油当量，来自印度企业的剩余 2P 权益可采储量为 0.36 亿吨油
当量，来自俄罗斯企业的剩余 2P 权益可采储量为 0.01 亿吨油当量（见图
4-4）。

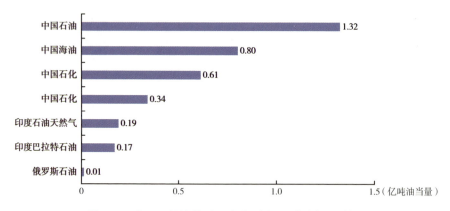

图 4-4　在巴西投资的跨国企业剩余 2P 权益可采储量

资料来源：根据 S&P Global（https://energyportal.ci.spglobal.com/home）数据绘制。

金砖五国间在巴西合作的 34 个油气区块，主要分布在巴西桑托斯盆
地和坎波斯盆地。桑托斯盆地位于南大西洋巴西东南海域，是一个被动
边缘盆地，以盐岩为界，存在 2 套主力烃源岩、2 套主力储层，呈 NE —
SW 走向，面积 35.2 万平方千米，最大水深超过 4000 米。坎波斯盆地位
于巴西东北部，是巴西十二个沿海沉积盆地之一。它横跨南大西洋的陆
上和海上部分，陆上部分位于里约热内卢附近。该盆地始于白垩纪，距
今 1.45 亿至 1.3 亿年前，冈瓦纳大陆分裂时。总面积约 115000 平方千米，
陆地面积不大，只有 500 平方千米。

在俄罗斯参与油气领域投资的国家主要为中国和印度。中国参与的
企业包括中国石油、中国石化和中国海油，印度参与的企业包括印度石
油天然气公司、印度石油公司和印度恩索集团（Enso Group）。从剩余 2P
权益可采储量来看，来自中国企业的剩余 2P 权益可采储量为 3.71 亿吨油

当量，来自印度企业的剩余 2P 权益可采储量为 3.43 亿吨油当量（见图 4-5）。

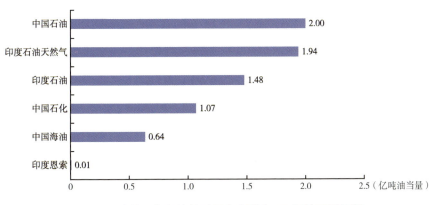

图 4-5 在俄罗斯投资的跨国企业剩余 2P 权益可采储量

资料来源：根据 S&P Global（https://energyportal.ci.spglobal.com/home）数据绘制。

位于俄罗斯的 123 个油气区块，主要分布在西西伯利亚盆地和东萨哈林盆地。西西伯利亚盆地位于乌拉尔地区和叶尼塞河之间，是世界上最大的油气盆地，由上白垩统及古新统至下始新统泥岩层（厚 500~800 米）分隔为上部和下部两个水文地质层系。东萨哈林盆地位于俄罗斯东部沿海区，是一个被动大陆边缘盆地，共发育有 8 个主要断裂带、3 套主力烃源。

在油气领域，金砖五国在第三方国家开展了一些合作。其中包括，2011 年，中国石油和印度石油天然气公司在南苏丹合作了团结（Unity）油田、纳巴克东区 1（Nabaq East 1）、威泽恩西部 1（Wizeen West 1）和开康 1（Kaikang 1）4 个项目，共占地 16339 平方千米，属于陆上开采项目；2018 年，中国石油国际和猎鹰石油天然气公司（印度石油天然气公司、印度巴拉特石油公司和印度石油公司的持股公司）在阿联酋合作了下扎库姆（Lower Zakum）油田项目，该项目占地 1553 平方千米。金砖五国通过在第三方国家投资油气项目，加强了金砖国家的沟通和交流，向外界展现出金砖国家的合作精神，也向外界释放出金砖五国愿同他国友好合作的信号。

1.1.2　典型合作项目

（1）布兹奥斯（Buzios）项目 [①]

布兹奥斯项目位于巴西里约热内卢州的桑托斯盆地的中间部分、圣保罗市与里约热内卢市的南面，距里约热内卢市海岸约 180 千米、亚拉油田群东北 41 千米，位于海面以下 1700 米至 2100 米的超深水区，是世界最大的深水盐下在产油田。该油田具有巨大的篱笆圈，占地约 850 平方千米，其中 550 平方千米的储层在油水界面之上。储层面积约 10.5 个美国墨西哥湾标准海上区块。2010 年该油田首口探井被发现，经历了 8 口井 DST 测试后，于 2013 年底宣布商业发现。随后开展 3 口井的试采，并于 2018 年和 2019 年投产 4 艘浮式生产储油和卸油装置（FPSO）。

布兹奥斯项目合作企业有中国海油、中国石油和巴西国家石油公司，持股分别为 10%、5% 和 85%。布兹奥斯项目于 2021 年 9 月投产，预计 2030 年将达到石油产量峰值 183400 吨油当量 / 天，2032 年将达到天然气产量峰值 1492 万立方米 / 天。

布兹奥斯油田是世界上最大的深水油田之一，拥有丰富的石油和天然气资源。东南部海岸的优势位置有助于巴西大力发展经济贸易，加强与其他国家的双边经贸合作。中国企业参与了该项目的建设和开发，这将有助于提高中国能源企业的技术水平和市场份额，促进中国能源产业的发展。

（2）里贝拉 - 梅罗（Mero and Libra）项目 [②]

里贝拉 - 梅罗项目位于巴西里约热内卢市东南海域，位于桑托斯盆地东北部，距离海岸线约 164 千米，原始区块面积 1547.76 平方千米，平均水深 1800~2200 米，碳酸盐岩储层埋深约 5200 米。2010 年巴西国家石油、天然气和生物燃料局钻探的 2-ANP-2A-RJS 井在盐下碳酸盐岩中发现 278.6 米油层，试油成功后宣布获得商业发现。构造上位于桑托斯盆地的

---

① "Asset Report Buzios," Wood Mackenzie, January, 2023, https://www.woodmac.com.

② "Asset Report Mero and Libra," Wood Mackenzie, January, 2023, https://www.woodmac.com.

圣保罗台地，勘探开发目的层为深水盐下碳酸盐岩沉积，邻区已发现的油气田有卢拉（Lula）、布兹奥斯、亚拉、塞纳比（Cernambi）、萨皮尼奥阿（Sapinhoa）、拉帕（Lapa）、巴卡尔豪（Bacalhau）等。

　　2013 年 10 月 21 日，在巴西首轮盐下产品分成合同区块公开招标中，由中国石油、巴西国家石油公司、壳牌、道达尔能源（TotalEnergies）和中国海油组成的投标联合体以政府最低利润油分成比成功中标里贝拉－梅罗项目。同年 12 月 2 日，签署里贝拉－梅罗项目产品分成合同，总合同期 35 年（不可延期，出现不可抗力除外），其中勘探期 4 年、开发期31 年。西北区于 2017 年 11 月 30 日宣布商业发现并命名为梅罗油田，转入开发期，开发区面积 315.56 平方千米。2017 年 11 月 14 日，中区和东南区获得巴西矿业和能源部（MME）正式批复，后者同意勘探期延期 27个月。2020 年 2 月，里贝拉中区再次申请勘探延期 5 年至 2025 年 2 月。2021 年，东南区（144.56 平方千米）完成退地，中区（404.28 平方千米）勘探期再延长 9 个月至 2025 年 11 月。至 2023 年 1 月，里贝拉－梅罗项目的股权构成情况为中国石油 10%、巴西国家石油公司（作业者）40%、壳牌 20%、道达尔能源 20%、中国海油 10%。

　　里贝拉－梅罗项目是巴西深海油田的旗舰项目，同时也是中国石油公司海外资产的重要组成部分。该项目是中巴石油公司在南美海上油气勘探开采的起点，有助于中巴双方在技术和装备上实现互补。中国石油公司通过本次联合体经营获取资源规模庞大、宏观投资环境较为稳定的优质资产，构建中长期资源储备体系，优化勘探开发资产结构，提高储量替换率。

（3）亚马尔 LNG（Yamal LNG）项目 [1]

　　亚马尔 LNG 项目隶属于亚马尔 LNG 公司，位于亚马尔半岛的南塔姆贝（South Tambe）气田，中国石油于 2014 年 1 月获得该项目 20% 的股权，至 2014 年 1 月该项目的股权构成为诺瓦泰克（Novatek）50.1%、道达尔能源 20%、中国石油 20%、中国丝路基金 9.9%（2016 年加入）。

---

[1]　"Asset Report Yamal LNG-Upstream," Wood Mackenzie, April, 2024, https://www.woodmac.com.

项目所属的南塔姆贝气田白垩系气藏在中方进入前已基本探明，天然气地质储量超过 1 万亿立方米，凝析油地质储量 6018 万吨。中方进入后，加强侏罗系勘探，发现侏罗系气藏，进一步增加了天然气储量。南塔姆贝气田于 2013 年投入开发，目前处于稳产阶段，2023 年产气 309 亿立方米、凝析油 100 万吨。亚马尔 LNG 项目第一条 LNG 生产线于 2017 年 12 月建成投产，至 2014 年 1 月 4 条生产线已全面建成投产，2023 年生产 2018 万吨 LNG。

亚马尔半岛被誉为俄罗斯天然气产业的新黄金地带，随着国际能源市场竞争和地缘政治博弈加剧，亚马尔半岛凭借其丰富的自然资源成为俄罗斯在北极战略布局中的重要组成部分。亚马尔 LNG 项目的建设成为推动共建"一带一路"倡议、加强俄罗斯与亚洲和欧洲国家能源合作的重要举措。

（4）北极 LNG-2（Arctic LNG 2）项目 ①

北极 LNG-2 项目隶属于北极 LNG 2 公司，位于格丹半岛的萨尔曼诺夫气田（Sarmanov Gas Field），中国石油于 2019 年 7 月获得该项目 10% 的股权。目前该项目的股权构成为诺瓦泰克 60%、道达尔能源 10%、中国石油 10%、中国海油 10%、日本三井集团（Mitsui Group）以及日本石油、天然气和金属国家公司（Japan Oil, Gas and Metals National Corp，JOGMNC）共 10%。北极 LNG-2 项目位于偏远地区，是一个大型绿地项目，也是俄罗斯诺瓦泰克公司继亚马尔 LNG 之后领导的第二个大型 LNG 项目。

中方进入前，项目所属的萨尔曼诺夫气田白垩系气藏已基本探明，天然气地质储量 8847 亿立方米、凝析油地质储量 7622 万吨；侏罗系气藏已发现，目前仍在勘探中，已探明天然气地质储量 2967 亿立方米、凝析油地质 4338 万吨。萨尔曼诺夫气田规划年高峰产量 327 亿立方米。北极 LNG-2 项目拟建 3 条 LNG 生产线，单线生产能力 660 万吨 / 年，总生产能力 1980 万吨 / 年。2023 年 12 月第一条生产线已建成投产，但由于制裁

---

① "Asset Report Arctic LNG-2-Upstream," Wood Mackenzie, March, 2024, https://www.woodmac.com.

原因，无法外运。根据 Wood Mackenzie 预测，北极 LNG−2 项目总产能将于 2030 年达到顶峰，为 0.82 亿立方米 / 天。

北极 LNG−2 项目作为俄罗斯在北极地区的重要天然气开发项目，具有重要的战略意义和巨大的潜力。中国提供的燃气轮机等技术和设备将加快北极 LNG−2 项目的建设进程，提高项目的生产效率和竞争力，也将进一步促进中俄能源贸易，加强双方的经济合作，为两国的能源产业发展提供新的动力。

（5）萨哈林 −1（Sakhalin−1）项目 ①

萨哈林 −1 项目位于萨哈林（中国称库页岛）大陆架上，离岸 18~40 千米，在易结冰的水域，水深 15~65 米。该项目包括阿尔库顿 − 达吉（Arkutun-Dagi）油气田、恰伊沃（Chaivo）油气田和奥多普图（Odoptu）油气田。其中阿尔库顿 − 达吉油气田位于萨哈林东北部 20~40 千米处，水深 35~55 米；恰伊沃油气田位于离岸 12 千米处，水深 18~32 米；奥多普图油气田位于近海 6~8 千米处，水深 23~35 米。

萨哈林 −1 项目合作伙伴有俄罗斯政府、日本萨哈林石油和天然气开发公司（Sakhalin Oil and Gas Development Co.）、印度石油天然气公司和俄罗斯石油公司，持股分别为 30%、30%、20% 和 20%。萨哈林 −1 项目于 2005 年投产，根据 Wood Mackenzie 预测，2023 年油气产能为 6.28 万吨 / 天。截至 2023 年 1 月 1 日，萨哈林 −1 项目凝析油剩余 2P 权益可采储量为 1.02 亿吨油当量，天然气剩余 2P 权益可采储量为 1.76 万亿立方米。

萨哈林岛因具有丰富的自然资源和旅游资源，其发展潜力较大，被俄罗斯人称为"宝岛"。其中萨哈林 −1 项目是该岛最重要的资源开发项目之一。项目所提供的丰富的油气资源不仅为俄罗斯带来了可观的经济收益，而且对于满足东亚地区不断增长的能源需求起到了重要作用。

---

① "Asset Report Sakhalin-1 Area," Wood Mackenzie, February, 2024, https://www.woodmac.com.

（6）苏丹和南苏丹 1/2/4 区块 [①]

苏丹和南苏丹 1/2/4 区块构造上位于中非裂谷系穆格莱德盆地中南部，主要构造单元包括东部坳陷、凯康坳陷和西部斜坡带。1996 年 11 月 29 日，中国石油联合几个伙伴中标苏丹 1/2/4 区石油勘探开发项目。1997 年 3 月 1 日，中国石油会同合作伙伴马来西亚国家石油公司（Petroliam Nasional Berhad）、加拿大国家石油公司（Petro-Canada）及苏丹国家石油公司（Sudan National Petroleum Corporation）的代表，与苏丹政府在喀土穆签署《苏丹 1/2/4 区项目产品分成协议》，四方分别持有 40%、30%、25% 和 5% 的权益。合同模式为产品分成合同（ESPA）。

原始合同总面积为 48914 平方千米，包括 1A、2A 和 4 区三个勘探区块以及 1B 和 2B 两个开发区块。1B / 2B 开发合同区基本期为 20 年，5 年延长期；1A/2A 勘探合同区勘探期为（3+2）年；4 区勘探合同区勘探期为（4+2）年，后期多次延期。经过几轮股权转让后，苏丹 1/2/4 区项目的作业公司——大尼罗河石油作业公司（Greater Nile Petroleum Operating Company，GNPOC）的股权结构为：中国石油 40%、马来西亚国家石油公司 30%、印度石油天然气公司 25%、苏丹国家石油公司 5%。[②]

中国石油进入后主导完成了大量的研究工作和实物工作量，围绕 Bamboo-Unity 凹陷 Bentiu/Aradeiba 成藏组合滚动勘探，部署三维地震精细刻画断块构造，认清了反向断块富油规律，证实凹陷两侧油藏成排成带分布，探井成功率 65%，发现一批大中型油气田。1999~2001 年三年建成海外首个千万吨级油田，2003 年收回全部投资。

2011 年 7 月 9 日，南苏丹独立建国，原苏丹 1/2/4 区项目总面积的 38%（18898 平方千米）分到南苏丹，其中勘探区块面积 16665 平方千米，开发区块面积 2233 平方千米。合同模式和股权结构未改变。

---

① 窦立荣等：《跨国油气勘探的理论与实践》，石油工业出版社，2023，第 303~349 页。

② 《外媒：南北苏丹面对如何平分石油难题》，中国新闻网，2011 年 2 月 12 日，https://www.chinanews.com/gj/2011/02-12/2837743.shtml。

1.2　煤炭行业

1.2.1　合作项目概况

2006 年 6 月，中国与南非联合开展陕西煤制油可研项目，自此开启了金砖五国在煤炭领域的合作。金砖五国在碳达峰碳中和领域进行交流，持续推进能源转型，谋求更广泛合作共识，煤炭行业转型是金砖五国关注和交流的重点内容之一。根据公开资料整理，金砖五国间在煤炭能源领域的合作项目共 6 个。从合作项目的国家分布来看，在俄罗斯的项目有 3 个，在巴西的项目有 1 个，在南非的项目有 2 个；从项目类型来看，煤田开采项目 3 个 [①]，煤电项目 3 个 [②]。

在 6 个煤炭合作项目中，中国均为合作伙伴。其中，3 个煤田开采项目为中国在俄罗斯的合作项目（见表 4-1），设计煤田开采能力共 0.71 亿吨。在 3 个煤电项目中，中国国家开发银行均为贷款人（见表 4-2），其中，中国在南非的梅杜匹煤电站（Medupi Coal Plant）和库斯勒煤电站（Kusile Coal Plant）项目分为 6 期开展。

表 4-1　金砖五国间典型煤田开采项目合作清单

项目所在国	合作国	项目名称	运行状况	开发年份	合作伙伴
俄罗斯	中国	扎舒兰煤矿项目	运行中	2014	俄罗斯铝业联合公司*、中国神华集团
俄罗斯	中国	奥古金煤矿	运行中（2017 年中方不再参与该项目煤矿开采）	2014	奥古金能源控股公司*、中国神华集团
俄罗斯	中国	埃利加煤炭集群	运行中	2020	阿尔伯特 – 阿夫多扬所有公司*、福建国航远洋运输（集团）股份有限公司

注：* 为作业公司。

资料来源：根据《中俄能源合作投资指南（俄罗斯部分）》整理。

[①] 国家能源局：《中俄能源合作投资指南（俄罗斯部分）》，第三届中俄能源商务论坛会议论文，北京，2021 年 12 月，第 56 页。

[②] 中国全球电力数据库，https://www.bu.edu/cgp/?lang=zh。

表 4-2　金砖五国间典型煤电项目合作清单

项目所在国	合作国	电厂名称	发电能力（兆瓦）	项目状态	投产年份	交易类型	贷款人	借款人
巴西	中国	坎迪奥塔煤炭厂C项目	350	运行中	2011	仅政策性银行	中国国家开发银行	巴西国家石油公司
南非	中国	梅杜匹煤电站	4800	运行中	2017	仅政策性银行	中国国家开发银行	南非国家电力公司
南非	中国	库斯勒煤电站	4800	运行中	2017	仅政策性银行	中国国家开发银行	南非国家电力公司

资料来源：中国全球电力数据库。

2021 年 9 月 21 日，中国国家主席习近平在第七十六届联合国大会一般性辩论上的讲话称，中国将大力支持发展中国家能源绿色低碳发展，不再新建境外煤电项目，展示了中国在应对全球气候变化问题上作为负责任大国的担当。

1.2.2　典型合作项目 [①]

奥古金煤矿区位于俄罗斯西伯利亚与远东地区的阿穆尔州，煤炭储量丰富。该项目主要包括发展工业基础设施、建设发电设备以及可向中国出口电力的高压输电线路。项目最终的产品将面向亚太地区，主要向中国出口具有较高发热量的精煤产品，而低发热量的煤炭则被用于矿床附近的发电厂。

2014 年 9 月 4 日，俄罗斯最大的工业集团之一俄罗斯技术国家集团（Rostec，简称"俄技"集团）与神华集团在北京签署了谅解备忘录，以各 50% 的股比成立合资公司，计划共同开发俄罗斯远东地区的奥古金煤矿区，并建设滨海边疆区的煤炭港口。该项目得到相关政府的批准，总投资 10 亿美元，于 2018~2019 年开始营运。

开发奥古金煤矿项目有助于解决俄罗斯阿穆尔州与中国北方地区的能

---

① 《神华进军俄远东煤矿电力开发》，煤炭人网，2016 年 3 月 12 日，http://www.coalren.org/bencandy.php?fid=258&id=4061。

源短缺问题，同时也可满足当地电力需求。该项目促进了俄罗斯国内的煤炭使用规模扩大，同时提升了出口亚太地区的煤炭比重，有效地促进了中俄关系再升温。

1.3　水电行业

1.3.1　合作项目概况

2014 年，中国三峡集团在巴西投资了圣安东尼奥多贾里水电站（Santo Antonio Do Jari Hydropower Plant）项目，至此开启了金砖五国间在水电领域的合作。据中国全球电力数据库统计数据，截至 2022 年底，金砖五国间合作的水电项目共有 65 个。从合作项目所在国分布来看，金砖五国间合作的水电项目主要分布在巴西和南非，位于巴西的水电合作项目有 64 个，位于南非的水电合作项目有 1 个（见图 4-6）。从项目发电能力来看，水电合作项目以 10~100 兆瓦规模的项目为主，占比为 35.4%，10 兆瓦以下规模项目和 100 兆瓦以上规模的项目均占比 32.3%。

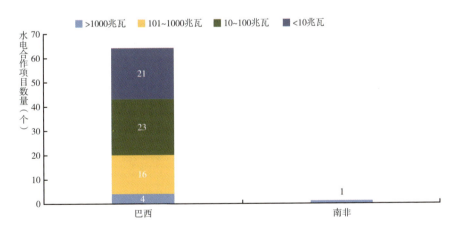

图 4-6　金砖五国间水电合作项目所在国及规模分布

资料来源：中国全球电力数据库。

中国与巴西合作的 64 个水电项目以中国三峡集团和国家电网公司投资为主，合作数量分别占总合作项目数量的 25% 和 73%，投资项目总装机容量分别达到 8611 兆瓦和 4530 兆瓦（见图 4-7），分别占合作总装机容量的 58% 和 31%。其中，中国三峡集团投资的伊利亚索德拉水电站项目和国家电力投资集团投资的圣西芒水电站（Sao Simao Paranaib Hydropower Plant）项目装机容量分别为 3444 兆瓦和 1635 兆瓦，在 64 个水电项目中分别排名第一和第二，分别通过 20 期和 6 期开展项目合作。除中巴合作项目外，中国与南非合作了 1 个水电项目印古拉水电站（Ingula Hydropower Plant），发电能力为 1332 兆瓦，该项目为政策支持项目。从项目状态来看，大部分项目处在运行阶段，国家电网集团在巴西的露西亚 – 切罗宾水电站（Lucia Cherobim Hydropower Plant）项目和圣艾丽斯水电站（Santa Alice Hydropower Plant）项目，分别处于建设中和规划阶段，其中露西亚 – 切罗宾水电站计划于 2024 年投产。

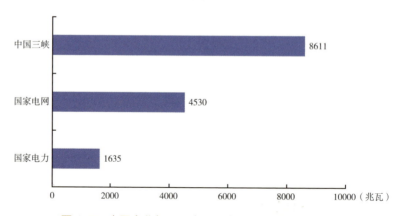

图 4-7　中国企业与巴西合作投资的水电项目装机容量
资料来源：中国全球电力数据库。

1.3.2　典型合作项目

（1）巴西 ±800 千伏美丽山水电特高压直流送出项目 [①]

巴西 ±800 千伏美丽山水电特高压直流送出项目始于巴西北部的帕拉

[①] 《国家电网中标巴西美丽山水电特高压直流送出项目》，国务院国有资产监督管理委员会，2014 年 2 月 8 日，http://www.sasac.gov.cn/n2588025/n2588124/c3858081/content.html。

州，止于巴西东南部的米纳斯州。项目的主要目标是将清洁水电从美丽山水电站远距离、大容量、低损耗地输送到巴西东南部的负荷中心，以解决巴西北部清洁水电外送和消纳的难题，满足东南部核心城市（如圣保罗和里约热内卢）超过2200万人的用电需求。

2014年2月，国家电网公司与巴西国家电力公司（Eletrobras）以51%：49%股比组成的联合体成功中标巴西美丽山水电特高压直流送出项目。项目涉及两个阶段，即一期和二期工程。一期工程包括新建2084千米的±800千伏直流输电线路以及新建400万千瓦的欣古换流站。二期工程包括新建2539千米的±800千伏直流输电线路以及385万千瓦的伊斯坦雷都换流站。这两个阶段均采用特高压直流技术，并分别于2017年12月和2019年10月投入运营。这两个阶段工程的总输电能力约为800万千瓦，可以将美丽山水电站约四分之三的电能输送至巴西东南部的负荷中心。

该项目是国家电网公司首次在海外独立中标、自主建设并全面采用中国设备的特高压直流工程项目，也是中国首次输出国际顶尖输变电技术和装备的项目。除了确保高质量建设和运营，国家电网公司秉持绿水青山就是金山银山的理念，将可持续发展经验引入巴西，使该项目成为推进共建"一带一路"绿色发展的国际项目典范，荣获多个国内外重要奖项，如第六届中国工业大奖、巴西社会环境管理最佳实践奖、PMI（中国）项目管理大奖、第二届"一带一路"能源部长会议能源国际合作最佳实践案例等。

（2）特里斯皮尔斯输电特许权项目 ①

特里斯皮尔斯输电特许权项目位于巴西中北部的马托格鲁索州，既是巴西特里斯皮尔斯河流域水电开发的配套输电工程，也是巴西电网中西和东南联网的重点项目，主要目标是缓解巴西东南部地区电力紧张、优化巴

---

① 《国家电网海外首个独立投资建设大型项目在巴西投运》，中国政府网，2019年1月14日，https://www.gov.cn/xinwen/2019-01/14/content_5357709.htm。

西输电网结构、加强巴西电网安全稳定和推动地方经济发展。

2012 年 3 月，国家电网巴西控股公司（State Grid Brazil Holding Ltd.）与巴西巴拉纳州电力公司（Companhia Paranaense de Energia，COPEL）组成由国网控股的联合体（双方股比为 51%：49%），成功中标特里斯皮尔斯输电特许权一期项目。2016 年 4 月，国家电网巴西控股公司以零折减率成功中标特里斯皮尔斯输电特许权二期项目。项目一期工程包括 A、B 两个标段，新建 500 千伏送电线路 2966 千米、500 千伏变电站 4 座，扩建变电站 2 座，特许经营权期限为 30 年，总投资额达 11.4 亿美元。2016 年 5 月，特里斯皮尔斯输电特许权一期项目正式投运。二期工程包括 C、O 两个标段，新建 500 千伏送电线路 1005 千米、230 千伏输电线路 275 千米和扩建 5 座 500 千伏变电站，总投资约合 5 亿美元。2019 年 1 月 14 日，特里斯皮尔斯输电特许权二期项目顺利投运，31 个月的建设期创造了巴西大型输电项目建设的新纪录。

特里斯皮尔斯输电特许权项目是巴西当时最大的输电特许权项目，也是国家电网公司在海外投资的首个大型绿地项目。项目建设期间创造了超过 4000 个直接就业岗位，为巴西贡献税收超过 8000 万雷亚尔，投运后可以满足 800 万人的年用电需求。项目还有效带动了南瑞集团、山东电工电气、山东电建等中国电工装备和工程承包企业进入巴西市场。

1.4　可再生能源

1.4.1　合作项目概况

可再生能源是近年来世界大力发展的绿色项目，金砖国家间关于可再生能源的合作最早始于 2004 年，中国长江三峡集团公司与巴西开展了地平线风电场（Horizonte）项目的合作，项目属于陆上风电，总装机容量 5 兆瓦，为金砖五国间在可再生能源领域的合作打下了基础。2016 年，中国海润光伏科技股份有限公司与印度开展哈伦 – 库尔努尔光伏电站

（Hareon Kurnool）项目的合作，项目属于光伏发电，总装机容量 60 兆瓦，是中印在可再生能源领域最早开展的合作项目。2017 年，国家能源投资集团与南非开展德阿（De Aar）风电项目的合作，项目分两期，属于陆上风电，总装机容量 245 兆瓦，是中国与南非在可再生能源领域开展的第一个合作项目，同时也是截至 2023 年装机容量最大的项目。

　　根据彭博新能源财经数据，截至 2022 年底金砖五国之间共合作 106 个可再生能源项目。金砖五国在巴西参与了 95 个可再生能源合作项目（见图 4-8），包括陆上风电项目 76 个和光伏项目 19 个；金砖五国在印度参与了 8 个可再生能源合作项目，包括陆上风电项目 1 个和光伏项目 7 个；金砖五国在南非参与了 3 个可再生能源项目，包括陆上风电项目 2 个和光伏项目 1 个。从所在国项目数量来看，巴西是金砖五国投资可再生能源项目最多的国家。从装机容量来看，100 兆瓦以上的项目有 3 个，50~100 兆瓦的项目有 11 个，10~49 兆瓦的项目有 73 个，10 兆瓦以下的项目有 19 个（见图 4-9）。由于可再生能源尚属于高速发展期，10~49 兆瓦的项目占据了显著的比重。

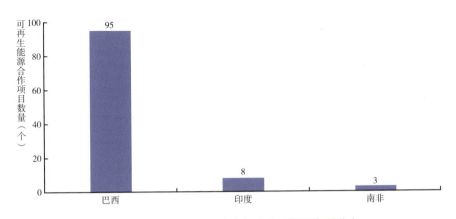

图 4-8　金砖五国可再生能源合作项目所在国分布

资料来源：根据彭博新能源财经（https://www.bnef.com）数据绘制。

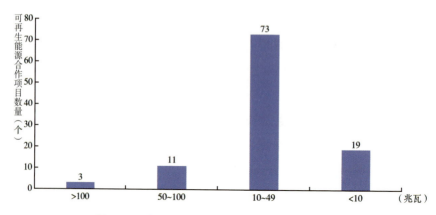

图 4-9　金砖五国可再生能源合作项目装机容量

资料来源：根据彭博新能源财经（https://www.bnef.com）数据绘制。

　　在巴西参与可再生能源领域投资的国家有中国和印度。中国参与的企业包括中国广核集团有限公司、中国国家电力投资有限公司、中国长江三峡集团公司和上海复星医药有限公司；印度参与的企业有印度苏司兰能源公司，可以看出跨国公司以中国公司为主。从装机容量上看，来自中国投资公司的项目装机容量为2503兆瓦，来自印度投资公司的项目装机容量为4兆瓦（见图4-10）。

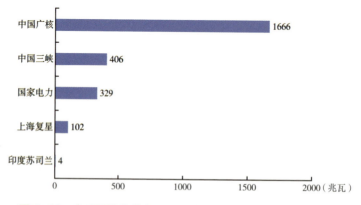

图 4-10　金砖五国企业在巴西投资的可再生能源项目装机容量

资料来源：根据彭博新能源财经（https://www.bnef.com）数据绘制。

　　金砖五国间在巴西合作的 95 个可再生能源项目，主要为风电项目，共 76 个。2024 年 7 月，由世界银行、巴西矿业和能源部与能源研究办公室（EPE）联合编写的《巴西海上风电发展愿景报告》发布，据该报告，巴西的海上风能潜力超过 1200 吉瓦，其中 480 吉瓦来自固定式基础，748 吉瓦来自浮动式基础。[①] 依托于巴西优良的可再生能源条件，中国广核集团有限公司在巴西投资的拉戈阿 – 杜巴鲁（Lagoa do Barro，LDB）风电项目规模较大，装机容量达 186 兆瓦，成为金砖五国间可再生能源合作的典范。

1.4.2　典型合作项目

（1）拉戈阿 – 杜巴鲁风电项目 [②]

　　拉戈阿 – 杜巴鲁风电项目位于巴西东北部皮奥伊州的拉戈阿 – 杜巴鲁市，于 2021 年 11 月 25 日建成投产。LDB 风电扩建项目是中国广核集团有限公司在巴西首个自主建设和管理的绿地风电项目，采用中国国产风机机组。该项目于 2021 年 11 月底建成投产，累计装机容量 277.8 兆瓦，预计年发电量可达 3.66 亿千瓦时。拉戈阿 – 杜巴鲁市常年干旱，LDB 项目改善了当地生活条件，中国中央电视台与巴西《伯南布哥州日报》联袂拍摄并播放《巴西最干旱地区的中国新能源投资》和《中国企业助力当地减贫》两集专题片报道。该项目不仅带动了巴西当地经济社会发展，还有效缓解了巴西在水电处于低产期时的电力短缺问题，在保障当地能源系统安全的同时，也对巴西能源可持续发展发挥了重要作用。

---

① "Scenarios for Offshore Wind Development in Brazil," World Bank, July 19, 2024, https://openknowledge.worldbank.org/entities/publication/a989e1c2-5240-4e01-a4dd-3c4c5725e36a.

② 《中广核巴西风电项目投产》，中国新闻网，2021 年 11 月 26 日，https://www.chinanews.com/m/cj/2021/11-26/9616524.shtml。

（2）德阿风电项目 ①

德阿风电项目是国家能源投资集团在南非投资的两期风电项目，分别位于南非北开普省德阿镇西南 15 千米处和东北 75 千米处，既是中国在非洲第一个集投资、建设、运营于一体的风电项目，也是国家能源投资集团下属的龙源电力首个海外 EPC 总承包工程项目。项目总装机容量 245 兆瓦，2017 年 8 月 3 日，该项目 1、2 期完成全部 163 台 UP-86 1500 千瓦风电机组吊装作业。2017 年 10 月 31 日，该项目开启商业运营。截至 2022 年 10 月，该项目参与总交易减排额 308.36 万吨。截至 2022 底，已累计发电超过 38 亿千瓦时。该风电项目可满足当地 30 万户居民的用电需求，得到当地政府和人民的高度评价，实现了国家能源投资集团风电项目开发与自主制造风电设备联合"走出去"。该项目得到两国的一致认可，为未来中国与南非在可再生能源领域的合作打下了坚实基础。

1.5　核能行业

1.5.1　合作项目概况

核能项目的建设门槛较高，因此金砖国家间在核能领域的合作较少。1999 年江苏核电有限公司和俄罗斯原子能建设出口公司（Joint Stock Company Atomstroyexport）在中国合作建设田湾核电站项目，项目规模为 8 台百万千瓦级压水堆核电机组，田湾核电站项目是金砖五国间核能领域最早的合作项目。2002 年，印度核电公司（NPCIL）和俄罗斯国家原子能集团公司在印度合作建设库丹库拉姆核电站，项目规模为 6 座 1000 兆瓦 VVER-1000 反应堆。2021 年，中核辽宁核电有限公司和俄罗斯原子能建设出口公司在中国合作建设徐大堡核电站，项目规模为 6 台百万千瓦级压

---

① 《中企投资兴建的风电项目在南非投产发电》，中华人民共和国驻开普敦总领事馆，2017 年 11 月 20 日，https://capetown.china-consulate.gov.cn/zlgxw/202403/t20240325_11269021.htm。

水堆核电机组。据统计，截至 2022 年底，金砖五国之间共合作 3 个核电站项目，其中位于中国的项目 2 个，位于印度的项目 1 个（见图 4-11），项目合作方均为俄罗斯。

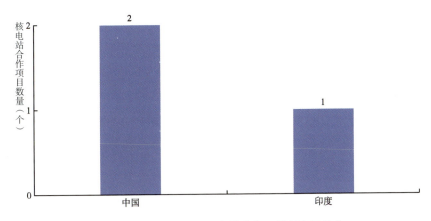

图 4-11　金砖五国间核电站合作项目所在国分布

资料来源：《田湾核电站概况》，江苏省国防动员办公室，2017 年 3 月 13 日，http://mf.jiangsu.gov.cn/art/2017/3/13/art_44_2369.html；《中俄能源合作》，一带一路能源合作网，2022 年 11 月 30 日，http://obor.nea.gov.cn/pictureDetails.html?id=2569。

1.5.2　典型合作项目

田湾核电站位于江苏省连云港市连云区，是中俄两国政府加深政治互信、发展贸易、加强国际战略协作、共同推动中俄两国核能合作的标志性工程。田湾核电站计划建设 8 台百万千瓦级压水堆核电机组。该项目分为四期，每期建设两个机组，总装机容量可达 800 万 ~1000 万千瓦，年发电 600 万 ~700 万千瓦时，产值 250 亿元以上。1999 年 10 月 20 日，采用俄罗斯 VVER-1000 技术建设的田湾核电站 1 号机组开工建设；2018 年 12 月 22 日，4 号机组投入商业运行，标志着田湾核电站一、二期工程全面建成，田湾核电站一期工程被誉为"中俄核能合作典范项目"。2018 年 6 月 8 日，在中俄两国元首共同见证下，中俄签署了包括有关合作建设田湾核电站 7 号和 8 号机组框架合同。2021 年 5 月 19 日，习近平主席同俄罗

斯总统普京共同见证两国新的核能合作项目开工仪式。^①

　　江苏核电有限公司作为项目业主，负责田湾核电站的建设管理和建成后的商业运营，该公司股东和股比构成是：中国核工业集团公司 50%、国家电力投资集团（中电投核电有限公司）30%、江苏省国信资产管理集团有限公司 20%。

　　截至 2022 年底，核电站 1~6 号机组已建设完毕并投入商业运行，7 号和 8 号机组正在建设中。田湾核电站全面建成后，将成为中国又一个大型核能源基地，将为江苏省乃至华东地区的经济腾飞和社会可持续发展、促进中国核电事业又快又好又安全地发展作出重要贡献。

---

　　① 《中俄核能合作典范项目——田湾核电站》，中国核电网，2021 年 12 月 2 日，https://www.cnnpn.cn/article/26766.html。

2

金砖五国能源
贸易合作

金砖五国间的能源贸易合作进入发展新阶段，金砖五国间不断深化能源贸易合作，旨在实现能源安全、促进可持续发展，并在全球能源治理中发挥更大的作用。金砖五国的能源贸易合作集中在煤炭、石油、天然气等传统能源领域。近年来，金砖五国的能源需求持续增长，而金砖五国扩容将不同资源储备国家有机地结合在一起，从而为能源贸易合作提供了动力，使得能源双边贸易规模不断扩大，能源贸易合作不断深化，为打造"能源金砖"提供了坚实基础。

2.1 煤炭贸易合作

根据 UN Comtrade 数据，2019~2023 年金砖五国之间的煤炭贸易中，主要进口国家为中国、印度和巴西，主要出口国家为俄罗斯和南非。在煤炭进口方面，2019~2020 年，印度为金砖五国中最大的煤炭进口国，煤炭进口量分别为 4716 万吨和 4286 万吨，在金砖五国煤炭总进口量中占比分别为 59% 和 53%；2021~2023 年，中国成为金砖五国中最大的煤炭进口国，煤炭进口量分别为 6149 万吨、6514 万吨和 7080 万吨，在金砖五国煤炭总进口量中占比分别为 60%、61% 和 54%。在煤炭出口方面，2019 年，南非为金砖五国中最大的煤炭出口国，煤炭出口量为 3998 万吨，在金砖五国煤炭总出口量中占比为 50%；2020~2023 年，俄罗斯成为金砖五国中最大的煤炭出口国，煤炭出口量分别为 4494 万吨、6670 万吨、8490 万吨和 9754 万吨，在金砖五国煤炭总出口量中占比分别为 56%、65%、80% 和 74%。2019~2023 年，金砖五国间煤炭贸易以中国进口俄罗斯煤炭和印度进口南非煤炭为主（见图 4–12），中国共进口俄罗斯煤炭 2.5 亿吨，占金砖五国煤炭贸易量的 50%，印度共进口南非煤炭 1.5 亿吨，占金砖五国煤炭贸易量的 30%。

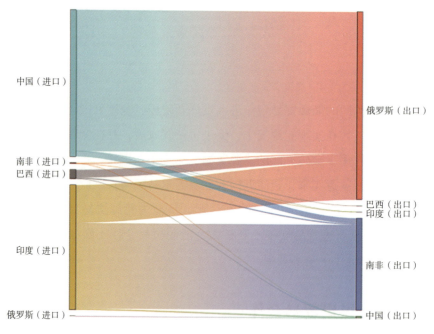

图 4-12　2019~2023 年金砖五国间煤炭贸易流向

资料来源：根据 UN Comtrade（ https://comtradeplus.un.org/TradeFlow ）数据绘制。

2.2　石油贸易合作

根据 UN Comtrade 数据，2019~2023 年金砖五国间石油贸易中，主要进口国家为中国和印度，主要出口国家为俄罗斯和巴西。在石油进口方面，2019~2023 年，中国是金砖五国中最大的石油进口国，石油进口量分别为

11780 万吨、12568 万吨、11008 万吨、11118 万吨和 13734 万吨，在金砖五国石油总进口量中占比分别为 96%、95%、91%、73% 和 60%。在石油出口方面，2019~2023 年，俄罗斯是金砖五国中最大的石油出口国，石油出口量分别为 8059 万吨、8621 万吨、8423 万吨、12327 万吨和 18878 万吨，在金砖五国石油总出口量中占比分别为 66%、65%、70%、81% 和 82%。2019~2023 年，金砖五国间石油贸易以中国进口俄罗斯石油、中国进口巴西石油和印度进口俄罗斯石油为主（见图 4-13），中国共进口俄罗斯石油 4.3 亿吨，占金砖五国石油贸易量的 56%，中国共进口巴西石油 1.8 亿吨，占金砖五国石油贸易量的 23%，印度共进口俄罗斯石油 1.4 亿吨，占金砖五国石油贸易量的 18%。

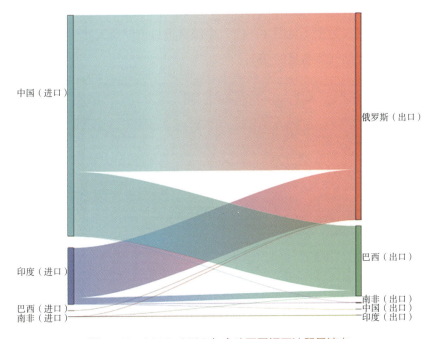

图 4-13　2019~2023 年金砖五国间石油贸易流向

资料来源：根据 UN Comtrade（https://comtradeplus.un.org/TradeFlow）数据绘制。

2.3　天然气贸易合作

天然气贸易合作主要分为 LNG 贸易合作和管道气贸易合作。根据

UN Comtrade 数据，2019~2023 年金砖五国间 LNG 贸易中，主要进口国家为中国和印度，主要出口国家为俄罗斯。在 LNG 进口方面，2019~2023年，中国是金砖五国中最大的 LNG 进口国，LNG 进口量分别为 257 万吨、505 万吨、452 万吨、650 万吨和 804 万吨，在金砖五国 LNG 总进口量中占比达到 90% 以上。在 LNG 出口方面，2019~2023 年，俄罗斯是金砖五国中最大的 LNG 出口国，LNG 出口量分别为 254 万吨、511 万吨、459 万吨、657 万吨和 847 万吨，在金砖五国 LNG 总出口量中占比接近 100%。金砖五国间管道气贸易的合作方只有中国和俄罗斯，2020~2023 年，中国分别向俄罗斯进口了 354 万吨、393 万吨、295 万吨和 958 万吨管道气。从整个天然气贸易合作来看，2019~2023 年，金砖五国间天然气贸易以中国进口俄罗斯天然气为主（见图 4-14），中国共进口俄罗斯天然气 4662 万吨，占金砖五国天然气贸易量的 98%。

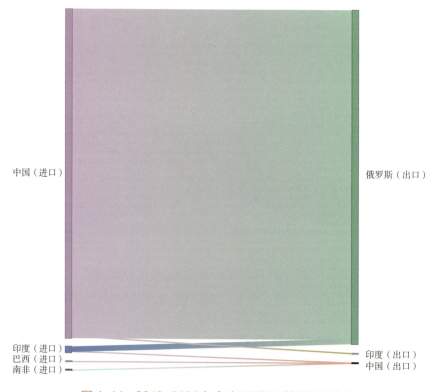

中国（进口）　　　　　　　　　　　　　　　　　　俄罗斯（出口）

印度（进口）　　　　　　　　　　　　　　　　　　印度（出口）
巴西（进口）
南非（进口）　　　　　　　　　　　　　　　　　　中国（出口）

图 4-14　2019~2023 年金砖五国间天然气贸易流向

资料来源：根据 UN Comtrade（https://comtradeplus.un.org/TradeFlow）数据绘制。

金砖五国能源金融合作

金砖五国通过出台产业、财税、金融政策等积极支持能源、交通、工业等领域的绿色低碳发展，扩大可持续及绿色投融资市场。通过建立新开发银行与设立应急储备安排等措施，不仅增强了金砖五国之间的金融合作，还显著提升了发展效能，有效促进了成员国经济社会可持续发展。

3.1 金融平台概况

金砖国家新开发银行（New Development Bank，NDB，简称"新开发银行"）的概念于 2012 年提出，是由金砖五国共同倡议建立的国际性金融机构，总部位于上海。新开发银行的宗旨是为金砖国家、其他新兴经济体和广大发展中国家基础设施建设和可持续发展项目建设提供融资，并以此开辟发展中国家合作新模式，减少对美元和欧元的依赖。

新开发银行发挥作用主要体现在基础设施、新兴市场和可持续性三个方面。在基础设施方面，新开发银行努力发挥催化剂的作用，缩短资金供应与创始成员国、其他新兴经济体和广大发展中国家日益增长的需求之间的差距；在新兴市场方面，新开发银行通过为基础设施建设和可持续发展项目提供融资，在扩大新开发银行对新兴市场国家和发展中国家（EMDC）的影响方面发挥积极作用；在可持续性方面，可持续发展是新开发银行使命的核心。新开发银行力求确保世界银行资助的所有项目都以可持续的方式实施，并在项目实施期间评估和尽量减轻其环境、社会和公司治理（ESG）影响。

截至 2024 年，新开发银行已经成为成员国能源合作的有力金融杠杆。在能源投资领域，金砖五国新开发银行已参与环境保护、清洁能源和能源效率项目共 26 个，其中可再生能源融资项目 16 个（见表 4-3），在能源相关融资项目中的占比为 61.54%。在涉及领域方面，投资的项目既包括风电、太阳能发电、水电等可再生能源发电项目，又包括与可再生能源电力项目配套、增加可再生能源电力消纳能力的电网项目。

表 4-3 新开发银行融资的可再生能源项目

国别	项目名称	批复时间	运营公司及权益	状态
埃及	苏伊士风电项目	2024 年 6 月 28 日	苏伊士风能公司*，项目总成本 10 亿美元，其中新开发银行融资 1 亿美元	通过融资
巴西	可再生能源和相关输电的融资项目	2016 年 4 月 26 日	巴西开发银行（BNDES）*，项目总成本 6 亿美元，其中巴西开发银行融资 3 亿美元，新开发银行融资 3 亿美元	完工
	巴西利亚太阳能项目	2021 年 12 月 24 日	巴西利亚能源公司（CEB）*，项目总成本 1.4082 亿欧元，其中新开发银行融资 0.9367 亿欧元	规划中
	风力发电项目	2024 年 5 月 5 日	中国三峡集团巴西能源有限公司*，项目总成本 8.83 亿美元，其中新开发银行融资 2.06 亿美元	通过融资
俄罗斯	水电站项目	2016 年 7 月 16 日	欧亚开发银行*和国际投资银行（IIB）*，项目总成本 1.619 亿美元，其中新开发银行融资 1 亿美元	通过融资
	俄罗斯可再生能源行业发展项目	2019 年 9 月 12 日	欧亚开发银行（EDB）*，项目总成本 4.15 亿美元，新开发银行融资 3 亿美元，通过贷款和权益等其他途径融资 1.15 亿美元	通过融资

续表

国别	项目名称	批复时间	运营公司及权益	状态
印度	可再生能源行业发展项目	2019 年 10 月 14 日	印度农村电气化有限公司（REC）*，项目总成本 4.2683 亿美元，其中新开发银行融资 3 亿美元，配套资金（对等资金）融资 1.2683 亿美元	完工
	可再生能源项目和相关输电的融资项目	2024 年 6 月 11 日	赛尔太阳能 Mhp1 私营有限公司*，项目总成本 2.05 亿美元，其中新开发银行融资 0.5 亿美元	通过融资
中国	临港分布式太阳能发电项目	2016 年 4 月 13 日	上海临港弘博新能源发展有限公司*，项目总成本 3.285 亿元人民币，其中新开发银行融资 2.226 亿元人民币，临港集团融资 1.059 亿元人民币	完工
	莆田平海湾海上风电项目	2016 年 11 月 22 日	福建省投资开发集团有限责任公司*，项目总成本 49.6 亿元人民币，其中福建省投资开发集团有限责任公司融资 9.9 亿元人民币，新开发银行融资 20 亿元人民币，中方银行共融资 19.7 亿元人民币	完工
	广东粤电阳江沙扒海上风电项目	2018 年 11 月 16 日	广东省能源集团有限公司*，项目总成本 60 亿元人民币，其中新开发银行融资 20 亿元人民币，配套资金（对等资金）融资 40 亿元人民币	完工
	太原零碳机场项目	2024 年 6 月 21 日	山西省人民政府*，项目总成本 18.6 亿元人民币，其中新开发银行融资 14.5 亿元人民币	通过融资
南非	南非国家电力公司项目融资	2016 年 4 月 13 日	南非国家电力公司*，项目总成本 36 亿兰特，其中南非国家电力公司融资 7.2 亿兰特，新开发银行融资 28.8 亿兰特	通过融资
	减少温室气体排放和能源部门发展项目	2018 年 7 月 20 日	南非开发银行（DBSA）*，项目总成本 6 亿美元，其中新开发银行融资 3 亿美元	通过融资
	可再生能源部门发展项目	2019 年 3 月 31 日	南非工业发展公司（IDC）*，项目总成本 116.5 亿兰特，其中新开发银行融资 11.5 亿兰特	通过融资
	电池储能项目	2019 年 12 月 16 日	南非国家电力公司*，项目总成本 12 亿美元，其中南非国家电力公司和其他主体融资 8 亿美元，新开发银行融资 4 亿美元	通过融资

注：* 为作业者。

资料来源：根据新开发银行（https://www.ndb.int）数据整理。

3.2　典型能源支持项目

3.2.1　福建莆田平海湾海上风电项目

莆田平海湾海上风电项目一期项目位于中国福建省平海湾石井石城海岸线的东侧，是新开发银行于 2016 年 11 月批复的对福建省投资开发集团有限公司融资 20 亿元人民币的项目，分 3 期建设 604 兆瓦海上风电设施，预计年发电量可达 8.73 亿千瓦时。该项目是福建省乃至东南沿海首个全部建成投产发电的海上风电项目，使用的 5 兆瓦风机为当时国内投入商业运行单机容量最大的海上风电机组，叶轮直径长达 128 米。2023 年 2 月 20 日，该项目单日发电量达 1380 万千瓦时，创平海湾海上风电一期、二期和三期项目全部投产发电以来历史新高，当日平均风速创纪录达 15.09 米 / 秒，风机可利用率 96.77%。

3.2.2　广东粤电阳江沙扒海上风电项目

粤电阳江沙扒海上风电项目位于中国广东省阳江市阳西县沙扒镇海域，涉海面积约 48 平方千米，场址水深 23~27 米，中心离岸距离约 20 千米，是国内建设难度最大的海上风电项目之一。项目规划装机容量为 300 兆瓦，项目施工任务主要包括 46 台 6.45 兆瓦风机基础施工、风电机组安装和一台海上升压站。风电机组全部安装完成时间为 2021 年 9 月 11 日，实现全容量并网投产时间为 2021 年 12 月 5 日。该项目投产后年上网电量约 8.23 亿千瓦时，与燃煤电厂相比，每年可节省标煤消耗约 25.95 万吨，减少二氧化碳排放量约 52.43 万吨。

4

金砖五国能源
科研合作

    创新是引领能源发展的第一动力,历史上每一次能源领域取得重大突破,背后都离不开科技的支持。在新一轮科技和产业革命的驱动下,全球能源科技创新正在以前所未有的速度迭代,可再生能源、非常规油气、核能、储能、智慧能源等一大批能源科研成果不断涌现,能源科研也成为各国除能源项目投资、贸易之外的又一大合作领域。金砖国家作为全球能源大国,高度重视能源科技创新在推动本国能源发展中的作用,形成了各具特色的能源技术体系,例如中国在常规油气勘探开采、风电、光伏等技术方面达到国际先进水平,巴西在超深水油气勘探开发方面领先全球,俄罗斯在核能及燃料处理回收技术等方面是全球佼佼者。随着金砖五国在能源投资和贸易领域合作的不断深化,金砖五国在能源领域的科研合作也有诸多亮点。

4.1　传统能源科研合作概况

    金砖五国在传统能源领域的研究主要集中在化石能源开发与利用、能源安全与供应稳定性、节能降碳与数字化转型以及技术创新与合作等方面。2014~2023年,金砖五国在传统能源领域开展学术研究的成果稳步提

升，发表相关文章数量从 2014 年的 47021 篇攀升至 2023 年的 103108 篇
（见图 4–15），年均增速为 5.58%，反映出金砖国家在传统能源领域开展
学术研究的智力投入力度较大。具体分析文章研究的议题，关于清洁低碳
技术研究的文章数量提升较快，体现出金砖国家在全球能源转型过程中，
利用科技手段寻求低碳化、清洁化发展的决心。

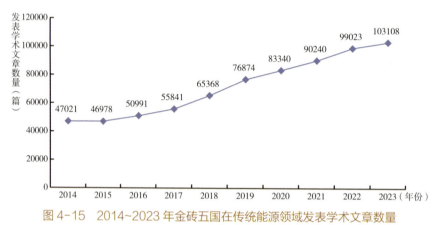

图 4-15   2014~2023 年金砖五国在传统能源领域发表学术文章数量

资料来源：根据 Scopus（https://www.scopus.com）数据绘制。

从 2014~2023 年金砖各国发表文章情况来看，中国在传统能源领域的
研究最为活跃，累计发表文章高达 477454 篇（见图 4–16），主要研究方
向集中在化石能源的高效洁净利用、智能采矿与低碳技术、碳排放控制与
碳中和技术、综合能源系统与智能电网和节能与提高能源效率等方面。其
次为印度和俄罗斯，截至 2023 年，两国在传统能源领域发表文章分别达
100430 篇和 77621 篇，研究方向主要集中在煤炭开采与利用、石油天然
气的勘探与开发和提高能源效率等方面。

巴西和南非在传统能源领域发表的文章数量较少，分别为 45698 篇和
10423 篇。巴西学者主要聚焦于研究生物能源（如乙醇燃料），而南非学
者则专注于研究煤炭液化技术和资源管理。

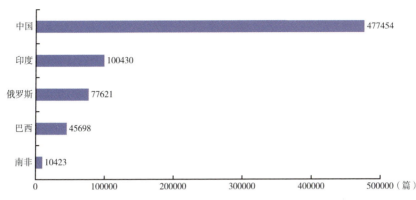

图 4-16　2014~2023 年金砖各国在传统能源领域发表学术文章数量

资料来源：根据 Scopus（https://www.scopus.com）数据绘制。

　　2014~2023 年，金砖五国在传统能源领域开展科研合作日益紧密，主要体现在以中国、印度和俄罗斯为代表的三国所开展的双边合作研究，其中中国在传统能源领域与其他两国开展科研合作最活跃（见表4-4）。中国研究机构或个人与印度研究机构或个人在传统能源领域合作发表文章高达 1923 篇，中国研究机构或个人与俄罗斯研究机构或个人在传统能源领域合作发表文章 1835 篇，体现出在传统能源领域三国间的密切合作关系。然而，巴西和南非在传统能源领域与其余金砖成员国开展科研合作较少，2014~2023 年双边合作发表文章不超过 600 篇。此外，统计结果显示，2014~2023 年金砖五国在传统能源领域中开展多边科研合作较少，累计发表文章仅 452 篇，其中作者为五国研究机构或个人的文章数量仅 19 篇，这 19 篇文章的研究方向主要是传统能源安全和油气开发与加工。

　　总体来看，金砖五国在传统能源领域开展科研合作存在两方面问题。一方面，由于各国资源禀赋与研究重点的不同，各成员国在合作开展科研的过程中所做的贡献和得到的收益存在显著差异。例如，南非学者主要专注于研究煤炭液化和洁净煤技术，而这个研究方向与其他金砖国家的重点领域重合度较低，导致其在整体合作中较为边缘化。另一方面，金砖五国在政策目标、技术需求和经济发展水平上的差异，使得开展多边合作研究时难以形成统一的议题，限制了金砖五国多边合作科研的发展。

表 4-4　2014~2023 年金砖五国在传统能源领域开展双边科研合作发表文章数量

单位：篇

	中国	巴西	俄罗斯	印度	南非
中国	477454	549	1835	1923	430
巴西	549	45698	174	427	118
俄罗斯	1835	174	77621	546	142
印度	1923	427	546	100430	562
南非	430	118	142	562	10423

资料来源：根据 Scopus（https://www.scopus.com）数据整理。

　　鉴于巴西在深海油气勘探领域展现出的实力，以及南非在煤炭资源高效利用方面的研究基础坚实，未来，如何依托金砖国家能源研究合作平台，进一步激励巴西和南非在传统能源领域发挥技术科研优势，同时提高两国在金砖国家开展科研合作中的参与度，在金砖国家传统能源合作框架内发挥更好的作用，将是深化金砖国家传统能源科研合作的重要课题。

4.2　新能源科研合作概况

　　2014~2023 年金砖五国在新能源领域的学术成果日益丰富。2014~2023 年五国在新能源领域发表文章数量逐年增长，2023 年较 2014 年增长了 54297 篇（见图 4-17），表明五国对新能源研究的重视程度不断提升，也反映了在全球能源转型需求和气候变化压力日益加剧的背景下，金砖国家通过开展科研活动来应对新能源领域挑战的努力。在新能源领域发表学术文章的数量增长不仅是发表量的增加，更是各国通过合作推进科技创新和低碳技术发展的积极体现。

　　这一增长趋势的背后，有着多个驱动因素。首先，全球应对气候变化的紧迫性和对清洁能源技术的需求，推动新能源成为金砖五国科研合作的重点。作为发展中国家，金砖国家在能源结构调整中肩负重任，通过开展科研合作，五国致力于新能源技术的突破，促进绿色能源的普及与应用。其次，金砖国家间的多边合作加强了彼此在新能源领域的科研能力。无论是在太阳能、风能等可再生能源技术的研发上，还是在储能、智能电网等领域的探索中，金砖五国的科研合作都促进了创新能力的提升，并为应对能源转型带来的技术挑战提供了支撑。

图 4-17　2014~2023 年金砖五国在新能源领域发表学术文章数量

资料来源：根据 Scopus（https://www.scopus.com）数据绘制。

　　从 2014~2023 年这十年的数据来看，金砖五国在新能源领域的合作呈现持续增长的态势，预计未来这一趋势还将延续。开展科研活动有助于各国加快新能源技术的创新与推广进程，不仅为各国的能源可持续发展提供了坚实的技术基础，也为金砖五国应对气候变化增添了新的动力。

　　从 2014~2023 年金砖各国在新能源领域发表文章数量来看（见图 4-18），中国发表数量遥遥领先，累计发表 413245 篇，远超其他四国，反映出中国政府对新能源研发的重视程度，以及中国在该领域的科研基础扎实和资源投入较大。中国在新能源领域开展的学术研究主要集中在可再生能源的高效开发与利用、新型储能技术与智能调度系统、氢能与燃料电池技术、新能源材料与高效光伏技术以及分布式能源系统与能源互联网等方面，这些研究方向不仅涵盖了新能源的高效利用和创新技术的突破，也关注了能源系统的互联互通和智能优化，体现了中国在新能源领域推动清洁化、智能化和可持续发展的战略目标。

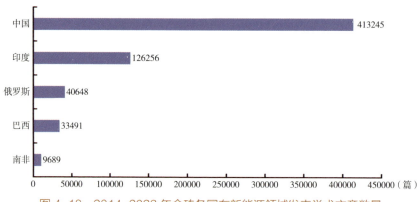

图 4-18　2014~2023 年金砖各国在新能源领域发表学术文章数量

资料来源：根据 Scopus（https://www.scopus.com）数据绘制。

　　印度发表文章的数量位列第二，累计发表 126256 篇，这可能与印度近年来积极推动可再生能源技术创新有关。此外，印度在应对气候变化和减少碳排放方面的政策转变也推动了相关研究的加强。印度在新能源领域开展的学术研究主要集中在太阳能和风能技术的优化与推广、新型储能技术的研发与应用、生物质能利用与循环经济、新能源材料与电力电子技术、分布式能源系统和智能电网的建设等方面，这些研究方向反映了印度在推动能源转型和实现可持续发展目标过程中所做的努力。

　　相比之下，俄罗斯（40648 篇）、巴西（33491 篇）和南非（9689 篇）的发表文章数量较少，这可能与其国内经济发展水平、政策优先级和资源投入有关。俄罗斯在新能源领域开展的学术研究主要集中在风能和地热能开发、新型核能技术（如小型模块化反应堆）、储能技术的优化、寒冷气候条件下的可再生能源应用以及能源系统的智能化管理等方面。巴西在新能源领域开展的学术研究主要集中在生物质能和生物燃料的开发利用（特别是甘蔗乙醇技术）、太阳能和风能的高效应用、热带气候下的新能源技术优化、新能源与农业相结合的可持续发展等方面，这些研究方向体现了巴西在可再生能源开发与生态保护间的平衡。南非在新能源领域开展的学术研究主要集中在太阳能和风能的开发利用、新能源在能源贫困地区的应用、储能技术的研发以及可再生能源对矿业转型和经济多样化的促进作用等方面，这些研究方向反映了南非在推动能源结构转型和改善能源可及性方面所做的努力。即便发表文章数量较少，这些国家在能源科技领域仍然具有重要地位，尤其是俄罗斯在传统能源领域的影响力显著。因此，虽然存在文章发表量的差异，但五国在不同能源领域的贡献各有侧重，共同构成了全球能源科研的重要力量。

2014~2023 年十年间金砖五国在新能源领域合作开展科研情况较多，金砖国家开展双边科研合作中中国占据主导地位。中国研究机构或个人与印度研究机构或个人合作发表文章 1937 篇，而中国研究机构或个人与俄罗斯、巴西和南非研究机构或个人合作发表文章分别为 1506 篇、617 篇和 407 篇（见表 4-5）。它们开展的科研合作主要聚焦于风能发电、太阳能发电和核电等领域，相比之下，其他国家之间开展科研合作成果较少。此外，统计结果显示，2014~2023 年十年间金砖五国在新能源领域开展多边科研合作成果虽然有限但增长较快，十年间累计合作发表文章 860 篇，但年均增长率为 17.64%，其中作者为金砖五国研究机构或个人的文章数量为 106 篇，远高于传统能源的文章数量，五国合作研究的方向主要聚焦于绿色低碳转型、清洁能源和可再生能源的发展。

表 4-5 2014~2023 年金砖五国在新能源领域开展双边科研合作发表文章数量

单位：篇

	中国	巴西	俄罗斯	印度	南非
中国	413245	617	1506	1937	407
巴西	617	33491	207	421	150
俄罗斯	1506	207	40648	634	202
印度	1937	421	634	126256	641
南非	407	150	202	641	9689

资料来源：根据 Scopus（https://www.scopus.com）数据整理。

　　目前，金砖五国在新能源领域开展合作研究主要采取的方式是发挥各自的优势与资源共享。中国作为科技领先者，在资金投入和人才储备方面具有明显的优势，与其他国家展开密切合作，为推动整体技术进步提供了重要支撑。然而，这种合作方式也存在一定的问题。一方面，各国在研究重点和资源禀赋方面有差异，这可能导致合作方向的不均衡。例如，中国和印度在新能源技术开发方面开展合作研究较多，而巴西和南非则更多依赖其在特定领域的专业优势，合作开展生物能源和煤炭液化技术研究。另一方面，部分国家的科研能力比较薄弱，在参与合作时可能面临技术共享与公平受益的难题。如何在不同发展阶段和研究重点之间找到实现更高效合作的平衡点，是金砖国家在新能源领域开展科研合作时需要进一步解决的问题。

　　总体来看，金砖五国之间在新能源领域的科研合作呈现出不断加强的趋势，其中中印之间的合作尤为突出。然而，巴西、俄罗斯和南非之间的合作相对较少，这在一定程度上影响了金砖国家在新能源领域开展科研合作的均衡性。尽管如此，金砖国家在新能源领域开展的科研合作整体呈现出蓬勃发展的势头。

　　未来，金砖国家可以进一步推动多边科研合作，通过建立更具针对性的合作机制，实现各国资源与技术优势的互补。例如，合作研究巴西在生物能源领域的技术输出、南非在煤炭清洁利用和新能源发展领域的深度参与、俄罗斯在新能源技术创新领域的转型等议题。同时，中印两国可以利用各自优势，总结成功经验，为金砖国家之间进一步深入开展科研合作提供有益参考。随着气候变化和能源转型议题的持续升温，开展多层次、深度协作的科研活动有望进一步巩固金砖国家在新能源领域的全球影响力，并助力全球可持续发展。

第 **5** 章

金砖十国能源合作机遇、策略与前景

金砖十国在多领域能源合作前景十分广阔。在投资领域，大型化石能源项目与"小而美"的非化石能源项目共同发展，非化石能源与化石能源项目实现嵌入式发展。在贸易领域，石油生产国与消费国在各自贸易格局中的重要性凸显，天然气贸易规模将显著增长。在科技领域，传统能源领域节能降碳、数字化转型等加快推进。在金融领域，能源安全与金融安全将成为重要考量，绿色基础设施投资、绿色金融成为重要合作方向。在政策领域，强化政策沟通与协调，谋求最大共识，是推进能源合作的重要动力。未来，金砖十国将更加深度参与全球能源与气候治理。

金砖十国能源合作主要挑战与机遇

投资环境直接影响到跨国投资者的决策和资金流动，对于金砖十国能源合作至关重要，投资环境涵盖政治经济环境和营商环境等维度。本部分基于惠誉国际信用评级有限公司（简称"惠誉"）解决方案国别风险评价和惠誉、标准普尔和穆迪三大国际评级机构主权信用评级，分别从政治经济风险和营商环境风险对金砖十国的投资环境进行评估，并分析外国投资者在金砖十国投资面临的挑战和机遇。

1.1 巴西

1.1.1 投资环境关键指标

在政治经济环境方面，2023 年巴西在惠誉解决方案国别风险评价全球排名第 71 位，在财税吸引力评价全球排名第 53 位。在政治风险数据提供商 GeoQuant 发布政治风险数据后，国际商业观察公司（BMI）通过新的评分系统增强其对国别风险的识别能力。从 2024 年 3 月 27 日起，BMI 对风险评分进行了倒置，"0"代表最低风险，而"100"代表最高风险。国别风险指数包括政治风险指数、经济风险指数和作业风险指数，巴西国别风险综合指数为 43.1，排名在中间位置。巴西推进结构性改革遇到了阻碍，各州、市等非国家行为主体在国家层面具有巨大的影响力，巴西政治风险指数为 41.0。巴西短期经济风险主要源于当前的经济政策和全球经济环境变化，譬如，巴西政府的财政赤字和债务水平较高，增加了政府未来的财政压力，并可能影响其信用评级和借贷成本，其短期经济风险指数为 43.0。而长期经济风险主要源于结构性问题及其宏观经济政策，如收入分配不公和土地所有制问题，其长期经济风险指数为 37.6。作业风险主要来自劳动力市场风险、物流风险、贸易和投资风险、犯罪和安全风险等，巴西劳动力成本和税收成本较高、物流基础设施不完善等导致作业风险较高，作业风险指数为 48.1。由于拥有丰富的油气资源，市场潜力大，税收政策优惠等因素，巴西在油气合作方面的财税吸引力较高，吸引力指数为 5.54，排名相对靠前（见图 5-1）。

在营商环境方面，自 2018 年降级以来，2023 年惠誉将巴西的评级升至"BB"，这得益于巴西政府积极主动地采取改革措施，近年来该国宏观经济和财政表现高于预期。标普将对巴西的长期全球规模评级（Long-Term Global Scale Ratings）从"稳定"调整为"积极"，尽管如此，标普认为巴西的高税收制度只会带来适度的财政改善，债务危机问题和汇率风险较高严重限制了外商投资。[①] 穆迪 2023 年评级结果与 2018 年保持一致，仍为"Ba2"（见表 5-1）。此外，巴西最大的外部风险主要来自毒品和武器走私。

---

① "S&P Global Ratings，" https://disclosure.spglobal.com/ratings/en/regulatory/org-details/sectorCode/SOV/entityId/109902.

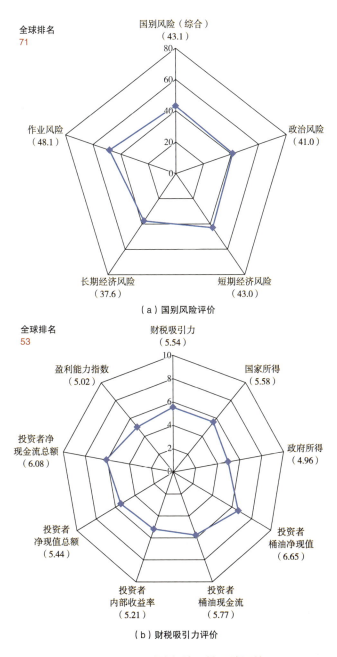

图 5-1 巴西政治经济环境风险评价

资料来源：根据惠誉解决方案及 S&P Global（https://energyportal.ci.spglobal.com/home）数据绘制。

表5-1　2023年金砖十国营商环境关键投资指数及排名

指标	巴西	俄罗斯	印度	中国	南非	阿联酋	沙特	埃及	伊朗	埃塞俄比亚
全球创新指数（GII）	49/132	51/132	40/132	12/132	59/132	32/132	48/132	86/132	62/132	125/132
惠誉长期信用评级	BB	—	BBB-	A+	BB-	AA-	A+	B	—	CCC-
惠誉短期信用评级	B	—	F3	F1+	B	F1+	F1	B	—	CCC-
标普长期信用评级	BB-	—	BBB-	A+	BB-	—	A	B	—	CCC
标普短期信用评级	B	—	A-3	A-1	B	—	A-1	B	—	C
穆迪信用评级	Ba2	—	Baa3	A1	Ba2	Aa2	A1	B3	—	Caa3
大公信用评级	iBBsc（2024）	iAsc（2021）	iBBBsc	iAAAsc	iBBBsc（2022）	iAsc+	iAAsc-（2024）	iBsc-	—	CCC（2016）

注：全球创新指数（GII）是用于衡量132个经济体创新表现的排名和分析的指标，GII反映了创新的多样性和复杂性，以及全球创新趋势和挑战；惠誉的评级要素主要包括相对违约可能性，回收程度和偿还顺序；标普的评级要素主要包括相对违约可能性，回收程度，偿还顺序以及信用稳定性；穆迪的评级要素主要包括相对违约可能性，财务实力和过渡风险；大公的评级要素主要包括综合体制实力和财政状况。"—"表示无数据。

资料来源：根据世界知识产权组织（World Intellectual Property Organization, WIPO），世界银行（World Bank），标准普尔（S&P Global Ratings），穆迪评级（Moody's Ratings）和大公国际资信评估有限公司数据库整理。惠誉国际（Fitch），

1.1.2　投资挑战

尽管巴西在可再生能源、石油、天然气、采矿和运输基础设施等方面存在一些潜在的投资机会，但是外国投资者在巴西的投资活动仍面临来自社会经济、基础设施、人力资本市场和政治等宏观环境以及能源行业微观环境方面的挑战。

在宏观环境方面，从社会经济环境来看，巴西税收制度复杂，共有58 种税目，分为联邦税、州税和市税三级，税收法律复杂甚至存在相互矛盾的现象。外来投资者须聘请当地专业人员或机构做申报工作。从基础设施环境来看，巴西基础设施欠缺和复杂的企业注册流程可能会增加外来投资者的运营成本。巴西的各项基础设施有待进一步完善，且每年只有约 2.8% 的政府预算用于修建和维护基础设施。世界经济论坛发布的《2020 全球竞争力报告》显示，巴西的基础设施在全球排名第 78 位。[①]同时，由于保护本土企业等现象存在，在招投标和政府采购过程中，巴西政府往往设置更有利于巴西本土企业竞争的条件，如巴西海上盐下区块招标，巴西国家石油公司拥有优先选择参股并担任作业者的权利。从人力资本市场来看，巴西劳动力市场不稳定，巴西劳动力总体供应充足，但其不鼓励引进外籍劳务人员，对外籍劳务人员工作签证管控十分严格，导致投资企业在该国招聘劳工面临较高的人力成本。巴西劳动法规定，本国劳工在人数和工资上分别不得低于企业全部劳工人数和工资总额的三分之二，实际获得批准的外籍员工人数大大低于这一限额。此外，因为巴西高等教育并未普及，高水平人才供给仍较为短缺。从政治环境来看，外国投资者在巴西的投资活动面临一定的政治风险。对于增加国际市场对巴西石油勘探开发投资的观点，巴西左右两派存在明显分歧。

[①]　"Global Competitiveness Report Special Edition 2020: How Countries are Performing on the Road to Recovery," World Economic Forum, https://www.weforum.org/publications/the-global-competitiveness-report-2020/.

各党派对外国投资者的态度差异可能导致未来油气合作条款及条件发生变化。

在能源行业微观环境方面，以可再生能源和电力行业为例，外国投资者面临巴西电力价格过低、可再生能源项目难以实现盈利、债务及设备成本上涨、并网难等一系列问题。2021 年 11 月，西班牙安迅能能源（Acciona Energía）公司与巴西境内头部开发商风之屋（Casa dos Ventos）签署项目收购协议，双方约定，安迅能从风之屋手中收购位于巴西东北部巴伊亚州的两个正在开发的风电项目，分别是森托塞 1 期（Sento Sé 1）和森托塞 2 期（Sento Sé 2），装机容量 850 兆瓦，标志着该公司进军巴西可再生能源领域。截至 2024 年 4 月，安迅能在巴西境内持有超过 1 吉瓦的风能项目，其总建设投资预计约为 8 亿欧元。安迅能参与投资巴西电力市场业务仅有 2 年，2024 年 4 月，由于巴西电力价格过低、并网困难、债务及设备成本上涨和可再生能源项目难以实现盈利等因素，安迅能决定减少其在巴西可再生能源领域的业务，并将可再生能源业务团队人员由 40 人减至 5~6 人。同时，由于巴西最主要的电力来源水电项目陆续恢复正常发电（之前长期干旱导致水电出力不足），市场上的电力价格持续下跌，从 2022 年初开始，巴西境内的"绿地"风电项目和光伏项目收益持续下跌。从中期来看，巴西本土的电力供给过剩，电力价格持续走低打击了可再生能源项目发电商签订长期售电合同的积极性。此外，发电设备价格上涨、借贷成本上升、电力行业监管趋严导致电力投资者难以在短期内实现收支平衡。

1.1.3　投资机会

巴西是拉丁美洲最大的能源市场，在巴西境内的外国独资或合资企业享受国民待遇，巴西政府鼓励外国投资者直接投资，特别是在煤炭、油气、核能、可再生能源和电力方面，存在许多潜在投资机会。

在煤炭方面，2023 年巴西煤炭产量占全球份额的 0.1%，巴西煤炭消费量占全球份额的 0.3%。尽管巴西煤炭生产量和消费量在全球处于靠后位置，但是巴西煤炭对外依存度高达 80% 左右，在煤炭领域有一定的投资机会。巴西煤炭主要用于工业和发电领域，其中，大约 88% 的煤炭用于发电，且生产煤炭的过程中面临环保问题。因此，外国投资者在改进清洁煤技术、煤气化和燃烧技术等方面有潜在的投资机会。

在油气方面，巴西作为拉丁美洲最大的石油生产国，拥有世界上最大的超深水可采储量。巴西修宪后逐步打破石油、天然气和采矿等领域的国家垄断，但具体开采权需经矿业和能源部下设的矿业局、石油管理局等机构审批。重大的能源改革、频繁的油田发现以及多轮的油气招标，将吸引来自世界各国的石油公司。根据巴西能源规划局（EPE）《2021—2031 年能源扩张计划》（PDE），预计在此期间油气勘探开发投资将在 4280 亿~4740 亿美元。在油气上游勘探开发领域，共有来自 19 个国家的 39 家外国公司参与了巴西油气上游勘探开发，拥有的权益可采储量共计 22.03 亿吨油当量，2023 年权益产量共计 0.47 亿吨油当量。其中，参与巴西油气上游拥有的权益可采储量最大的企业为壳牌公司、道达尔能源公司、艾奎诺公司等（见表 5-2）。在海洋石油领域，中巴原油贸易量逐年攀升，2015 年中国超越美国成为巴西石油的最大买家，中巴原油贸易不仅让中国获得稳定的原油进口，而且为巴西注入资金，拉动经济增长，实现双赢。随着中国"蛟龙号"等在深海勘探领域的突破，未来两国在海洋能源的探索和开发等方面的合作前景广阔。此外，随着深海盐下层油田开发技术取得突破，巴西在深水区盐下湖相碳酸盐岩领域连续发现多个大型油气田，已实现向全球产油国十强的巨大跨越。未来油气开发仍将是巴西能源发展的主要推动力，巴西政府积极引导外资进入并提供便利条件，新的深海盐下层油田勘探开发项目引起国际石油巨头的广泛关注。因此，外国投资者在油气上游勘探开发和海洋石油等领域有潜在的投资机会。

表 5-2　2023 年外国投资者在巴西油气上游合作规模

合作企业	企业所在国	权益可采储量（亿吨油当量）	权益产量（亿吨油当量）
壳牌公司	英国	5.24	0.22
道达尔能源公司	法国	3.38	0.05
艾奎诺公司	挪威	2.76	0.04
加尔普能源公司	葡萄牙	1.42	0.04
中国石油	中国	1.32	0.01
碧辟公司	英国	1.22	0
埃克森美孚公司	美国	1.13	0
马来西亚国家石油公司	马来西亚	0.85	0.01
中国海油	中国	0.80	0.01
BW 能源有限公司	英国	0.73	0
卡塔尔能源公司	卡塔尔	0.68	0
中国石化	中国	0.61	0.03
中国中化控股有限责任公司	中国	0.34	0.02
哥伦比亚国家石油公司	哥伦比亚	0.21	0
卡隆天然气澳洲有限公司	澳大利亚	0.21	0.01
印度石油天然气公司	印度	0.19	0
巴拉特石油公司	印度	0.17	0
威迪奥控集团	印度	0.17	0
西班牙建筑和服务集团	西班牙	0.14	0
泰国国家石油勘探和生产有限公司	泰国	0.11	0
微电子技术能源公司	加拿大	0.09	0
国际石油开发帝石控股公司	日本	0.08	0
全球投资公司	英国	0.07	0
佩朗科公司	巴哈马	0.04	0.01
石油胜利能源公司	加拿大	0.03	0

续表

合作企业	企业所在国	权益可采储量（亿吨油当量）	权益产量（亿吨油当量）
阿尔沃佩特罗能源有限公司	加拿大	0.03	0
俄罗斯石油公司	俄罗斯	0.01	0
新加坡船舶管理公司	美国	0	0
地质公园有限公司	英国	0	0
中央资源公司	美国	0	0
安哥拉国家石油公司	安哥拉	0	0.01
桑坦德石油公司	美国	0	0.01
弹道石油天然气公司	哥伦比亚	0	0
阿比林石油天然气有限公司	澳大利亚	0	0
雪佛龙股份有限公司	美国	0	0
意大利埃尼石油公司	意大利	0	0
大地能源公司	加拿大	0	0
赫斯公司	美国	0	0
泰克石油天然气有限公司	中国	0	0

资料来源：根据 S&P Global（https://energyportal.ci.spglobal.com/home）数据整理。

在核能方面，《国家战略规划 2050》明确了核电在国家战略中的地位和作用。根据不同的情景，2050 年核电发电量可能达到 10 吉瓦。为确保正在运行的巴西安格拉 1 号和 2 号核电站及拟建的 3 号核电站的原料供应，国有巴西核能工业公司已启动与海内外私营公司联手开发铀矿资源的战略。这一铀矿向私企开放将会加快巴西核工业发展的步伐，对巴西迈入世界核能强国具有重要的意义。巴西预计 2028 年完成安格拉 3 号项目，这将是巴西第一座完全数字化核电站。该核电项目预计在未来几年内启动额外的工程招标 [1]。因此，外国投资者在铀矿资源开发和数字化核电站建设

[1] "Bids," Eletronuclear, https://www.eletronuclear.gov.br/Canais-de-Negocios/Licitacoes/Paginas/Licitacoes.aspx.

等方面拥有潜在的投资机会。

在可再生能源和电力方面，巴西是拉丁美洲最大的电力市场，发电量世界排名第七。巴西能源规划局（EPE）称，预计到2030年，巴西将增加近37吉瓦发电量，预计到2029年，巴西对电力部门投资将达到940亿美元。《2021—2031年能源扩张计划》表明，巴西将可再生能源作为能源市场发展中的优先事项。[①]2021年，巴西装机容量的84%来自可再生能源，预计到2030年该比例将达到88%。巴西采用拍卖可再生能源的形式增加新产能，合同期限通常为15~30年。随着巴西推进落实其电力部门的现代化计划，包括放松市场管制、私营部门采用电力采购协议（PPA），这些举措可能会带来更多的商业机会。在电力领域，中巴两个水电大国有诸多"不解之缘"。三峡集团通过参股合作、资产并购等方式深度参与巴西水电开发，自收购巴西伊利亚索德拉、朱比亚两座水电站后，三峡集团所属三峡国际三峡巴西公司已成为巴西第二大私营发电企业。巴西能源基地远离负荷中心，为中国采用特高压输电技术提供了施展空间。2017年12月，国家电网与巴西国家电力公司投资建设的巴西美丽山项目一期工程投运，完成了中国特高压技术的海外"首秀"，标志着中巴电力合作进入新的历史发展阶段。

在新能源领域，巴西作为推动全球生物燃料产业发展的先锋，在生物燃料的开发和利用方面破解了一系列关键性技术和产业化难题，可为中国通过发展生物质能丰富能源多样性、推进农村能源革命提供有益参考。2022年巴西生物燃料产量为6104万立方米/天，仅次于美国（10865万立方米/天），位居世界第二。此外，巴西作为风电、光伏发电的新兴市场，其广阔的市场空间为中国相关产业"走出去"提供了重要机遇。因此，外国投资者在特高压输电技术的利用、生物燃料的开发和利用以及风电、光伏发电市场的开发等方面有潜在的投资机会。

---

① "Ministério de Minas e Energia," https://www.gov.br/mme/pt-br/assuntos/secretarias/sntep/publicacoes/plano-decenal-de-expansao-de-energia/pde-2031.

1.2 俄罗斯

1.2.1 投资环境关键指标

在政治经济环境方面，2023 年根据惠誉解决方案的国别风险评价，俄罗斯在全球排名第 87 位；在 S&P Global 财税吸引力评价全球排名第 90 位；国别风险综合指数为 46.6，排名位于中间偏上位置。俄罗斯因其独特且复杂的地缘政治特性，与多数邻国保持着较为复杂的关系，政治风险相对较高。近十年来，俄罗斯积极调整外交策略，加强与中国的经济合作，并努力改善与拉丁美洲、中东以及撒哈拉以南非洲国家的商业和政治关系，俄罗斯政治风险指数为 56.7。俄罗斯短期经济风险主要源于通胀问题、被制裁的影响和能源产业风险凸显等，长期经济风险主要源于人口老龄化、劳动力短缺、国际地位和信任危机等风险。其作业风险主要来自法律政策风险、劳动关系风险和环境保护风险等，这些风险在一定程度上影响着企业的运营效率和稳定性，俄罗斯作业风险指数为 45.9。由于高昂的勘探和开发成本、财税政策吸引力不足等因素，俄罗斯财税吸引力指数为 4.22，排名在靠后位置（见图 5-2）。

在营商环境方面，由于俄罗斯政府在提高公司运营透明度、压缩税务审核流程等方面做出的努力，俄罗斯营商环境良好。由于俄罗斯对油气资源的严重依赖，以及受乌克兰危机影响，该国经济增长更易受到大宗商品价格波动的影响。随着美欧制裁力度持续加码，俄罗斯拟投产油气开发项目或延期或停滞。以沙特阿拉伯为首的欧佩克和以俄罗斯为首的非欧佩克传统产油国组成"减产者联盟"，并有可能结成长期"石油联盟"，以维持石油价格和市场稳定。俄罗斯拥有发达的基础设施，但在基础设施现代化方面仍面临较大的挑战，乌克兰危机的持续可能会限制俄罗斯在基础设施方面的投资。截至 2024 年，美欧评级机构已撤回对俄罗斯的评级。

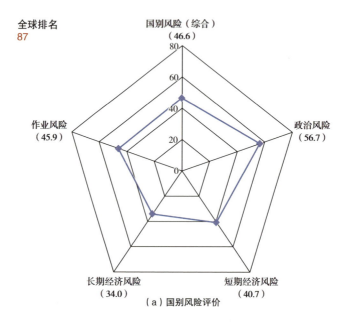

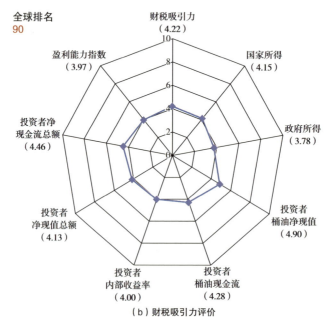

图 5-2　俄罗斯政治经济环境风险评价

资料来源：根据惠誉解决方案及 S&P Global（https://energyportal.ci.spglobal.com/home）数据绘制。

1.2.2　投资挑战

尽管俄罗斯在油气、煤炭、电力和核能等方面存在一些潜在的投资机会，外国投资者在俄罗斯的投资活动仍面临来自政治环境、社会经济环境、法律环境和社会稳定性等宏观环境以及能源行业微观环境方面的挑战。

在宏观环境方面，从政治环境来看，自 2022 年俄乌冲突爆发以来，西方对俄罗斯实施了大规模的经济和技术制裁，直接影响了俄罗斯能源行业的出口和收益。制裁导致俄罗斯能源投资和技术引进受限，延误了其能源转型进程。从社会经济环境来看，外国投资者在俄罗斯的投资活动税收压力大，例如，在油气领域，油气是俄罗斯经济发展的支柱产业，俄罗斯石油生产的财税条款十分严格，据新华社报道，为保障乌克兰危机的军费开支，支持公共财政，俄罗斯再次提高了油气行业的税收[①]。从法律环境来看，俄罗斯完善法律制度的工作在 2014 年之后停滞不前，且俄罗斯法律制度易受到政治干预的影响，特别是在自然资源领域，不同地区执法情况差别较大，存在为满足国家目标而选择性地适用法律的现象。因而许多投资者面对纠纷时，倾向于进行国际仲裁而不是在俄罗斯法院寻求解决方案。从社会稳定性来看，在过去的 20 年里，俄罗斯经历多次恐怖袭击事件，主要发生在北高加索地区，恐怖主义威胁风险仍然存在。乌克兰危机发生后，2023 年 6 月，俄罗斯瓦格纳集团发生兵变，虽然叛乱较快被调停，但这说明俄罗斯政治局势不稳定，发生区域武装冲突的可能性增加。

在能源行业微观环境方面，以可再生能源为例，外国投资者面临俄罗斯在经济层面发展绿色能源的内在需求并不旺盛、基础设施建设不完善和资源开发有限等问题。俄罗斯拥有丰富的可再生资源，但尚未得到充分开发。在太阳能方面，俄罗斯西南部和南部地区年均日辐射量为 3.5~4.5 千

---

① 《俄罗斯 2023 年对石油天然气和煤炭企业提高税收》，中国税务网，2023 年 1 月 5 日，https://www.ctax.org.cn/sszh/202301/t20230105_1127259.shtml。

瓦时／平方米，夏季部分地区日辐射量高达 6 千瓦时／平方米，相当于年发电量 1200~1500 千瓦时／平方米。[①] 在风能方面，俄罗斯在太平洋和北极海岸、广阔的草原和山区拥有高质量的陆上风能资源，但由于相关地区市场用电量需求不足等问题存在，风能资源开发非常有限[②]，这将阻碍投资者投资该领域相关业务的积极性。

1.2.3　投资机会

2014 年 2 月，俄罗斯联邦政府颁布了《2035 年前能源战略（草案）》，强调在满足国内能源需求的基础上，加大出口及进一步稳固俄罗斯在国际能源市场上的地位是俄罗斯能源工业发展的主要任务。2020 年 7 月，普京签署了《关于 2030 年前俄罗斯联邦国家发展目标的法令》，明确提出在 2030 年前实现将固定资本投资比 2020 年实际增长 70% 的目标。为完成该任务，俄罗斯制定了《实现国家目标的统一规划》，该规划为在俄罗斯总投资额 25% 以上，是国家经济优先发展的能源燃料行业领域的投资加速增长创造了条件。[③]

在煤炭方面，俄罗斯煤炭产业发展前景较好的地区主要是在后贝加尔边疆区、哈巴罗夫斯克边疆区、克拉斯诺亚尔斯克边疆区、萨哈共和国（雅库特）、阿穆尔州、图瓦共和国和楚科奇自治区新建采煤中心。同时，还将继续积极改造现有采煤设施，在传统开采区开发新许可区块。《俄罗斯联邦 2035 年前煤炭工业发展规划》明确要求俄罗斯企业开发并

---

①　Алексей Поветкин, "Развитие ветроэнергетики в России с 2014 по 2022 год," Сделано у нас, https://sdelanounas.ru/blogs/150179/; Konstantin Suslov, "Анализ развития солнечной энергетики в России," Энергетическая политака, https://energypolicy.ru/analiz~razvitiya~solnechnoj~energetiki~v~rossii/energoperehod/2023/19/31/.

②　《中俄能源合作绿色转型发展机遇与挑战并存》，江苏走出去综合服务平台，2022年 7 月 14 日，https://mp.weixin.qq.com/s/k2zt1DbpHZu_ytP7QWQZhw。

③　《中俄能源合作投资指南（俄罗斯部分）》，一带一路能源合作网，2021 年 12 月 13 日，https://obor.nea.gov.cn/detail/16562.html。

采用新工艺。其中，行业数字化转型，以及用来提高作业效率和生产安全性的自动化采矿机器人，是该规划优先发展的方向。此外，煤炭开采加工会造成极大的环境破坏，俄罗斯煤炭工业的另一优先发展方向是将对环境的负面影响降至最低。俄罗斯国内公司，如西伯利亚煤炭能源公司、西伯利亚商业联盟煤炭控股股份公司等，定期对设备进行升级改造，通过提高设备工作效率、加强设备环保来减少污染物排放。这些公司还积极学习行业最佳实践经验，定期采取预防措施，恢复受损的生态系统（如土地复垦、水生生物资源循环再生），以最大限度地降低负面影响。因此，外国投资者在采煤中心建造、煤炭开采加工技术和设备升级改造等方面有潜在的投资机会。

在油气方面，俄罗斯拥有丰富的油气资源，截至 2023 年初，石油和天然气可采储量分别为 315 亿吨和 64.8 万亿立方米[①]，油气探明程度高的盆地为伏尔加－乌拉尔盆地和北高加索盆地，已发现油气 80% 的储量集中于大油气田中。待发现油气资源主要分布于西西伯利亚盆地、东西伯利亚盆地和北极水域。受乌克兰危机影响，欧洲对俄罗斯能源实施了禁运和限价等制裁措施，俄罗斯正在积极推动其出口合作伙伴多元化，将油气贸易的重心转移至亚洲市场。同时，部分西方合作伙伴逐步退出俄罗斯市场，俄罗斯油气项目投资受到一定程度的冲击，但同时也为其他投资者加入俄罗斯油气市场打开了新窗口，其中包括与非传统能源供应国如埃及和以色列的合作。在油气上游勘探开发领域，共有来自 23 个国家的 58 家外国公司参与了俄罗斯油气上游勘探开发，拥有的权益可采储量共计 22.70 亿吨油当量，权益产量共计 1.12 亿吨油当量。其中，参与俄罗斯油气上游勘探开发拥有的权益可采储量最大的企业为碧辟公司、中国石油、道达尔能源公司等（见表 5–3）。在石油开采方面，大部分有前景的油气田开发项目位于人迹罕至区域，没有基础设施，远离工业中心。为开发这类项

---

① 国家能源局：《中俄能源合作投资指南（俄罗斯部分）》，第六届中俄能源商务论坛会议论文，2024 年 7 月，第 71 页和第 107 页。

目，石油天然气公司按照地域原则将油田组成集群，从而取得更显著的经济效益，并对以前勘探发现但未开采的油田进行开发。譬如，东方石油项目是全球最大的石油新项目，其中包括万科尔油田集群（万科尔油田、苏宗油田、塔古尔油田、洛多奇内油田），派亚哈油田集群，以及克拉斯诺亚尔斯克地区和泰梅尔半岛有开发前景的地区。作为东方石油项目的投资者之一，托克集团将其持有的东方石油 10% 的股份出售给香港贸易商北欧安信有限公司（Nord Axis Limited）。在天然气开采方面，几个发展前景好的天然气项目正在实施或计划启动，其中最重要的项目仍然是亚马尔项目。在该项目框架内，俄罗斯天然气工业股份公司正在俄罗斯建立一个新的天然气生产中心，包括博瓦年科夫斯卡娅、坦贝斯卡娅和尤日纳亚 3 个工业开发区，范围内有 32 个气田。在冶炼加工方面，俄罗斯正在对石油和天然气处理能力进行大规模升级。在基础设施出口及运输方面，俄罗斯天然气工业股份有限公司正在大规模发展俄罗斯天然气运输系统，并使天然气出口供应路线多样化。出口基础设施是实施油气开采及生产项目的必要条件，有助于实现 2020~2030 年固定资产投资至少增长 70% 的国家目标。因此，外国投资者在油气田开发、天然气开采和冶炼加工等方面拥有潜在的投资机会。

表 5-3　2023 年外国投资者在俄罗斯油气上游合作规模

合作企业	企业所在国	权益可采储量（亿吨油当量）	权益产量（亿吨油当量）
碧辟公司	英国	4.22	0.46
中国石油	中国	2.00	0.05
道达尔能源公司	法国	2.00	0.19
印度石油天然气公司	印度	1.94	0.02
温特斯豪德亚股份公司	德国	1.51	0.07
印度石油集团	印度	1.48	0.06
奥地利石油天然气集团	奥地利	1.08	0.05
中国石化	中国	1.07	0.02

续表

合作企业	企业所在国	权益可采储量（亿吨油当量）	权益产量（亿吨油当量）
埃克森美孚公司	美国	1.12	0.03
YAYM 有限公司	塞浦路斯	0.67	0.03
中国海油	中国	0.64	0
日本北极液化天然气股份公司	荷兰	0.64	0
俄罗斯石油公司	英国	0.56	0.01
北京控股有限公司	中国	0.52	0
哈萨克斯坦国家石油公司	哈萨克斯坦	0.42	0
越南国家油气集团	越南	0.41	0.02
阿布扎比投资公司	阿联酋	0.28	0.02
三井集团	日本	0.24	0.02
埃克西隆能源公司	英国	0.26	0.01
三菱商事（中国）有限公司	日本	0.19	0.02
艾克	以色列	0.18	0.01
乌拉尔能源上市有限公司	塞浦路斯	0.15	0
日本南萨哈石油株式会社	日本	0.16	0.02
佐尔塔夫资源有限公司	英国	0.14	0
石油资源公司	爱尔兰	0.09	0
蒂曼石油天然气公司	英国	0.10	0
匈牙利油气工业股份公司	匈牙利	0.08	0
白俄罗斯石油公司	白俄罗斯	0.09	0.01
土耳其石油公司	土耳其	0.08	0
伏尔加天然气公司		0.06	0
JKX 石油天然气公司	英国	0.06	0
费雷斯塔贸易有限公司	塞浦路斯	0.05	0
BSG 资源有限公司	英国	0.04	0
库莱布拉约顿海姆控股有限公司	塞浦路斯	0.04	0
戈达帕企业有限公司	塞浦路斯	0.03	0
斯波油气公司	瑞典	0.03	0

续表

合作企业	企业所在国	权益可采储量 （亿吨油当量）	权益产量 （亿吨油当量）
北方石油国际公司	美国	0.02	0
萨利姆石油开发公司	荷兰	0.01	0
恩索集团	印度	0.01	0
维多能源集团	瑞士	0.01	0
直接石油勘探公司	美国	0.01	0
KKCG 集团	捷克共和国	0.01	0
维多利亚石油天然气公司	英国	0	0
威能控股有限公司	英国	0	0
阿拉卡能源公司	挪威	0	0
阿斯特朗有限公司	英国	0	0
巴特公司	哈萨克斯坦	0	0
布尔斯企业有限公司	英国	0	0
多康有限公司	英国	0	0
吉列石油有限公司	英国	0	0
哈雷斯 – 优素福贸易有限公司	德国	0	0
印度石油有限公司	印度	0	0
石油天然气公司	瑞典	0	0
环石油控股与贸易有限公司	塞浦路斯	0	0
如斯石油公司	美国	0	0
萨哈林能源投资有限公司	英国	0	0
塞莱娜油气控股公司	瑞典	0	0
托木斯克石油天然气公司	德国	0	0

注："权益产量"为 2022 年数据。

资料来源：根据 S&P Global（https://energyportal.ci.spglobal.com/home）数据整理。

在核能方面，核能开发和利用是俄罗斯能源战略的另一重要组成部分。作为少数拥有核能全产业链生产能力的国家，俄罗斯将核能产业全球化扩张作为国家战略，在积极提供信贷支持的基础上，为项目所在国提供包括规程编写、人才培训和放射性废物处理等多方面的服务。俄罗斯国家原子能集团公司（Rosatom）是一家俄罗斯国有集团公司，管理所有俄罗斯核电站和核工业相关单位。该集团公司不仅是俄罗斯最大的发电企业，也是世界排名第一的核电站建造企业。作为世界唯一涵盖从上游铀矿开采到核燃料循环工艺及项目后端维护业务的核电企业，俄罗斯国家原子能集团公司也将目光投向未来，开发重心逐步转向小型快中子反应堆、浮动核动力装置等核能新技术领域。中俄双方于 2016 年 11 月 7 日签署《中俄政府首脑关于深化和平利用核能领域战略合作的联合声明》，双方旨在探讨就核能领域有发展前景的项目扩大合作。具体包括：在第三国共同建设压水型动力堆机组；共同研发、设计和建造基于铅铋快堆（SVBR-100）以及其他铅铋合金反应堆的机组，旨在向中国、俄罗斯和第三国市场推广；共同在中国和俄罗斯建设两国研发的 1200 兆瓦的工业钠冷堆合作项目等。因此，外国投资者在核能开发利用和核能新技术开发等方面有潜在的投资机会。

在可再生能源和电力方面，对于传统电力，目前俄罗斯运行的发电能力总计 100 吉瓦以上的热电站是在 1990 年以前投产的，所有热电站的平均运行年龄为 34 年。2019 年，俄罗斯启动了热电站设备专项现代化改造更新计划，即现代化改造项目容量竞标，计划更新超过 40 吉瓦的热电站。截至 2025 年，每年都要进行热电站项目的竞标，2022~2031 年开始供电。2020 年，俄罗斯联邦政府决定在现有的现代化改造项目容量竞标机制内，针对使用国产创新型燃气轮机的项目（即燃气蒸汽联合循环装置现代化改造项目容量竞标），创建 1.6 吉瓦的专项容量配额。另外，提高贝加尔—阿穆尔铁路干线和西伯利亚大铁路干线的通行能力是远东地区最大的投资项目之一，俄罗斯铁路项目的电力负荷计划增加 1 吉瓦以上。对于可再生能源，俄罗斯北部地区近海风能潜力较大，南部地区太阳辐射水平、黑海和亚速海近海风能资源较丰富。俄罗斯正决定将批发市场的可再生能源支持计划延长至 2025 年后，到 2035 年，预计总容量为 5~6 吉瓦。支持措施适用于 2023~2035 年开始供电的投资项目，竞标将从 2021 年开始，分别针对太阳能和风力发电厂以及小型水电站（容量小于 50 兆瓦）进行。[①]此外，微型发电（功率为 15 千瓦以下的动力源）的优惠制度将大大推动俄罗斯可再生能源行业的发展。因此，外国投资者在热电站设备专项现代化改造、基础设施建设和风能开发等方面有潜在的投资机会。

1.3 印度

1.3.1 投资环境关键指标

在政治经济环境方面，2023 年印度在惠誉解决方案国别风险评价全球排名第 61 位，在 S&P Global 财税吸引力评价全球排名第 88 位。印度国别风险综合指数为 40.2，排名靠前。印度的政治风险主要源于其与巴基斯坦的紧张关系，这种紧张关系可能会导致小型局部冲突的发生。印度政治风险指数为 41.5。在经济风险方面，印度短期内面临的经济风险主要包括管理财政赤字、维持经济持续增长、控制通货膨胀和维持现金账户稳定等风险；长期经济风险方面，虽然国际研究机构普遍对印度经济发展持乐观态度，认为其正处于转折点，但未来能否持续保持高速增长仍面临诸多不确定性，如全球经济形势的波动、国内政策调整等。印度的作业风险主要来自劳动力市场风险和安全风险，劳动力市场风险可能源于劳动力技能短缺或劳动力成本上升等问题，而安全风险则可能源于社会动荡、恐怖主义活动或自然灾害等因素，印度的作业风险指数为 44.7。由于其复杂的税收制度、基础设施不足和国际竞争压力等因素，印度在全球范围内的投资吸引力较低，财税吸引力指数为 4.39，排名靠后（见图 5~3）。

---

① 国家能源局：《中俄能源合作投资指南（俄罗斯部分）》，中俄能源商务论坛，2021年 12 月 13 日，https://obor.nea.gov.cn/detail/16562.html。

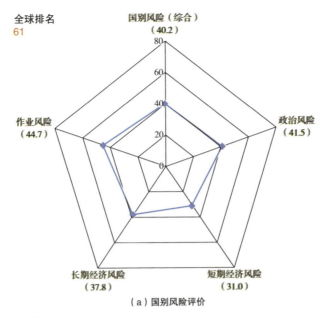

（a）国别风险评价

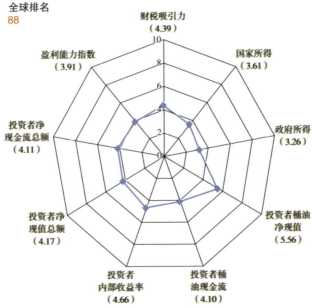

（b）财税吸引力评价

图 5-3　印度政治经济环境风险评价

资料来源：根据惠誉解决方案及 S&P Global（https://energyportal.ci.spglobal.com/home）数据绘制。

在营商环境方面，印度外国直接投资流入量在 2020 年达到历史新高，2021 年下降至 448 亿美元，2022 年有所回升，增长至 494 亿美元。自 2014 年以来，印度能源行业吸引了超过 600 亿美元的外商直接投资，其可再生能源和传统能源领域都存在广阔的市场空间。印度有发达的银行体系和大量低廉的劳动力，在通信专业化方面的优势明显，营商环境良好。惠誉报告指出，尽管全球经济环境不容乐观，但印度仍是世界上高速增长的经济体之一，特别是在政府支持基础设施建设的驱动下，企业和银行资产负债情况明显得到改善，私营部门或将吸引更多投资。[①]2023 年印度惠誉评级为 "BBB-"，整体增长前景相对明朗。标普与惠誉持相同的观点，并维持长期信用评级为 "BBB-"，即认为印度良好的经济基本面将足以抵消政府疲弱的财政表现。[②] 穆迪确认印度评级为 "Baa3"（见表 5-1），同时警告地缘政治风险上升。穆迪表示，尽管印度经济发展迅速，但在过去的 7~10 年中，印度经济增长速度有所放缓。印度的债务负担仍然很重，债务负担能力较低。[③]

1.3.2 投资挑战

尽管印度在油气、煤炭、电力和核能等方面存在一些潜在的投资机会，外国投资者在印度的投资活动仍面临来自基础设施环境和政治环境等宏观环境以及能源行业微观环境方面的挑战。

在宏观环境方面，从基础设施环境来看，印度交通系统基础设施相对不足，存在公路运输中交通拥挤、铁路货运过度延误、港口运输低效周转时间长等问题，这可能会严重限制投资项目的产能。同时，由于监管框架

---

① "India Credit Ratings," Fitch Ratings, https://www.fitchratings.com/entity/india-80442259.

② S&P Global Ratings, 2023, https://disclosure.spglobal.com/ratings/en/regulatory/org-details/sectorCode/SOV/entityId/111682.

③ MOODY'S, 2023, https://www.moodys.com/zh-cn/researchandratings/market-segment/sovereign-supranational/-/005005?tb=0.

不完备和项目审批过程效率低下，印度基础设施建设项目经常出现工程延期的现象。从政治环境来看，印度邦一级行政程序复杂，作为联邦制国家，其权力和决策是分散的，各邦在政治领导、治理能力、法规、税收和劳资关系方面存在差异。因此，在印度投资往往需要规划更长的时间，且需要针对不同的邦采取不同的战略。此外，印度推行保护主义措施，政府将自力更生作为支持印度企业发展和带动就业的重要手段，具体措施包括对外来企业提高关税、执行印度特定的法规和标准等。在全球主要经济体中，印度的进口关税位居前列。持续的保护主义措施在某种程度上限制了外来投资，并阻碍了贸易发展，外资企业在投资印度时可能会面临不正当的税务指控及罚款。

在能源行业微观环境方面，以可再生能源为例，外国投资者面临基础设施和数据缺失、民众购买力较弱、本土产业落后等问题。[①] 基础设施供应不足和财政赤字加剧了基础设施融资难的问题，可能导致外国投资者在寻求资金支持时遇到障碍，而民众购买力不足和本土产业落后，可能导致可再生能源产品的市场接受度较低，进而导致投资者难以在依赖消费驱动的可再生能源领域实现预期的投资回报。此外，印度劳动力缺乏专业技术知识，可能限制外国投资者在当地实施先进可再生能源技术，缺乏有效的信息共享和数据支持也可能阻碍项目的顺利开展。

1.3.3　投资机会

目前印度大部分行业和领域已经对外资放开，并且采取的是无须政府许可便可进入的"自动路径"方式，具体投资信息可参考 https://www.investindia.gov.in，可能的投资机会如下。

在煤炭方面，印度煤炭储量排名世界第五，自 2015 年以来剩余可采储量稳步上升；2023 年，印度煤炭产量排名世界第二，近 20 年保持快速

---

① 赵跃晨、郭东彦:《印度太阳能开发利用的现状与挑战》，《中外能源》2018 年第 2 期，第 8~17 页。

增长。但由于缺乏高品质动力煤和冶金煤，叠加众多人口和经济高速增长，2013~2023 年煤炭对外依存度在 35% 左右。印度多采用露天方式开采煤炭，受制于矿井建造技术与开采设备的落后，井工矿难事故频发，近年处于逐步关停退出的状态，井工煤矿产量逐年下降。2020 年，印度对国有煤炭企业进行改革，以提高运营效率和竞争力。其中包括通过私有化、合资合作等方式引入更多的个人投资者，并逐步放宽对个人企业参与煤炭开采的限制，提高矿山招标的透明度。2023 年，为增加煤炭供应量，印度煤炭部在第七轮拍卖中提供了 103 个煤炭 / 褐煤区块，并签署了第六轮矿山拍卖协议。2023 年，印度计划修改国家电力政策，除已经在建的燃煤发电厂外，停止建造新的燃煤发电厂，如果新政策获得批准，核电、水电等可再生能源比例将会上升，煤炭产量将会下降。因此，想投资印度煤炭领域的外国投资者可以关注矿井改造和开采设备改造等项目，在这些方面寻找潜在的投资机会。

在油气方面，2023 年共有来自 10 个国家的 15 家外国公司参与了印度油气上游勘探开发，拥有的权益可采储量共计 2.38 亿吨油当量，权益产量共计 0.08 亿吨油当量。其中，参与印度油气上游勘探开发拥有的权益可采储量最大的企业为韦丹塔资源集团（Vedanta Resources Plc）、协同能源有限公司（Synergia Energy Ltd）、因度斯天然气有限公司（Indus Gas Ltd）等（见表 5-4）。印度计划到 2025 年将勘探面积增加到 50 万平方千米。[①] 印度增加国内勘探开发投资的同时寻求海外项目合作和多元化进口，开始大规模寻求长达数十年的 LNG 长期协议，以尽可能降低在现货市场面临的风险。印度政府已于 2022 年 10 月 1 日放宽国内生产原油销售的管制[②]，以确保勘探开发运营商自由销售原油。但印度政府采用收入分成合同模式取代产量分成合同模式，这种合作模式无法保证在较短时间内

---

① 《印度石油天然气公司将增加石油勘探作业》，国际石油网，2022 年 1 月 24 日，https://oil.in-en.com/html/oil-2934799.shtml。

② "Cabinet Approves Deregulation of Sale of Domestically Produced Crude Oil," https://www.pib.gov.in/PressReleasePage.aspx?PRID=1837892.

回收成本。对于下游冶炼消费，印度计划到 2030 年将其冶炼能力提高至 4.5 亿吨/年，将天然气在一次能源消费结构中的占比从 2023 年的 5.8% 提高到 15%。目前，印度已授权覆盖 98% 的全国人口和地理区域 88% 的城市建设天然气分配网络。此外，印度政府正在通过 Pradhan Mantri Jivan Yojana 计划支持先进的生物燃料项目，并提供约 25000 亿卢比的财政援助[①]，计划建设 12 个商业规模的生物乙醇项目。油气方面潜在投资项目达 126 个，潜在投资机会达 73.32 亿美元。因此，外国投资者在油气勘探开发、下游冶炼消费和生物乙醇项目建设等方面拥有潜在的投资机会。

表 5-4　2023 年外国投资者在印度油气上游合作规模

合作企业	企业所在国	权益可采储量（亿吨油当量）	权益产量（亿吨油当量）
韦丹塔资源集团	英国	1.29	0.05
协同能源有限公司	澳大利亚	0.36	0
因度斯天然气有限公司	英国	0.28	0
碧辟公司	英国	0.28	0.03
布莱克巴克能源投资有限公司	英国	0.16	0
丸红株式会社	日本	0.01	0
尼科资源有限公司	加拿大	0	0
地质全球资源公司	美国	0	0
JSW Ispat 特制品有限公司	约旦	0	0
图洛石油公司	英国	0	0
乌克兰国家石油公司	乌克兰	0	0
德拉维达石油公司	阿联酋	0	0
意大利埃尼石油公司	意大利	0	0
哈迪石油天然气公司	英国	0	0
巴西国家石油公司	巴西	0	0

资料来源：根据 S&P Global（https://energyportal.ci.spglobal.com/home）数据整理。

---

① 《印度莫迪总理：2025 年实现 E20 全国推广》，美国谷物协会生物燃料微信公众号，2023 年 2 月 8 日，https://mp.weixin.qq.com/s/NsOWczyKZk1spA10IPwgpg。

在核能方面，随着印度社会和经济的快速发展，应用于核电领域的新一代技术不断涌现。印度政府将加速推动核电领域科技创新，并通过国际合作引进和吸收更多先进技术，实现核电领域的自主研发，降低建设成本。根据印度电力部《2023 年年度报告》，截至 2023 年，印度有 22 座核电站，共计 68 个反应堆，总装机容量为 6780 兆瓦，这些核电站主要由印度核电公司运营。① 其中，印度有 8 座建设中的核电站，预计将增加 7320 兆瓦的装机容量。随着印度核能市场规模的不断扩大，其吸引外部投资的机会越来越多。印度政府将加强与国际核电企业和金融机构的合作，积极吸引外部投资，促进印度核电产业快速发展。为了加强安全管理，印度将采用较为分散化的建设模式，即分别在多个地区建设小型核电站。这种方式能够降低安全管理难度、提高稳定性，并可以有效降低建设成本。总之，未来印度核电行业将呈现科技创新加速、绿色发展趋势明显、外部投资增多和采用分散化建设模式等特点。因此，外国投资者在核电技术创新和小型核电站建设等方面拥有潜在的投资机会。

在可再生能源和电力方面，印度政府于 2023 年启动建立国家电力市场，旨在进一步提高电力交易的透明度和竞争力。在可再生能源方面，印度在 COP26 上宣布到 2030 年实现非化石能源装机量达到 500 吉瓦的发展目标，这是世界上最大的可再生能源扩张计划。印度计划在每个州建设太阳能城市，在全国范围内建设 59 个太阳能园区，装机容量共计 40 吉瓦，并同步推动浮动光伏项目建设。此外，印度将高效太阳能生产模块引入生产挂钩激励（PLI）计划。在风能方面，印度是风力发电设备的制造大国，是仅有的 5 个能够生产 6 个主要风力涡轮机组件（机舱、叶片、塔、发电机、变速箱和轴承）的国家之一。印度计划到 2030 年装机容量达到 30 吉瓦，同时确定了潜在的海上风能地点。② 根据印度投资官网数据，可再生

---

① "Annual Report（2022-2023），" https://powermin.gov.in/sites/default/files/uploads/MOP_Annual_Report_Eng_2022-23.pdf.

② 《印度拟 2030 年建成 30 吉瓦海上风电》，北极星风力发电网，2018 年 6 月 28 日，https://news.bjx.com.cn/html/20180628/909107.shtml。

能源方面潜在投资项目达 461 个，潜在投资金额达 2126.3 亿美元。^① 因此，外国投资者在太阳能城市建设、浮动光伏项目建设和发展海上风能等方面有潜在的投资机会。

1.4 中国

1.4.1 投资环境关键指标

在政治经济环境方面，2023 年中国在惠誉解决方案国别风险评价全球排名第 45 位，在 S&P Global 财税吸引力评价中全球排名第 55 位。中国作为世界上最大的发展中国家之一，国别风险综合指数为 35.3，排名靠前。中国政治社会环境稳定，政治风险指数为 39.6。中国短期经济风险主要包括国际贸易环境的不确定性等，长期经济风险主要源于人口老龄化和地缘政治风险的增强等。作业风险主要包括国际竞争加剧等对企业的运营和投资决策构成挑战，中国作业风险指数为 36.9。中国通过颁布一系列政策措施如《鼓励外商投资产业目录》（简称《产业目录》）不断优化外商投资环境，增强外国投资者对中国市场的信心，财税吸引力指数为 5.53，排名在中间靠前位置（见图 5-4）。

在营商环境方面，中国是世界上第二大外国直接投资目的国。中国对外商投资实行准入前国民待遇加负面清单的管理制度。《外商投资准入特别管理措施（负面清单）（2024 年版）》放开外商投资在能源行业的准入限制，当前除了核电站和战略性矿产须由中方控股外，能源行业的外商投资无特别的准入限制。同时，中国具有相对完善的基础设施体系和法规制度，并自 2012 年以来开展了大规模反腐败运动，具有良好的营商环境。惠誉认为中国的政策制定者在应对经济增长放缓方面一直秉持审慎原则，经济增长前景将持续向好，这得益于其牢固的制造业根基、在全球贸易中的核心地位及持续对各领域的投资，特别是对先进技术和可再生能源领域

---

① Invest India，https://www.investindia.gov.in/.

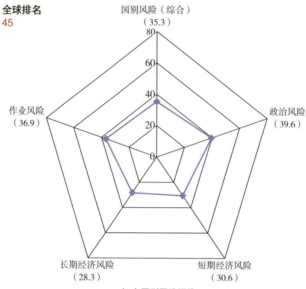

（a）国别风险评价

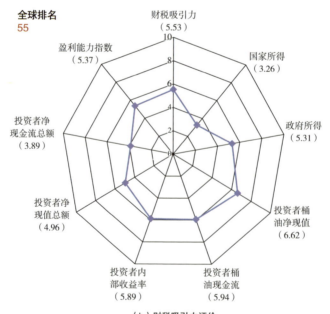

（b）财税吸引力评价

图 5-4　中国政治经济环境风险评价

资料来源：根据惠誉解决方案及 S&P Global（https://energyportal.ci.spglobal.com/home）数据绘制。

的投资。基于中国强劲外部融资与庞大经济规模的支撑，惠誉确认中国作为长期外币发行人"A+"的评级，展望为稳定。穆迪对中国信用评级维持为"A1"，该评级被认为是反映经济实力的较高评价（见表 5-1）。

1.4.2　投资挑战

中国在油气、煤炭、传统电力、可再生能源和核能等方面存在一些潜在的投资机会，外国投资者在中国的投资活动面临来自政策法规环境和人力资本市场环境等宏观环境以及能源行业微观环境方面的挑战。

在宏观环境方面，从政策法规环境来看，中国已制定《电力法》《煤炭法》《节约能源法》《可再生能源法》《城镇燃气管理条例》等多部单行能源法律法规，但能源领域还缺少一部具有基础性、统领性的法律，能源法律制度体系有待健全。从人力资本市场环境来看，中国经济的持续高速发展对劳动力市场产生了深刻影响，随着人口自然增长率的减缓，劳动力成本将会逐渐上涨。

在能源行业微观环境方面，以油气市场为例，外国投资者面临油气市场需求变化带来的经营风险。尽管石油和天然气的勘探开发被列入鼓励外商投资产业项目，但相关配套政策法规尚未完全落地。[1] 这表明在法律法规、市场准入等方面仍存在不确定性，可能会影响外国投资者的信心。同时，油气需求的不稳定性可能会导致外国投资者对长期投资持谨慎态度。

1.4.3　投资机会

为吸引外商投资，中国政府多措并举，具体包括：颁布《产业目录》；为外商投资提供财税优惠补贴；逐步健全外商投资促进服务体系，为外商投资提供信息服务平台；持续深化"放管服"改革，为外商投资营造稳定

---

[1]　申延平、郝江帆、文雅萍等：《油气上游领域外资准入影响分析与建议》，《中国能源》2021 年第 11 期，第 15~18 页。

公平透明、可预期的营商环境。《产业目录》所列能源产业，在符合特定条件的情况下，可享受进口税免征、减免企业所得税、优惠的土地价格等政策 ①。

在煤炭方面，随着科技的进步和管理水平的提高，中国煤炭资源的开发潜力仍然巨大。未来中国将加强煤炭资源开发的规划和管理，优化煤炭开采布局和采煤工艺，提高采煤效率和资源利用率。同时，随着清洁煤技术的发展和新型煤化工产业的崛起，煤炭清洁高效利用将成为发展趋势。总体来看，中国煤炭资源的发展前景广阔，但需要加强勘查和开发工作，推动技术创新和产业升级，以实现煤炭资源的清洁高效、可持续发展。此外，《产业目录》规定，煤层气和煤炭伴生资源综合开发利用，矿山无轨采、装、运设备制造，低浓度煤矿瓦斯和乏风利用设备制造，净煤技术产品的开发与利用及设备制造，煤矿井下监测及灾害预报系统、煤炭安全检测综合管理系统开发、制造，煤炭洗选及粉煤灰（包括脱硫石膏）、煤矸石等综合利用，煤炭管道运输设施的建设、经营等属于中国鼓励外商投资产业，外国投资者在以上产业拥有潜在的投资机会。

在油气方面，从当前油气勘探进展看，天然气、非常规、深层超深层、中西部、海域剩余资源潜力巨大，是未来勘探重点。中石油经济技术研究院发布的《2050 年世界与中国能源展望》预计，2030 年前中国原油产量可维持在 2 亿吨左右，2035 年和 2050 年中国天然气产量将分别达 3000 亿立方米和 3500 亿立方米。② 在油气上游勘探开发领域，2023 年共有来自 10 个国家的 27 家外国公司参与了中国油气上游勘探开发，拥有的权益可采储量共计 1.99 亿吨油当量，权益产量共计 0.04 亿吨油当量。其中，参与中国油气上游勘探开发拥有的权益可采储量最大的企业为中澳煤层气能源有限公司、康菲石油公司、雪佛龙股份有限公司等（见表 5-5）。

① 《鼓励外商投资产业目录（2022 年版）》，中国政府网，2022 年 10 月 26 日，https://www.gov.cn/zhengce/2022-11/29/content_5730383.htm。

② 《2050 年世界与中国能源展望》，中国石油经济技术研究院，2020，https://pdf.dfcfw.com/pdf/H3_AP202012251443823759_1.pdf?1608923532000.pdf。

此外,《产业目录》规定,石油、天然气(含页岩气、煤层气)的勘探、开发和矿井瓦斯利用,提高原油采收率(以工程服务形式)及相关新技术的开发与应用,物探、钻井、测井、录井、井下作业等石油勘探开发新技术的开发与应用,气源落实地区天然气调峰电站、天然气分布式能源站的建设、经营等均属于鼓励外商投资产业,外国投资者在以上产业拥有潜在的投资机会。

表 5-5　2023 年外国投资者在中国油气上游合作规模

合作企业	企业所在国	权益可采储量(亿吨油当量)	权益产量(亿吨油当量)
中澳煤层气能源有限公司	澳大利亚	0.73	0
康菲石油公司	美国	0.38	0
雪佛龙股份有限公司	美国	0.22	0.01
道达尔能源公司	法国	0.18	0.01
太平洋能源开发(亚洲)股份公司	塞舌尔	0.14	0
赛诺佛斯能源公司	加拿大	0.10	0
壳牌公司	英国	0.05	0.01
洛克石油私人有限公司	澳大利亚	0.06	0
瑞弗莱克油气有限责任公司	英国	0.06	0
SK 集团	韩国	0.04	0
恩派瑞安能源有限公司	英国	0.01	0
天际石油有限公司	澳大利亚	0.01	0
澳大利亚全球石油公司	巴哈马	0.01	0
埃尼石油公司	意大利	0	0
马朱科公司	韩国	0	0
碧辟公司	英国	0	0
安然公司	美国	0	0
埃克森美孚公司	美国	0	0
远东能源公司	美国	0	0

续表

合作企业	企业所在国	权益可采储量（亿吨油当量）	权益产量（亿吨油当量）
戈比能源有限公司	英国	0	0.01
赫斯公司	美国	0	0
科威特石油公司	科威特	0	0
莱尚资源有限公司	澳大利亚	0	0
MI 能源公司	美国	0	0
明协公司	美国	0	0
西方石油公司	美国	0	0
维罗纳开发公司	加拿大	0	0

资料来源：根据 S&P Global（https://energyportal.ci.spglobal.com/home）数据整理。

在核能方面，《产业目录》规定，核燃料加工业；核反应堆主工艺设备设计、研发、制造；核仪器、仪表研发和制造；核电站的建设、经营；核电物料转运设备及其配套件生产；核电装备的生产，包括核电电机、电缆、核岛堆内构件等关键配套部件研发生产；核电用管大口径钢材加工等属于中国鼓励外商投资产业，外国投资者在以上产业拥有潜在的投资机会。

在可再生能源和电力方面，中国作为全球最大的太阳能电池板和风能发电设备生产国之一，研发了先进的风力涡轮机技术和风电场运营管理技术。其在可再生能源技术方面拥有丰富的经验和资源，将助力其他金砖国家加快可再生能源发展进程。中电联最新数据显示，2001 年到 2022 年，中国非化石能源占比从 10% 左右增长到 20% 左右，增长速度非常可观。预计到 2030 年，中国非化石能源占比将达到 25%，实现绿色低碳能源转型发展。[1] 对于传统电力，《产业目录》规定，单机 600 兆瓦及以

---

[1] 《中国电力行业年度发展报告 2024》，电力网，2024 年 7 月 11 日，http://www.chinapower.com.cn/zx/zxbg/20240711/253313.html。

上超临界机组电站的建设、经营；采用背压型热电联产、热电冷多联产、300 兆瓦及以上（超）临界热电联产机组电站的建设、经营；缺水地区单机 600 兆瓦及以上大型空冷机组电站的建设、经营；整体煤气化联合循环发电等洁净煤发电项目的建设、经营；单机 300 兆瓦及以上采用流化床锅炉并利用煤矸石、中煤、煤泥等发电项目的建设、经营；重要负荷中心且气源有保障地区天然气调峰电站、天然气分布式能源站的建设、经营；燃气发电与可再生发电互补系统开发与应用；使用天然气、电力和可再生能源驱动的区域供能（冷、热）项目的建设、经营等属于中国鼓励外商投资产业，外国投资者在以上产业拥有潜在的投资机会。对于可再生能源，《产业目录》规定，水电、风电、太阳能发电、生物质发电等清洁能源发电关键材料、设备的生产制造；大型水电站、新能源电站、生物质发电系统、多能互补系统的建设和经营；清洁能源微电网的建设、经营等属于中国鼓励外商投资产业，外国投资者在以上产业拥有潜在的投资机会。

1.5　南非

1.5.1　投资环境关键指标

在政治经济环境方面，2023 年南非在惠誉解决方案国别风险评价全球排名第 110 位，在 S&P Global 财税吸引力评价中全球排名第四位。南非作为非洲大陆的重要经济体，其国别风险综合指数为 50.1，排名靠后。从地缘上看，南非与周边国家发生地缘冲突的风险较低，南非政治风险指数为 57.4。南非的短期经济风险主要有经济增长放缓、基础设施限制（如电力和物流）以及信用风险等，长期经济风险主要有对外依存度高、经济增长面临结构性问题、政治不稳定以及出口贸易结构的脆弱性等。作业风险主要包括政策风险、经济风险、社会安全风险以及能源和基础设施风险，南非作业风险指数为 45.4。南非政府采取了一系列措施鼓励外资进入，如建立工业开发区、实施区域发展计划和提供税收优惠等，旨在增强国外投资者对南非市场的信心，其财税吸引力指数为9.01，排名靠前（见图5-5）。

在营商环境方面，南非凭借丰富的矿产资源、齐全的产业部门以及较高的市场化程度，是非洲大陆最具有吸引力的投资目的地之一。除限制和政府专控的领域外，南非各个产业均欢迎外资进入，涉及能源行业的专控领域主要指采矿。南非的全球创新指数位于撒哈拉以南非洲的第一名，全球排名第59位。自2021年以来，惠誉对南非维持"BB-"的信用评级，保持"稳定"展望。惠誉认为，南非放松对发电行业的管制后，发电行业投资强劲，这将有助于改善其能源供应情况，实现经济复苏，但运输部门运行不畅等问题可能仍会制约其实际GDP的增长。[①] 考虑到持续停电会严重影响到经济活动，评级机构标准普尔宣布将南非信用评级前景从"正面"下调至"稳定"，并确认该国长期信用评级为"BB-"。标准普尔表示，南非正在面临越来越大的基础设施不足的压力，尤其是严重的电力短缺问题，尽管南非进行改革以解决上述问题和完善国有企业治理，但改革进展缓慢，国有企业负债过多，仍对南非财政和债务状况构成持续的下行风险。[②] 穆迪仍保持对南非的信用评级不变，为"Ba2"（见表5-1）。

1.5.2 投资挑战

尽管南非在油气、煤炭、电力和核能等方面存在一些潜在的投资机会，外国投资者在南非的投资活动仍面临来自政治环境和金融市场环境等宏观环境以及能源行业微观环境方面的挑战。

在宏观环境方面，从政治环境来看，南非实施广义基础黑人经济振兴法案（B-BBEE，简称"BEE政策"），为加强黑人对当地经济的参与，

---

① "South Africa Credit Ratings," Fitch Ratings, https://www.fitchratings.com/entity/south-africa-80442220.

② "S&P Global Ratings," 2023, https://disclosure.spglobal.com/ratings/en/regulatory/org-details/sectorCode/SOV/entityId/129834.

全球排名
110

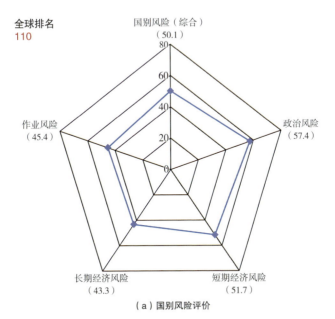

（a）国别风险评价

全球排名
4

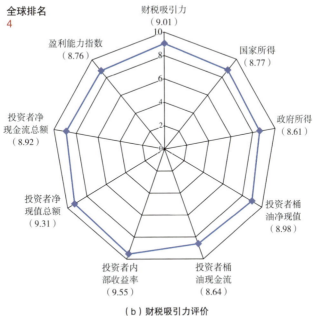

（b）财税吸引力评价

图 5-5　南非政治经济环境风险评价

资料来源：根据惠誉解决方案及 S&P Global（https://energyportal.ci.spglobal.com/home）数据绘制。

南非建立了促进黑人经济振兴的立法框架并成立了黑人经济振兴委员会
（B-BBEE Commission），要求在南非经营的所有企业和机构都必须为振
兴黑人经济做贡献。① 该法案明确了本土化的目标要求，将黑人对当地经
济参与、所有权结构等作为重要的考察因素。外资企业在南非投资时，无
论是参与工程建设项目招标，还是收购南非目标公司或其资产，均将受到
BEE 政策的约束，且要求 BEE 中的各项指标在最终评标标准中占较大比
例，这可能导致外资企业在招标中处于不利地位。同时，较高的本土化要
求也会增加外资企业的经营压力。从金融市场环境来看，在南非的跨国投
资活动面临汇率波动风险，作为新兴国家，南非汇率随着国际市场变化大
幅波动，2011~2021 年，兰特大幅度贬值，从 2011 年的 1 美元兑换 7.21
兰特到 2021 年的 1 美元兑换 16.5 兰特，贬值幅度接近 130%。②

　　在能源行业微观环境方面，以电力市场为例，外国投资者面临基础设
施不足的问题。南非长期以来电力供应不稳定，80% 的电力由南非国家电
力公司（Eskom）提供，但其生产的电力只能满足国家一半的电力需求，
特别是 2022 年连续 205 天有停电现象发生。对于企业来说，电力不稳定
会导致运营成本增加，生产力和盈利能力下降。

1.5.3　投资机会

　　南非贸工部等政府部门通过提供优惠贷款利率，对多个特定产业投
资项目给予支持，鼓励外商投资以提高产业竞争力，可能的投资机会
如下。

　　在煤炭方面，南非国家统计局数据显示，南非动力煤消费量占总产量
的 70%，多用于国内电力行业，其中，燃煤发电占 50%、煤化工占 30%、

---

① "About Broad-Based Black Economic Empowerment," https://www.bbbeecommission.
co.za/about-b-bbee.

② 《南非国家电力市场投资研究》，"走出去" 导航网，2023 年 2 月 19 日，https://
www.investgo.cn/article/gb/fxbg/202302/655394.html。

建材及民用占 20%。[①] 由于南非国内高度依赖煤炭，煤炭出口量较少，矿业是南非国民经济的支柱产业之一。南非采矿机械、选矿技术设备、矿井通信和安全保障技术、矿产品冶炼和加工技术均名列世界前茅。

　　油气方面，尽管南非在油气领域获得了一些勘探发现，但总体规模有限，仅少数公司参与。目前，南非主要的盆地包括奥特尼瓜盆地、卡鲁盆地和非洲西南海岸盆地。在奥特尼瓜盆地，2019 年道达尔（现为道达尔能源）在 11B/12B 区宣布发现布鲁帕达（Brulpadda）油气田，估计储量为 0.38 亿吨油当量，2020 年又发现了路柏德（Luiperd）油气田，估计储量为 0.47 亿吨油当量，两个油气田均含约 70% 的天然气。卡鲁盆地常规油气开发潜力一般，天然气剩余 2P 可采储量 450 亿立方米，其中盆地煤层气储量尚未正式开采，以非常规为主，其待发现常规可采天然气资源量 41 亿立方米。非洲西南海岸盆地油气潜力低，在属于南非的部分未有规模油气发现，但在北部纳米比亚境内 2913B 和 PEL39 深水区块分别发现了维纳斯（Venus）和格拉夫（Graff）大油田，可采储量分别为 6.7 亿吨和 1.3 亿吨油当量。在油气上游勘探开发领域，共有来自 8 个国家的 16 家外国公司参与了南非油气上游勘探开发，拥有的权益可采储量共计 1.30 亿吨油当量。其中，参与南非油气上游勘探开发拥有的权益可采储量最大的企业为道达尔能源公司、卡塔尔能源公司、加拿大自然资源有限公司等（见表 5–6）。与此同时，伴生资源也出现发展潜力，2024 年 1 月南非雷纳根（Renergen）公司在南非的弗吉尼亚气田项目中探明 2 亿立方米的氦气储量，价值超 40 亿美元。[②] 尽管总体规模有限，南非仍希望通过开发石油和天然气减少油气进口依赖，同时满足本国电力需求，但受制于环保要求，相关项目推进缓慢。考虑到

---

① 《世界第五大煤炭出口国——南非煤炭资源、运输和消费概况》，电煤圈微信公众号，2022 年 9 月 2 日，https://mp.weixin.qq.com/s?src=11&timestamp=1726674059&ver=5514&signature=YOFBJ6p9aQWLv92fzPoiEQnAISUYlL7peEzfqMq9MoiJhuA-ZQMVAUZpFOpZV0a1Ysi14pvaRW3FpwqxCxgIec46qo3GCi6xi1kvahtpOgkIdiDKUa8ycDVac8DNKU0A&new=1。

② "A Company Bought Gas Rights to This Land for \$1. Helium Means It Could Be Worth Billions," CNN, https://edition.cnn.com/2024/01/04/africa/renergen-helium-south-africa-spc-intl/index.html.

南非天然气发电需求存在潜在的上行趋势，如果南非油气潜力进一步释放，相关开采项目和基础设施建设项目可以为投资者带来一定的投资机遇。

表 5-6　2023 年外国投资者在南非油气上游合作规模

合作企业	企业所在国	权益可采储量（亿吨油当量）
道达尔能源公司	法国	0.50
卡塔尔能源公司	卡塔尔	0.28
加拿大自然资源有限公司	加拿大	0.22
英特普斯控股有限公司	澳大利亚	0.19
非洲能源公司	加拿大	0.11
生态（大西洋）石油天然气有限公司	加拿大	0
百诺洛能源公司	挪威	0
皇冠能源公司	瑞典	0
基内蒂科能源有限公司	澳大利亚	0
新时代（非洲全球能源）有限公司	英国	0
塔楼资源有限公司	英国	0
夕阳能源有限公司	澳大利亚	0
先锋自然资源公司	美国	0
安舒茨公司	美国	0
图洛石油公司	英国	0
韦丹塔资源集团	英国	0

资料来源：根据 S&P Global（https://energyportal.ci.spglobal.com/home）数据整理。

在核能方面，柯贝赫（Koeberg）核电站是南非唯一的商用核电站，核电份额占南非电力总量的比例不到 6%。该核电站拥有两个发电机组，分别于 1984 年和 1985 年接入电网。2022 年 7 月，南非国家电力公司将该核电站的运营期限从原定的 40 年许可期延长 20 年，至 2045 年。2020 年 5 月，南非宣布计划建设高达 2500 兆瓦的核电计划，潜在厂址为东开普省的蒂斯彭特（Thyspunt）地区和杜恩方丹（Duynefontein）地区，并计划于 2024 年前完成新核电厂招标采购工作。因此，南非在核能方面有很大的发展空间。

在可再生能源和电力方面，南非政府试图通过发电采购机制解决其电力短缺问题，预计到 2024 年前完成超过 11813 兆瓦的项目招标采购，其中，可再生能源发电约 6800 兆瓦、天然气发电约 3000 兆瓦、煤炭发电约 1500 兆瓦、抽水蓄能约 513 兆瓦。由于电网基础设施的老化问题限制了南非扩大电力供应的能力，南非将加大输电基础设施建设，根据 Eskom 估计，到 2030 年，南非将新增 8000 千米输电基础设施。[①] 此外，根据南非《国家综合资源计划 2023》，2030 年前南非将增加 2300 万千瓦可再生能源和 200 万千瓦储能资源。[②] 在可再生能源方面，南非是非洲最大的可再生能源市场之一。早在 2011 年南非便通过可再生能源独立发电商采购计划（REIPPPP），吸引了大量的太阳能和风能项目投资，REIPPPP 项目于 2019 年重新启动。南非计划到 2030 年将可再生能源占能源总消费的比例提高到 30% 以上。根据惠誉旗下研究机构 BMI 数据，2019~2028 年，非水电可再生能源将是南非增长最快的发电来源。因此，未来南非的电力和可再生能源的发展前景较好，将为该国吸引大量的投资。

---

① 《南非电力市场分析及风险展望》，走出去直通车微信公众号，2023 年 5 月 29 日，https://mp.weixin.qq.com/s/Sc5LovzKwKZClWbde2NIag; "The Eskom Transmission Development Plan (TDP) 2023 - 2032," Eskom, 2022, https://www.eskom.co.za/wp-content/uploads/2022/11/TDP_2022_-Public_Forum_Presentation_Tx_Website_Final_Rev1.pdf。

② "Publication for Comments: Integrated Resource Plan, Department of Mineral Resources and Energy, 2023," https://www.dmre.gov.za/Portals/0/Energy_Website/IRP/2023/IRP%20Government%20Gazzette%202023.pdf;《观察 | 金砖国家能源发展态势与合作前景》，国际能源网，2021 年 3 月 31 日，https://www.in-en.com/article/html/energy-2302905.shtml。

1.6 阿联酋

1.6.1 投资环境关键指标

在政治经济环境方面，2023 年阿联酋在惠誉解决方案国别风险评价全球排名第 32 位，国别风险综合指数为 30.2，排名较为靠前。阿联酋由 7 个酋长国组成，各酋长国较为团结，国内政局相对稳定，但受中东地区局势动荡的影响以及阿联酋近年来"去美国化"趋势，地缘政治风险提高，阿联酋政治风险指数为 33.8。阿联酋的短期经济风险主要是过度依赖石油资源，经济受油价波动影响较大。阿联酋的长期经济风险主要是第二产业结构单一、依赖原油出口贸易或转口贸易、对外依赖性强等，因此易受外来风险影响，但近年来通过对非石油部门如旅游、航空、金融服务和可再生能源的大规模投资，阿联酋显著增强了国家的经济韧性。阿联酋作业风险指数为 23.7，作业风险主要来自阿联酋法律体系不够健全，在商业法律环境中的合同执行、知识产权保护等方面存在不确定性。由于其零税率政策、税收优惠和减免政策等因素，阿联酋在全球投资环境中具有较高的吸引力，财税吸引力指数为 5.36，排名在中间靠前位置（见图 5–6）。

在营商环境方面，阿联酋对外资实施"全面开放 + 负面清单"的管理模式，能源行业中的油气探勘与开发和供电服务行业属于负面清单，投资受到限制。阿联酋十分重视营商环境改善，近年来推出了一系列改革措施，包括降低企业经营成本、开放外资股权限制以及提高政府服务效率等。2023年，阿联酋在中东和北非地区被评为最具廉洁度的国家，整体营商环境表现良好。阿联酋全球创新指数排名上升，2023 年排名第 32 位。阿联酋获得惠誉长期信用评级"AA-"和穆迪信用评级"Aa2"，这是海湾地区国家获得的最高信用评级（见表 5–1）。这反映出阿联酋的信誉较好，综合公共债务水平适中，外部净资产状况强劲，人均 GDP 较高，拥有抵御经济和金融风险的能力。需要注意的是，阿联酋与伊朗在通布岛和阿布穆萨岛的主权问题上长期存在争议，海湾地区的任何地缘政治冲突都有可能导致经由霍尔木兹海峡出口的石油受阻，从而产生较大影响。

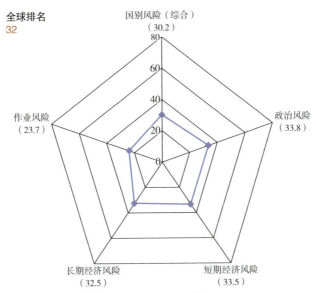

（a）国别风险评价

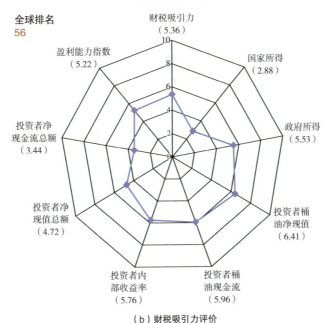

（b）财税吸引力评价

图 5-6 阿联酋政治经济环境风险评价

资料来源：根据惠誉解决方案及 S&P Global（https://energyportal.ci.spglobal.com/home）数据绘制。

1.6.2　投资挑战

尽管阿联酋在油气、可再生能源和核能等方面存在一些潜在的投资机会，但外国投资者在阿联酋的投资活动仍面临来自社会经济环境、社会稳定性等宏观环境以及能源行业微观环境方面的挑战。

在宏观环境方面，从社会经济环境来看，外国投资者在阿联酋的投资活动面临经济波动风险，阿联酋国民收入、预算收入、外贸出口和外汇来源均主要依靠出口石油，这使得其经济对外有着强烈的依附性，对全球经济波动更为敏感。在资本方面，高度依赖石油部门及其派生的海外资产；在劳动力方面，依赖外籍劳工和技术人员；技术设备和消费品依赖进口；石油部门的产品也主要依赖海外市场。从社会稳定性来看，作为中东的"自由港"，阿联酋的包容性和外向性成为其发展经济所具备的独特优势。然而，不少恐怖分子将阿联酋当作筹集资金和开展活动的天然良港，各类跨境洗钱、贩毒、走私和恐怖主义活动也威胁着阿联酋的国际声誉和安全。恐怖主义团体对包括阿联酋在内的海湾各国安全造成了巨大的威胁。

在能源行业微观环境方面，外国投资者面临来自法律不完善、技术落后和基础设施薄弱、市场竞争激烈和本地化政策不友好等方面的挑战。在法律和监管环境方面，虽然阿联酋推出了油气区块招标活动，试图吸引外资[①]，但缺乏透明度的法规、官僚主义以及外国宣传和制裁等因素都可能阻碍外国投资。尽管阿联酋拥有丰富的太阳能资源，并且是世界上人均用电量最高的国家之一，但其可再生能源的发展面临融资问题和土地管理框架不完善等问题。在市场竞争和本地化政策方面，阿联酋的市场体系较为完善，随着国际油价回升以及其《2030发展战略》的实施，石油市场存

---

① 尚艳丽、王莹、孙黎等:《中东地区油气投资环境分析》,《世界石油工业》2020年第11期，第27~33页。

在巨大的开发潜力。然而，2018 年推广的在全国实施国内价值（ICV）评估计划，为市场竞争带来了更多的干扰因素和不确定性。[①]

1.6.3　投资机会

阿联酋是中东、北非、中亚、撒哈拉以南非洲地区重要的商贸和投资中心，较稳定的内部政治经济环境、丰富的资源和发达的资本市场是其吸引外商投资的重要优势，能源行业的投资机遇如下。

在煤炭方面，阿联酋煤炭资源一般依靠进口或者采取与其他国家联合开发的模式。例如，2013 年 1 月，阿联酋和土耳其签署了在土耳其南部投资 120 亿美元联合开发煤炭资源的协议。根据该协议，两国将联合开发位于土耳其南部阿夫辛 – 埃尔比斯坦地区盆地的煤炭资源，用于供应附近电厂发电。因此，阿联酋在本地煤炭方面的潜在投资机会较小。

在油气方面，阿联酋是世界上最大的石油和天然气生产国之一，也是 OPEC 组织核心成员。阿联酋油气行业主要由阿联酋阿布扎比国家石油公司（ADNOC）主导，虽然 OPEC+ 的减产协议在短期内会限制阿联酋的油气产量，但阿布扎比国家石油公司的长期目标依然致力于增加油气产量。阿布扎比国家石油公司计划到 2027 年将油产能提升至 0.70 亿吨油当量，并力争到 2030 年实现天然气的自给自足。这表明，尽管短期内受到减产政策的影响，阿联酋依然积极扩大其能源产能，以满足长期发展需求。此外，尽管阿联酋对油气行业的上游投资开放，阿布扎比国家石油公司仍保留 60% 的股权，显示出其在维持控制权方面的坚定立场。近年来，阿布扎比国家石油公司不断拓宽多样化合作伙伴的选择标准，为其盟友国和重要新兴市场国的投资者进入阿联酋进行油气勘探开发提供了机会。目前，阿布扎比国家石油公司对新型勘探开发技术合作、非常规油气资源开采和扩大油气下游业务方面有较大兴趣。在油气上游勘探开发领域，2023

---

① 高飞、肖程释、蔡正茂：《阿拉伯联合酋长国油气市场开发形势分析》，《油气田地面工程》2019 年第 4 期，第 1~5 页。

年共有来自 15 个国家的 28 家外国公司参与了阿联酋油气上游勘探开发，拥有的权益可采储量共计 32.47 亿吨油当量，权益产量共计 0.06 亿吨油当量。其中，参与阿联酋油气上游勘探开发拥有的权益可采储量最大的企业为埃克森美孚公司、国际石油开发帝石控股公司（INPEX Holdings Inc）、埃尼石油公司等（见表 5-7）。因此，虽然阿联酋的油气行业主要由阿布扎比国家石油公司主导，但也存在一定的投资机会。

表 5-7　2023 年外国投资者在阿联酋油气上游合作规模

合作企业	企业所在国	权益可采储量 （亿吨油当量）	权益产量 （亿吨油当量）
埃克森美孚公司	美国	6.45	0
国际石油开发帝石控股公司	日本	4.99	0
埃尼石油公司	意大利	4.42	0
道达尔能源公司	法国	4.13	0.03
西方石油公司	美国	4.09	0.01
中国石油海外投资（中东）有限公司	中国	2.81	0
猎鹰石油天然气公司	荷兰	1.24	0
科斯莫阿布扎比能源开发有限公司	日本	0.74	0
奥地利石油天然气集团	奥地利	0.68	0.02
ENEOS 控股公司	日本	0.37	0
卢克石油公司	俄罗斯	0.32	0
中国石油	中国	0.30	0
韩国财团	韩国	0.29	0
泰国国家石油勘探和生产有限公司	泰国	0.91	0
联合石油开发公司	日本	0.19	0
巴拉特石油公司	印度	0.13	0
印度石油公司	印度	0.13	0
意大利埃尼石油公司	意大利	0.09	0
中国中化控股有限责任公司	中国	0.05	0
政府控股（私营）有限公司	巴基斯坦	0.03	0

续表

合作企业	企业所在国	权益可采储量（亿吨油当量）	权益产量（亿吨油当量）
马里石油公司	巴基斯坦	0.03	0
石油天然气开发有限公司	巴基斯坦	0.03	0
巴基斯坦石油公司	巴基斯坦	0.03	0
意大利埃尼石油公司	意大利	0.02	0
波兰国营石油公司	波兰	0	0
韩国国家石油公司	韩国	0	0
DNO 公司	挪威	0	0
派特法有限公司	英国	0	0

资料来源：根据 S&P Global（https://energyportal.ci.spglobal.com/home）数据整理。

在核能方面，截至 2023 年阿联酋的核电项目只有一个——巴拉卡（Barakah）核电站，随着该核电项目的完成，与核电运营服务、燃料供应、技术提升等相关的服务项目或可成为外商投资的机会。阿联酋国家核能公司虽然将开发权和部分运营权授予韩国电力公司，但从 2010 年开始与法国、日本、韩国的核电企业商谈后续运营合作，保持项目运营期的竞争力。2023 年，阿联酋核能公司（ENEC）启动"ADVANCE"计划，评估小型堆和微堆的最新技术，并与美国泰拉能源签署钠冷快堆纳特瑞姆（Natrium）合作协议，以推动核能技术的商业化。因此，外商企业在阿联酋核能方面的潜在投资机会较大。

在可再生能源与电力方面，2021 年 10 月，阿联酋宣布了《2050 年零排放战略倡议》，计划在可再生能源领域投资超过 6000 亿迪拉姆（约合 1644 亿美元），到 2050 年将全国清洁能源供应比例提升至 50%（其中 44% 为可再生能源，6% 为核能）。为如期达到 2050 年实现净零排放的目标，阿联酋能源部门正在推动越来越多的光伏、储能、氢能等可再生能源和清洁能源项目落地。2021 年，阿联酋主权基金穆巴达拉投资公司［阿联酋能源开发商马斯达尔（Masdar）母公司］与阿布扎比国家石油公司、阿布扎比控股公司共同组建了氢能联盟,因此外商在氢能产业链建设方面有潜在的投资机会。2023 年 9 月,阿联酋水电公司(EWEC)正式对外宣布,将启动 1500 兆瓦的新卡兹纳(Khazna)太阳能光伏独立电力项目(IPP)的招标程序。此外,阿联酋水电公司还计划至少再启动两个 1500 兆瓦的太阳能光伏项目。因此,阿联酋对可再生能源领域和电力的重视,为外资公司进入该国可再生能源领域和电力提供了机会。

1.7 沙特

1.7.1 投资环境关键指标

在政治经济环境方面,2023 年沙特在惠誉解决方案国别风险评价全球排名第 36 位,国别风险综合指数为 31.3,排名较为靠前。沙特的政治风险主要是其内部政治体系不稳定、宗教派系冲突、地缘政治环境的复杂性,政治风险指数为 35.5。沙特的短期经济风险主要受到石油价格波动和全球经济环境的影响。根据 IMF 的报告,2024 年沙特的经济增长率预计为 2.6%,相比之前的预测下降了 0.1 个百分点。这表明短期内沙特经济面临一定的挑战,尤其是在全球经济增长放缓的背景下。长期来看,沙特正通过实施《2030 年愿景》加速经济转型,从传统的资源出口依赖转向发展多元经济和实现可持续发展。这一转型策略旨在减少对石油行业的依赖,并推动非石油部门的发展。普华永道《沙特经济观察》报告显示,沙特非石油部门的收入已经显著增长,从 2016 年的 1630 亿美元增至 2022 年的 4110 亿美元,预计 2023 年将同比进一步增长 11%。[①] 这表明沙特在长期内具备较强的经济韧性和较大的增长潜力。沙特作业风险指数为 33.2,作业风险主要包括劳动法的复杂性、严格的安全管理要求、不断变化的技术法规以及文化和习俗的差异。由于沙特经济结构较为单一和政策透明度不足等,财税吸引力指数为 1.00,排名在末尾位置(见图 5-7)。

---

① "Vision 2030 on Track at the Half-way Mark:Saudi Economy Watch," https://www.pwc.com/m1/en/publications/saudi-economy-watch.html.

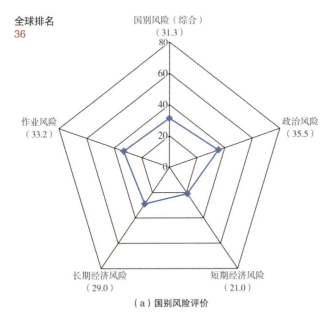

（a）国别风险评价

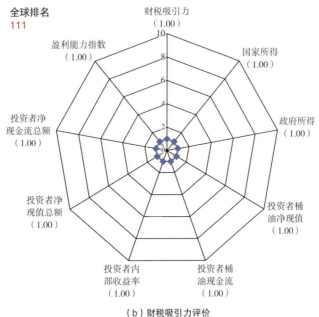

（b）财税吸引力评价

图 5-7 沙特政治经济环境风险评价

资料来源：根据惠誉解决方案及 S&P Global（https://energyportal.ci.spglobal.com/home）数据绘制。

在营商环境方面，沙特于 2016 年推出《2030 年愿景》，根据该愿景，沙特描绘了经济多元化发展蓝图，希望通过市场化经济摆脱能源依赖，计划到 2030 年提高私营企业占 GDP 比例至 65%，提高外国直接投资占 GDP 比例至 5.7%。沙特对外国投资者持包容和欢迎的态度，对外资准入实行负面清单制度，鼓励外国企业在水利领域开展投资活动，但在采矿业行业，除其相关服务领域，石油勘探、采掘和生产等相关投资活动严格禁止外国投资者进入。沙特积极改善商业环境，近年来在营商便利性方面取得了显著进展，为投资者提供了更加友好的经营条件。2023 年惠誉将沙特的长期信用评级从"A"上调至"A+"，评级展望为"稳定"，这一提升得益于沙特政府稳健的财政和庞大的资金储备；标普则维持对沙特长期和短期信用评级分别为"A"和"A-1"（见表 5–1），标普认为沙特近年来推出可持续发展政策的效果显著，具体包括推动非石油经济增长和扩大非石油税基等措施，这些措施有助于持续改善沙特的经济和金融状况。[①]此外，沙特与伊朗的紧张局势有所缓和。2023 年 3 月，沙特和伊朗两国在断交七年后宣布同意恢复外交关系，为外交关系正常化和新一轮投资合作铺平了道路。

1.7.2　投资挑战

尽管沙特在油气和新能源领域存在一些潜在的投资机会，外国投资者在沙特的投资活动仍面临来自政治环境、社会环境和本地化政策环境等宏观环境以及能源行业微观环境方面的挑战。

在宏观环境方面，从政治环境来看，由沙特王室内部权力结构剧烈变动引发的潜在风险有可能导致社会动荡。此外，当权者更迭可能导致内政部、经济和计划部、石油部关键负责人更换，带来政策不稳定。从社会环境来看，沙特社会总体稳定，但恐怖主义事件仍有发生，境外恐怖分子回

---

① "S&P Global Ratings，" 2023，https://disclosure.spglobal.com/ratings/en/regulatory/org-details/sectorCode/SOV/entityId/370198.

流、胡塞武装越境袭击对沙特国内安全构成威胁。从本地化政策环境来看，沙特实施《地区总部计划》，沙特政府计划从 2024 年开始停止与区域总部设在沙特以外国家的公司、机构或主权基金等签署合同，旨在鼓励跨国企业将地区总部设在沙特境内，从而增强沙特经济韧性并使其多元化。但至 2023 年该计划的具体实行措施、对投资者的审核标准以及企业将区域总部迁至沙特后的具体激励措施仍不明确。此外，沙特实施人员本地化政策，要求所有在沙特经营的企业必须优先雇用一定比例的沙特人，这对企业寻求雇用能胜任工作岗位的员工提出了挑战。做好沙特化工作已成为当地政府在为企业提供资质审核、签证配额等公共服务和招标授标过程中考量的重要指标。

在能源行业微观环境方面，外国投资者面临沙特破解"资源诅咒"难、国际油价波动以及非油气出口产品缺乏竞争力的问题。沙特作为一个重要石油生产国，存在所谓的"资源诅咒"现象，即沙特过度依赖自然资源，这可能会限制经济的多元化发展，从而影响到吸引外资的能力，而短期内沙特很难破解这一难题。在国际油价波动方面，国际油价的波动对沙特经济有重大影响，这种不稳定性可能会使外国投资者对长期投资持谨慎态度。此外，沙特在非油气产品出口方面面临多种障碍，包括与外国公司的产品相比缺乏竞争力和缺乏关于潜在出口市场的信息。这些障碍可能会影响沙特在全球市场上的竞争力。

1.7.3 投资机会

沙特阿拉伯投资部（MISA）为外国投资者了解沙特、投资沙特提供了平台①，投资者还可通过该平台进行企业注册和投资管理。能源相关投资机遇如下。

在煤炭方面，沙特作为世界上最大的石油出口国之一，煤炭在该国的能源消费结构中并不占主导地位，沙特的煤炭产业占比相对较小，伴随着

---

① "A Global Investment Hub," Saudi Arabia，https://misa.gov.sa/en/.

清洁能源需求的增加，煤炭领域潜在的投资机会较小。

在油气方面，虽然沙特石油和天然气资源极其丰富，但是对于外国投资者存在较多限制，特别是对于上游行业，沙特油气资源勘探开发由沙特国家石油公司沙特阿美垄断。尽管如此，油气勘探开发相关的制造业仍存在一定投资机会。在下游行业，沙特在全球基础、中型和专业化学工业领域处于领先地位，也是中东和北非地区最大的化工国家。沙特希望基于数十年的化工行业投资经验在《2030 年愿景》阶段构建世界上最大的集成化工综合体，这为投资者提供了更多机会，《2030 年愿景》提出到 2030 年提高化工行业的生产力和竞争力，相关投资项目如表 5-8 所示。沙特化工行业的外商投资者将受益于低成本优势、世界一流大学、研发中心、供应商、基础设施和物流服务在内的稳固生态系统。

表 5-8　沙特油气勘探开发相关行业投资机会

项目	总价值（万美元）	项目介绍
油气井水泥设备制造	2500	为沙特生产油气井建造相关的水泥设备
油气井尾管悬挂器制造	2500	为沙特生产油气井尾管悬挂器
高分子量聚乙烯生产	5800	在沙特建设年产能为 2 万 ~2.5 万吨的高分子量聚乙烯生产企业以服务区域以及国际市场
对苯二甲酸二酯生产	6300	在沙特建设年产能为 5 万 ~5.5 万吨的对苯二甲酸二酯生产企业以服务区域以及国际市场
油气井封隔器制造	7500	为沙特生产油气井封隔器
聚羧酸醚生产	7500	在沙特建设年产能为 4 万 ~5 万吨的聚羧酸醚生产企业以服务区域以及国际市场
聚乙烯醇缩丁醛生产	7700	在沙特建设年产能为 4.5 万 ~5 万吨的聚乙烯醇缩丁醛生产企业以服务区域以及国际市场
氢氟酸 / 氟化氢生产	17600	在沙特建设年产能为 4 万 ~4.5 万吨的氢氟酸 / 氟化氢生产线以服务区域市场和国际市场

续表

项目	总价值 （万美元）	项目介绍
乙烯 – 乙烯醇共聚物（EVOH）生产	18300	在沙特建设年产能为 3.5 万 ~4 万吨的乙烯 – 乙烯醇共聚物生产企业以服务沙特以及海合会国家市场
甲氧基聚乙二醇（MPEG）生产	22700	在沙特建设年产能为 4 万 ~4.5 万吨的甲氧基聚乙二醇生产企业以服务沙特以及海合会国家市场
聚丁二醇醚（PTMEG）生产	27100	在沙特建设年产能为 3.5 万 ~4 万吨的聚丁二醇醚生产企业以服务沙特以及海合会国家市场
超高分子量聚乙烯纤维（UHMWPE）生产	47700	在沙特建设年产能为 2 万 ~2.5 万吨的超高分子量聚乙烯纤维生产企业以服务国内以及区域市场

资料来源：根据沙特王国投资局（https://investsaudi.sa/en/）2023 年数据整理。

在核能方面，沙特计划在 2030 年以前新建 16 座核电站，耗资约 10 亿美元，总发电量可达 22 吉瓦时。同时，沙特也将考虑开发成本更低的模块化小型核反应堆。但由于沙特并不掌握核电相关关键技术，沙特将与韩国、中国、俄罗斯和法国等国家启动其首座核电站的招标程序。因此，沙特核能方面潜在投资机会较大。

在可再生能源和电力方面，沙特在可再生能源领域也极具投资潜力，具备良好的能源发展基础。可再生能源行业是沙特为实现《2030 年愿景》着力开发的关键领域，特别是在光伏和陆上风能领域具有广阔的发展前景，沙特政府鼓励外国私营投资者参与，允许可再生能源领域项目有外国投资者 100% 控股。沙特《国家投资战略》特别提出了"绿色沙特倡议"（the Saudi Green Initiative），强调要加强氢能、光伏与风能产业的发展，并为可再生能源项目提供租赁补贴、关税豁免等优惠政策。沙特在《2030 年愿景》中设定目标到 2030 年，实现新能源发电装机 58.7 吉瓦，其中光伏 40 吉瓦、风力发电 16 吉瓦、光热发电 2.7 吉瓦。根据沙特国家新能源发展规划[①]，2030 年新能源发电装机的 30%（17.61 吉瓦）项目通过公开招标进行，至 2021 年已完成前两轮招标，第三轮正在进行中；70% 通过邀请开发商开展竞争性谈判进行。

更多关于沙特的投资信息可参见 Invest Saudi（https://investsaudi.sa/en/）网站。

1.8 伊朗

1.8.1 投资环境关键指标

在政治经济环境方面，2023 年伊朗在惠誉解决方案国别风险评价全球排名第 144 位。伊朗国别风险综合指数为 55.3，排名在中间位置。伊朗实行政教合一制度，宗教与政治紧密结合，其政治环境具有一定的复杂性。尽管自 2022 年以来，美国和伊朗之间的紧张关系不断升级，但地区紧张局势有所缓解，伊朗与沙特在中国的调解下恢复双边关系，并在双方首都重新设立大使馆，伊朗政治风险指数为 55.3。伊朗的经济风险主要源于多个方面。首先是美国对伊朗的经济制裁，这些制裁限制了伊朗的石油出口和对外贸易，对其金融市场稳定性也造成了冲击。其次是全球经济环境的变化，如大宗商品价格的波动对伊朗经济构成了风险。此外，伊朗国内经济结构相对单一，过度依赖能源出口，这也增加了其经济风险。作业风险主要包括技术风险、安全风险和环保风险等。技术风险主要是伊朗地质条件的复杂性和勘探技术的局限性导致勘探结果的不确定性。安全风险是受恶劣的工作环境和地缘政治影响，工作人员生命安全受到威胁。因此，伊朗作业风险较高，作业风险指数为 58.6。由于伊朗复杂的税收体系和政策的不确定性以及美国对伊朗制裁等因素，财税吸引力指数为 2.36，排名在末位（见图 5–8）。

---

① 《沙特阿拉伯新能源市场的特点、机遇和挑战概述》，沙特阿拉伯中资企业协会，2021 年 10 月 18 日，http://saudi-cocc.net/info/cocc/483.html#:~:text=%E6%B2%99%E7%89%B9%E9%98%BF%E6%8B%89%E4%BC%AF%E6%96%B0%E8%83%BD%E6%BA%90%E5%B8%82%E5%9C%BA。

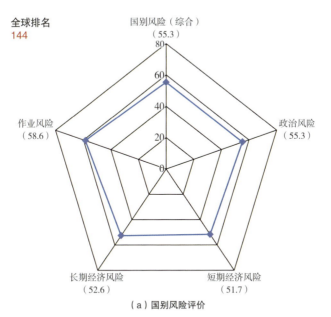

（a）国别风险评价

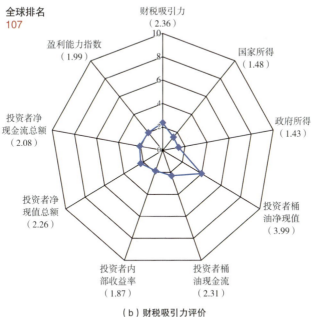

（b）财税吸引力评价

图 5-8 伊朗政治经济环境风险评价

资料来源：根据惠誉解决方案及 S&P Global（https://energyportal.ci.spglobal.com/home）数据绘制。

在营商环境方面，受经济制裁、政治不确定性和地缘政治局势复杂等因素的影响，四大评级机构惠誉、标普、穆迪、大公均没有对伊朗的信用评级进行公示。

1.8.2　投资挑战

尽管伊朗在油气和新能源领域等方面存在一些潜在的投资机会，但外国投资者在伊朗的投资活动仍面临来自政治环境和经济环境等宏观环境以及能源行业微观环境方面的挑战。

在宏观环境方面，从政治环境来看，美国制裁伊朗给外国投资者在伊朗的投资活动带来众多不确定性，美伊关系持续紧张，未来两国关系走势仍不明朗。伊朗企业背景复杂，股权结构透明度较低，被列入制裁名单的实体如革命卫队、波斯湾石化公司与伊朗国内众多公司有股权联系，而且伊朗主要商业银行受到制裁。外资企业在伊朗投资时，被制裁的可能性极高，从而增加投资风险。从经济环境来看，伊朗的经济环境不稳定，其经济发展严重依赖石油和天然气产业，经济活动和政府收入在很大程度上取决于石油收入，因此，全球油价波动对伊朗经济影响较大。与此同时，伊朗面临高通货膨胀和外汇市场危机等问题。

在能源行业微观环境方面，外国投资者面临法律和合同条款限制、基础设施和财税政策不足等风险。在法律和合同条款方面，伊朗宪法和相关法律对外国所有权有限制，外国公司在伊朗只能作为承包商而非业主开展经营活动。尽管伊朗政府试图通过修改财税条款来吸引外资，并且推出了新的石油和天然气开发合同模式，但新合同模式尚未得到议会批准，且具体实施细节不明确。此外，由于受到制裁和其他外部因素的影响，伊朗在技术和知识转移方面面临挑战，这将限制伊朗能源行业的发展潜力，从而影响其吸引外国投资的能力。例如，由于受到美国制裁伊朗无法购买到关键设备如大型压缩机，道达尔能源与中国石油先后退出伊朗南帕尔斯（South Pars）天然气田项目。在基础设施和财税政策方面，尽管伊朗油气资源丰富，但由于基础设施不足和财税政策不具吸引力，外国投资者的参与度不高。

1.8.3　投资机会

长期以来，受到美国和欧洲国家制裁，伊朗的经济和能源产业遭受巨大影响，尽管是中东能源大国，但伊朗的资源一直未得到大规模和充分开发。伊朗在水利工程、清洁能源等领域大力支持外资投资并促进技术转让，能源相关投资机遇如下。

在煤炭方面，伊朗主要资源是天然气和石油，因此对煤炭的开采和利用相对较少，伊朗的煤炭产业相对较小，伴随着清洁能源需求的增加，煤炭领域潜在的投资机会较少。

在油气方面，截至 2023 年 12 月底，伊朗在 17 个盆地发现 206 个油气田、421 个油气藏，石油剩余 2P 可采储量约 165 亿吨，天然气剩余 2P 可采储量约为 31.6 万亿立方米。油气主要分布于扎格罗斯和中阿拉伯地质省南帕尔斯，绝大部分为碳酸岩油气藏。伊朗国家石油公司计划在扎格罗斯褶皱带以及波斯湾北部和南里海盆地大部分未勘探地区加大勘探力度。该公司已经确定了 40 个油气区块，其中 13 个区块被确定为最优先级，受制裁影响，这些区块均未开展对外合作。随着对伊朗制裁的解除，预计伊朗国家石油公司会将以上勘探区块作为第一批开展对外招标合作的区块。[①] 在油气上游勘探开发领域，2023 年共有来自 6 个国家的 7 家外国公司参与了伊朗油气上游勘探开发，拥有的权益可采储量共计 1.37 亿吨油当量。其中，参与伊朗油气上游勘探开发拥有的权益可采储量最大的企业为 Promsyryeimport 石油公司（见表 5-9）。因此，外国投资者在天然气勘探开发和加工及配套设施建设等方面有潜在的投资机会。

---

① 郭鹏、傅雷、裴国平：《伊朗油气对外合作现状及展望》，《国际石油经济》2023
年第 4 期，第 79~86 页。

表 5-9 2023 年外国投资者在伊朗油气上游合作规模

合作企业	企业所在国	权益可采储量（亿吨油当量）
Promsyryeimport 石油公司	俄罗斯	1.37
中国石油	中国	0
意大利埃尼石油公司	意大利	0
越南国家油气集团	越南	0
巴西国家石油公司	巴西	0
SKS 风险投资私人有限公司	马来西亚	0
鞑靼石油公司	俄罗斯	0

资料来源：根据 S&P Global（https://energyportal.ci.spglobal.com/home）数据整理。

在核能方面，统计数据显示，[①] 到 2023 年，伊朗核能发电量为 6635 吉瓦时，其峰值数值为 2017 年和 2018 年的接近 7000 吉瓦时。伊朗核能领域已具备稳定的运营基础，同时历史上核能发电量达到较高水平，显示出该领域具有较大的投资潜力，增长前景较好。

在可再生能源和电力方面，由于伊朗严重依赖天然气和石油发电，同时国家给化石燃料提供补贴，因此能源使用效率较低，伊朗成为世界上单位 GDP 能耗排名靠前的国家。为推动能源绿色化，伊朗计划从发电系统着手，建设太阳能、风力发电和水力发电装置以逐步取代传统的化石能源发电站。2017 年，伊朗政府计划在 2030 年前投资约 1870 亿美元建设可再生能源发电系统，包括开发约 490 亿瓦特的太阳能发电系统、770 亿瓦特的风力发电系统和 210 亿瓦特的水力发电系统。伊朗投资优惠政策和招标项目具体信息可参见 Invest In Iran 官方网站（https://ipa.investiniran.ir/en/）。

---

① "Nuclear Power Generatio," Our World in Data, https://ourworldindata.org/explorers/energy?tab=chart&country=~IRN&pickerSort=asc&pickerMetric=entityName&Total+or+Breakdown=Select+a+source&Energy+or+Electricity=Electricity+only&Metric=Annual+generation&Select+a+source=Nuclear.

1.9　埃及

1.9.1　投资环境关键指标

在政治经济环境方面，2023 年埃及在惠誉解决方案国别风险评价全球排名第 89 位，在 S&P Global 财税吸引力评价中全球排名第 79 位。埃及国别风险综合指数为 46.9，排名处于中间位置。埃及的政治风险涉及地缘政治、内部政治、国际关系以及恐怖主义和武装冲突等多个层面，政治风险指数为 41.1。埃及的短期经济风险主要是埃及大幅上调利率并将埃镑汇率市场化，导致货币贬值，从而引发通胀飙升、外汇短缺和债务高企的问题。埃及的长期经济风险主要在于工业化进程不顺，贸易逆差严重，同时过度采取刺激政策也可能导致一些长期成本（如通货膨胀加剧）产生。埃及作业风险指数为 50.2，作业风险主要涉及劳动纠纷、经济和金融市场的不稳定以及社会保障制度的不足。埃及在油气合作方面的财税吸引力较低，财税吸引力指数为 4.69，排名相对靠后（见图 5-9）。

在营商环境方面，根据 UNCTAD 数据，尽管流向埃及的 FDI 金额恢复增长，由 2021 年的 51.22 亿美元增长至 2022 年 114 亿美元，并且在 2022 年吸收 FDI 金额处非洲大陆第一位，占非洲大陆总外国投资量的 25% 以上，但投资者仍面临如官僚主义、缺乏透明度和法律法规执行不均衡等相关问题。2023 年，惠誉将埃及的长期信用评级十年来首次由"B+"下调至"B"，展望"负面"，认为埃及没有按照国际货币基金组织的要求实施灵活的汇率，当前其汇率轨迹高度不确定、外部流动性缓冲减少，这将削弱人们对汇率及货币价值的信心，增加外部融资的风险。[①] 基于同样的考量，穆迪将埃及的信用评级从"B2"下调至"B3"（见表 5-1）。穆迪指出，虽然埃及与国际货币基金组织达成的贷款协议或将增加可持续的

---

① "Egypt Credit Ratings," Fitch Rating, https://www.fitchratings.com/entity/egypt-80442214.

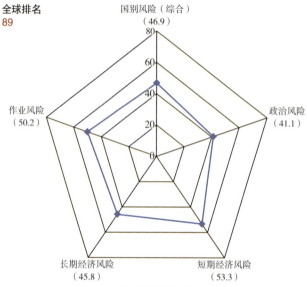

（a）国别风险评价

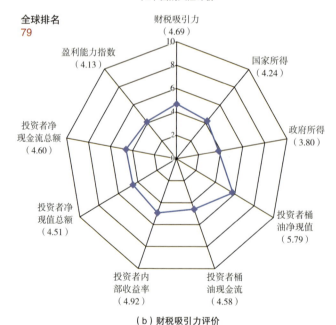

（b）财税吸引力评价

图 5-9　埃及政治经济环境风险评价

资料来源：根据惠誉解决方案及 S&P Global（https://energyportal.ci.spglobal.com/home）数据绘制。

资本流动，但这尚需时间，预计短期内资本流动不会迅速恢复。[①] 近年来，埃及近邻的安全状况整体有所改善，但该地区联盟间相互关系复杂，存在不确定因素。

1.9.2　投资挑战

尽管埃及在油气、可再生能源、电力和核能等方面存在一些潜在的投资机会，外国投资者在埃及的投资活动仍面临来自政治环境、金融市场环境和人力资本市场环境等宏观环境以及能源行业微观环境方面的挑战。

在宏观环境方面，从政治环境来看，尽管埃及刑法典中规定了滥用权力、蓄意腐败、行贿和受贿等犯罪行为，但没有规定企业应承担的相关责任，因此，外商在投标过程中因法律漏洞而出现不公平竞争现象的可能性大大增加，公平竞争体系遭到破坏的投资环境会降低埃及吸引外资的能力，并增加外国投资者的风险。从金融市场环境来看，埃及外汇违约风险上升，受新冠疫情、俄乌冲突、国际能源价格高企以及美联储加息等多方面因素影响，埃及外汇紧缺问题较为严重。据埃及央行公布的数据，[②]2023 年 6 月底埃及外债总额为 1647 亿美元，其中短期外债 281 亿美元，占比 17%；中长期外债 1366 亿美元，占比 83%。从人力资本市场环境来看，埃及是劳务净输出国，政府一直限制外籍劳务进入埃及市场，外籍人员进入埃及困难。按照埃及法律，在企业工作的外籍人员人数不得超过总雇佣人数的 10%。当无法获得具有必要技能的当地员工时，名义上允许外籍劳工比例放宽到 20%，但实际申请非常困难。埃及工作签证发放较为严格，需经过漫长的安全审查。

在能源行业微观环境方面，外国投资者面临能源政策和战略规划不

---

① MOODY'S，2023，https://www.moodys.com/research/Moodys-places-Egypts-B3-ratings-on-review-for-downgrade--PR_476628.

② 《埃及：对外投资合作国别（地区）指南（2023 年版）》，商务部，http://www.mofcom.gov.cn/dl/gbdqzn/upload/aiji.pdf。

确定以及基础设施不足等方面的挑战。埃及虽然允许外商直接投资部分电力项目，且未来更多发电将来自可再生能源[①]，但政策和战略规划的不确定性可能会让外国投资者感到困惑，不确定投资是否能够得到持续的支持和保护。此外，在基础设施方面，虽然埃及相对于大多数非洲国家基础设施发达，但在油气开发等领域，仍可能存在基础设施不足或人力资源短缺的问题，因而会影响项目的顺利进行。

1.9.3　投资机会

埃及规划和经济发展部在 2022 年发布的《埃及可持续发展融资报告》中指出，虽然国有企业在石油、天然气和工业领域发挥着至关重要的作用，但当前埃及的经济由私营企业主导，占商业企业的 99% 以上。[②]同时，埃及拥有良好的公私伙伴关系项目监管框架用以吸引私人资本，促进经济增长和发展。在该框架下，1990~2019 年，埃及实施了 55 个公私合作项目，总投资达 103 亿美元，分布在能源、电信和运输部门。在金砖十国中，目前阿联酋是埃及的最大投资国，投资集中在石油和天然气行业。在能源方面的投资分析如下。

在煤炭方面，埃及政府在 2017 年颁布的第 72 号投资法中规定了一些特殊的激励措施，如应税净利润折扣，相当于苏伊士运河经济区和金三角经济区（A）区投资成本的 50% 折扣。[③]当前，埃及的煤炭资源主要分布在以东部山脉为标志的东部沙漠。具体投资信息可参见 Invest in Egypt 官方网站（https://www.investinegypt.gov.eg/english/pages/exploreMap.

① 张梅：《埃及：允许外商直接投资能源项目》，《中国投资》2015 年第 1 期，第 14 页。

② "في مصر المستدامة تمويل التنمية," https://mped.gov.eg/AdminPanel/sharedFiles/22-00538-Egypt_Report-AR-final_dd4.pdf.

③ 2017 年 72 号《投资法》实施条例中文参考译本，埃及投资与自由区总局，https://www.gafi.gov.eg/English/StartaBusiness/Laws-and-Regulations/PublishingImages/Pages/BusinessLaws/investment%20lawchinese.pdf。

aspx?secId=129）。

在油气方面，埃及是除石油输出国组织之外非洲最大的石油生产国，也是非洲最大的石油和天然气消费国。埃及政府鼓励国际石油公司参与石油和天然气行业，目前超过 50 个国际石油公司在埃及开展业务。埃及石油部通过建立勘探和生产网站（https://eug.petroleum.gov.eg/dp/controller/PLEASE_LOGIN_PAGE）提供研究、勘探和开发领域以及拍卖领域的所有地质和地球物理数据、项目数据，以鼓励和吸引外商投资。在上游勘探开发领域，自 2021 年启动以来，埃及上游勘探开发网站已推进五轮石油和天然气项目招标，计划于 2023 年再进行两轮招标；2023 年共有来自 21 个国家的 44 家外国公司参与了埃及油气上游勘探开发，拥有的权益可采储量共计 19.81 亿吨油当量，权益产量共计 0.19 亿吨油当量，其中参与埃及油气上游勘探开发拥有的权益可采储量最大的企业为埃尼石油公司、碧辟公司、阿帕奇石油公司等（见表 5-10）。在产业下游方面，根据埃及投资与自由区总局公布的信息，投资机会主要集中在能源服务站建设运营[1] 和石油化工产品生产[2] 两个方面。

表 5-10　2023 年外国投资者在埃及油气上游合作规模

合作企业	业务所在国	权益可采储量（亿吨油当量）	权益产量（亿吨油当量）
埃尼石油公司	意大利	4.87	0.09
碧辟公司	英国	3.91	0.03
阿帕奇石油公司	美国	2.64	0
阿联酋国家石油有限公司	阿联酋	1.52	0
俄罗斯石油公司	俄罗斯	0.58	0.05
中国石化	中国	1.16	0

---

[1] "Oil and Gas," https://www.investinegypt.gov.eg/english/pages/exploremap.aspx?secId=123.

[2] "Petrochemicals，" https://www.investinegypt.gov.eg/english/pages/exploremap.aspx?secId=95.

合作企业	业务所在国	权益可采储量（亿吨油当量）	权益产量（亿吨油当量）
壳牌公司	英国	0.86	0
能源集团	英国	0.64	0
马来西亚国家石油公司	马来西亚	0.57	0
温特斯豪德亚股份公司	德国	0.50	0
阿布扎比投资公司	阿联酋	0.21	0.02
达纳天然气股份公司	阿联酋	0.40	0
摩羯能源公司	英国	0.28	0
雪佛龙股份有限公司	美国	0.22	0
埃克森美孚公司	美国	0.19	0
联合能源集团有限公司	中国	0.15	0
科威特石油公司	科威特	0.15	0
赫迪 - 布沙马维父子石油公司	突尼斯	0.14	0
卢克石油公司	俄罗斯	0.13	0
奥拜耶德石油与采油公司	奥地利	0.09	0
中国北方工业有限公司	中国	0.08	0
法罗斯能源公司	英国	0.08	0
乌克兰国家石油公司	乌克兰	0.07	0
阿佩克斯国际能源有限责任公司	美国	0.06	0
瓦可能源公司	美国	0.05	0
穆罕默德 - 巴尔瓦尼 控股有限责任公司	阿曼	0.04	0
国家石油公司	智利	0.04	0
依那纳夫特工业股份公司	克罗地亚	0.04	0
韩国国家石油公司	韩国	0.03	0
道达尔能源公司	法国	0.03	0
地中海能源公司	加拿大	0.02	0
SDX 能源公司	英国	0.01	0
多佛尔石油公司	加拿大	0.01	0

续表

合作企业	业务所在国	权益可采储量 （亿吨油当量）	权益产量 （亿吨油当量）
太平洋石油有限公司	塞舌尔	0.01	0
扎鲁别日内夫公司	俄罗斯	0.01	0
艾福瑞能源有限公司	南非	0.01	0
联合石油天然气有限公司	英国	0.01	0
克里森特石油公司	阿联酋	0	0
恩奎斯特公司	英国	0	0
木槿花石油有限公司	马来西亚	0	0
印度石油天然气公司	印度	0	0
罗克波特勘探公司	英国	0	0
桑尼希尔能源有限公司	英国	0	0
图洛石油公司	英国	0	0

资料来源：根据 S&P Global（https://energyportal.ci.spglobal.com/home）数据整理。

　　在核能方面，目前埃及没有正在运行的核电站，由俄罗斯国家原子能集团公司建设的达巴核电站预计将于 2030 年全面投入运行。该核电站拟建 4 台 VVER-1200 机组，总装机容量 480 万千瓦，3 号机组已于 2023 年 5 月 3 日完成混凝土浇筑仪式，4 号机组也已获得埃及核与辐射管理局颁发建设许可证，并计划于 2023 年 11 月施工建设。因此，外国投资者在达巴核电站项目有潜在的投资机会。

　　在电力与可再生能源方面，埃及是太阳能带地区的国家之一，被认为是最适合太阳能发电设备的地区。该地区平均垂直太阳辐射量为每年 2000~32000 千瓦时 / 平方米，日照率为每天 9~11 小时，这为开发各种太阳能项目提供了良好的自然基础。国际金融公司（The International Finance Corporation）预计埃及将在未来十年（自 2018 年起）超过南非，成为非洲最大的电力市场。^① 埃及《2035 年综合可持续能源战略》指出，埃及计划到 2035 年将可再生能源发电的供应量提高到 42%，其中风能占 14%、水电占 2%、太阳能占 25%，预计私营部门将提供其中的大部分发电量。^② 此外，埃及政府在 2021 年宣布，到 2030 年，所有新增公共部门投资支出都将是绿色的。2022 年 11 月，埃及主办了 COP27，会上，埃及政府表示将继续制定一揽子投资激励措施，其中包括对苏伊士运河经济区、新行政首都和上埃及项目进行税收减免，快速批准和许可（20 天内）绿色氢、绿色氨、电动汽车制造和充电、塑料替代品和废物管理方面的新投资和项目提案等，旨在进一步吸引太阳能和风能、绿氢、海水淡化、可持续交通、电动汽车、智能城市和电网以及可持续建筑材料等领域的外国投资。根据埃及投资与自由区总局公布的信息，当前投资机会主要集中在光伏发电站和风力发电站的建设方面。^③

1.10　埃塞俄比亚

1.10.1　投资环境关键指标

在政治经济环境方面，2023 年埃塞俄比亚在惠誉解决方案国别风险评价全球排名第 181 位，在 S&P Global 财税吸引力评价全球排名第 25 位。埃塞俄比亚国别风险综合指数为 63.2，排名在中间偏后位置。埃塞俄比亚的政治风险指数较高，为 70.5，主要源于多民族国家背景下的民族冲突和分裂风险，如提格雷冲突等，威胁了国家的稳定与统一。除埃塞俄比亚内部政治矛盾外，埃塞俄比亚及其所在的非洲之角和泛红海地区，从 20 世纪冷战时期

---

①　"The Unseen Sector: A Report on The Msme Opportunity in South Africa," https://www.ifc.org/content/dam/ifc/doclink/2019/south-africa-market-study.pdf.

②　《埃及发布〈2035 年综合可持续能源战略〉》，国际能源网，2020 年 2 月 1 日，https://www.in-en.com/article/html/energy-2286190.shtml。

③　"Electricity and Renewable Energy," Invest in Egypt, https://www.investinegypt.gov.eg/english/pages/exploremap.aspx?secId=85.

至今一直是地缘政治博弈的主战场。随着埃塞俄比亚复兴大坝的完工，埃塞俄比亚与南苏丹、埃及之间的关系进一步复杂化，加剧了该国的地缘政治风险。埃塞俄比亚面临包括潜在的债务违约风险、社会冲突和政治动荡导致的偿债问题、外汇管制和货币贬值对经济稳定性的影响，以及地缘政治紧张局势带来的不确定性等一系列经济风险。作业风险主要包括：施工生产安全风险，如恶劣的施工环境、传染病威胁和自然灾害等；政治与恐怖袭击风险，此类风险由地区政治不稳定和武装冲突引发，可能导致项目中断和人员伤亡；社会文化环境风险，如工会游行、政府办事效率低等可能影响项目进展。埃塞俄比亚作业风险指数为 66.5。埃塞俄比亚为外商提供优惠税收政策，简化税收程序，税收管理的效率和透明度均较高，因而可以为投资者提供更为便捷、高效的税收服务，其丰富的自然资源和广阔的市场前景也为投资者提供了较多的投资机会。这些因素共同使得埃塞俄比亚的财税环境相对有吸引力，吸引力指数为 6.46，排名靠前（见图 5-10）。

在营商环境方面，与肯尼亚等邻国外商投资活跃和大力发展对外贸易不同，埃塞俄比亚从 2018 年才逐步允许外资进入能源等原来政府垄断的行业。尽管埃塞俄比亚开展了一系列大规模经济政治改革，但是其经济的结构性障碍仍然存在。2022 年东南部地区干旱、北部武装冲突、区域政治紧张等问题给埃塞俄比亚经济带来了巨大挑战，埃塞俄比亚宏观经济呈现通货膨胀率高、外汇短缺严重、财政预算赤字扩大的特点。因而，惠誉将埃塞俄比亚的长期信用评级由 "CCC" 降为 "CCC-"。标普保持埃塞俄比亚长期信用评级为 "CCC"（见表 5-1），前景展望仍为 "负面"。

1.10.2　投资挑战

尽管埃塞俄比亚在油气、可再生能源和电力等方面存在一些潜在的投资机会，外国投资者在埃塞俄比亚的投资活动仍面临来自社会稳定性环境、基础设施环境和劳动力市场环境等宏观环境以及能源行业微观环境方面的挑战。

在宏观环境方面，从社会稳定性环境来看，埃塞俄比亚近年来在各

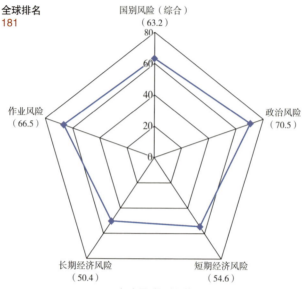

（a）国别风险评价

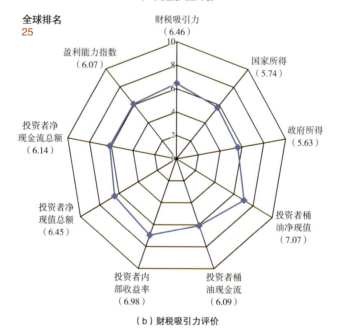

（b）财税吸引力评价

图 5-10　埃塞俄比亚政治经济环境风险评价

资料来源：根据惠誉解决方案及 S&P Global（https://energyportal.ci.spglobal.com/home）数据绘制。

州和族群交界区冲突不断。全球冲突事件数据库 ACLED 数据显示，由于 2020 年以来埃塞俄比亚政府军与"提格雷人民解放阵线"的内战进入白热化阶段，埃塞俄比亚风险事件数量大幅提升，截至 2023 年 8 月，埃塞俄比亚国内武装冲突仍在持续。日益恶化的安全局势将给项目推进带来巨大的未知风险。从基础设施环境来看，埃塞俄比亚国内基础设施尤其是交通基础设施相对落后，存在公路交通拥堵、铁路运力极度不足等问题。其国内 90% 以上的运量依靠公路运输，而目前只有一条由中国公司负责修建的亚吉铁路连接埃塞俄比亚首都至吉布提，这是埃塞俄比亚连接海上运输的唯一通道，这些问题的存在，可能会严重制约项目的产能。从劳动力市场环境来看，埃塞俄比亚国内工会势力较大，有时会通过罢工等方式要求加薪或保护员工权益，影响外国公司顺利开展项目。

在能源行业微观环境方面，外国投资者面临电力短缺、能源电力需求巨大、清洁能源发展受到制约和跨境电力贸易带来挑战等方面的问题。尽管埃塞俄比亚拥有丰富的可再生能源资源，但目前仍面临严重的电力短缺问题，能源电力需求巨大。这种供需矛盾加之电力基础设施落后可能会影响外国投资者的积极性。在清洁能源发展方面，虽然埃塞俄比亚在清洁能源领域拥有丰富的资源和国际合作的良好基础，但其发展受到气候、工业发展不足等的制约，外商投资下降。当涉及跨国电力交易时，埃塞俄比亚能源市场可能对外资缺乏吸引力。

1.10.3　投资机会

尽管埃塞俄比亚面临一些经济挑战，但仍有许多潜在投资机会。埃塞俄比亚拥有丰富的自然资源和充足的劳动力，在石油、电力和可再生能源行业极具发展潜力。此外，政府正在推动经济多元化和基础设施建设，以吸引更多的投资，促进经济增长。可能的投资机会如下。

在煤炭方面，埃塞俄比亚矿藏丰富，煤炭工业起步相对较晚，资源勘探与估算相关研究尚处于初期阶段，煤炭储量预估可达 2.97 亿吨，具有较大的发展和投资潜力。埃塞俄比亚政府大力推进煤矿开采，以缓解煤炭进口依赖。2022 年 1 月，埃塞俄比亚矿产和石油部（MoMP）为 8 家矿业公司颁发大型煤炭开采许可证。其中，太阳煤矿（Sun Mining Coal）工厂已在南部古拉格（Gurage）区举行煤炭生产线启动奠基仪式。2023 年，埃塞俄比亚公司 Yo Holding 宣布，在该国建立了第一个洗煤厂，以帮助该国降低煤炭进口成本。Yo Holding 积极与国际公司合作，促进国际先进技术和知识向埃塞俄比亚转移。因此，外国投资者在煤炭资源勘探与估算相关研究等方面拥有潜在的投资机会。

在油气方面，目前埃塞俄比亚石油和天然气主要集中在与索马里交界的欧加登盆地，但埃塞俄比亚石油行业对国内生产总值的贡献率较低，且资源勘探与开发总体上处于起步阶段。2020 年，埃塞俄比亚政府为鼓励外国投资者在石油领域加大投资开发力度，制定了为期 10 年的石油业发展政策和路线图，旨在通过监管改革吸引当地和外国投资、推动行业科技进步等。埃塞俄比亚一直没有进行石油大规模商业开发。目前埃塞俄比亚尚没有重要的油气管道和规模化的液化天然气厂。考虑到该地区油气行业面临的基础设施薄弱和政治安全风险高等问题，2019 年率先进入埃塞俄比亚油气市场的保利协鑫天然气集团也已退出该国区块。在油气上游勘探开发领域，2023 年共有来自 4 个国家的 5 家外国公司参与了埃塞俄比亚油气上游勘探开发，曾参与过合作。

在核能方面，埃塞俄比亚计划发展核能用于发电、医疗和农业等。埃塞俄比亚已与国际原子能机构和其他国家签署合作协议，在核科学技术方面进行合作。埃塞俄比亚正在为建造核电站做准备，并希望在未来十年内建设低功率核电机组。2023 年，埃塞俄比亚在圣彼得堡举行的俄罗斯 – 非洲经济和人道主义论坛期间与俄罗斯签署了和平利用核技术合作协议。①

---

① "Zimbabwe and Ethiopia Sign Nuclear Energy Cooperation Agreements with Russia," World Nuclear News, https://www.world-nuclear-news.org/Articles/Zimbabwe-and-Ethiopia-sign-nuclear-energy-cooperat.

　　在电力与可再生能源方面，埃塞俄比亚目前电气化水平仍低于 50%，其电力需求正在迅速增长，预计 2021~2030 年年均增长率将达到 11.6%。为了满足电力增长需求，埃塞俄比亚计划加强与私营部门合作，到 2030 年将装机发电能力从 4500 兆瓦增加到 19900 兆瓦。[①] 埃塞俄比亚政府鼓励私人投资者从事批量电力生产，允许其与埃塞俄比亚电力服务公司签订电力买卖合同，私营部门可参与任何形式的电力开发，没有生产容量限制。埃塞俄比亚可再生能源较为丰富，但利用率极低，其中水能、风能、地热能和太阳能利用率均未超过 5%，清洁能源发电具有巨大的开发潜力。在水能方面，在该国 12 条主要流域中有 8 条被认为极具水电开发潜力，这些地区可安装约 300 座水力发电厂（40~60 兆瓦）。在风能方面，埃塞俄比亚风能发电潜力约为 5.2 千瓦时 / 平方米。在地热能方面，埃塞俄比亚确定了其在东非裂谷的 16 个潜在地热资源投资区。在太阳能方面，埃塞俄比亚估计有 1350 吉瓦太阳能发电潜力，开发程度不到 1%。这为投资者提供了建立电力离网发电系统的机会。

---

① "Investment Opportunities," Ethiopian Investment Commission, https://investethiopia. gov.et/key-sectors/emerging-sectors/energy/.

2

金砖十国深化
能源合作的策略

在全球政治经济格局加速重构、不确定性日益凸显的背景下，保障能源安全是金砖十国在能源领域开启战略合作的重点，金砖十国一方面应当立足于优势互补，加强能源产业的多边战略合作；另一方面应该共同积极完善多边能源治理机制。金砖十国要建设"和平金砖"、"创新金砖"、"绿色金砖"、"公正金砖"和"人文金砖"，把金砖打造成促进"全球南方"团结合作的主要渠道、推动全球治理变革的先锋力量，开创"大金砖合作"高质量发展新局面。① 未来，金砖十国加强能源合作主要集中在以下几个方面。

2.1 加强传统能源合作的策略

第一，突破油气勘探开发理论框架和技术瓶颈，实现金砖内部资源与技术强强联合。从全球油气勘探新发现来看，近年来陆上油气勘探目标逐渐由浅层转向深层和超深层，由大规模构造油气藏转向小规模隐蔽复杂油

---

① 《习近平在金砖国家领导人第十六次会晤上的讲话（全文）》，中国政府网，2024年10月23日，https://www.gov.cn/yaowen/liebiao/202410/content_6982368.htm。

气藏；海域油气勘探由浅海转向深海和超深海；自然条件极端严酷的极地地区已成为重要的勘探领域。随着油气勘探开发难度的逐渐加大，部分金砖产油国在油气联合勘探等方面积极寻求对外合作，对技术升级和外国投资均有较大需求。近年来，中国在石油勘探开发技术方面多次实现突破，为推动东道国油气高效开发打造了多项成功典范。在巴西深海，中国石油和中国海油参建了世界最大深水油田布兹奥斯项目助推其快速上产；在中东地区，中国石油探索创新推出"中东巨厚复杂碳酸盐岩油藏亿吨级产能工程及高效开发"等技术，创建了中东地区巨厚复杂碳酸盐岩快速建设和高效开发新模式，充分展示了中国石油在中东高端市场雄厚的技术实力；在北极亚马尔，中国石油会同道达尔能源等合作伙伴，升级打造 LNG 超级工程，创造了人类在北极这一极寒敏感地区勘探开发天然气的新纪录。未来，更多的油气资源国加入金砖国家后，高度互补的能源供需关系不仅将驱动成员国之间的货物贸易往来更加密切，更将推动技术型国家与资源型国家深化合作，加快对资源国进行油气投资和资源开发，满足消费国因经济发展和人口增长产生的能源需求。在金砖机制下进一步实现强强联合，必将提高金砖十国能源系统的韧性。

第二，完善多边合作框架，建立全产业链投资合作新模式。目前金砖十国的油气项目合作以双边为主，仍缺乏"一站式"的多边能源合作机制。早在 2012 年，中国与印度石油公司便在南苏丹合作开采 1/2/4 区块；2018 年，中国与印度石油公司在阿联酋合作开采下扎库姆油田项目，为金砖国家多边合作模式的构建提供了宝贵经验。金砖国家扩员后不仅油气资源储量大幅上涨，而且跨越四大洲（欧洲、亚洲、非洲、南美洲），覆盖霍尔木兹海峡、苏伊士运河等战略重地，为开展多边合作奠定了坚实的基础，但也对多边合作机制的完善提出了更高要求。扩员后的金砖国家间需要面对的地缘政治形势更加复杂，加之油气资源是对经济形势极其敏感的特殊资源，金砖十国应成立专门协调机构，建立协调机制，通过多层次、多领域、多渠道促进和加强金砖十国间的双边和多边能源合作，并进一步与其他国际组织对接，扩大金砖十国的"朋友圈"。此外中东地区主要油气资源国的加入也为延伸产业链奠定了基础，有助于金砖国家探索建立从上游生产到下游消费的全产业链合作新模式，形成集勘探开发、管道运营、炼油化工、工程服务、基础设施建设等业务于一体的合作机制，共建金砖油气产业合作集群。

第三，推动生产方式转型，实现金砖能源合作从传统生产方式向高新技术生产方式转型。目前，金砖十国在传统能源领域展开了多方面的技术合作，包括能源资源开采、能源基础设施建设以及能源利用等全产业链技术合作。推动能源合作从传统生产方式向高新技术生产方式转型是提高能源生产效率、减少资源浪费从而缓解能源供需矛盾和保护环境的有效手段。在陆上和深海油气勘探开发、LNG 开发、天然气管道建设、煤合成油等领域，中国已经与巴西、俄罗斯、南非等国能源企业成功地开展了科技项目合作。金砖十国应该持续加强传统能源生产中的高新技术应用，例如，通过纳米技术和采用新材料提高油气采收率，通过多用途激光工具与钻井技术结合，即由激光熔融替代机械破岩，提高钻井效率等。为加速这一转型进程，金砖十国不断推动技术创新与产业升级。同时，鉴于技术研发与推广过程中有大量资金需求，建议金砖国家探索建立专项科技合作基金，为关键技术的研发与应用提供稳定、可持续的资金支持，确保转型之路顺畅。通过一系列努力，金砖十国将共同引领全球能源生产方式的变革，为实现可持续发展贡献力量。

第四，推动数字化技术应用，实现金砖能源合作与数字化技术的深度融合。随着数字行业蓬勃兴起，"大云物移智链"等信息技术与能源领域深度融合，传统能源行业面临深刻变革，新能源技术也处于发展的关键时期。在传统能源领域，数字化技术在能源生产中的应用已经取得了一定进展。金砖十国在传统能源资源开采方面积极采用智能化设备和传感器，以实现生产过程的实时监控。例如，在油田开采中，通过网络连接的传感器收集地下数据，提高油井的生产效率，减少资源浪费和损失。此外，数字化技术还可以改善工人的工作条件，减少意外事故的发生。全球油气行业数字化转型加速，油气行业将迎来深刻变革。新一代人工智能技术在石油工业上游的全面应用，将实现对油气行业传统流程的升级优化和组织再造，大幅度降低油气生产成本，增强企业竞争力和油气行业持续生存的能力。在智能电网领域，金砖十国正在建设先进的电网基础设施，以实现电力的安全可靠供应。目前，中国已建成规模最大、安全可靠、全球领先的电网，供电可靠性居世界前列。中国积极推动跨国、跨区域能源基础设施联通，为推动多种能源协同互补和增进中外贸易互惠创造条件。智能电网技术的应用使电力分配更加智能化和高效，有助于减少电力中断和浪费，减少能源损失。"互联网 +"智慧能源、储能、区块链、综合能源服务等一大批能源新技术、新模式、新业态蓬勃兴起。得益于数字化技术的应用，能源行业实现了巨大变革。推动金砖十国间能源合作与数字化、智能化技术深度融合，将提高传统能源与新能源领域合作效率，极大地改善能源行业生态。金砖各国能源企业、研究机构和行业智库应加强交流研讨，共同推动科技创新，助力能源领域数字化、智能化发展，为能源行业进一步转型升级提供技术支撑。

2.2　加强新能源合作的策略

第一，达成合作减排共识，保障新能源关键矿产稳定供应。随着全球环境问题日益严重，作为能源生产和消费大国，金砖十国碳减排压力巨大，绿色能源转型任务艰巨。绿色能源转型关键是能源电气化转型。电气化需要大量新型能源基础设施，而基础设施则依赖关键矿产，主要包括铜、镍、钴、锂、稀土元素（REE）、石墨和多晶硅等。国际能源署估计，到 2040 年实现全球净零排放需要目前使用的关键矿产投入量的 6 倍，而到 2050 年，清洁能源技术对关键矿产的需求将达到 4000 亿美元以上。这意味着在新型电力系统下，关键矿产就是新的石油。[1] 金砖国家扩员后，

---

① 周玉渊：《非洲关键矿产的大国竞争：动因、特征与影响》，《西亚非洲》2024 年第 4 期。

金砖成员国将控制世界 72% 的稀土、75% 的锰、50% 的石墨、28% 的镍等关键矿产资源，金砖国家内部有能力通过相互投资保障关键矿产供应链安全。这一方面为金砖各国新能源的可持续发展奠定了"金色基石"，另一方面也为各国经济发展带来了新的增长点。为此，在能源需求快速增长和绿色低碳转型双重压力下，金砖十国应始终坚守"开放、包容、合作、共赢"的理念，通过深化合作推动新能源项目建设与关键矿产资源贸易挂钩，深化能源安全与转型协同的合作共识，携手推进新能源项目落地和关键资源供应链建设，共同助推金砖十国绿色高质量发展。

第二，打破新能源贸易壁垒，拓展新能源合作空间。近年来金砖十国在新能源领域合作方面取得了显著成果，但不可否认的是，金砖十国之间的新能源产业贸易壁垒仍然存在。其中，比较突出的表现是印度对中国新能源产品进行"双反"调查，以及印度用关税限制中国光伏出口。[①] 中国新能源企业凭借着产业链完备和建设经验丰富等优势本可以加速印度新能源发展目标的实现，然而由于存在贸易壁垒，中印在深化新能源合作的过程中遇到了较多阻力。金砖国家扩员后可再生能源发展空间进一步拓展，根据 Rystad Energy 预测，2050 年扩员后的金砖十国 80% 以上的电力将来自可再生能源，总容量将达到 11 太瓦，是预测七国集团 4.5 太瓦的两倍多，成为可再生能源转型的全球领导者。[②] 随着近年来光伏和风电成本的快速下降，同时大多数成员国拥有丰富的自然资源和大量优质劳动力，金砖可再生能源市场具有较大的增长空间。因此，金砖十国应主动打破新能源相关贸易壁垒，以长远的眼光谋求更加长远的共同利益，不因纠结于短期市场份额的得失而错过新能源发展的黄金期。特别是中国作为金砖国家合作机制的倡导者和新能源转型的引领者，应积极寻求与其他金砖九国

---

① 林伯强:《携手金砖十国，开展全面新能源合作》，中国能源政策研究院，2022 年 7 月 28 日，https://cicep.xmu.edu.cn/info/1012/6951.htm。

② "New BRICS Members Solidify The Bloc's Renewable Leadership," https://oilprice. com/Alternative-Energy/Renewable-Energy/New-BRICS-Members-Solidify-The-Blocs-Renewable-Leadership.html.

在新能源领域开展更协同、更深入、更细致的合作，而其他金砖九国也应积极利用中国在新能源发展上的技术优势和成功经验助推本国能源快速转型。

第三，绿色金融合作渐成规模，绿色低碳技术实现升级突破。近年来，以金砖十国为代表的新兴市场国家地位相对上升。在新能源发展、绿色经济转型等领域，金砖十国作为广大新兴市场国家和发展中国家的代表，已开展了一系列切实有效的合作。2012 年成立的新开发银行，近年来不断推动成员国发展绿色经济，推进节能减排，同时也为推动金砖十国能源转型提供了强有力的金融支撑。随着金砖十国能源增量市场的进一步扩大，新能源行业有望成为推动金砖十国经济增长的新动能，金砖十国也需要实现从全球环境治理的"跟跑者"向"领跑者"转变。[①] 除绿色金融之外，金砖十国也在探讨碳市场方面的合作。目前，针对新一代核能、氢能、生物质能、智能电网、煤炭清洁利用、深水、数字油田、CCUS 等事关未来能源系统低碳的关键技术，在共建理念下，应以《金砖国家创新合作行动计划（2021—2024）》为引领，建立政府搭台、以企业和科研机构为参与主体的技术创新联盟，培育创新生态系统网络（包括孵化器和初创企业），建立创新和技术数据库，推广研发项目。针对在技术研发与推广过程中面临的资金挑战，金砖十国携手创立能源科技合作专项基金，推动能源技术的创新与普及。建议在金砖框架下，综合考虑金砖国家新能源整体情况，大力开展绿色金融合作，升级绿色低碳技术，积极参与全球能源议程制定，将新能源发展优势转化为政治力量，在国际上争取合理碳排放的话语权。

第四，携手推进新能源合作，促进能源生产朝高效、清洁方向转型。从新能源领域来看，随着全球环境问题的日益严重，新能源技术已成为金砖十国间合作的重点领域。太阳能、风能、水能等可再生能源是未

---

① 《金砖国家力争全球治理话语权》，国合中心，2022 年 7 月 10 日，https://www.icc.org.cn/trends/mediareports/176.html。

来能源生产的重要组成部分，通过深化合作共享技术和经验，金砖十国可以加速可再生能源的发展和利用，减少对化石燃料的依赖。然而，目前新能源发展技术尚未成熟，尤其在新能源发电领域，新能源项目建设需要电力系统的支持和配合，金砖各国应在金砖合作机制框架下，加强对话与交流，共同总结经验，在电网升级改造等方面加强合作，加速发展新能源技术。此外，金砖十国应加强包括氢能、核能在内的清洁和可再生能源开发、提高能效和替代技术应用等领域的技术交流和合作。为助力新能源稳步发展，金砖十国可以共同研究和开发先进的能源储存技术，如燃料电池技术，以应对可再生能源的波动性问题和能源供应的挑战。

第五，推动能源技术创新，实现金砖十国间在技术研发、科研成果共享、科研人员培养等方面的合作。金砖十国能源合作前景广阔，加强以上领域的合作，将促进金砖十国可持续能源发展，减少环境污染，并为应对未来的能源挑战提供创新性解决方案。首先，金砖十国可以设立科技基金用于能源技术研发，合作开展研究项目，包括可再生能源技术、储能技术、碳捕获与储存技术等，以提高能源生产效率、减少排放、降低成本，并推动清洁能源的发展。这种合作有助于满足国内能源需求。其次，金砖十国可以建立科研成果共享机制。通过共享科研成果、技术创新和最佳实践，各国能够互相受益，避免重复努力，加快创新和发展的步伐。科研成果不仅包括学术界的研究成果，还包括工业界的最新技术和实验室成果，共享这些成果可以推动整个能源产业的发展。另外，金砖十国应注重科研人员的培养和合作。通过设立科研交流项目、奖学金计划和安排科研人员互访，促进各国之间的人才流动和合作，加强科研人员之间的交流，培养更多的能源科技领域专业人才。这有助于各国在能源领域拥有更加强大的研究和创新能力。最后，金砖十国可以合作开展跨国科研项目。这些项目可以涵盖传统能源和新能源技术的改进及创新，投资这些项目，金砖国家将加速技术的开发和应用，加强能源领域的前沿研究。

2.3　深化能源金融合作的策略

第一，加速推进"去美元化"进程，牢牢把握国际能源产品定价权。2023 年，沙特和伊朗携手加入金砖，加上俄罗斯，全球三大产油国在金砖"会师"，由此金砖国家石油生产量占全球石油供应量的 42%，与扩员前相比增加了一倍。同时，金砖国家还包括世界上最大的两个油气进口国，即中国和印度。金砖十国内部的生产国和消费国之间存在众多共同利益，这将促进全球石油行业在金砖机制框架内实现更为高效和协同的政策协调。油气资源在金砖内部的重新整合将有助于金砖十国实现对能源供应的掌控，并在国际市场上实现资源的自主定价。特别是随着能源制裁越来越普遍，越来越多的双边能源交易正在以其他货币结算，如人民币或印度卢比。2023 年 7 月，印度首次以印度法定货币卢比与阿联酋进行原油交易，取代了此前以美元进行结算的交易方式。目前，沙特也正考虑使用人民币与中国进行石油交易。这意味着全球第一大原油出口国业务重心向亚洲转移，美元在全球石油市场的主导地位将进一步削弱。诚然，由于制度黏性以及美国金融市场的深度和广度不断拓展，美国仍是全球最大的金融市场之一，美元仍在一段时间内处于主导地位。但在摆脱石油美元的深度捆绑、维护能源安全的共同战略目标下，金砖国家扩员后能够建立更具影响力的新型金融框架，进一步促进金砖十国之间使用本币结算，加强从双边清算向多边清算过渡，推动金砖货币结算从概念走向现实，打造推动金砖十国能源合作的金融共同体，共同维护油气市场稳定。

第二，绿色金融合作渐成规模，金砖国家新开发银行进一步助力低碳转型。2017 年，金砖十国第九次会晤《厦门宣言》首次提出加强金砖十国间应对气候变化合作、扩大绿色融资，此后绿色金融成为金砖十国推动可持续发展的重要抓手。自 2012 年成立以来，新开发银行持续扮演绿色经济发展的"催化剂"角色，不仅促进成员国迈向低碳未来，还通过金融杠杆的精准运用，为金砖十国的能源结构转型铺设了坚实的资金桥梁。

2021 年，NDB 开始扩员，接纳孟加拉国、埃及、阿拉伯国和乌拉圭为新成员。在能源投资领域，金砖十新开发银行已参与可再生能源及清洁能源相关融资项目 10 余个。在项目涉及领域方面，金砖国家新开发银行融资项目不仅包括风电、太阳能发电、水电等可再生能源发电项目，还包括与可再生能源电力项目配套、增强可再生能源电力消纳能力的电网项目。随着金砖国家的扩员，在"金砖 +"合作模式的吸引下，NDB 的绿色融资能力将进一步增强，成为新兴市场和发展中国家传统能源基础设施建设的推动者、可持续发展方案的实施者、气候投融资方案的关键支持者。目前，绿色金融相关的产品仍限于转型债券、与可持续发展挂钩的贷款和债券。以新开发银行为首的金融机构可参照绿色金融产品体系，为服务高碳主体低碳转型设计"工具箱"，如为减碳技术风险兜底的保险产品、专门支持高碳能源企业转型升级的一、二级市场基金产品等。

第三，打造"金砖 +"碳交易市场，以碳交易为纽带构建金砖十国合作交流的新平台、新机制。碳市场是一种通过碳排放权的交易来控制和减少温室气体排放的市场。在金砖十国中只有中国有成型的全国性碳交易市场。2021 年 12 月 31 日，中国碳市场第一个履约周期顺利结束，初步显现其促进发电行业重点排放单位加快绿色低碳转型的作用。俄罗斯在萨哈林州实施试点碳市场，该试点为俄罗斯建立全国碳市场迈出了重要一步。巴西碳市场还在模拟阶段。南非还没有建立碳市场，但拥有"碳抵消"市场。"碳抵消"可以帮助高排放企业减轻碳税负担。印度针对能源密集型行业的能效提升，设立了类似的节能凭证交易（PAT）机制。在扩员国家中，阿联酋于 2023 年成立阿联酋碳联盟，旨在推动碳市场生态系统的发展。沙特成立区域自愿碳交易市场（VCM），并计划于 2024 年初启动该市场。埃及于 2022 年启动非洲首个自愿碳交易市场。伊朗与埃塞俄比亚的碳交易市场仍处于计划建设中。扩员后，无论是金砖十国中的新兴经济体还是油气生产大国均面临较大的碳减排压力，同时，金砖十国的碳交易市场建设大多处于初期阶段，这为合作减排、共同打造"金砖 +"碳交易市场创造了机遇。2022 年，中国厦门产权交易中心完成了首批 2000 吨金砖国家的核证碳减排交易，其中巴西碳交易 1065 吨，印度碳交易 935 吨，这是金砖国家跨境碳交易的一次成功尝试。未来，金砖十国可进一步借鉴欧盟碳交易市场的先进经验，结合金砖十国的具体国情，以碳交易为纽带在可再生能源开发、绿色低碳技术转移和低碳产品国际贸易等领域开展合作，从能源、产业、技术、碳市场等多维度、多渠道促进新兴经济体和发展中国家的双边和多边合作，积极参与制定和完善国际碳交易市场规则。

金砖国家未来扩员及能源合作前景

金砖国家合作机制的扩员进程加速，能源合作正展现出前所未有的活力与潜力。随着金砖国家成员数量的不断增加，这一多边合作平台不仅在"全球南方"合作和全球治理体系中扮演着日益重要的角色，更在推动全球能源合作与转型方面发挥着引领作用。扩员后的金砖国家应采取集体行动，促进成员国之间和与其他国家间的自由贸易、应对气候变化和公共卫生危机等，努力实现金砖机制成立之初许下的壮志。①

3.1　意向加入国基本情况及能源资源情况

金砖国家作为全球新兴市场和发展中国家的核心代表，其扩员计划备受瞩目。意向加入国遍布亚洲、非洲、拉丁美洲及欧洲，这些国家不仅在GDP和人口规模上展现出巨大的优势，还在能源领域拥有各自独特的优势。

在众多意向加入国中，部分国家因其独特的能源优势、发展潜力和与金砖国家现有的合作基础，成为未来扩员中的亮点。表5-11是申请加入金砖合作机制的国家清单。

---

① 吉姆·奥尼尔：《金砖机制的机遇和挑战》，《财新周刊》2024年第42期，第43页。

表 5-11 申请加入金砖合作机制的国家清单

区域	国家	能源发展现状及潜力	合作领域
亚洲	孟加拉国	电力供应短缺 石油净进口国 风资源条件一般 光照资源尚可 潜在铀和钍矿资源	新能源
	巴林	石油资源较丰富 石油贸易中心	传统能源
	哈萨克斯坦	中亚最大的石油生产国 风能、光照资源丰富 可再生资源发电占比逐渐增多 铀矿资源丰富	传统能源 / 新能源
	科威特	石油产量中东地区第五 电力行业受石油价格波动影响	传统能源
	印度尼西亚	丰富的天然资源储量 大规模的地热能储量 丰富的生物质资源 丰富的海洋资源（如潮汐能、波浪能） 太阳能和风能开发潜力巨大	传统能源 / 新能源
	泰国	化石能源匮乏 政府优先建设大型水电项目 大力发展风能和太阳能 积极探索核能作为清洁能源的方向	新能源
	越南	东南亚第二大石油储量国 东南亚第三大石油生产国 风能、太阳能开发潜力较大 电力短缺严重	传统能源 / 新能源
	伊拉克	石油产量中东地区第二 石油储量世界第五 电力供应不稳定 风能、太阳能资源丰富	传统能源 / 新能源
	巴基斯坦	煤炭、天然气为主要能源 长期电力短缺 油气资源匮乏 大力发展风电、水电、光伏项目	新能源
	巴勒斯坦	油气资源较为有限 电力供应不稳定 政府努力推动可再生能源发展	新能源
	土耳其	石油资源匮乏 全球增长最快的电力市场之一 天然气、水力资源较为丰富 铀矿资源丰富	新能源

区域	国家	能源发展现状及潜力	合作领域
非洲	阿尔及利亚	非洲第二大石油生产国 世界上重要的天然气生产国 电力市场发展良好 太阳能、水电项目较多 铀矿资源丰富	传统能源/ 新能源
	摩洛哥	油气资源匮乏 太阳能、风能、地热能资源丰富 电力发展良好 潜在非常规铀矿资源	新能源
	尼日利亚	油气资源丰富 原油、天然气储量非洲第一 电力严重短缺 太阳能资源丰富	传统能源/ 新能源
	塞内加尔	油气资源丰富 电力发展迅速 可再生能源发展迅速，已占能源结构的32% 铀矿资源丰富	传统能源/ 新能源
拉丁美洲	玻利维亚	南美洲第二大天然气生产国 水力资源丰富 风能、太阳能资源较为丰富 具有潜在铀矿资源	传统能源/ 新能源
	古巴	油气资源匮乏 可再生资源丰富，但基础薄弱	新能源
	洪都拉斯	油气资源匮乏 电力系统供应不足 水力、太阳能、风能资源丰富	新能源
	委内瑞拉	油气资源丰富 电力地区丰富不平衡 水电产业相对发达 太阳能资源丰富	传统能源/ 新能源
欧洲	白俄罗斯	油气资源有限 水力资源丰富	新能源
	波斯尼亚和黑塞哥维那	油气资源丰富 太阳能、风能资源丰富	传统能源/ 新能源

资料来源：根据公开资料整理。

传统能源投资潜力国包括伊拉克、科威特、尼日利亚、阿尔及利亚等国家。例如，尼日利亚是非洲最大的石油生产国之一，石油储量丰富，油质优良，开采难度低，是全球勘探开发热点地区之一，已探明石油储量 372 亿桶（约 53 亿吨），居非洲第一位；天然气储量居非洲第一位，达 5.93 万亿立方米。

新能源投资潜力国包括摩洛哥、洪都拉斯、波黑等国家。在这些申请国家中也有部分国家在传统能源和新能源方面均具备开发潜力，如哈萨克斯坦。哈萨克斯坦是中亚最大的石油生产国，也是最重要的天然气生产国之一。同时，哈萨克斯坦地处北半球风带，常年盛行东北风和西南风，每年的平均日照时间达 2200~3000 小时，风能与太阳能潜力巨大。

金砖十国可以借力金砖机制的影响力，充分发挥各国的能源优势，探索金砖十国联合第三方国家开展合作的可能性，以技术换资源，以资源换市场。根据第三方国家不同的能源特点和优势，针对各国的投资需求和投资重点，开展不同领域的合作，如与伊拉克、尼日利亚进行油气资源的合作，与洪都拉斯进行可再生能源的合作，搭建第三方合作平台，拓宽金砖十国的合作渠道。

3.2　未来能源合作前景展望

未来，金砖国家在能源资源、经济发展、能源治理等领域将展现出更加广阔的合作前景。扩员后的金砖国家合作机制不仅增强了其全球代表性，也更为紧密地连接了"全球南方"和发展中国家的共同利益。这一合作平台不仅为成员国提供了分享能源发展经验、技术和市场的机会，还将在促进区域能源安全、经济可持续发展以及全球能源治理等方面发挥重要作用。

金砖国家之间的能源合作将与"一带一路"倡议产生显著的协同效应。通过"一带一路"倡议与金砖合作的深度融合，金砖国家能够充分利用各自在能源资源、技术、市场等方面的优势，共同推动全球能源转型和可持续发展。"一带一路"共建和枢纽国家加入金砖合作机制后，金砖能源企业将迎来更多的投资合作机遇，进一步加快国际业务布局。

在传统能源领域，金砖国家将继续加强油气资源的勘探、开发和利用等方面的合作。特别是对于那些油气资源丰富的国家，如尼日利亚、委内瑞拉等，金砖国家之间的合作将有助于提升能源生产效率和供应链稳定性。同时，针对传统能源行业面临的挑战，如价格波动、环境污染等，金砖国家将共同探索更加有效的能源利用方式，推动传统能源行业的转型升级。

在能源治理方面，金砖国家将加强政策协调配合，共同应对全球能源市场变化和挑战。通过制定更加合理的能源政策和标准，金砖国家将促进全球能源市场的稳定和可持续发展。金砖国家还将加强在能源技术领域的交流与合作，共同推动传统能源技术的创新和发展。

在新能源领域，金砖国家之间的合作前景同样广阔。随着全球对清洁能源和可再生能源需求的不断增加，金砖国家将共同推动新能源技术的研发和应用。特别是对于那些新能源资源丰富的国家，如摩洛哥等，金砖国家之间的合作将有助于加快其新能源产业的发展步伐。

在新能源技术方面，金砖国家将加强在风能、太阳能、水能等领域的合作与交流。通过共同研发新技术、共享市场资源和经验，金砖国家将推动新能源技术的不断突破和创新。同时，金砖国家还将加强在新能源政策、标准和市场准入等方面的协调与合作，为新能源产业的健康发展提供有力的保障。

展望未来，金砖国家之间的能源合作将不断深化，合作领域将不断拓展。通过共同应对能源安全挑战、推动能源转型和可持续发展，金砖国家将携手构建更加公平、合理、高效的全球能源治理体系，为全球能源事业的繁荣与发展做出积极贡献。

数据附录

1 2013~2023 年金砖十国经济数据指标统计

GDP（万亿美元）											
国家及地区	2013年	2014年	2015年	2016年	2017年	2018年	2019年	2020年	2021年	2022年	2023年
巴西	2.47	2.46	1.80	1.80	2.06	1.92	1.87	1.48	1.65	1.92	2.17
俄罗斯	2.29	2.06	1.36	1.28	1.57	1.66	1.69	1.49	1.84	2.24	2.02
印度	1.86	2.04	2.10	2.29	2.65	2.70	2.84	2.67	3.15	3.42	3.55
中国	9.57	10.48	11.06	11.23	12.31	13.89	14.28	14.69	17.82	17.96	17.79
南非	0.40	0.38	0.35	0.32	0.38	0.41	0.39	0.34	0.42	0.41	0.38
埃塞俄比亚	0.05	0.06	0.06	0.07	0.08	0.08	0.10	0.11	0.11	0.13	0.16
沙特	0.75	0.77	0.67	0.67	0.71	0.85	0.84	0.73	0.87	1.11	1.07
阿联酋	0.40	0.41	0.37	0.37	0.39	0.42	0.42	0.35	0.42	0.51	0.50
伊朗	0.49	0.46	0.41	0.46	0.49	0.33	0.28	0.24	0.36	0.41	0.40
埃及	0.29	0.31	0.33	0.33	0.25	0.26	0.32	0.38	0.42	0.48	0.40
其他	59.14	60.42	56.76	57.69	60.58	64.02	64.75	62.79	70.09	72.30	76.98
金砖总	18.58	19.41	18.52	18.82	20.90	22.53	23.03	22.48	27.06	28.58	28.45
"全球南方+"	32.47	33.62	31.41	31.62	34.65	37.03	37.77	36.32	42.76	45.36	46.48
全球	77.71	79.84	75.28	76.52	81.48	86.54	87.78	85.27	97.15	100.88	105.44
人口（亿人）											
国家及地区	2013年	2014年	2015年	2016年	2017年	2018年	2019年	2020年	2021年	2022年	2023年
巴西	2.02	2.03	2.05	2.07	2.09	2.10	2.12	2.13	2.14	2.15	2.16
俄罗斯	1.44	1.44	1.44	1.44	1.44	1.44	1.44	1.44	1.44	1.44	1.44

续表

人口（亿人）										
国家及地区	2013年	2014年	2015年	2016年	2017年	2018年	2019年	2020年	2021年	2022年	2023年
印度	12.91	13.07	13.23	13.39	13.54	13.69	13.83	13.96	14.08	14.17	14.29
中国	13.63	13.72	13.80	13.88	13.96	14.03	14.08	14.11	14.12	14.12	14.11
南非	0.54	0.55	0.56	0.56	0.57	0.57	0.58	0.59	0.59	0.60	0.60
埃塞俄比亚	0.97	1.00	1.02	1.05	1.08	1.11	1.14	1.17	1.20	1.23	1.27
沙特	0.31	0.32	0.33	0.33	0.34	0.35	0.36	0.36	0.36	0.36	0.37
阿联酋	0.09	0.09	0.09	0.09	0.09	0.09	0.09	0.09	0.09	0.09	0.10
伊朗	0.78	0.80	0.82	0.83	0.85	0.86	0.87	0.87	0.88	0.89	0.89
埃及	0.93	0.96	0.98	1.00	1.02	1.04	1.06	1.07	1.09	1.11	1.13
其他	38.67	39.20	39.72	40.26	40.79	41.32	41.85	42.39	42.88	43.33	43.90
金砖总	33.63	33.97	34.32	34.65	34.98	35.28	35.56	35.81	36.01	36.18	36.35
"全球南方"	62.32	63.14	63.96	64.78	65.59	66.39	67.17	67.91	68.58	69.17	69.84
全球	72.29	73.17	74.04	74.90	75.76	76.60	77.42	78.20	78.88	79.51	80.25

出口贸易额（千亿美元）										
国家及地区	2013年	2014年	2015年	2016年	2017年	2018年	2019年	2020年	2021年	2022年	2023年
巴西	2.62	2.53	2.15	2.07	2.42	2.61	2.50	2.31	3.07	3.69	4.15
俄罗斯	5.78	5.49	3.82	3.09	3.81	4.52	4.27	3.27	4.57	5.14	4.84
印度	4.64	4.71	4.13	4.17	4.77	5.27	5.38	4.78	6.35	7.61	10.43
中国	24.14	25.59	24.90	23.01	24.86	27.52	27.64	28.41	37.16	39.68	40.12
南非	1.05	1.03	0.90	0.85	0.99	1.04	1.00	0.87	1.23	1.29	1.32
埃塞俄比亚	0.06	0.06	0.06	0.06	0.06	0.07	0.08	0.07	0.09	0.11	0.12
沙特	3.87	3.54	2.16	2.00	2.39	3.14	2.73	1.80	2.85	4.44	3.75
阿联酋	2.86	3.15	2.10	2.00	2.64	3.47	4.61	3.84	4.94	6.34	7.10
伊朗	0.90	0.90	0.63	0.77	1.02	0.58	0.35	0.65	0.85	1.13	
埃及	0.49	0.53	0.43	0.37	0.47	0.54	0.57	0.42	0.66	0.86	0.81
其他	179.08	181.21	160.83	159.28	175.97	193.10	190.60	169.29	208.78	233.03	291.17
金砖总	46.41	47.52	41.26	38.38	43.30	49.23	49.36	46.13	61.56	70.00	73.77
"全球南方"	103.03	102.25	88.08	84.15	95.61	107.79	107.27	96.23	125.17	142.93	162.30
全球	225.50	228.73	202.09	197.66	219.27	242.33	239.96	215.42	270.35	303.04	364.94

续表

进口贸易额（千亿美元）										
国家及地区	2013年	2014年	2015年	2016年	2017年	2018年	2019年	2020年	2021年	2022年	2023年
巴西	3.45	3.37	2.60	2.15	2.41	2.66	2.65	2.18	2.93	3.72	3.84
俄罗斯	4.41	4.07	2.70	2.51	3.08	3.32	3.42	2.86	3.55	2.83	4.04
印度	5.44	5.46	4.68	4.57	5.58	6.49	6.25	4.98	7.09	9.44	10.39
中国	21.76	23.09	20.29	19.63	22.45	25.83	25.21	24.28	30.51	30.97	32.86
南非	1.15	1.10	0.95	0.84	0.92	1.02	0.97	0.75	0.99	1.22	1.58
埃塞俄比亚	0.16	0.19	0.21	0.22	0.21	0.18	0.20	0.18	0.20	0.22	0.27
沙特	2.35	2.64	2.47	2.02	2.03	2.07	2.12	1.80	2.15	2.58	3.49
阿联酋	2.84	3.25	2.40	2.27	2.90	2.89	3.44	2.71	3.22	3.68	6.38
伊朗	0.61	0.68	0.57	0.56	0.64	0.60	0.55	0.45	0.59	0.72	0.93
埃及	0.79	0.84	0.81	0.73	0.79	0.90	0.92	0.78	0.96	1.05	1.12
其他	188.19	184.50	172.59	170.27	187.97	205.29	203.09	182.11	224.58	258.40	291.38
金砖总	42.96	44.71	37.69	35.50	41.02	45.97	45.72	40.98	52.20	56.42	64.91
"全球南方+"	104.77	98.87	93.69	90.06	102.69	112.95	112.11	99.92	126.54	141.77	154.60
全球	231.16	229.21	210.28	205.77	228.99	251.26	248.82	223.09	276.78	314.82	356.29

FDI 流出（百亿美元）										
国家及地区	2013年	2014年	2015年	2016年	2017年	2018年	2019年	2020年	2021年	2022年	2023年
巴西	−0.05	−0.33	−1.16	−0.59	1.90	−1.63	1.90	−1.34	2.05	3.21	2.99
俄罗斯	7.07	6.42	2.71	2.70	3.42	3.58	2.20	0.68	6.41	1.15	2.91
印度	0.17	1.18	0.76	0.51	1.11	1.14	1.31	1.11	1.73	1.46	1.33
中国	10.78	12.31	14.57	19.61	15.83	14.30	13.69	15.37	17.88	16.31	14.79
南非	0.66	0.77	0.57	0.45	0.74	0.41	0.31	−0.20	0.01	0.22	−0.28
埃塞俄比亚	—	—	—	—	—	—	—	—	—	—	—
沙特	0.49	0.54	0.54	0.93	0.82	1.93	1.46	0.54	2.47	2.70	1.61
阿联酋	0.88	1.17	1.67	1.57	1.41	1.51	2.12	1.89	2.25	2.48	2.23
伊朗	0.02	0.00	0.01	0.01	0.01	0.01	0.01	0.01	0.01	0.01	0.01

续表

国家及地区	FDI 流出（百亿美元）										
	2013年	2014年	2015年	2016年	2017年	2018年	2019年	2020年	2021年	2022年	2023年
埃及	0.03	0.03	0.02	0.02	0.02	0.03	0.04	0.03	0.04	0.03	0.04
其他	126.17	115.75	153.85	127.66	134.58	79.78	121.42	59.85	155.34	129.88	129.41
金砖总	20.06	22.09	19.68	25.20	25.25	21.28	23.05	18.10	32.84	27.57	25.63
"全球南方+"	48.95	50.80	59.66	56.14	44.97	35.05	39.13	18.29	61.01	56.26	33.17
全球	146.24	137.84	173.53	152.86	159.83	101.06	144.47	77.94	188.18	157.45	155.04

国家及地区	FDI 流入（百亿美元）										
	2013年	2014年	2015年	2016年	2017年	2018年	2019年	2020年	2021年	2022年	2023年
巴西	5.91	6.38	5.00	5.37	6.66	5.98	6.54	2.83	5.07	7.34	6.59
俄罗斯	5.34	2.92	1.19	3.72	2.60	1.32	3.21	1.04	3.86	-1.52	0.84
印度	2.82	3.46	4.41	4.45	3.99	4.22	5.06	6.41	4.48	4.94	2.82
中国	12.39	12.85	13.56	13.37	13.63	13.83	14.12	14.93	18.10	18.91	16.33
南非	0.83	0.58	0.17	0.22	0.20	0.54	0.51	0.31	4.02	0.92	0.52
埃塞俄比亚	0.13	0.19	0.26	0.41	0.40	0.34	0.25	0.24	0.43	0.37	0.33
沙特	0.34	0.15	0.40	2.20	0.10	1.21	0.31	0.16	2.31	2.81	1.23
阿联酋	0.98	1.11	0.86	0.96	1.04	1.04	1.79	1.99	2.07	2.27	3.07
伊朗	0.30	0.21	0.21	0.34	0.50	0.24	0.15	0.13	0.14	0.15	0.14
埃及	0.43	0.46	0.69	0.81	0.74	0.74	0.81	0.90	0.51	1.14	0.98
其他	116.02	111.42	178.22	170.06	135.23	108.05	140.06	69.79	121.15	98.17	100.24
金砖总	29.47	28.30	26.73	31.85	29.86	29.54	32.84	28.63	40.98	37.33	32.85
"全球南方+"	73.52	72.31	88.13	73.18	70.29	79.01	69.79	53.49	80.44	76.46	61.19
全球	145.49	139.72	204.96	201.91	165.09	137.58	172.90	98.42	162.13	135.50	133.09

注："—"表示无可用数据。

资料来源：WTO（https://stats.wto.org）；UNCTAD, FDI/MNE database (www.unctad.org/fdistatistics); Word Bank (https://data.worldbank.org.cn/indicator/SP.POP.TOTL?end= 2022&locations= BR-RU-IN-CN-ZA&start=2018&view=chart)。

2 2023 年金砖十国油气资源量评价结果

国家及地区	剩余可采储量（亿吨油当量）				储量增长（亿吨油当量）				待发现可采资源量（亿吨油当量）				非常规油技术可采储量（亿吨）				非常规气技术可采储量（万亿方）		
	石油	凝析油气	天然气	总量	石油	凝析油气	天然气	总量	石油	凝析油气	天然气	总量	页岩油	重油	油砂	油页岩	页岩气	煤层气	致密气
中国	40.47	2.48	62.10	105.06	4.86	0.35	10.56	15.76	160.26	/	331.12	491.38	52.39	7.67		138.87	12.05	11.16	10.29
印度	7.65	1.15	13.93	22.73	3.87	0.71	10.45	15.03	8.97	2.57	17.78	29.33	5.68	12.49	0.00	0.00	2.73	0.62	0.07
埃及	5.97	1.54	18.34	25.86	23.84	1.95	9.64	35.43	8.80	3.22	12.04	24.07	6.39	12.90	3.36	0.00	2.83	—	0.60
埃塞俄比亚	0.25	0.09	2.01	2.34	—	—	—	—	0.60	0.20	2.10	2.90	—	—	—	—	—	—	—
南非	0.16	0.31	1.54	2.01	2.30	0.03	8.20	0.03	0.73	0.51	3.32	4.56	0.00	0.00	0.00	0.00	3.99	1.00	1.20
沙特	382.69	9.76	96.29	488.74	43.86	10.20	48.87	102.93	61.49	8.87	54.25	124.62	8.79	160.24	0.00	57.01	8.75	0.00	3.18
伊朗	143.95	24.92	274.23	443.10	33.94	4.82	35.40	74.16	74.74	12.64	125.64	213.03	6.54	0.00	0.00	/	/	/	1.10
阿联酋	70.26	3.89	44.47	118.61	12.20	2.84	13.60	28.64	30.75	4.44	27.13	62.31	33.93	0.00	0.00	0.00	6.54	/	1.10
俄罗斯	194.63	24.21	341.79	560.64	63.79	3.72	64.98	132.49	148.84	38.43	406.67	593.95	130.26	88.96	125.67	338.18	19.71	13.14	6.34
巴西	65.77	2.18	23.57	91.51	25.49	0.80	8.66	34.95	284.32	4.53	57.97	346.83	14.80	45.70	0.00	153.23	7.39	0.02	0.80
金砖合计	911.80	70.54	878.27	1860.61	214.15	25.42	210.35	439.42	779.51	75.43	1038.03	1892.97	258.77	327.95	129.03	687.29	63.99	25.94	24.68
全球合计	1630.14	194.47	2083.48	3908.08	481.82	63.50	574.29	1119.62	1530.01	258.11	2011.13	3799.25	790.42	1274.79	638.91	1540.78	235.87	53.05	62.66
占比全球（%）	56	36	42	48	44	40	37	39	51	29	52	50	33	26	20	45	27	49	39

注："—"表示无可用数据。

资料来源：Lirong Dou, Zhixin Wen, Zhaoming Wang, Global Oil and Gas Resources: Potential and Distribution (Petroleum Industry Press and Springer, 2024), p.206。

3　2013~2023 年金砖十国能源产消数据统计

煤炭生产量（艾焦）											
国家及地区	2013年	2014年	2015年	2016年	2017年	2018年	2019年	2020年	2021年	2022年	2023年
巴西	0.15	0.15	0.12	0.11	0.09	0.10	0.09	0.10	0.12	0.11	0.10
俄罗斯	7.25	7.39	7.80	8.12	8.62	9.23	9.23	8.42	9.25	9.35	9.21
印度	10.71	11.28	11.77	11.89	11.99	12.80	12.60	12.59	13.38	15.05	16.75
中国	79.32	78.05	76.59	70.82	73.17	76.87	79.76	80.51	83.44	91.32	93.10
南非	6.08	6.20	5.96	6.01	5.97	6.01	6.02	5.88	5.53	5.44	5.41
埃塞俄比亚	—	—	—	—	—	—	—	—	—	—	—
沙特	—	—	—	—	—	—	—	—	—	—	—
阿联酋	—	—	—	—	—	—	—	—	—	—	—
伊朗	—	—	—	—	—	—	—	—	—	—	—
埃及	—	—	—	—	—	—	—	—	—	—	—
其他	62.01	61.99	58.21	54.93	55.65	57.51	57.13	49.04	51.01	52.82	54.67
金砖总	103.51	103.07	102.24	96.95	99.84	105.01	107.69	107.50	111.72	121.27	124.57
"全球南方"	128.49	127.05	125.15	120.20	123.25	130.18	134.07	130.95	136.36	147.73	153.02
全球	165.52	165.06	160.45	151.88	155.49	162.52	164.82	156.54	162.73	174.09	179.24
煤炭消费量（艾焦）											
国家及地区	2013年	2014年	2015年	2016年	2017年	2018年	2019年	2020年	2021年	2022年	2023年
巴西	0.69	0.73	0.74	0.67	0.70	0.69	0.65	0.59	0.71	0.59	0.57
俄罗斯	3.79	3.67	3.86	3.74	3.51	3.63	3.57	3.29	3.43	3.19	3.83
印度	14.44	15.84	16.17	16.52	17.05	17.93	17.96	16.97	19.30	20.09	21.98
中国	82.45	82.10	80.38	78.03	78.90	80.47	82.52	84.25	87.54	88.41	91.94
南非	3.70	3.75	3.52	3.78	3.72	3.53	3.76	3.66	3.51	3.31	3.33
埃塞俄比亚	—	—	—	—	—	—	—	—	—	—	—
沙特	0.00	0.01	0.00	0.00	0.00	0.00	0.00	0.00	0.00	0.00	0.00

续表

煤炭消费量（艾焦）										
国家及地区	2013年	2014年	2015年	2016年	2017年	2018年	2019年	2020年	2021年	2022年	2023年
阿联酋	0.07	0.08	0.07	0.08	0.09	0.08	0.07	0.09	0.10	0.10	0.10
伊朗	0.03	0.04	0.05	0.04	0.04	0.06	0.07	0.08	0.07	0.08	0.08
埃及	0.02	0.02	0.03	0.05	0.05	0.09	0.08	0.03	0.05	0.05	0.05
其他	55.63	55.26	52.40	50.87	51.20	51.18	48.04	43.08	45.73	45.64	42.15
金砖总	105.19	106.23	104.82	102.90	104.07	106.48	108.68	108.96	114.70	115.84	121.88
"全球南方"	121.96	123.38	121.65	120.66	122.69	126.37	129.39	128.84	134.88	136.81	142.66
全球	160.81	161.49	157.21	153.77	155.27	157.66	156.72	152.04	160.43	161.47	164.03

石油生产量（亿吨）										
国家及地区	2013年	2014年	2015年	2016年	2017年	2018年	2019年	2020年	2021年	2022年	2023年
巴西	1.10	1.22	1.32	1.37	1.43	1.41	1.51	1.59	1.57	1.63	1.84
俄罗斯	5.32	5.37	5.45	5.58	5.59	5.68	5.73	5.24	5.39	5.49	5.42
印度	0.42	0.42	0.41	0.41	0.40	0.40	0.37	0.35	0.34	0.33	0.33
中国	2.10	2.11	2.15	2.00	1.92	1.89	1.92	1.95	1.99	2.05	2.09
南非	0.00	0.00	0.00	0.00	0.00	0.00	0.00	0.00	0.00	0.00	0.00
埃塞俄比亚	—	—	—	—	—	—	—	—	—	—	—
沙特	5.38	5.44	5.68	5.87	5.59	5.77	5.57	5.20	5.15	5.73	5.32
阿联酋	1.62	1.63	1.75	1.82	1.75	1.76	1.80	1.66	1.63	1.81	1.76
伊朗	1.70	1.74	1.80	2.16	2.32	2.20	1.59	1.44	1.69	1.77	2.14
埃及	0.34	0.35	0.35	0.34	0.32	0.33	0.32	0.31	0.30	0.30	0.30
其他	23.27	23.94	24.72	24.27	24.55	25.48	26.07	24.14	24.33	25.20	25.90
金砖总	17.99	18.29	18.92	19.54	19.32	19.43	18.81	17.75	18.05	19.10	19.19
"全球南方"	33.26	33.31	34.18	34.55	34.15	34.03	33.12	30.53	30.94	32.42	32.52
全球	41.26	42.23	43.64	43.81	43.87	44.90	44.87	41.88	42.38	44.30	45.08

石油消费量（亿吨）										
国家及地区	2013年	2014年	2015年	2016年	2017年	2018年	2019年	2020年	2021年	2022年	2023年
巴西	1.23	1.28	1.20	1.13	1.15	1.09	1.08	1.03	1.11	1.16	1.18
俄罗斯	1.47	1.55	1.50	1.52	1.52	1.53	1.56	1.49	1.57	1.61	1.65

续表

石油消费量（亿吨）										
国家及地区	2013年	2014年	2015年	2016年	2017年	2018年	2019年	2020年	2021年	2022年	2023年
印度	1.74	1.79	1.94	2.14	2.21	2.29	2.37	2.14	2.17	2.37	2.49
中国	4.98	5.18	5.57	5.74	6.06	6.35	6.67	6.76	6.92	6.59	7.69
南非	0.26	0.26	0.29	0.27	0.27	0.27	0.27	0.22	0.24	0.24	0.25
埃塞俄比亚	—	—	—	—	—	—	—	—	—	—	—
沙特	1.47	1.63	1.73	1.80	1.77	1.68	1.55	1.47	1.54	1.66	1.72
阿联酋	0.39	0.39	0.41	0.44	0.44	0.44	0.43	0.40	0.44	0.50	0.51
伊朗	0.87	0.79	0.70	0.69	0.70	0.73	0.77	0.74	0.76	0.84	0.80
埃及	0.36	0.37	0.38	0.40	0.37	0.33	0.31	0.27	0.29	0.35	0.34
其他	28.42	28.23	28.63	29.06	29.46	29.63	29.39	25.86	27.57	28.62	28.67
金砖总	12.77	13.25	13.71	14.16	14.49	14.72	15.02	14.52	15.03	15.33	16.64
"全球南方"	22.18	22.68	23.21	23.93	24.53	24.85	25.06	23.45	24.64	25.77	26.92
全球	41.19	41.48	42.35	43.22	43.95	44.35	44.42	40.38	42.60	43.95	45.31

天然气生产量（亿立方米）										
国家及地区	2013年	2014年	2015年	2016年	2017年	2018年	2019年	2020年	2021年	2022年	2023年
巴西	219.50	233.48	238.04	241.24	271.81	251.62	257.47	242.36	243.33	229.82	234.23
俄罗斯	6144.96	5911.55	5844.40	5892.75	6355.61	6691.06	6790.27	6384.47	7021.17	6183.68	5863.82
印度	310.63	293.55	281.43	265.82	276.93	274.91	269.06	237.61	285.39	298.02	315.85
中国	1218.11	1311.81	1356.69	1379.42	1491.99	1614.19	1767.41	1940.09	2092.13	2218.41	2342.58
南非	11.81	9.50	11.00	9.71	9.09	10.80	12.30	11.76	0.72	0.67	0.66
埃塞俄比亚	—	—	—	—	—	—	—	—	—	—	—
沙特	950.29	972.61	992.28	1053.17	1092.50	1121.00	1111.50	1130.50	1144.61	1203.58	1141.26
阿联酋	532.35	528.88	585.99	595.21	542.63	529.20	561.97	505.51	583.46	579.96	555.61
伊朗	1575.28	1754.51	1835.48	1993.42	2138.50	2248.99	2329.00	2495.30	2566.50	2593.99	2516.78
埃及	539.65	469.61	425.91	402.52	488.13	585.58	649.39	584.65	677.99	644.88	571.00

续表

天然气生产量（亿立方米）										
国家及地区	2013年	2014年	2015年	2016年	2017年	2018年	2019年	2020年	2021年	2022年	2023年
其他	22154.38	22870.51	23507.18	23611.48	24051.52	25230.84	25935.95	25073.74	25918.91	26485.14	27050.51
金砖总	11502.57	11485.50	11571.21	11833.26	12667.21	13327.36	13748.36	13532.26	14615.30	13953.02	13541.80
"全球南方+"	22530.53	22742.73	23012.09	22932.25	24135.45	24808.57	25156.30	24341.64	25861.61	25103.22	24894.21
全球	33656.94	34356.01	35078.39	35444.73	36718.73	38558.20	39684.31	38606.00	40534.21	40438.16	40592.31

天然气消费量（亿立方米）										
国家及地区	2013年	2014年	2015年	2016年	2017年	2018年	2019年	2020年	2021年	2022年	2023年
巴西	383.83	406.55	429.37	370.88	376.32	358.91	357.33	314.24	404.46	319.76	299.88
俄罗斯	4248.67	4221.98	4086.75	4206.46	4311.01	4544.99	4443.13	4234.83	4746.14	4080.45	4533.71
印度	490.19	485.02	478.07	507.91	536.00	579.96	592.50	603.60	620.86	581.84	626.10
中国	1718.79	1883.63	1946.90	2094.41	2412.52	2839.26	3083.77	3366.17	3802.68	3757.05	4048.38
南非	40.54	42.98	43.19	36.55	40.11	44.11	42.61	39.71	46.14	45.58	47.48
埃塞俄比亚	—										
沙特	950.29	972.61	992.28	1053.17	1092.50	1121.00	1111.50	1130.50	1144.61	1203.58	1141.26
阿联酋	647.50	634.35	714.71	719.31	671.85	660.51	696.67	647.29	707.63	698.48	668.88
伊朗	1538.34	1734.01	1840.19	1963.19	2050.04	2126.43	2183.90	2367.67	2364.65	2289.14	2455.53
埃及	495.01	462.19	460.19	493.54	559.34	595.95	590.39	583.08	621.67	607.48	600.44
其他	23228.75	23134.04	23796.40	24147.15	24471.42	25484.71	25956.48	25316.31	26211.81	25829.69	25680.08
金砖总	10513.16	10843.32	10991.63	11445.42	12049.69	12871.12	13101.79	13287.09	14458.85	13583.64	14421.66
"全球南方+"	19092.77	19609.83	20084.40	20276.11	21456.22	22362.52	22716.21	22770.77	24040.09	23921.40	24346.69
全球	33741.91	33977.36	34788.02	35592.57	36521.11	38355.83	39058.26	38603.40	40670.66	39413.05	40101.74

核能发电量（太瓦时）										
国家及地区	2013年	2014年	2015年	2016年	2017年	2018年	2019年	2020年	2021年	2022年	2023年
巴西	15.45	15.38	14.73	15.86	15.74	15.67	16.13	14.05	14.70	14.56	14.51
俄罗斯	172.51	180.76	195.47	196.61	203.14	204.58	208.99	215.91	222.39	223.70	217.38

续表

核能发电量（太瓦时）										
国家及地区	2013年	2014年	2015年	2016年	2017年	2018年	2019年	2020年	2021年	2022年	2023年
印度	33.31	34.69	38.31	37.90	37.41	39.05	45.16	44.61	43.92	46.19	48.20
中国	111.50	133.22	171.38	213.18	248.10	295.00	348.70	366.20	407.50	417.80	434.72
南非	14.11	13.79	12.24	15.03	14.19	11.58	13.25	9.90	12.36	10.10	8.90
埃塞俄比亚	—	—	—	—	—	—	—	—	—	—	—
沙特	0.00	0.00	0.00	0.00	0.00	0.00	0.00	0.00	0.00	0.00	0.00
阿联酋	0.00	0.00	0.00	0.00	0.00	0.00	0.00	1.63	10.55	20.10	32.27
伊朗	4.26	4.07	3.50	6.47	6.96	6.89	6.41	6.33	3.54	6.57	6.64
埃及	0.00	0.00	0.00	0.00	0.00	0.00	0.00	0.00	0.00	0.00	0.00
其他	2139.14	2159.22	2139.72	2128.60	2111.46	2127.45	2157.12	2030.40	2087.60	1939.99	1975.03
金砖总	351.13	381.90	435.62	485.06	525.55	572.77	638.64	658.64	714.95	739.02	762.63
"全球南方[+]"	541.76	578.20	628.29	667.31	704.43	759.83	829.10	844.26	918.27	916.29	934.29
全球	2490.27	2541.12	2575.34	2613.66	2637.00	2700.22	2795.76	2689.04	2802.55	2679.01	2737.66

核能消费量（艾焦）										
国家及地区	2013年	2014年	2015年	2016年	2017年	2018年	2019年	2020年	2021年	2022年	2023年
巴西	0.15	0.14	0.14	0.15	0.14	0.14	0.15	0.13	0.13	0.13	0.13
俄罗斯	1.62	1.69	1.82	1.82	1.87	1.87	1.90	1.96	2.01	2.01	1.95
印度	0.31	0.32	0.36	0.35	0.34	0.36	0.41	0.40	0.40	0.42	0.43
中国	1.05	1.25	1.59	1.97	2.28	2.70	3.18	3.32	3.68	3.76	3.90
南非	0.13	0.13	0.11	0.14	0.13	0.11	0.12	0.09	0.11	0.09	0.08
埃塞俄比亚	—	—	—	—	—	—	—	—	—	—	—
沙特	0.00	0.00	0.00	0.00	0.00	0.00	0.00	0.00	0.00	0.00	0.00
阿联酋	0.00	0.00	0.00	0.00	0.00	0.00	0.00	0.01	0.10	0.18	0.29
伊朗	0.04	0.04	0.03	0.06	0.06	0.06	0.06	0.06	0.03	0.06	0.06
埃及	0.00	0.00	0.00	0.00	0.00	0.00	0.00	0.00	0.00	0.00	0.00

续表

核能消费量（艾焦）										
国家及地区	2013年	2014年	2015年	2016年	2017年	2018年	2019年	2020年	2021年	2022年	2023年
其他	20.14	20.21	19.91	19.69	19.41	19.44	19.64	18.42	18.87	17.47	17.72
金砖总	3.31	3.57	4.05	4.49	4.83	5.24	5.82	5.98	6.46	6.66	6.84
"全球南方+"	5.10	5.41	5.84	6.17	6.48	6.94	7.55	7.66	8.30	8.25	8.38
全球	23.45	23.78	23.96	24.17	24.24	24.68	25.46	24.40	25.33	24.13	24.57

水电发电量（太瓦时）										
国家及地区	2013年	2014年	2015年	2016年	2017年	2018年	2019年	2020年	2021年	2022年	2023年
巴西	390.99	373.44	359.74	380.91	370.91	388.97	397.88	396.38	362.82	427.11	428.65
俄罗斯	181.15	173.39	167.99	184.61	185.16	190.64	194.38	212.44	214.53	197.67	200.87
印度	131.98	139.00	133.28	128.38	135.82	139.75	162.07	163.70	160.33	174.92	149.17
中国	909.61	1059.69	1114.52	1153.27	1165.07	1198.89	1272.54	1321.71	1300.00	1303.13	1226.00
南非	1.10	1.80	0.73	0.62	0.78	1.10	0.74	1.47	2.02	3.10	1.69
埃塞俄比亚	8.34	6.82	9.02	9.67	11.75	12.68	13.66	14.40	14.94	—	—
沙特	0.00	0.00	0.00	0.00	0.00	0.00	0.00	0.00	0.00	0.00	0.00
阿联酋	0.00	0.00	0.00	0.00	0.00	0.00	0.00	0.00	0.00	0.00	0.00
伊朗	14.62	14.50	13.25	15.42	17.23	9.84	33.87	23.21	14.88	7.45	22.65
埃及	13.24	13.59	13.68	13.20	12.79	12.92	14.08	14.90	14.28	13.80	13.82
其他	2137.07	2106.79	2067.23	2128.32	2171.72	2234.96	2154.09	2210.80	2204.97	2207.01	2197.35
金砖总	1651.05	1782.23	1812.22	1886.09	1899.51	1954.79	2089.20	2148.21	2083.81	2127.18	2042.84
"全球南方+"	2483.03	2600.79	2623.65	2730.56	2791.81	2882.07	2986.55	3051.11	3020.14	3127.24	3033.69
全球	3788.12	3889.02	3879.45	4014.41	4071.22	4189.76	4243.29	4359.01	4288.78	4334.19	4240.20

水电消费量（艾焦）										
国家及地区	2013年	2014年	2015年	2016年	2017年	2018年	2019年	2020年	2021年	2022年	2023年
巴西	3.84	3.64	3.49	3.67	3.55	3.70	3.78	3.75	3.42	4.01	4.01
俄罗斯	1.78	1.69	1.63	1.78	1.77	1.82	1.84	2.01	2.02	1.86	1.88

续表

水电消费量（艾焦）											
国家及地区	2013年	2014年	2015年	2016年	2017年	2018年	2019年	2020年	2021年	2022年	2023年
印度	1.29	1.36	1.29	1.24	1.30	1.33	1.54	1.55	1.51	1.64	1.39
中国	8.92	10.33	10.80	11.11	11.16	11.42	12.08	12.50	12.25	12.23	11.46
南非	0.01	0.02	0.01	0.01	0.01	0.01	0.01	0.01	0.02	0.03	0.02
埃塞俄比亚											
沙特	0.00	0.00	0.00	0.00	0.00	0.00	0.00	0.00	0.00	0.00	0.00
阿联酋	0.00	0.00	0.00	0.00	0.00	0.00	0.00	0.00	0.00	0.00	0.00
伊朗	0.14	0.14	0.13	0.15	0.17	0.09	0.32	0.22	0.14	0.07	0.21
埃及	0.13	0.13	0.13	0.12	0.12	0.13	0.13	0.14	0.13	0.13	0.13
其他	21.05	20.61	20.13	20.60	20.92	21.41	20.57	21.04	20.91	20.71	20.55
金砖总	16.12	17.32	17.48	18.08	18.09	18.50	19.70	20.17	19.49	19.97	19.10
"全球南方⁺"	24.36	25.36	25.44	26.32	26.75	27.45	28.34	28.85	28.45	29.35	28.37
全球	37.17	37.93	37.61	38.69	39.00	39.91	40.27	41.21	40.40	40.68	39.65

其他可再生能源生产量（太瓦时）											
国家及地区	2013年	2014年	2015年	2016年	2017年	2018年	2019年	2020年	2021年	2022年	2023年
巴西	47.55	59.31	71.56	84.91	96.12	106.32	117.56	126.54	144.76	164.53	202.82
俄罗斯	0.50	0.81	0.96	1.06	1.20	1.37	1.84	3.81	5.72	7.44	8.23
印度	55.92	63.04	69.93	79.83	99.08	123.87	141.09	151.97	173.16	205.95	232.80
中国	183.77	229.54	279.14	369.52	502.00	636.43	742.03	863.23	1148.73	1367.04	1668.15
南非	0.76	2.51	6.14	7.81	11.65	11.41	11.97	12.54	15.87	16.33	18.39
埃塞俄比亚	0.39	0.57	0.54	0.84	0.83	0.58	0.90	0.67	0.87	—	—
沙特	0.04	0.05	0.05	0.00	0.07	0.16	0.20	0.21	0.84	2.28	5.77
阿联酋	0.09	0.31	0.30	0.40	0.75	1.20	3.66	5.19	6.25	7.76	13.84
伊朗	0.24	0.25	0.16	0.18	0.43	1.00	1.24	1.73	1.77	2.00	2.12
埃及	1.60	1.17	1.94	2.63	2.71	3.54	6.47	9.68	10.46	10.17	10.98
其他	947.69	1048.48	1200.70	1296.36	1460.95	1595.63	1766.51	1975.74	2156.15	2423.05	2585.29

续表

其他可再生能源生产量（太瓦时）											
国家及地区	2013年	2014年	2015年	2016年	2017年	2018年	2019年	2020年	2021年	2022年	2023年
金砖总	290.86	357.55	430.72	547.14	714.83	885.87	1026.96	1175.57	1508.42	1781.26	2163.09
"全球南方[+]"	404.90	490.30	591.30	730.30	922.30	1138.10	1331.00	1525.50	1924.50	2240.40	2679.37
全球	1238.54	1406.03	1631.42	1843.50	2175.78	2481.50	2793.47	3151.31	3664.58	4204.31	4748.38

其他可再生能源消费量（艾焦）											
国家及地区	2013年	2014年	2015年	2016年	2017年	2018年	2019年	2020年	2021年	2022年	2023年
巴西	0.54	0.66	0.78	0.91	1.02	1.12	1.23	1.32	1.48	1.68	2.02
俄罗斯	0.00	0.01	0.01	0.01	0.01	0.02	0.02	0.04	0.05	0.07	0.08
印度	0.59	0.66	0.73	0.82	1.00	1.23	1.40	1.50	1.69	1.99	2.26
中国	1.87	2.32	2.80	3.68	4.96	6.25	7.27	8.44	11.16	13.27	16.02
南非	0.01	0.03	0.06	0.08	0.11	0.11	0.11	0.12	0.15	0.15	0.17
埃塞俄比亚	—	—	—	—	—	—	—	—	—	—	—
沙特	0.00	0.00	0.00	0.00	0.00	0.00	0.00	0.00	0.01	0.02	0.05
阿联酋	0.00	0.00	0.00	0.00	0.01	0.01	0.03	0.05	0.06	0.07	0.13
伊朗	0.00	0.00	0.00	0.00	0.01	0.01	0.02	0.02	0.02	0.02	0.02
埃及	0.02	0.01	0.02	0.03	0.03	0.03	0.06	0.09	0.10	0.10	0.10
其他	9.79	10.77	12.24	13.11	14.60	15.87	17.47	19.43	21.17	23.50	24.98
金砖总	3.02	3.69	4.41	5.52	7.14	8.78	10.14	11.58	14.72	17.38	20.85
"全球南方[+]"	4.21	5.06	6.06	7.37	9.21	11.30	13.16	15.03	18.81	21.91	25.86
全球	12.81	14.46	16.65	18.63	21.75	24.65	27.61	31.01	35.89	40.88	45.84

注："—"表示无可用数据。

资料来源："Statistical Review of World Energy 2024, "Energy Institute, https://www. energyinst. org/statistical-review。本表中埃塞俄比亚水电发电量和其他可再生能源生产量数据来自 IRENA（www.irena.org），南非天然气生产量数据来自 EIA（https://www.eia.gov）。

4 2019~2023 年金砖十国能源贸易数据统计

煤炭				
年份	进口国家	出口国家	合作量（万吨）	贸易额（万美元）
2023	巴西	中国	0.22	194.83
	巴西	俄罗斯	127.48	24305.58
	巴西	南非	41.73	8381.68
	中国	俄罗斯	6912.81	1435585.94
	中国	印度	0.00	0.02
	中国	南非	167.60	24767.60
	印度	中国	4.42	2272.84
	印度	俄罗斯	2666.94	469221.18
	印度	南非	3155.39	381771.46
	南非	中国	5.27	1411.84
	南非	俄罗斯	46.71	7657.10
	南非	印度	0.00	0.51
2022	巴西	中国	8.05	3633.48
	巴西	俄罗斯	255.75	69466.60
	巴西	南非	43.80	11349.45
	中国	俄罗斯	6406.91	1174718.23
	中国	印度	0.00	0.00
	中国	南非	107.42	24679.66
	印度	中国	22.56	8055.80
	印度	俄罗斯	1801.07	427782.12
	印度	南非	1952.77	393896.98
	南非	中国	0.00	0.00

续表

年份	进口国家	出口国家	合作量（万吨）	贸易额（万美元）
		煤炭		
2022	南非	俄罗斯	26.66	0.00
	南非	印度	0.00	0.00
2021	巴西	中国	0.15	93.15
	巴西	俄罗斯	420.22	56606.59
	巴西	南非	47.74	5404.95
	中国	巴西	0.00	1.92
	中国	俄罗斯	5462.16	709165.06
	中国	印度	0.00	0.01
	中国	南非	687.13	75119.90
	俄罗斯	中国	0.10	2.93
	印度	中国	252.16	41707.12
	印度	俄罗斯	752.55	109668.16
	印度	南非	2604.56	263187.74
	南非	中国	0.00	0.00
	南非	俄罗斯	34.95	0.00
	南非	印度	0.00	0.00
2020	巴西	中国	0.15	79.91
	巴西	俄罗斯	312.64	27913.70
	巴西	南非	32.90	3313.70
	中国	巴西	0.00	0.03
	中国	俄罗斯	3398.77	246310.52
	俄罗斯	中国	0.00	0.22
	印度	中国	3.74	1108.70
	印度	俄罗斯	769.62	68125.65

续表

煤炭			
年份	进口国家	出口国家	合作量（万吨）	贸易额（万美元）
2020	印度	南非	3513.11	223817.95
	南非	中国	0.00	0.00
	南非	俄罗斯	12.57	0.00
2019	巴西	中国	0.13	70.14
	巴西	俄罗斯	261.28	34145.49
	巴西	南非	48.67	6440.84
	中国	俄罗斯	2910.32	254344.15
	中国	印度	0.00	0.01
	俄罗斯	中国	0.00	0.02
	印度	中国	20.69	5659.35
	印度	俄罗斯	746.08	85237.80
	印度	南非	3949.56	276838.20
	南非	中国	0.02	0.00
	南非	俄罗斯	19.07	0.00

石油			
年份	进口国家	出口国家	合作量（万吨）	贸易额（万美元）
2023	巴西	俄罗斯	30.77	21019.72
	中国	巴西	3778.54	2295289.37
	中国	俄罗斯	9955.03	6067921.27
	印度	巴西	270.11	146865.92
	印度	俄罗斯	8892.02	4863976.54
2022	中国	巴西	2492.86	1862148.15
	中国	俄罗斯	8624.81	5837752.36

续表

石油				
年份	进口国家	出口国家	合作量（万吨）	贸易额（万美元）
2022	印度	巴西	348.35	245003.86
	印度	俄罗斯	3702.02	2553477.65
2021	巴西	俄罗斯	4.21	1658.27
	中国	巴西	3029.81	1549203.63
	中国	俄罗斯	7964.10	4054444.48
	中国	南非	13.85	7042.81
	印度	巴西	408.31	201946.02
	印度	中国	8.52	4242.79
	印度	俄罗斯	454.32	230976.79
	印度	南非	144.38	69061.38
	南非	印度	4.77	0.00
2020	中国	巴西	4223.39	1429537.39
	中国	俄罗斯	8344.45	2768796.12
	印度	巴西	356.41	117911.80
	印度	俄罗斯	262.54	92722.86
	印度	南非	24.14	7464.67
	南非	巴西	26.89	0.00
	南非	俄罗斯	13.97	0.00
2019	中国	巴西	4016.14	1918175.78
	中国	俄罗斯	7764.24	3742405.83
	印度	巴西	220.63	98803.17
	印度	中国	0.00	0.05
	印度	俄罗斯	294.99	146007.59

续表

天然气 –LNG			
年份	进口国家	出口国家	合作量（万吨）	贸易额（万美元）
2023	巴西	中国	4.25	4607.17
	中国	俄罗斯	804.40	518276.27
	印度	中国	5.00	3526.11
	印度	俄罗斯	42.17	29640.03
2022	中国	中国	0.01	17.24
	中国	俄罗斯	650.49	674633.93
	印度	俄罗斯	6.58	3382.57
2021	中国	俄罗斯	451.81	276302.40
	印度	俄罗斯	7.07	3041.78
	南非	中国	0.00	0.00
2020	中国	俄罗斯	504.71	171870.31
	印度	俄罗斯	6.65	1165.02
2019	中国	俄罗斯	250.58	113281.05
	中国	印度	6.76	4605.68
	印度	中国	0.00	0.01
	印度	俄罗斯	3.59	2360.32

天然气 – 管道气			
年份	进口国家	出口国家	合作量（万吨）	贸易额（万美元）
2023	中国	俄罗斯	958.24	643558.52
2022	中国	俄罗斯	295.12	398085.67
2021	中国	俄罗斯	393.17	151064.25
2020	中国	俄罗斯	353.85	79614.77

资料来源：UN Comtrade 数据库。

5 2013~2023年金砖十国二氧化碳排放总量（亿吨）

国家及地区	2013年	2014年	2015年	2016年	2017年	2018年	2019年	2020年	2021年	2022年	2023年
巴西	5.23	5.46	5.18	4.82	4.94	4.71	4.68	4.47	5.06	4.79	4.80
俄罗斯	17.64	17.50	17.57	17.35	17.63	18.41	19.10	18.29	19.58	20.25	20.70
印度	20.83	22.43	22.60	23.03	24.34	25.73	25.42	23.19	25.48	27.41	29.55
中国	107.92	109.17	107.77	108.05	110.37	115.72	118.51	120.22	126.22	125.27	132.60
南非	4.73	4.84	4.60	4.60	4.70	4.74	4.79	4.19	4.29	4.09	3.97
埃塞俄比亚	0.10	0.12	0.14	0.16	0.16	0.17	0.19	0.17	0.17	0.17	0.17
沙特	5.47	5.86	6.11	6.10	6.03	5.80	5.81	5.71	5.85	6.05	6.23
阿联酋	1.95	1.98	2.07	2.12	2.04	1.87	1.98	1.95	2.01	2.07	2.06
伊朗	6.12	6.36	6.29	6.42	6.66	6.61	6.97	7.12	7.39	7.61	7.79
埃及	2.26	2.31	2.37	2.47	2.59	2.54	2.34	2.23	2.47	2.44	2.47
金砖国家	172.27	176.04	174.70	175.13	179.47	186.31	189.77	187.55	198.51	200.15	210.32
全球占比	48%	48%	48%	48%	48%	49%	50%	52%	52%	52%	54%

资料来源："EDGAR - Emissions Database for Global Atmospheric Research," European Commission Joint Research Centre, https://edgar.jrc.ec.europa.eu/country_profile。

6　2023 年金砖十国各领域二氧化碳排放量（吨）

国家及地区	农业	建筑业	燃料开采	工业燃烧	电力行业	工业过程	交通运输业	废弃物	人均二氧化碳排放
巴西	13229120.00	41340737.00	27781839.00	87962269.00	47781851.00	44270604.00	216835344.00	302465.00	2.20
俄罗斯	5810986.00	263189639.00	233192459.00	314660260.00	881853843.00	109174133.00	261620690.00	—	14.45
印度	30582665.00	221759053.00	133591237.00	619016628.00	1376993524.00	233478008.00	339760569.00	—	2.07
中国	15061574.00	648611127.00	713511883.00	2874023038.00	6472947082.00	1454066994.00	1077761487.00	3635770.00	9.24
南非	1551597.00	23684838.00	65259315.00	47974825.00	193730371.00	15766792.00	49405220.00	—	6.56
埃塞俄比亚	472337.00	1441974.00	79.00	4174442.00	4338.00	3975444.00	6637435.00	1643.00	0.14
沙特	277875.00	5708071.00	35411828.00	903343372.00	262369193.00	83314684.00	145488578.00	—	17.15
阿联酋	—	797134.00	5049607.00	722240142.00	65278704.00	19258051.00	43367664.00	—	20.22
伊朗	1692905.00	180948497.00	97338030.00	129229533.00	1705246679.00	60369675.00	1386989980.00	—	9.10
埃及	2760849.00	17630474.00	191421174.00	31900327.00	892782221.00	36696192.00	519231628.00	452.00	2.31

注："—"表示无可用数据。

资料来源："EDGAR - Emissions Database for Global Atmospheric Research," European Commission Joint Research Centre, https://edgar.jrc.ec.europa.eu/country_profile。

法律声明

　　本书内容为学术研究之用，仅供参考，其中资料数据及引用观点源于权威机构公开信息，具有时效性，本书内容为学术观点且无法涵盖所有的研究角度。全书任何内容均不代表且不应视为本书对读者的决策建议。未经许可，不得以任何方式对本书内容进行复制、传播等。

图书在版编目（CIP）数据

金砖国家能源资源与合作前景展望/窦立荣等著．
北京：社会科学文献出版社，2025.1.--ISBN 978-7-
5228-4576-0

Ⅰ.F416.2

中国国家版本馆 CIP 数据核字第 2024MF6313 号

金砖国家能源资源与合作前景展望

著　　者 / 窦立荣　张国生　等

出 版 人 / 冀祥德
组稿编辑 / 祝得彬
责任编辑 / 张　萍
责任印制 / 王京美

出　　版 / 社会科学文献出版社·文化传媒分社（010）59367156
　　　　　　地址：北京市北三环中路甲29号院华龙大厦　邮编：100029
　　　　　　网址：www.ssap.com.cn
发　　行 / 社会科学文献出版社（010）59367028
印　　装 / 三河市东方印刷有限公司

规　　格 / 开　本：787mm × 1092mm　1/16
　　　　　　印　张：27.5　字　数：408 千字
版　　次 / 2025年1月第1版　2025年1月第1次印刷
书　　号 / ISBN 978-7-5228-4576-0
定　　价 / 288.00元

读者服务电话：4008918866